btb
Aus Freude am Lesen

btb

Buch

Wie überlebt ein Kind den Verlust des Vaters, den Zusammenbruch seiner wohlgeordneten Welt, den Absturz in Armut, Angst und Einsamkeit? Erst nach einem halben Jahrhundert wagte Magda Denes die Reise in ihre Vergangenheit. Schnörkellos und überquellend vor Sehnsucht nach Geborgenheit, Licht und Freiheit erzählt sie von einer Kindheit, die von Krieg, Verfolgung und Flucht geprägt war, in der es aber auch so etwas wie Normalität gab. Inmitten des Grauens bauten sich Magda und ihre Familie Alltagsnischen. Hier wurde gelacht, geweint, gestritten und gescherzt. Krieg, Brutalität und sogar das Verschwinden jüdischer Freunde blieben ausgeblendet. Die Familie war Schutzzone für Körper und Seele. Mochte sie auch noch so zerbrechlich sein, so mobilisierte sie doch in Magda Denes ungeheure Überlebenskräfte.

»Brennende Schlösser« ist ein beeindruckendes und unvergeßliches Buch über eine Kindheit in Ungarn in Zeiten des Holocaust und über den Versuch, sich inmitten der Wirren des Krieges ein kleines Stückchen Normalität zu schaffen. Und es ist die erstaunliche Geschichte eines jungen Mädchens, das mit einer schier unglaublichen Mischung aus Willensstärke, Mut, Glück und Fatalismus versucht, sich jenen Rest von Humor und Optimismus zu bewahren, der in Zeiten der Verfolgung ein Grundstein des Überlebens ist.

Autorin

Magda Denes unterhält als Psychoanalytikerin eine Praxis in New York und hat einen Lehrstuhl für Psychotherapie und Psychoanalyse an der New York University.

Magda Denes

Brennende Schlösser

Eine jüdische Kindheit

Deutsch von Michaela Link

btb

Die Originalausgabe erschien 1997 unter dem Titel
»Castles Burning. A Child's Life in War«
bei W. W. Norton & Co., New York

Umwelthinweis:
Alle bedruckten Materialien dieses Taschenbuches
sind chlorfrei und umweltschonend.

btb Taschenbücher erscheinen im Goldmann Verlag,
einem Unternehmen der Verlagsgruppe Bertelsmann GmbH.

1. Auflage
Genehmigte Taschenbuchausgabe Februar 1999

Umschlaggestaltung: Design Team München
Umschlagfoto: G+J/Photonica
Satz: Uhl + Massopust, Aalen
KR · Herstellung: Augustin Wiesbeck
Made in Germany
ISBN 3-442-72425-2

EINS

Ich bettelte um eine Geschichte, und oft tat mein Bruder mir den Gefallen. Im Dunkeln, wenn ich nicht schlafen konnte, erzählte Iván im Flüsterton. Alle Märchen begannen nach ungarischer Tradition mit den Worten: »Einmal war's, keinmal war's, war einmal ein Schloß, erbaut auf dem Fuß einer Ente.« Die Geschichten waren immer von Grund auf gerecht. Auf Gefahr ließen sie Glück folgen. Sie spielten in einer geordneten, berechenbaren Welt, in der die Guten belohnt und die Bösen bestraft wurden. Der Prinz rettete die Prinzessin. Verluste wurden ersetzt, beinahe Tote ins Leben zurückgerufen. Unvorsichtigkeit war kein tödlicher Fehler. Mit der Zeit wurde mir klar, daß mein Bruder diese Fabeln genauso gern erzählte, wie ich ihm zuhörte. Und zu meinem Kummer wurde mir auch bewußt, daß ich an ihre eigentliche Botschaft immer weniger glauben konnte. Und dann – noch weniger.

1939, einen Monat nach meinem fünften Geburtstag, verließ mein Vater Ungarn und mich. Iván war zwölf. Meine Mutter erklärte uns, Apuci habe fortgehen *müssen*. Als Besitzer und Herausgeber einer Zeitung, die kürzlich von den Nazis beschlagnahmt worden war, und als Jude, der nazifeindliche Artikel veröffentlicht habe, schwebe er nun in Todesgefahr. Niemand verlor ein Wort über die Lebensgefahr für kleine Mädchen oder ihre Brüder oder, was das betraf, ihre Mütter. Auch über andere jüdische Väter, die ich kannte, die ebenfalls nazifeindliche Zeitungen besaßen und blieben, herrschte Schweigen.

Bevor mein Vater ging, gehörten zu unserem Haushalt

ein Dienstmädchen, ein Butler, eine Köchin, ein Chauffeur und eine Gouvernante. Wie mein Vater es ausdrückte, befanden wir uns dem Proletariat gegenüber hoffnungslos in der Minderheit. Wir lebten in einem der besten Bezirke von Budapest, in einer großen Wohnung an der Személynök Utca mit Blick auf die Donau. Mein Bruder besuchte teure Schulen. In unserer Wohnung lungerten ständig irgendwelche Privatlehrer herum, um die Familie in verschiedenen Fertigkeiten zu unterweisen: Boxen, Fechten, Klavierspiel, Englisch. Die Freunde meiner Eltern waren Schriftsteller, Schauspieler, Komponisten, Lyriker. Mein Vater selbst war ebenfalls Schriftsteller und Lyriker; aus seiner Feder stammten die Texte einiger erfolgreicher Musicals und von ein paar Schlagern. Der eine *roman à clef*, den er schrieb, trug uns einen recht ordentlichen Skandal ein, aber sonst nicht viel. Wir schienen reich zu sein, obwohl Bargeld immer knapp war, da mein Vater ständig mehr ausgab, als er einnahm. Es kam teuer, F. Scott Fitzgerald nachzuahmen, vor allem, wenn man nicht dessen Talent besaß.

Als mein Vater fortging, fand er, daß er sämtliches Geld benötige, das er in die Finger bekommen konnte. Entgegen den hysterischen Einwendungen aller quartierte er uns – meine Mutter, meinen Bruder und mich – in der Zweizimmerwohnung meiner Großeltern ein, die meinem Großvater gleichzeitig als Schneiderwerkstatt diente. Die Indigs – Zsigmond und Emma – lebten in einem Bezirk, der fast als Slum durchgehen konnte: Teleki Tér 5, fünfter Stock, Wohnung Nummer fünf, wie ich mir schließlich für den Fall einprägen mußte, daß ich mich verirrte. Meine Großeltern waren furchtbar arm. Sie hatten keine Freunde. Wenn sie Unterhaltung suchten, schwatzten sie mit den Nachbarn.

Mein Vater verkaufte alles, was wir besaßen. Der Erlös

reichte aus, um zumindest einen Teil seiner Schulden zu bezahlen, wenn auch nicht alle, sich eine Überfahrt erster Klasse nach Amerika zu sichern und sich mit einer Garderobe von fünfundvierzig Hemden und zwölf Anzügen auszustatten, wie es seiner Stellung zukam. Anschließend blieb immer noch genug übrig für die notwendigen Bestechungen der ungarischen Beamten. Später hörten wir, daß er sich auch noch ein kleines Sümmchen beiseite gelegt hatte, um sich damit in Paris, einer der Stationen seiner Reise, ein klein wenig Nachtleben zu gönnen. Es war immerhin sein erster Besuch dort.

In der Zwischenzeit richteten wir drei anderen es uns im Schlafzimmer meiner Großeltern ein. Das zweite Zimmer blieb weiterhin der Einkünfte erwirtschaftenden und daher wohlgelittenen Tante Rózsi vorbehalten, der jüngeren Schwester meiner Mutter, die seit ihrer Scheidung wieder bei ihren Eltern lebte. Rózsi arbeitete als Bürovorsteherin und Mädchen für alles in einer kleinen Glas- und Spiegelfabrik. Ihr Sohn, mein Vetter Ervin, lebte bei seinem Vater in einer anderen Stadt.

Meine Mutter und ich schliefen neben meinen Großeltern in deren Ehebett – ich auf der Ritze zwischen den beiden Matratzen. Für meinen Bruder kauften wir ein gebrauchtes Bett, das die Nähmaschine meines Großvaters verdrängte. Die wanderte vor die Fenster zum Laubengang des Innenhofs hin. Mein Großvater machte geltend, daß die Passanten dort – an einem Tag mochten es drei oder vier sein – ihn von der Arbeit ablenkten. Trotzdem war er wie immer – vollkommen höflich und unnahbar. Glücklicherweise blieb sein Arbeitstisch in der Küche. Es war ein zweckmäßig gebauter, schöner Hartholztisch, den man wunderbar vielseitig verwenden konnte. Zu den Mahlzeiten diente er den Erwachsenen als Eßtisch. Abends konnte das Dienstmädchen darauf schlafen.

Meiner Großmutter waren wir nicht willkommen, und Königin Rózsi auch nicht. »Macht euch nichts daraus«, pflegte meine Mutter zu sagen. »Euer Vater wird schon durchkommen. Er wird uns retten. Er wird uns unser früheres Leben in einem besseren Land wiedergeben, in noch größerer Pracht als zuvor. Es ist nur eine Frage der Zeit.«

Während wir darauf warteten, verkaufte meine Mutter die wenigen Schmuckstücke, die ihr noch geblieben waren, und lernte Raphiabast zu weben. In Ermangelung einer Kundschaft quoll die Wohnung bald über von ihren Glasuntersetzern, Platzdeckchen und Teewärmern. Als nächstes nahm sie Esperantostunden. Dahinter stand der Gedanke, daß sie andere – für Geld – in dieser unentbehrlichen Sprache der Zukunft unterweisen wollte. Esperanto hinterließ zumindest keinen Abfall.

Das Lernen wurde abgelöst von Mutters selbstgemachtem Parfüm. Im Laufe der Monate erwies sich dies als die einzige Zeit, in der wir Essen im Überfluß zu haben schienen: Wegen des übelkeiterregenden Gestanks, der alle Zimmer durchdrang, brachte niemand etwas herunter. Mein Bruder meinte, die Nachbarn würden sich wohl bald nach der Leiche erkundigen, die wir versteckt hielten.

Ich war meines Bruders Gehilfin in einer Vielzahl wichtiger Angelegenheiten. Beim Putzen seiner Schuhe übernahm ich das Polieren. Als er den Lederriemen flocht, mit dem er sein Pfadfindermesser an seinem Gürtel befestigte, drückte ich mit dem Finger auf die entscheidende Stelle, die es ihm ermöglichte, sein Flechtwerk zu vollenden. Ich faltete seine Taschentücher zum Dreieck. Er brachte mir bei, mir selbst eine Krawatte zu binden, damit ich auch seine binden konnte, wenn er mit anderen Mädchen verabredet war und es eilig hatte. Wir waren Waffenbrüder in unserer neuen, entbehrungsreichen und unfreundlichen Welt, ein verschworenes Paar im Angesicht eines schändlichen Schicksals.

Von unten konnte er mich jederzeit in den Laubengang rufen; er brauchte dazu lediglich die ersten vier Noten von Beethovens Fünfter zu pfeifen, unseren Geheimcode.

Wenn ich diese Melodie hörte, lief ich los, beugte mich über das Geländer und rief: »Was willst du?«

»Frag Anyu, ob...«

»Nein, komm rauf.«

»Na, komm schon, ich kann nicht. Sei ein braves Mädchen. Frag sie.«

»Bitte, komm rauf. Dann könnte ich mit dir gehen.«

»Heute nicht. Nun mach schon.«

Manchmal rebellierte ich, aber meistens tat ich, was er mir sagte. Ich fragte meinen Bruder die Gedichte ab, die er für die Schule auswendig lernen mußte. Sobald er sie konnte, meinte er, daß ich sie nun genausogut können müsse. Außerdem avancierte ich zur ersten Kritikerin seiner wundersamen Poesie. Mit sechzehn wurden einige seiner Gedichte in einem großen Literaturmagazin veröffentlicht. (Als er sechs Monate später demselben Redakteur ein anderes Gedicht schickte, hieß es: »Komm zurück, wenn die Zeiten sich geändert haben und deine Rassenzugehörigkeit kein Hindernis mehr ist. Du bist ein großartiger junger Dichter.«) Ich war eine strenge Kritikerin. Das gefiel ihm. Er sagte, ich sei die kleinste und klügste Redakteurin auf der ganzen Welt. Dann hob er mich hoch und warf mich durch die Luft. Wenn er mich zu hart absetzte, tat ich mir weh. Ich wurde wütend und trat ihn gegen das Schienbein. Wir fielen übereinander her. Aber er war mir gegenüber im Nachteil, was wir beide wußten: Er war größer, und er war ein Gentleman.

Gelegentlich funktionierte die Sache auch ein wenig andersherum – dann machte ihn irgend etwas wirklich wütend, und er drehte mir den Arm um. Ich biß die Zähne zusammen. Verzweifelt befahl er mir dann: »Ergib dich!«

»Niemals!«

»Ergib dich! Das ist doch lächerlich. Ich breche dir den Arm, wenn wir so weitermachen. Ergib dich!«

»Brich mir den Arm!«

Er ließ los. Ein moralischer Sieg war jedoch nicht die Art Triumph, die mir am liebsten war. Ich wartete ein paar Stunden, bis er nicht mehr an den Zwischenfall dachte. Dann flüsterte ich: »Beug dich mal runter, Iván, ich möchte dir ein Geheimnis verraten.« Er war doppelt so groß wie ich. Als sein Gesicht auf meiner Höhe war, holte ich aus und verpaßte ihm eine Backpfeife, die zwei Arme wert war.

Später beklagte er sich bei unserer Mutter, aber diese sagte genau das, womit ich gerechnet hatte: »Iván, du machst wohl Witze! Du bist doppelt so groß wie sie. Rühr sie einfach nicht mehr an.«

Mein Bruder war der beste Teil meines Lebens.

Im Winter hockte meistens die ganze Familie in der Küche, weil es nur dort warm war. Daneben lag der Raum, in dem wir schliefen, und dahinter das Badezimmer. Elektrischer Strom war teuer; Licht wurde nur eingeschaltet, wenn es unbedingt notwendig war – ganz anders, als wir es von meinem eigentlichen Zuhause her gewöhnt waren. Zuerst hatte ich Angst vor der Dunkelheit. Iván bekam die Aufgabe zugewiesen, mich, wann immer ich ins Badezimmer mußte, durch den dunklen Raum zu begleiten. Dies mißfiel ihm zutiefst, bis wir beide schließlich herausfanden, daß das Badezimmer das einzige Reich war, das ganz uns gehörte, der einzige Ort, an dem wir Geheimnisse austauschen konnten. Danach verkündete ich immer, wenn ich mit ihm reden wollte, ich müsse Pipi machen. Wenn Iván mir etwas Wichtiges zu sagen hatte, zeigte er kurz mit dem Kopf in Richtung Badezimmer und gab mir mit den Augen ein Zeichen. »Ich muß ins Badezimmer«, bemerkte ich dann. Sobald wir dort waren, setzte ich mich auf die geschlossene Toilette und rollte mir von dem harten Toilettenpapier eine Scheinzigarette. »Schieß los!« sagte ich.

Als ich das zum erstenmal machte, sagte Iván: »Weißt du, du bist das klügste Kind, das ich kenne, aber du bist auch ganz schön verrückt.«

»Ich weiß«, sagte ich achselzuckend. »Es hilft mir beim Nachdenken.«

»Was? An einem Stück Papier zu saugen? So zu tun, als wärst du Rózsi?«

Ich brach diese Auseinandersetzung ab. »Hast du mir etwas mitzuteilen?«

»Ja«, sagte mein Bruder mit einem Seufzer. »Ja.«

Ich wußte, obwohl ich es nicht wissen wollte, daß ich eine Art letzte Zuflucht war. Unglücklicherweise war ich für meinen Bruder auch die erste und einzige Zuflucht. Das alles konnte ich sein, weil ich vertrauenswürdiger war als Gott und schweigsamer als jedes Grab. Er erzählte mir Dinge, die ich weitergeben mußte, und noch mehr Dinge, die ich vergessen sollte. Wenn er zu Anfang der Woche verschwenderischerweise bereits sein gesamtes mageres Taschengeld ausgegeben hatte, borgte er sich meins und gab das ebenfalls aus, um einem Mädchen Blumen zu kaufen. Dann war ich diejenige, die mit einem baumstammgroßen Zaunpfahl winkte, um unsere Mutter auf seine erneute finanzielle Bedürftigkeit hinzuweisen. Wenn er im Museum gesehen wurde, während er eigentlich in die Schule gehörte, hielt ich den Mund und half ihm, sich ein Alibi zu verschaffen – für den Notfall. Wenn ich da auf dem Toilettendeckel saß und an meiner Möchtegernzigarette zog, in dem einen Raum, der aus der Dunkelheit unseres Lebens ausgenommen war, hätte ich alles für ihn getan.

Im Sommer 1940 zog mein Vetter Ervin zu uns; er kam aus Miskolc, einer Stadt, die ungefähr hundertachtzig Kilometer von Budapest entfernt lag. Meine Mutter und Tante Rózsi waren in Miskolc geboren und aufgewachsen, aber Iván und ich waren nie dort gewesen und teilten die Vorurteile der Großstadtbewohner gegenüber kleineren Städten. Budapest war das Paris Osteuropas. Was jedoch war Miskolc?

Ervin war ein dunkeläugiger, dunkelhaariger, sehr hübscher Zehnjähriger von ungeheurer Gutwilligkeit und prickelnder Vitalität. Nachdem er zwischen geschiedenen Eltern hin- und hergeschubst worden war – zu jener Zeit eine sehr außergewöhnliche Existenz –, bestand sein vorderstes Ziel darin, zu gefallen. Ich glaubte, daß er sich damit einen ganz schlechten Dienst erwies.

Er trug kurze Hosen im Gegensatz zu den Knickerbokkern meines Bruders; er benutzte kurze Worte, wiederum im Gegensatz zu der vielsilbigen Redeweise meines Bruders; er spielte Geige und hatte sein Instrument mitgebracht, im Gegensatz zu meinem Bruder, der Klavier spielte und natürlich schon lange keins mehr besaß. Und, was nicht ganz unwesentlich war, er diente sich mir als Gehilfe an, im Gegensatz zu meinem Bruder, der mich mit meiner vollen Billigung als sein Eigentum betrachtete.

Weil er nicht so belesen und gebildet war wie mein Bruder, schenkte keiner von uns beiden ihm zu Anfang große Beachtung. Die Geige half ihm schließlich weiter. Ich hörte ihm schrecklich gern zu, und ich fand, daß alles, was er spielte, wunderschön und traurig klang. »Er macht die Augen bloß zu, um dich zu beeindrucken«, sagte mein Bruder in einem Anfall von Übellaunigkeit. Dummkopf. In meinen weitaufgerissenen Augen brachte der Wunsch, mich zu beeindrucken, jemandem nicht direkt einen Minuspunkt ein.

In diesem Sommer war Budapest sehr heiß und sehr gefährlich. In regelmäßigen Abständen trieben Faschisten willkürlich irgendwo Gruppen von Bürgern zusammen. Mit eingefangene Juden wurden verhaftet und mit unbekanntem Reiseziel fortgeschafft. Manchmal kam ein Brief aus einem Arbeitslager in den Provinzen. Wir wurden per elterlichem Erlaß in der Wohnung festgesetzt.

Wir spielten, wir stritten, wir lungerten herum. Die Jungen lasen. Das war ein Problem. Jeden Morgen um acht rannten sie einen Häuserblock weit zur Leihbücherei. Die verlangte nämlich für Bücher, die bis zum Abend wieder zurückgegeben wurden, nur den halben Preis. Die Jungen galoppierten also mit ihren Büchern zurück nach Hause und galoppierten dann durch die Seiten. Dabei durfte man sie nicht stören. Ich sollte im September in die erste Klasse kommen. Ich konnte nicht lesen. Dauernd lag ich ihnen in den Ohren: Holt mir auch ein Buch. Lest mir ein Buch vor, lest mir ein Buch vor. Von Zeit zu Zeit fanden sie sich dazu bereit, aber trotzdem war ich schließlich ganz verzweifelt und sehr einsam.

Eines Morgens wurde Ervin böse. »Warum quengelst du dauernd rum? Und wieso kannst du nicht lesen?« Mir war nie in den Sinn gekommen, daß ich vielleicht gar nicht erst die erste Klasse abwarten mußte, um etwas zu lernen.

»Kannst du's mir beibringen?«

»Kennst du das Alphabet?«

»Ja, natürlich.«

»Warum hast du das denn nicht gesagt? Das bedeutet, daß du lesen kannst.«

»Ervin, ich kann nicht lesen.«

»Doch, kannst du wohl; du weißt es nur noch nicht. Ich zeig's dir.«

Das Ungarisch hat eine rein phonetische Schrift. Wenn man die Buchstaben aussprechen kann, kann man daraus die Worte zusammensetzen. Man kann lesen. Als es Abend wurde, konnte ich es auch. Ervin hatte mein Leben verändert. Während des Rests des Sommers durfte ich auch nicht gestört werden. Auch ich war anderswo, fast jeden Tag bei anderen Familien und Ereignissen, an anderen Schauplätzen. Ich las *Gullivers Reisen, Johnny in Amerika* und die Bücher eines gewissen P. Howard, der sich nie auch nur einen Schritt von seinem Tisch im Budapester Kaffeehaus Jappán entfernt hatte, aber Bücher schrieb über die Fremdenlegion, über Wirbelwinde, Sklavenhändler, verschollene Ozeandampfer und andere riesenrädrige, feuerwerkige, fabelhafte Dinge.

Mit dem Schreiben war das eine andere Sache. Das lernte ich in jenem Herbst in der Schule, mühsam und voller Ehrfurcht. Den Großbuchstaben *A* bekam ich einigermaßen hin, aber das kleingeschriebene *a* überstieg meine Fertigkeiten. Nachdem ich den Kreis gezogen hatte, schien ich jedesmal einer spitzbübischen Art von Schwerkraft zum Opfer zu fallen, die den Stift deutlich unter die begrenzenden Linien meines Schreibhefts hinabzog.

Als meine Mutter sah, welche Schwierigkeiten ich hatte, beschloß sie, mit mir zu üben. Sie zeigte mir, wie es gemacht wurde. Ich konnte es nicht. Sie zeigte es mir noch einmal. Ich versagte. Danach schlug sie mir in überschwenglichem Vertrauen in die Erkenntnisse Pawlows jedesmal, wenn ich abrutschte, auf die Hand. Ich rutschte, sie schlug. Sie schlug, ich rutschte. Als ich einmal einen Blick hinter mich warf, sah ich, daß beide Jungen sich die Ohren zuhielten. Es wäre mir nie in den Sinn gekommen zu protestieren. Mit der unendlichen Duldsamkeit kleiner Kinder nahm ich an, dies sei die beste Art zu lernen. Als meine Hand die Farbe von Mohnblüten angenommen hatte, hörten wir auf.

Der Gerechtigkeit halber möchte ich hier zwei Dinge festhalten. Erstens, ich lernte schreiben. Zweitens, ich kannte kein einziges Mädchen, das so wie ich niemals Grund hatte zu weinen, weil seine Mutter es beim Kämmen an den Haaren zog oder weil seine Zöpfe zu stramm geflochten wurden.

Das Leben zu siebt in einer winzigen Wohnung bedeutete, daß wir ständig aneinandergerieten, uns zankten und stritten. Die Atmosphäre war fast immer geladen. Es entwickelten sich gewisse Scheidelinien der Loyalität – in der Horizontalen zwischen den Kindern und den Erwachsenen und in der Vertikalen zwischen den drei Familien, obwohl Rózsi und Ervin sich häufig auf die Seite meiner Großeltern schlugen und dann als eine Familie gegen unsere standen. Wann immer das geschah, entschuldigte sich mein Vetter heimlich bei Iván und mir, obwohl wir alle drei wußten, daß die Sache das Werk der »anderen« war, nicht seins.

Nach einem Streit mit Rózsi sagte Ervin, der einsame, unvorsichtige Narr, einmal zu meiner Mutter: »Ich wünschte, ich wäre *dein* Sohn.« Das Herz meiner Mutter, die ständig einen stummen Konkurrenzkampf mit ihrer Schwester ausfocht, schmolz augenblicklich dahin. Unter dem Siegel der Verschwiegenheit vertraute sie dieses umwerfende Geständnis Iván an. Später vertraute sie dasselbe Geheimnis auch mir an und ließ mich ebenfalls schwören, es niemandem zu erzählen. Als Iván und ich die Sache später im Badezimmer durchhechelten, meinte er: »Armer Ervin. Das heißt, er möchte gern unser Bruder sein. Lassen wir ihm das Vergnügen.«

»Von mir aus«, sagte ich grinsend. Iván verpaßte mir einen spielerischen Hieb auf den Arm. »Zeit zu gehen«, sagte er.

»Iván, ich kenn' ein Rätsel. Du bist die weltgrößte Sprechblase. Willst du wissen, warum?«

»Nein. Ganz bestimmt nicht. Das ist doch nur wieder einer von deinen blöden Witzen, über den du dich anschließend selbst totlachst. Komm, laß uns gehen.« Er streckte den rechten Arm aus, mit dem er mich hochheben und sich auf den Rücken setzen konnte, wenn ich ebenfalls entsprechend den Pfadfinderregeln, die er mir beigebracht hatte, das richtige Manöver durchführte. »Wir spielen Pferd«, sagte er und galoppierte wiehernd auf die Küche zu, wobei er den dazwischenliegenden, dunklen Raum mit höchster Geschwindigkeit durchquerte. Sein Hals war direkt vor meinem Mund, daher küßte ich ihn, solange der Ritt dauerte.

Wir drei erörterten auch wissenschaftliche Themen. Wenn man sich etwas sehr, sehr wünscht, ist es dann besser zu glauben, daß man es bekommt, oder sollte man lieber wetten, daß man es nicht bekommt? Mein Bruder stimmte für letzteres. Auf diese Weise ließen sich Enttäuschungen vermeiden, und man konnte angenehme Überraschungen erleben. Ich war anderer Meinung. Ich fand einen Zustand des »vielleicht« aufregender. »Und außerdem«, sagte ich, »wenn du nicht kriegst, was du willst, bist du sowieso traurig, ganz egal, wie sehr du dich verstellst.«

Wenn man in einer Gesellschaft unbedingt einen lassen mußte (das Wort »furzen« auszusprechen war undenkbar), sollte man es besser lautstark und geruchfrei tun oder still und mit Gestank? Ich sprach mich für letzteres aus, weil ich mir zutraute, die Aufmerksamkeit von mir abzulenken. Mein Bruder zog die erstere Möglichkeit vor. »Man kann sich ja immer noch entschuldigen«, sagte er, »und niemand fühlt sich auf den Schlips getreten.«

»Du bringst es ganz bestimmt nicht weit in dieser Welt«, meinte ich.

Wenn du Großmutter töten dürftest, würdest du den Hammer vorziehen oder eine Kugel? Ich: Hammer. Iván: Kugel. Ervin enthielt sich.

Wenn wir drei unter uns waren, nannten wir unsere Großmutter »die alte Henne«, eine freche Ausdrucksweise, die sich bei den Kindern im damaligen Ungarn großer Beliebtheit erfreute. Unsere Großmutter war eine geübte Seelenhäuterin, die Folterkönigin des Großinquisitors Torquemada.

»Sieh dir doch Ági an«, sagte sie zum Beispiel und meinte damit meine Freundin von der anderen Seite des Laubengangs, zwei Jahre jünger als ich und nicht besonders helle. »Seht euch nur die Intelligenz und die Freundlichkeit an, die ihr aus dem Gesicht leuchten. Man weiß einfach, daß sie, wenn sie erst einmal erwachsen ist, brillant sein wird.«

»Großmama, Ági ist dumm. Das weiß doch jeder.«

»Wer sagt das? Die Tochter des Herrn Verlegers? Die, die nur ißt, wenn ich ihr zu Essen gebe, und die sonst verhungern würde? Wo ist der Herr Verleger? Wo ist das Geld, das er mir für alles, was du ißt, schuldig bleibt?«

»Großmama, wir sprachen über Ági.«

»Was ist mit Ági? Ági ist ein wunderbares Mädchen. Wir reden jetzt über dich. Sag mir, was, glaubst du, bist du wert? Sag mir ganz genau, was dich zu einem menschlichen Wesen macht, das irgendeine Mühe lohnt.«

»Ich weiß es nicht, Großmama.«

»Ha. Ha! Da hast du's! Ich nämlich auch nicht. Aber du ißt. Du steckst doch Essen in deinen Mund. Was glaubst du, wer dafür bezahlt? Der Herr Verleger, der nicht da ist? Wann ist das letzte Mal ein Brief von deinem Vater gekommen, mit Grüßen und Geld aus Amerika, aus dem großartigen, wunderbaren, erhabenen Amerika? Nun, wann war das?«

»Ich weiß es nicht.«

»Der Bastard hat das sinkende Schiff verlassen. Und du bist genau wie er.«

Iván war gerade rechtzeitig aus der Schule gekommen, um den letzten Teil des Gesprächs mitanzuhören. »Wie kann sie genauso sein wie er? Sie ist ein Kind und ein Mädchen, und außerdem ist sie nicht dafür verantwortlich.«

O Gott, dachte ich. Er hätte mir nicht zu Hilfe kommen dürfen. Ich kann schon auf mich selbst aufpassen. Ich bin ein Kind und ein Mädchen, und ich kann langsam und unauffällig unter dem Tisch versinken.

Aber er blieb störrisch und stand zu seiner vollen Größe aufgerichtet da. »Nun?«

Großmutters Stimme war sarkastisch und ihr Gesicht wutverzerrt. »›Nun?‹ Hast du ›nun‹ zu mir gesagt? Der Herr wagt es, ›nun‹ zu mir zu sagen? Kein Chauffeur mehr, der Herr. Keine deutsche Gouvernante mehr. Kein vornehmes Getue mehr, mein reicher Junge. Kein schikker Butler mehr. Ich bin der Butler. Sieh dir den Butler an.« Sie imitierte auf eine leicht wahnsinnige Weise einen sich verbeugenden Butler, der das Essen auftrug.

Mein Bruder ließ sich nicht zum Schweigen bringen. »Du machst dich lächerlich«, sagte er. »Und ich möchte dich warnen. Wage es nicht, auf meiner Schwester rumzuhacken.«

Ich glaubte, meine Großmutter würde explodieren. Ihr Gesicht wurde rot, und sie fing an, ihm vor der Nase herumzufuchteln. »Du warnst mich? Du? Wer bist du, daß du mich warnst? Du Bettler, du Habenichts, du Schnorrer!«

Ich kroch unter dem Tisch hervor und stellte mich zwischen die beiden. An meinen Bruder gewandt sagte ich: »Ich mag es, wenn sie auf mir herumhackt. Ich finde es herrlich. Ich will, daß sie auf mir herumhackt. Geh spazieren, du Dummkopf.«

Großmutter grinste. Iván funkelte mich wütend an. »Du hast keinen Charakter«, sagte er.

»Das weiß ich, aber ich habe Ersparnisse. Einen ganzen Pengö, in einem Stück.« Ich holte die Münze aus meiner Tasche. »Für fünfzehn Prozent Zinsen die Woche kann ich ihn dir ungefähr einen Monat lang zur Verfügung stellen«, sagte ich. Das Gesicht meines Bruders entspannte sich langsam und verzog sich zu einem verstohlenen Lächeln. Sein leisestes Lächeln konnte mein Herz beruhigen, konnte einen Raum verwandeln.

»Du hast keinen Charakter«, sagte er und nahm das Geld. »Keinen Charakter. Null.«

»Na und?« Wie schön war es, wenn dann die Tür zugeschlagen wurde.

Mein Großvater zeigte seinen Ärger über seine Frau durch die Art und Weise, wie er seine Portion Himbeeren aß. Sagen wir, meine Großmutter – die er nicht liebte – hätte diese Himbeeren mit Zucker bestreut und sie ihm nach einem Streit, in dessen Verlauf er kein Wort gesprochen hatte, in einer Schale serviert.

Ich sehe ihn noch vor mir, wie er da an seiner Nähmaschine saß. Er würdigte die Schüssel keines Blickes und nähte noch ein wenig am Ärmel eines Mantels weiter, an dem er gerade arbeitete. Dann drehte er sich um, so daß wir im grünen Schein der Lampe, in deren schwachem Licht er sich die Augen verdarb, sein Dreiviertelprofil sahen. Mit der rechten Hand zog er die Lampe an der Schnur ein kleines Stückchen weiter hoch – die Rolle quietschte wie eine Maus –, so daß der Lichtkegel weiter wurde.

Dann schob er sich mit einem Teelöffel eine kleine Portion Beeren in den Mund und verlieh ihnen durch diese Geste ein eigenes Leben. Er saugte an den Beeren, ließ sie kreisen, kostete sie schmatzend, ließ sie noch einmal kreisen, kaute und schluckte mit dem sicheren Gespür und der Selbstbeherrschung eines Akrobaten. Oh, diese Beeren! Zu welcher Erhabenheit sie im Mund meines Großvaters aufstiegen! Zu welch wunderbaren Antworten auf alle möglichen Arten von Hunger, von Frustration, von Zorn sie dort wurden. Wie sehr ich mir wünschte, seine Kunst erlernen zu können, wie ich mir wünschte, durch Beeren der Welt meine Botschaften zu senden. Ich aß die Beeren lediglich. Mein Großvater wurde durch sie zu einem anderen Wesen.

Dann legte er den Löffel weg, wischte sich den Schnurrbart ab, drehte seinen Kopf um ein weiteres Viertel und sagte, ohne den Blick zu heben, zu meiner Großmutter: »Zuwenig Zucker.«

Seit der Flucht meines Vaters waren fast drei Jahre vergangen, und meine Mutter war mit allem am Ende – mit ihren Ideen, ihrer Hoffnung, ihren verpfändbaren Besitztümern, ihrer Kraft. Sogar am Ende ihres Vorrats teurer, alter Kissenbezüge aus Spitze, die sie einen nach dem anderen auf dem sonntäglichen Flohmarkt verkauft hatte. Wenn unser Leben weitergehen sollte, mußte etwas passieren.

Rózsi schlug meiner Mutter vor, sich Arbeit zu suchen. Aber das war nicht so einfach. Meine Mutter verfügte über keinerlei Qualifikationen, abgesehen von ihrer Fähigkeit, Kreuzworträtsel zu erstellen, etwas, das sie jede Woche für die Zeitung meines Vaters getan hatte. Außerdem gab es neue Gesetze, die die Einstellung von Juden beschränkten. Nichtsdestoweniger trieb Rózsi in der Glas- und Spiegelfabrik, die den Brüdern Fischer gehörte, einen Job für sie auf.

Die ehemalige Herrin von fünf Dienern, die gnädige Frau Verlegerin, die den Fischers früher gelegentlich die Ehrenplätze für die Musicals ihres Mannes überlassen hatte, die elegante Madame Margit Dénes, die diese vermögenden Brüder bei ihren seltenen Begegnungen mit tiefen Verbeugungen und einem von Herzen kommenden Küß-die-Hand begrüßt hatten – natürlich ohne die Kühnheit aufzubringen, den Worten Taten folgen zu lassen –, diese allseits geschätzte Dame wurde nun ihre Bittgängerin um regierungsamtliche Genehmigungen sowie das Mädchen für alles. Manchmal gehörte zu ihren vielen Pflichten auch, das Büro zu fegen oder jemandem in den Mantel zu helfen.

Zur allgemeinen Erheiterung gab sie uns dann abends zu Hause Kostproben von den Unterwürfigkeiten des Tages, einschließlich Knicks.

Damals hatte ich keine Ahnung, wie schmerzlich das für sie war. Sie ließ die Situation in einem komischen Licht erscheinen, und ich glaubte ihr. Aber mit der Zeit fanden Pantomime und Gelächter ein Ende. Während der Woche arbeitete sie von Sonnenaufgang bis tief in die Nacht, und ich bekam sie kaum zu sehen. Am Wochenende schlief sie meistens. Sie wurde reizbar, in sich gekehrt, fremd. Ich vermißte sie.

Kurz bevor ich acht wurde, war Kati, das Dienstmädchen meiner Großeltern, meine beste Freundin. Sie war zwanzig, ein armes Bauernmädchen aus dem nördlichen Teil Ungarns, das in die Großstadt gekommen war, um dem Hunger zu entfliehen und ihr Glück zu finden. Was sie fand, war dasselbe, was die anderen unausgebildeten Bauernmädchen fanden: sechzehn Stunden harte Arbeit am Tag, einen Platz zum Schlafen in der Küche, drei kleine Mahlzeiten, jede Menge Schelte und ein wenig Geld. Kati hielt im Gegensatz zu den anderen nicht einmal sonntags nach einem Ehemann Ausschau. Als Adventistin hatte sie ihren freien Tag lieber am Samstag, und den verbrachte sie zu Hause.

Sie liebte mich, und ich liebte sie. Wie mein Bruder verfaßte sie Gedichte, wenn auch nicht von hohem literarischen Niveau. Bis auf den heutigen Tag kann ich einen ihrer Vierzeiler über den Krieg aufsagen, der nie gedruckt und, glaube ich, nie auch nur niedergeschrieben worden ist.

Mikor lesz vége
Mikor lesz béke
Mikor lesz elég a vér
Lesz a ki visszatéer.

»Wann wird das aufhören? Wann wird Frieden sein? Wann ist genug Blut vergossen? Wird irgendeiner zurückkehren?«

An den Samstagnachmittagen, an denen sie wegen ihrer Religion frei hatte und ich wegen meiner, brachte sie mir viele Dinge bei. Im Gegensatz zu meinen Eltern, die sich weder um Rituale noch um Feiertage geschert hatten, waren meine Großeltern religiös. Meine Großmutter hielt ihr Haus koscher und entzündete freitagabends Kerzen, und samstags zog jeder seine besten Kleider an – auch ich, die ich nur mit Kati zu Hause blieb. Meine Großeltern gingen in die Synagoge, obwohl mein Großvater sich manchmal davonstahl, um Freunde zu besuchen. Der Rest der Familie verschwand ebenfalls in alle möglichen Richtungen. Meine Mutter und Rózsi saßen mit ihren Freundinnen im Jappán. Die Jungen gingen in das von Flöhen heimgesuchte Kino an der Ecke – wir nannten es »das kleine Drecksloch« – und sahen sich alte Liebes- und Abenteuerfilme an.

Drei Dinge, die zu ihren zahlreichen Aufgaben gehörten, brachte Kati mir bei. Erstens zeigte sie mir, wie man ein Kohlefeuer macht, zweitens, wie man Tee kocht, drittens, wie man Rührei brät. Und obendrein brachte sie mir bei, die Uhr zu lesen. Diese Fähigkeit war mir im Laufe der Jahre von unschätzbarem Wert.

Wir umarmten uns viel und küßten uns und naschten Marmelade mit demselben Löffel. Sie hatte einen schlimmen Husten. Niemand dachte sich etwas dabei. Als der Auswurf blutig wurde, half ich ihr, die Spuren zu verbergen. Wir wurden erwischt; sie wurde entlassen. Gleich an Ort und Stelle, in der Küche.

Kurze Zeit später bekam ich eine Erkältung. Sie schien ziemlich hartnäckig zu sein. Meine Mutter bemerkte, daß ich an beiden Schienbeinen große, rote Flecken hatte. Ich meinte, daß ich mich vielleicht immer wieder am Bett stieß, wenn ich hinein- beziehungsweise herauskletterte. Die Erkältung ging nicht weg. Meine Mutter beschloß, mich trotz der damit verbundenen Unkosten auf jeden Fall zu Dr. Lukács, unserem alten Familienkinderarzt, zu bringen.

An einem kalten Oktobertag, es dämmerte bereits, kamen meine Mutter und ich auf der Podmanicky Utca an. Ich fühlte mich nicht gut und hatte immer noch leichtes Fieber, so daß ich bei jedem Windstoß zitterte und Sehnsucht nach meinem alten Zuhause bekam, wo zu dieser Jahreszeit und dieser Stunde in jedem Zimmer ein offenes Feuer brannte und alle Kerzenleuchter in verschwenderischem Glanz erstrahlten.

An der Ecke, in der Nähe der Bushaltestelle, stand ein Kastanienverkäufer. Gegen besseres Wissen fragte ich meine Mutter, ob wir welche kaufen könnten. Sehr traurig sagte sie: »Nein, wir können es uns nicht leisten.« Wenn mein Bruder dagewesen wäre, hätte ich ihm erklären können, daß es mir in Wirklichkeit gar nicht um die Kastanien ging, sondern um das flackernde Licht, das die brennende Kohle des Verkäufers auf die Kastanien warf. Zu meiner Mutter sagte ich: »Ist schon gut. Wirklich, Anyu, es macht gar nichts.«

Dr. Lukács untersuchte mich, machte ein Röntgenbild von meiner Brust, kitzelte mich wie gewöhnlich und sprach dann allein mit meiner Mutter. Als wir wieder auf die Straße traten, war es dunkel, und sie bot mir an, ein paar Kastanien zu kaufen. Da wußte ich, daß es aus war mit mir.

Es dauerte keine Woche, und ich war im Sanatorium, lag flach auf dem Rücken mit ansteckender Tuberkulose. Ich war fast acht. Zuerst dachte ich in meiner Verwirrung, daß meine Familie mit mir ins Szani ziehen würde, wie das Sanatorium spöttisch genannt wurde. Aber als meine Mutter mich, nachdem sie mich auf mein Zimmer gebracht hatte, dort verließ, wurde mir klar, daß ich eingekerkert und im Stich gelassen worden war.

Das Szani, ein ehemaliges Kurhotel, war mir ein vertrauter und verhaßter Ort. Schon vor meiner Geburt hatten meine Eltern sowie Iván und die Gouvernante, die Fräulein oder kurz Fräuli gerufen wurde, dort gewöhnlich die Sommerzeit verbracht. Iván war immer gern dort gewesen, aber ich hatte nur schlechte Erinnerungen daran. In den Sommern, die ich dort verbrachte, rief mein Vater nämlich oft aus der Stadt an, um zu sagen, daß er sich verspäten werde. Häufig kam er abends überhaupt nicht mehr. Meine Mutter weinte, Fräuli war gereizt, und ich übergab mich. Ohne selbst anderes erlebt zu haben, vermutete ich stark, daß andere Leute bessere Sommer verlebten.

Mein Vater ließ eine Menge Geld im Szani. Wir hatten dort für fünf Personen Zimmer mit Vollpension. Gelegentlich, wenn mein Vater aus einer Laune heraus doch noch auftauchte und eine ganze Horde von Freunden mitbrachte, kam ein Dinner für zwanzig Personen hinzu. Und der Herr Verleger Dénes war natürlich die Großzügigkeit in Person, wenn es ums Trinkgeld ging.

Ich nehme an, daß meine Mutter den Besitzern, dem wirklich netten Ehepaar Herrn und Frau Rabowsky – beruflich war sie Dr. Révész –, schon lange leid tat, als sie an einem Herbstmorgen im Jahr 1942 dort ankam, den Hut in der Hand, blaß und arm. Natürlich erinnerten sie sich an sie und den Herrn Verleger.

»In Amerika? Wirklich? Wie interessant! Magduska stirbt an Tuberkulose? Das ist tragisch. Das dürfen wir nicht zulassen.«

Sie waren sofort mit einem drastisch reduzierten Honorar einverstanden. Nur eine Sache mußte noch geklärt werden. Sie erinnerten sich daran, daß Magduska früher zu allem und jedem ihre Meinung gehabt hatte und überdies die Neigung, nicht damit hinterm Berg zu halten. Sie meinten, es wäre besser, wenn die Judenfrage nicht aufs Tapet käme. Meine Mutter beeilte sich, ihnen zu versichern, daß die dazwischenliegenden Jahre eine höchst positive Wirkung auf mein Taktgefühl gehabt hätten.

Meine Mutter besuchte mich, so oft sie konnte, mein Bruder einmal in der Woche, Ervin überhaupt nicht. Rózsi erlaubte es nicht, weil sie befürchtete, er könnte sich anstecken.

In jenen Jahren glaubten die Mediziner, daß Körperfett als ein Mittel gegen Tuberkulose wirke. Daher beschaffte meine Mutter mit unglaublicher Mühe und unter größten Opfern auf dem Schwarzmarkt zusätzliches Essen für mich, das sie jede Woche ins Sanatorium brachte und Schwester Dorá aushändigte. Mit Hilfe von Drohungen, Demütigungen und Strafmaßnahmen wurde ich mit Eiern, Butter und Schinken zwangsernährt, wie eine Gans, die bald zur Schlachtbank geführt werden sollte. Dorá néni schrie mich vor den anderen Kindern an – es ging dabei um meine hungernde, in furchtbarer Armut darbende Familie, die Opfer, die sie für mich brachte, und meine Undankbarkeit. Ich durfte den Tisch nicht eher verlassen, als bis ich alles aufgegessen hatte, was man mir hinstellte, und das war ungefähr zweimal soviel, wie ich überhaupt essen konnte. Wenn ich sagte, ich würde mich übergeben, versicherte Dorá néni mir, das sei nicht weiter schlimm, dann müsse ich eben mein Erbrochenes essen. Ich brauchte sie nur anzusehen, um zu wissen, daß ich ihr das glauben konnte.

Eine Zeitlang verbrachte ich den ganzen Nachmittag mit dem Versuch, mein Mittagessen aufzubekommen. Dann fand ich eine vorläufige Lösung. Ich steckte mir Papiertüten in die Tasche. Wenn ich dann alleine im Speisesaal saß, schaufelte ich das Essen in eine Tüte und steckte es mir wieder in die Tasche. Das war eine heikle Angelegenheit, weil ich sehr schnell arbeiten mußte. Sobald mein Teller leer war, durfte ich vom Tisch aufstehen und in mein Zimmer zurückkehren. Dort warf ich die Tüte gleich oben auf meinen Kleiderschrank. Wir hatten Winter, und das Gebäude war nicht allzugut beheizt, daher blieben meine Kunststückchen etwa drei Monate lang unentdeckt. Danach drang der Gestank des verfaulenden Essens bis hinaus auf den Korridor, und ich war dran.

Beim Abendessen, bei dem nur die Erwachsenen miteinander sprechen durften, verkündete Dorá néni, was ich getan hatte, und erklärte mich vor der versammelten Gemeinschaft zu einer schlimmen, unverbesserlichen jugendlichen Straftäterin. Sie fügte hinzu, dies sei angesichts meines ärmlichen Hintergrunds keine Überraschung für sie, und sie wisse ganz sicher, daß aufsässige Kinder später oft im Gefängnis oder sogar am Galgen endeten. Während ihrer kleinen Rede saß ich stocksteif da, starrte ins Leere und wünschte mir mit solcher Inbrunst den Tod, daß ich noch heute nicht begreife, warum es nicht funktionierte. Später stellte sich heraus, daß ihre Strafpredigt genau das Gegenteil bewirkte. Als wir schweigend aus dem Speisesaal herausmarschierten, blinzelten mir Kinder, die mich bis dahin ignoriert hatten, verschwörerisch zu und klopften mir heimlich auf die Schulter. Dorá néni hatte mein Ansehen beträchtlich gesteigert.

Die Behandlung meiner Krankheit erschien mir unheimlich, wie eine Art umgekehrter Exorzismus. Während der ersten drei Monate meines Aufenthalts kam meine Mutter einmal die Woche, ohne daß ich es ahnte, ins Szani, damit Dr. Révész ihr Blut entnehmen konnte. Dienstags und Donnerstags um vier Uhr spritzte Dr. Révész mit einer Nadel, die mindestens dreißig Zentimeter lang zu sein schien, mir dieses Blut in den Po.

Zuerst machte ich ein Mordstheater. Ich übergab mich, ich schrie, ich wehrte mich, ich rief nach meiner Mutter. Dann hatten sie mich schließlich, wo sie mich haben wollten. Wie es sich für ein gehorsames Opfer gehörte, kam ich pünktlich in den Behandlungsraum, hob den Rock hoch, zog die Unterhose runter, legte mich mit dem Gesicht nach unten auf den Untersuchungstisch und wartete auf den Schmerz. Und ich schwor mir, schwor mir aus ganzem Herzen, daß ich als Erwachsene entweder töten würde oder getötet werden wollte, sollte man mir noch einmal unter Zwang körperliche Schmerzen zufügen.

Meine Mutter gab mir eine Flasche Tokaji Aszu, einen dickflüssigen, süßen Wein, den ich auf dem Fensterbrett über meinem Nachttisch aufbewahrte. Davon sollte ich vor den Mahlzeiten ein Gläschen nehmen. Doch dazu erhielt ich den Rat von meiner fünfzehnjährigen Freundin Vera, deren Vater, ebenfalls ein Zeitungsmann, mit ihrer Mutter nach Amerika gegangen war. Vera war von ihrer Großmutter ins Szani gebracht worden, weil sie – und ich mußte einen Dreifachschwur leisten, dieses Geheimnis nicht zu verraten –, mehrfach versucht hatte, sich das Leben zu nehmen.

Vera erklärte mir, daß es weit besser sei, zwei Gläschen von dem Elixier zu nehmen, und zwar zwischen den Mahlzeiten, statt davor. Auf diese Weise würde ich die Welt zwischen Mittag- und Abendessen wie durch ein Glas sehen, strahlend und hell. Gelegentlich meinte meine Mutter: »Was? Ist die Flasche schon leer?« Ich zuckte dann nur die Achseln. »Sie steht auf dem Fensterbrett. Woher soll ich wissen, was damit passiert?«

Die einzige andere Behandlung bestand darin, still und in einen Kokon aus Decken gehüllt auf einer Terrasse zu liegen, den Himmel und die Berge zu betrachten oder zu lesen. Einen Kokon machte man folgendermaßen: Man nahm eine Decke und legte sie am Kopfende so weit überhängend auf eine Liege, daß man damit seinen Kopf bedecken konnte. Dann breitete man eine zweite Decke über die untere Hälfte der ersten. Dann kam ein Kissen obenauf, und der Patient konnte sich auf die Decken legen. Die erste Decke wurde bis zum Scheitel hochgeschlagen, die Seiten dem Patienten unters Kinn gesteckt. Zum Schluß wurden dann die Decken rechts und links über dem Patienten zusammengeschlagen, der nun verpackt war wie ein Indianerbaby. Ich konnte die Hände aus den Öffnungen im oberen Teil des Kokons schieben und ein Buch festhalten. An kalten Tagen bekamen wir eine Extradecke.

Alle Tb-Patienten lagen von morgens bis zum Mittagessen auf der Terrasse. Dann kam Dorá néni oder einer ihrer Abgesandten, um uns zu holen. Wir schlüpften aus dem Kokon, gingen in den Speisesaal, aßen und kamen zurück, um dort zu liegen, bis der Abend dämmerte.

In der Horizontalen wurde der Tag unterteilt durch Aktivitäten, so dürftig sie auch immer sein mochten. Morgen: frühstücken, hinlegen; Nachmittag: zu Mittag essen, hinlegen; Abend: zu Abend essen, ab ins Bett. Es war ein wohlgeordnetes, von der Uhr regiertes Dasein.

Aber der Tag hatte auch eine vertikale Dimension, die von den wechselnden Phasen des Lichts bestimmt wurde. Wie in einem grobkörnigen Stummfilm ließen die Sonne und die Wolken vor dem Hintergrund der Berge den Tag in immer kleineren Schritten sich verdichtender Dunkelheit sterben. Ich haßte diesen Vorgang; er erschreckte mich und machte mich sehr einsam. Es war ein solch unausweichliches, elementarisches Abwärts, Abwärts, Abwärts, und dann dasselbe wieder am nächsten Tag. In einem Alptraum haben Wiederholungen nichts Beruhigendes. Die Tatsache, daß jeder Tag mit Schlaf stirbt, ist kein tröstlicher Gedanke für ein krankes Kind. Also las ich und lugte unter meinem Buch hervor, um zu beobachten, wie das Licht schwand.

Nach etwa fünf Monaten waren nur noch zwei von uns krank genug, um den ganzen Tag auf der Terrasse zu verbringen. Ich in meiner Ecke auf der rechten Seite, die Iván für mich erkämpft hatte, weil ich mich so dringend nach Ungestörtheit sehnte, und eine Dame in der fernen linken Ecke. Einmal hörte ich sie im Zwielicht weinen.

Ich tat so, als höre ich nichts, und weinte stumm mit ihr. Plötzlich fragte sie: »Wie alt bist du?«

Was für ein schreckliches Benehmen, dachte ich. Wir waren einander nicht einmal vorgestellt worden. Zumindest sollte sie zuerst nach meinem Namen fragen und mir den ihren sagen. »Acht«, erwiderte ich.

»Ich habe eine kleine Tochter; sie ist zehn. Wir wohnen in Veszprém. Ich habe sie seit einem Jahr nicht mehr gesehen, weil ich so krank bin. Ich vermisse sie. Deine Mutter muß dich auch vermissen und sich schreckliche Sorgen um dich machen.«

Meine Dame, Sie sind verrückt! Ich bin nicht krank! Niemand vermißt mich, und ich vermisse niemanden! Ich bin hier, um mich mit der Rolle der Marguerite in *La dame aux Camélias* vertraut zu machen. Das wird ein hochbezahlter Job sein, wenn mein Vater zurückkommt und das Stück als ungarisches Musical wiederbelebt. »Mag sein«, sagte ich und versuchte einsilbig zu klingen, damit sie nicht merkte, daß ich weinte. Ich besann mich wieder auf mein gutes Benehmen und riß mich zusammen. »Es tut mir leid, das mit Ihrem kleinen Mädchen«, sagte ich.

Sie fing an zu schluchzen. »O mein liebes, kleines Herz«, begann sie, und ausnahmsweise war Dorá néni einmal zu etwas nutze. Sie kam auf die Terrasse, um unsere Erlösung und das Abendessen zu verkünden.

Zwei Tage später erhielt ich anonym eine Pralinenschachtel. Ich winkte ein unbestimmtes Dankeschön in ihre Richtung. Die Dame sprach nie wieder mit mir. Ich verstand.

Als mein Zustand besser wurde und ich nicht mehr den ganzen Tag auf der Terrasse zubringen mußte, wurde ich für Kunst und Werken eingeteilt. Dort töpferte ich Woche um Woche die gleichen langweiligen Tonaschenbecher. Meine Malaufgaben erfüllte ich, indem ich wieder und wieder die gleiche Landschaft zeichnete – Schnee, der auf einen schneebedeckten Berg fiel, auf dessen Gipfel eine einsame Kiefer mit weißen, herabgedrückten Zweigen stand.

Weil ich bei diesen Tätigkeiten eine solche Einförmigkeit an den Tag legte, schickte man mich wiederholt zur Hauspsychologin, Dr. Stefi, die mich mit gestrenger Stimme darüber informierte, was sie von mir hielt. Ich sei:
erstens unkooperativ,
zweitens unvernünftig,
drittens eine absolute Enttäuschung.

Sie ließ außerdem durchblicken, daß mit mir wohl etwas nicht stimme, weil ich wieder und wieder die gleiche Kiefer zeichnete. Ich tröstete mich, indem ich mir im stillen und um ihre Stimme auszublenden ein Gedicht von Heinrich Heine aufsagte, das ich auswendig kannte.

Ein Fichtenbaum steht einsam
Im Norden auf kahler Höh.
Ihn schläfert; mit weißer Decke
Umhüllen ihn Eis und Schnee.

Er träumt von einer Palme,
Die, fern im Morgenland,
Einsam und schweigend trauert
Auf brennender Felsenwand.

Ich wußte, daß Heine Jude war. Ich vermutete, daß auch er einen Bruder vermißt hatte. Und ich wußte, daß das Gedicht mich davor bewahrte, mir merkwürdig vorzukommen, ganz egal, wofür Dr. Stefi mich hielt. Die Literatur läßt ihre Freunde niemals im Stich.

Dr. Stefi néni gab mich auf, lange bevor ich entlassen

wurde. Bei unserem Abschlußgespräch unternahm sie einen letzten Versuch, mich geradezubiegen.

»Ich dachte, du wärst ein kluges Mädchen.«

Ich sagte nichts.

»Als du hierherkamst, habe ich dich für sehr kreativ gehalten. Ist dein Vater nicht Schriftsteller?«

Ich sagte nichts.

»Anscheinend habe ich dich überschätzt.«

»Ja, Dr. Stefi néni«, sagte ich. Ich dachte kurz daran zu salutieren, ließ es jedoch bleiben.

Nach nicht ganz einem Jahr hatte ich mich vollkommen erholt und konnte das Szani verlassen. Jetzt erschien mir die enge Wohnung meiner Großeltern wie das wiedergewonnene Paradies.

Bei meiner Heimkehr steckte Ervin mir heimlich einen zusammengefalteten Bogen Papier zu. In seiner eleganten Handschrift stand darauf geschrieben: »Ich bin froh, daß Du zu Hause bist. Ich habe Dich vermißt. Ich liebe Dich. Iß diesen Brief auf. Ich könnte die Konsequenzen nicht ertragen.« Er hatte recht. In unserer überfüllten Behausung gab es keine Möglichkeit, irgend etwas geheimzuhalten. Das Papier aufzuessen, erschien mir jedoch zu dramatisch. Statt dessen bat ich Iván, mich ins Badezimmer zu bringen, wo ich den Brief so schnell wie ein Käfer beim Rückzug in seinen Schlupfwinkel in die Toilette warf. »Was war das?« fragte Iván argwöhnisch.

»Nur ein paar Gedanken, die ich mir im Szani notiert habe. Ich wollte nicht, daß irgend jemand es liest. Wertloses Zeug.«

»Schade«, sagte Iván. Und fügte mit einem Wechsel der Sprache hinzu: »A shame.«

»Was?«

»›Schade‹ auf englisch.«

»Wie hast du das ausgesprochen?«

»›A shame‹.«

»Acham?«

»Nicht direkt. Ich hoffe so sehr, daß wir dich, wenn die Zeit kommt, auf das Englische Mädchengymnasium schicken können, wie Anyu es in besseren Tagen geplant hatte.«

»Und wann wäre das wohl? Wenn Apuci reichbeladen aus Amerika heimkommt?«

Iván zuckte die Achseln. Das war kein Thema, über das wir reden konnten, denn er behauptete, unseren Vater zu lieben. Ich nicht.

Ein Wunderrabbi aus Belz in Polen kam nach Budapest, und alle Gläubigen wollten zu ihm, um ihn ihrer Sicherheit willen um seinen Segen und seine Fürsprache bei Gott zu bitten. Mein Bruder war zwar Atheist, aber er sagte, auch er werde hingehen und den Rabbi bitten, für uns alle zu beten. Er wollte erreichen, daß meine Genesung von Dauer war, daß wir alle überlebten und daß wir irgendwann wieder mit meinem Vater zusammensein würden. Er stellte sich in die Schlange vor der Synagoge und wartete die ganze Nacht. Als er an der Reihe war, wurden die Tore geschlossen. Der Rabbi, ein kleiner, zerbrechlicher, sehr müder Mann, der durch die Tür schaute, sagte: »Nein, ich werde noch einen empfangen – diesen blonden Jungen da.« Später erzählte uns mein Bruder, daß er den Rabbi gebeten habe, für alles zu beten. »Hast du ihn auch darum gebeten, wieder mit deinem Vater zusammenzukommen?« fragte meine Mutter. Iván wurde blaß. »Nein«, gestand er, »das habe ich vergessen.«

Mein Bruder und ich gewöhnten uns langsam an die Verhältnisse, in denen wir lebten. Wir gewöhnten uns daran, schäbig gekleidet und qualvoll arm zu sein, wir gewöhnten uns daran, nie richtig satt zu sein, ohne allerdings richtig Hunger zu haben. Wir gewöhnten uns daran, vaterlos zu sein.

Und in der Tat hatte letzteres auch seine Vorteile. Ich dachte oft an die Zeit zurück, als ich einen vollen Magen und einen Vater hatte, und ich erinnerte mich daran, daß das gar nicht so befriedigend gewesen war.

Mein Vater nahm mich einmal zu Gerbaud mit, dem vornehmsten Lokal in Budapest, wo man im Sommer draußen sitzen und Eisschokolade trinken konnte. Das Personal stürzte herbei, um uns zu begrüßen.

»Herr Verleger, bitte, welchen Tisch hätten Sie gerne, welche Ecke, wo würden Sie sich am wohlsten fühlen?« Mein Vater warf János, dem Oberkellner, arrogant ein Trinkgeld zu und ebenso Mihály, dem Kellner. Sie verbeugten sich tief.

»Bringen Sie eine Schokoladenmilch, ein Schokoladeneis und einen Schokoladenkuchen für die junge Dame hier, meine Tochter, und einen dreifachen dunklen Rum für mich.«

»Sehr wohl. Kommt sofort, verehrter Herr Verleger.«

Ich war bestürzt. »Apuci, ich will das nicht alles. Das ist zuviel. Ich darf nicht soviel Schokolade essen.«

»Wenn du mit mir zusammen bist, darfst du alles. Du bist Papas kleine Braut. Wir tun alles, was du willst. Du kannst von allem probieren und den Rest stehenlassen.« Er blinzelte mir zu.

Der Rum kam vor meiner Bestellung, und er stürzte ihn hinunter. Dann bestellte er sich noch einen. Ich wünschte mich auf den Mond. Ich hatte das schon früher erlebt, aber nie, wenn ich mit ihm allein war. Ich legte die Arme auf den Tisch und zuckte unwillkürlich zusammen. Er war aus Marmor und sehr kalt.

»Was ist los?« fragte mein Vater.

»Der Marmor. Er ist kalt, nicht wahr?«

Mein Vater begann mit den Fingern zu schnippen; es klang wie das abgehackte Geräusch von Kastagnetten.

»Ein Tischtuch für meine Tochter!« brüllte er. »Ein Tischtuch! Der Tisch ist ihr zu kalt unter den Armen.«

»Apuci«, flüsterte ich, »mir ist nicht kalt, ich will nach Hause.«

»Gerade hast du noch gesagt, dir wäre kalt!« schrie er mich an. »Was bist du, eine Idiotin?«

Mittlerweile hatte sich das Lokal gefüllt, und ich sah einige von meinen Spielkameraden mit ihren Eltern oder Gouvernanten. Meine überreichliche, peinliche Bestellung war ebenfalls angekommen. Schon bei ihrem Anblick wurde mir übel. »Apuci, ich glaube, ich muß brechen«, sagte ich, und er wußte, daß das keine leere Drohung war. Seit einiger Zeit mußte ich mich, sobald es in der Familie Streit gab, übergeben. Sie hatten meinetwegen eine ganze Reihe von Ärzten konsultiert, aber keiner hatte helfen können. Der beste von ihnen, der einzige, der meinem Vater ohne Angst entgegentrat, hatte ihnen, wie man mir sehr viel später erzählte, gesagt: »Schicken Sie sie aus dem Zimmer. Und wenn das nicht geht, geben Sie ihr Bananen zu essen.«

Schließlich gingen wir. Gyuri, der Chauffeur, kam mit dem Wagen vorgefahren. Er half meinem Vater auf den Rücksitz, tippte sich an die Mütze und sagte: »Bitte um Vergebung, Herr Verleger, aber das kleine Fräulein sieht nicht gut aus.« Jeder im Haus wußte, daß ich dazu neigte, mich zu übergeben. »Mit Ihrer Erlaubnis, gnädiger Herr, könnte sie nicht vielleicht vorn sitzen?«

Mein Vater stieß ein kehliges Grunzen aus, das Gyuri und ich als ein Ja aufzufassen beschlossen.

Einmal war Gyuri für zwei Monate verschwunden. Genauer gesagt hatte er sich mit etwas Geld abgesetzt. An dem Tag, als er zurückkehrte, zerknirscht und auf Bestrafung gefaßt, schlug mein Vater ihm kräftig auf beide Wangen. Dann sagte er, ohne auch nur den geringsten Ärger zu zeigen: »Was ist passiert, Gyuri?«

»Nun ja, Herr Verleger«, sagte Gyuri, während die Abdrücke der fünf Finger meines Vaters sich auf seinen Wangen immer röter und deutlicher abzeichneten, »es war nicht meine Schuld. Schuld war der Herr Reporter Kelemen. Der kam mit diesen schönen gelben Lederschuhen hier an. Die wollte ich auch haben. Als Sie mir das Geld gaben, um die Drucker zu bezahlen, war es ungefähr soviel, wie die Schuhe kosten. Ich habe einen schwachen Charakter, Herr Verleger. Ich konnte nicht widerstehen. Ich habe sie gekauft. Sie verstehen doch, daß es Herrn Reporter Kelemens Schuld war, nicht wahr?«

»Aber natürlich verstehe ich das, Gyuri«, sagte mein Vater lachend und ohrfeigte Gyuri noch einmal, diesmal so fest, daß er stürzte. »Du bist wieder eingestellt. Hol die Wagenschlüssel, wasch den Wagen und sei um fünf wieder hier.«

»Herr Verleger, ich küsse Ihre großzügigen Hände«, sagte Gyuri vom Fußboden aus.

Die Sache mit Gyuri fand ich schrecklich, aber er schien auch irgendwie das zu bekommen, was er verdiente. Nicht wegen der gelben Schuhe, sondern weil er vor einigen Jahren Iván verraten hatte. Damals besuchte Iván in der Sexta die Schule »Deutsches Reich«, die deutsche Eliteschule der Stadt. Mein armer Bruder wußte leider nicht um die dort herrschende Sitte, daß alle Jungen in jeder Jahrgangsstufe nach dem Unterricht auf dem Schulhof Faustkämpfe austrugen, bis nur noch einer von ihnen aufrecht stand, sozusagen der Jahrgangsbeste des Tages. Als mein bebrillter, dürrer Bruder dies an seinem ersten Schultag mitbekam, flüchtete er sich zu Gyuri, der darauf wartete, ihn nach Hause zu fahren. »Du mußt kämpfen«, sagte Gyuri und versetzte ihm einen kleinen Stoß. »Ich habe eine Menge Geld auf dich gesetzt.« Alle Chauffeure wetteten untereinander auf ihr Kind.

»Ich habe keinen Grund zum Kämpfen«, sagte Iván und kletterte in den Fond des Wagens. »Bring mich nach Hause, Gyuri«, fügte er hinzu und imitierte den herrischen Tonfall meines Vaters.

Gyuri wurde wütend und verpetzte Iván. »Da haben wir also einen Pazifisten in der Familie, wie?« fragte unser Vater drohend und betonte jede einzelne, in die Länge gezogene Silbe. »Verteidige dich, Feigling.« Er boxte Iván aufs rechte Auge.

»Apuci«, begann Iván seinen tränenreichen Protest. Er bekam einen Hieb aufs linke Auge. Bevor er sich erholen konnte, bekam er noch einen aufs Kinn. Er war halb so groß wie mein Vater, der außerdem dreimal soviel wog wie mein Bruder. Iván fing an zu weinen. Er war zehn Jahre alt.

»Genug für heute«, sagte unser Vater. »Aber wenn ich jemals wieder höre, daß Gyuri deinetwegen Geld verliert, machst du Bekanntschaft mit der Schnalle meines Gürtels.«

Ein Jahr später machte er seine Drohung wahr, als Iván von der Schule »Deutsches Reich« verwiesen wurde, weil er wie ein Wilder gekämpft hatte – im Klassenzimmer, auf dem Hof und draußen auf der Straße.

Nach seiner Bar-Mizwa schoß Ervin plötzlich wie ein von überreichem Regen bedachter Grashalm in die Höhe. Im Handumdrehen hatte er die Größe meines Bruders erreicht, einen Meter zweiundachtzig. Iván ärgerte sich, und es entbrannte ein erbitterter Wettstreit. Von nun an maßen sie sich selbst und einander jeden Tag, machten jeden Millimeter Vorsprung geltend. Schlank und schlaksig, knochig und mit großen Händen, der eine blond, der andere dunkel, sahen sie beide wunderbar aus. Stolz und selbstgefällig nahm ich zur Kenntnis, daß sämtliche Mädchen im Gebäude sie die ganze Zeit anschauten und abwechselnd für den einen und für den anderen schwärmten. Aber sie gehörten mir, einzig und allein mir.

Im zweiten Stock wohnte Edit Nuszbaum mit ihren Eltern; sie war zwanzig Jahre alt, eine ehemalige Universitätsstudentin, die nun infolge der jüngsten Erlässe, daß den Juden der Zugang zu jedweden Instituten höherer Bildung verwehrt werde, zum Müßiggang verurteilt war. Sie hatte rotblondes Haar, grüne Augen und rote, rundliche Wangen. Außerdem fiel sie durch weitausladende Gesten und eine heisere Stimme auf. Bei uns zu Hause bezeichneten die Jungen sie als die Rose von Hebron, was nicht ganz als Kompliment gemeint war. Nachmittags veranstaltete Edit oft etwas, das sie Teepartys nannte – ohne Tee oder Gebäck, ohne eine Dienerin oder ein Programm. Es war seltsam. Meine Freundinnen und ich vermuteten, daß sie durchaus ein geheimes Programm hatte: die Eroberung von Iván, in den sie bis über beide Ohren verliebt war. Meistens ignorierte er sie, teilweise deshalb, weil auch er verliebt war, aber in Éva Hirsch aus der Stadt Sárbogárd. Sie ging auf das Englische Mädchengymnasium, und die beiden hatten sich bei einem Konzert kennengelernt. Sie war zwei Jahre älter als er und eine Pianistin »von bedeutendem Talent«, wie Iván sagte. Sie führten einen regelmäßigen Briefwechsel, und er schrieb ihr Gedichte. Ich habe sie nur ein einziges Mal getroffen und fand sie in keiner Hinsicht beeindruckend. Meiner Meinung nach war sie zu groß für ein Mädchen, und ihre Finger sahen aus wie Weißwürste – stummelig, dick und von kränklichem Weiß. Iván sagte, er hoffe, daß ich ihr als Erwachsene gleichen würde. Ich hoffte entschieden, daß das nicht der Fall sein möge.

Mein Bruder ignorierte Edit Nuszbaum auch deshalb, weil sie eine meisterhafte, geschickte Spötterin war, und diese spezielle Eigenart stand bei uns im Augenblick nicht gerade auf der Liste der liebenswertesten Eigenschaften. »Nun, Iván«, sagte sie zum Beispiel vor allen anderen, »erzähl uns doch noch einmal, wie brillant deine kleine Schwester ist. Erzähl uns von ihrer poetischen Sensibilität, ihrer Kenntnis der Literatur, ihrem Tiefgang. Bitte, erzähl es uns doch. Wir haben jetzt mindestens eine halbe Stunde lang keinen Vortrag mehr über sie gehört. Du bist überfällig. Du hast doch bestimmt schon Entzugserscheinungen.«

Iván errötete dann und fing an zu stammeln. Normalerweise war er schlagfertig, witzig und beißend, aber nicht bei ihr und nicht, wenn es um mich ging. Ich genoß den Wortwechsel. Tiefgang? Sensibilität? Kenntnis? Das dachte er? Das dachte mein Bruder von mir? Unmöglich! Von mir. Von *mir*?

Mirmirmirmirmirmirmirmir?

Eines schwülen Sommersonntagnachmittags erklärte Edit: »*Il est nécessaire qu'on s'amuse.*« Daß sie sich der französischen Sprache bediente, gehörte zu ihrer hochgestochenen Art, wie die Teepartys ohne Tee. Keiner von uns verstand, was sie sagte, außer meinem Bruder, dessen lakonische, freie Übersetzung lautete: »Geht in Deckung, alle, wie ihr da seid. Sie will spielen.« Edit schlug einen Schönheitswettbewerb zwischen Iván und Ervin vor. Die Teilnehmer sollten einen kurzen Aufsatz schreiben, in dem sie ihre Qualifikationen darstellten. Beide Jungen lehnten ab. Egal, meinte sie; das Spiel würde trotzdem seinen Lauf nehmen.

Die Juroren sollten alle Mädchen von zwanzig Jahren und jünger sein, die bereit waren, dieses Amt zu übernehmen. Das bedeutete, Edit und ihre Cousine Rachel, die in den letzten Monaten bei den Nuszbaums gelebt hatte, seit ihr Vater von den Nazis verhaftet worden und verschwunden war und ihre Mutter einen Nervenzusammenbruch gehabt hatte; ferner meine brillante Freundin Ági sowie zwei der drei Kornitzermädchen, die auf der anderen Seite des Hofs eine Etage unter uns wohnten; schließlich Marika Deutsch aus dem zweiten Stock, eine blasse Einzelgängerin meines Alters, der für gewöhnlich niemand Beachtung schenkte, die aber in diesem Fall angeheuert wurde, um ein Patt zu vermeiden. Und ich natürlich. Edit sagte, es müsse offen abgestimmt werden. Ich protestierte lahm. Mehr konnte ich nicht tun. Ein nachdrücklicherer Protest hätte mich bloßgestellt.

Die Jungen gingen aus dem Zimmer. Wir wählten. Wer ist für Iván? Drei. Wer ist für Ervin? Drei. »Und du, fromme, kleine Schwester?« fragte Edit boshaft. »Willst du uns das Spiel verderben?«

»Nein. Ich stimme für Iván.«

Edit machte sich daran, für beide Jungen eine Liste der abgegebenen Stimmen zu erstellen. Wir anderen protestierten lautstark. »Nein«, sagte Edit, »ich habe recht. Genauso funktioniert eine offene Wahl. Sie ist offen für die Kandidaten.«

Sie rief die Jungen herein und überreichte ihnen die einzelnen Ergebnisse. Beide verbeugten sich abwechselnd. Wir applaudierten.

Das Spiel hatte sich, was niemanden erstaunen dürfte, in ein Fiasko verwandelt, obwohl ich nicht klug genug gewesen war, das vorherzusehen. Iván war beleidigt und schmollte, weil er nur mit einer einzigen Stimme Vorsprung gewonnen hatte; mir machte es furchtbar zu schaffen, daß ich mich so unzweideutig hatte äußern müssen. Ervin war verletzt. An diesem Abend sagte er unter vier Augen zu mir: »Es macht mir nichts aus, daß ich verloren habe. Aber daß ich deine Stimme verloren habe, macht mir sehr viel aus.«

»Es tut mir leid«, sagte ich und fühlte mich scheußlich. Ich wußte nicht, wie ich ihm klarmachen sollte, daß ich sie beide für gleichermaßen schön hielt, daß mein Bruder aber der traurigere Junge von ihnen war und meine Stimme deshalb dringender brauchte. Und daß ich Edit nicht erlauben konnte, einen Keil zwischen mich und Iván zu treiben, wie sie es beabsichtigt hatte.

Die Kornitzers waren orthodoxe Juden und kamen mir daher ein wenig merkwürdig vor. Auf der anderen Seite war der jüngste Bruder von Vater Kornitzer ein Journalist, der sich eines gewissen Ansehens erfreute, daher billigte meine Mutter die Freundschaft.

Die Kornitzers hatten vier Kinder: einen Jungen, der ungefähr so alt war wie mein Bruder, nämlich sechzehn, und Ervin hieß wie mein Vetter, sowie die Schwestern Ibolya, vierzehn, Ellis, dreizehn, und Baba, acht, also ein Jahr jünger als ich. Ellis hatte einen leichten Buckel, der dadurch, daß Frau Kornitzer und die anderen Kinder ihr in den Rücken boxten, wann immer sie wütend auf sie waren – und das war ziemlich oft –, auch nicht gerade besser wurde.

Ibolya präsentierte sich von Zeit zu Zeit mit blauschwarzen Abdrücken an der Kehle. Sie war davon überzeugt, daß sie sich mit bloßen Händen erwürgen könne. Keines von uns Mädchen fand, daß ihre Technik besonders gut funktionierte oder große Hoffnung auf Erfolg versprach. Das sagten wir ihr auch wiederholt, aber sie ließ sich nicht davon abbringen. Wir schlugen Lauge vor, aber Ibolya meinte, nur Dienstmädchen tränken Lauge, um sich umzubringen, und außerdem glaube sie nicht, daß Lauge koscher sei.

Baba trug eine Schiene am rechten Bein, die Folge einer Erkrankung an Kinderlähmung. Wenn sie gut gelaunt war, legte sie sich auf ihr Bett, nahm die Schiene ab, und wir durften sie abwechselnd benutzen. Wir schnallten sie an und humpelten so gut wir konnten herum, aber es war schwierig. Sie schüttelte sich vor Lachen aus über unsere Unbeholfenheit. Wir lachten ebenfalls. Nach einer Weile wurde sie ungeduldig und nahm die Schiene wieder an sich. Sie schnallte sie sich auf dem Bett an, stand auf und zeigte uns triumphierend, wie man richtig lahmte.

Zwei Schulfreundinnen, Zsuzsi und Évi Éliás, die Töchter des Metzgers, faszinierten mich. Zsuzsi war so alt wie ich, Évi ein Jahr jünger. Sie waren pummelige, vierschrötige, rothaarige kleine Mädchen mit Sommersprossen, die wie brauner Zucker über ihre Gesichter und ihre weichen, runden Arme und Hände versprengt waren. Wenn sie im Sonnenlicht zur Schule hüpften, glichen sie lebendigen Süßigkeiten – Eclairs, Löffelbiskuits. Ihre rosafarbenen, gestärkten, mit Rüschen besetzten Kittelkleider erinnerten mich an mein früheres Leben, und ich beneidete sie. Nein, nicht sie. Ich wußte, daß sie mir gesellschaftlich unterlegen waren; meine Mutter hatte es mir erzählt. Ich wußte, daß sie dumm und unwissend waren; das hatte mein Bruder mir erzählt, aber ich wußte es schon vorher. Ich neidete ihnen, daß sie stets im Mittelpunkt standen. Die Aufmerksamkeit, mit der sie überschüttet wurden, von ihrer Kinderfrau, ihrer Mama, ihrem Papa und allen möglichen anderen Leuten.

Ich, ich war kein süßer Schatz. Wenn überhaupt, war ich eher wie Salami. Lang, unelegant, pikant, scharf. Massenartikel, nicht Luxusware. Vielleicht wäre ich besser die Tochter eines Metzgers gewesen als die eines Herrn Verlegers, dessen Gesicht in meiner Erinnerung ohnehin immer mehr verblaßte.

Gerüchte sind ein unvermeidbarer Aspekt unterdrückter Gesellschaften. Je mehr die offiziellen Nachrichten durch eine Regierung reglementiert wurden, desto mehr »wirkliche« Neuigkeiten verbreiteten sich durch Mund-zu-Mund-Propaganda – oft mit ähnlichen Ergebnissen, wie man sie von dem Kinderspiel namens Stille Post kennt. Irgendwann nahmen die Gerüchte in Ungarn derart überhand, daß ein Gesetz erlassen wurde, das die Verbreitung inoffizieller, schlechter Nachrichten unter Strafe stellte.

Ein nicht bestrafbares Gerücht, das unter uns Juden kursierte, besagte, daß der Geist der spanischen Inquisition wiedererwacht war und daß diejenigen, die konvertierten, mit dem Leben davonkommen würden. Unsere Freunde und Nachbarn drängten uns zu diesem Schritt. Meine Familie, die von Natur und Überzeugung her eher zum Trotz neigte, besprach die Angelegenheit etwa einen Monat lang und beschloß zu guter Letzt, daß wir, mit Ausnahme meiner Großeltern, die sich kategorisch weigerten, in einer Kirche in der Nachbarschaft um Unterweisung bitten würden, damit wir später konvertieren konnten.

Die plötzliche Schwemme jüdischer Bittsteller, denen allen zusammen und zur gleichen Zeit das Licht der Erleuchtung aufgegangen war, stellte unsere Feinde vor ein Dilemma. Es war die heilige Pflicht eines jeden Katholiken, Konvertiten zu bekehren. Andererseits hegte niemand auch nur den leisesten Zweifel daran, daß man uns nicht trauen konnte.

Der Priester unserer Gemeinde löste das Problem nach einigen Unterrichtsstunden. »Meine Kinder«, sagte er zu uns, »ich kann eure unsterblichen Seelen retten, nicht aber euren Leib.« Rózsis unüberhörbares »Zum Teufel damit!« faßte unsere Position zusammen und signalisierte das Ende dieser Unternehmung. Trotzdem lernte ich die

Schönheit des Neuen Testaments kennen und lieben und auch Jesus, den armen, idealistischen, zum Märtyrer gemachten Judenjungen, der er war.

Unter der Woche kam ich schon mittags aus der Schule nach Hause, zwei Stunden früher als die Jungen. Daher fiel mir die Aufgabe zu, die Zeitung laut vorzulesen, während meine Großmutter das Mittagessen kochte und mein Großvater weiter an seiner Nähmaschine arbeitete.

Ich las mit Grabesstimme und geisterhaftem Tonfall, dramatisierte und genoß jede Katastrophe, jeden Todesfall, jedes neue Gesetz gegen die Juden.

»Zwei Juuuuden, die ohne Steeeern unterwegs waren, identifiziert und *verhaftet*!« lautete zum Beispiel meine freie Umgestaltung der Überschrift. Oder ich flüsterte heiser: »Tollwütige Hunde durchstreifen den Ghettobezirk!« und so weiter.

Meine Großmutter wurde wütend. »Du versuchst, uns angst zu machen«, sagte sie.

Ich war entrüstet. »Wie könnte ich? Ich lese nur die Worte vor. Ich lese, was geschrieben steht. Sieh selbst.«

»Ach, egal«, sagte sie. »Du versuchst, uns angst zu machen. Ich weiß es.«

Ich wußte es auch.

Eine herrliche Woche verging, dann schritt meine Tante Rózsi ein, bei der meine Großmutter sich beklagt hatte. Sie verbot mir, weiter vorzulesen, weil dies meine Großmutter zu sehr aufrege.

Ich war begeistert. Meine Stimme, mein Wille, meine eigenwillige Stimme konnte eine Bedrohung ausdrücken, die zu ertragen meine Großmutter außerstande war. Sie verbot mir den Mund, weil ich die Macht hatte, ihr Angst einzujagen. Ich habe die Macht. Ich *habe* die Macht. Ich habe die *Macht*.

Rózsis Haar hatte die Farbe eines Irish Setters; ihre Freundinnen nannten sie daher Rote. Meine Großeltern und meine Mutter verspotteten sie. »Rote? Was bist du? Kommunistin? Haha.« Rózsi zuckte mit ihren beachtlichen Schultern. Sie schwang sie beim Gehen, wie andere Leute die Hüften schwingen – links, rechts, links, rechts, zwei Zentimeter Weg zurückgelegt mit jedem Stoß nach vorn. Sie verdiente ihr eigenes Geld und traf ihre eigenen Entscheidungen, ohne einen Mann. Gut, dachte ich. Sie kann nicht sitzengelassen werden. Ihr konnte das nicht passieren.

Rózsi war noch in anderer Hinsicht etwas Besonderes. Sie war die wunderbare Besitzerin einer Armbanduhr, die einzige in der Familie, die einem genau die Uhrzeit sagen konnte, ohne in die Küche zu rennen. Uhren sind erstaunliche Instrumente, dachte ich. Sie geben einem Kontrolle über die kostbare Gegebenheit des Universums: die Zeit. Kontrolle über das *Jetzt* und das *Vorher* und *Das, was noch kommen wird.* Es gelüstete mich mit gemeinem Neid und atemloser Hoffnungslosigkeit nach Rózsis Uhr. Wenn nur... Wenn nur...

Eines Morgens sagte Rózsi in einer erstaunlichen Geste der Großzügigkeit zu mir: »Möchtest du heute für die Schule meine Uhr haben?«

Es mußte ein gemeiner Trick sein, dachte ich. Ich sagte nichts. Ich blieb reglos sitzen. Eine Antwort wäre zwar höflich, dachte ich, war aber dazu nicht imstande; ich hatte zu große Angst vor einer Enttäuschung.

»Nun«, meinte Rózsi néni, »willst du sie dir nun ausleihen oder nicht?«

»O ja, ja bitte! Ich danke dir!«

Mein glückliches Geschick lief mir auf dem Schulweg mindestens zwei Schritte voraus. Meine Füße entzündeten Feuerwerkskörper, und mein Herz sandte kleine, funkelnde Sterne aus. Während des Vormittags gestikulierte ich soviel wie möglich mit meinem linken Arm. Meine Uhr vermittelte bedeutende Botschaften: Man vertraut mir, man liebt mich, man hat mir eine Uhr geliehen. Vielen Dank, Rote. »Eine Uhr?« sagte Zsuzsi Éliás mit einem fragenden Tonfall in der Stimme.

»Ist das deine Uhr?« fragte Jutka Schwartz, eine meiner wenigen Klassenkameradinnen, die tatsächlich selbst eine Uhr besaß.

»Ich bin Teilhaberin«, erwiderte ich. »Teilhaberin.«

Iván und ich besuchten Péter Munk, Iváns Klassenkameraden, den Sohn eines reichen Mannes, vielleicht eines Bankiers. Ich war ganz erpicht darauf, Munk kennenzulernen, weil er der Junge war, der Iván nach einer blödsinnigen Rauferei auf der Eisbahn mit seinem Schlittschuh gegen das rechte Knie getreten hatte, so daß die Schnittwunde mit mehreren Stichen genäht werden mußte. Als der Schnitt geheilt war, blieb eine wunderschöne Narbe zurück, gezackt und leicht bläulich. Ich wünschte mir sehnlichst eine ähnliche Narbe, aber als ich mit Schlittschuhunterricht dran gewesen wäre, gab es keinen Schlittschuhunterricht mehr und auch keine Chance auf einen Tritt.

Der Butler ließ uns ein. Wir gingen durch viele Räume, allesamt menschenleer, bevor wir in ein stilles, mit Büchern angefülltes Arbeitszimmer kamen. Ich hatte vergessen, daß wir früher auch so gelebt hatten. Wir setzten uns.

»Iván, ist das hier nicht so wie ...«

Mein Bruder unterbrach mich: »Fast. Unsere Aussicht war besser.«

Auch das hatte ich vergessen. Wir hatten früher einen Blick hinaus auf die Donau und die schloßartige Fischerbastei.

»Ob ich wohl auf diesem Klavier spielen könnte?«

»Selbst wenn du es könntest, könntest du nicht. Man spielt nicht auf Klavieren anderer Leute, merk dir das. Es sei denn, du bist sehr gut.« Er war sehr gut.

»Was soll ich machen, während du dich mit Péter unterhältst?« Das war unsere Absprache. Ich durfte mitkommen, wenn ich ihm erlaubte, sich in einem anderen Zimmer mit Péter zu unterhalten. Als ich dem zugestimmt hatte, hatte ich geglaubt, die Sache mit dem anderen Raum sei eine Erfindung.

»Du kannst lesen.«

»Was?«

»Mein Buch. Ich habe es hier. Es sind Gedichte. Ein Franzose hat sie vor ein paar Jahrhunderten geschrieben. Sein Name ist Villon. Die Gedichte sind genaugenommen nicht für kleine Kinder bestimmt. Die anderen Sachen sollst du nicht lesen. Wenn du es doch tust, werde ich dich erwischen und dich bestrafen.«

»Wie wirst du mich erwischen?«

»Ganz leicht – du wirst nicht verstehen, was du liest. Du wirst neugierig sein. Nächste Woche oder übernächste Woche wirst du mich fragen. Und ich werde dich erwischen.«

»Was ist, wenn ich es lese, aber niemals frage?«

»Wäre sinnlos. Du würdest nicht wissen, was du gelesen hast.« Wie gewöhnlich fand ich seine Logik unangreifbar.

Péter trat ein. Seine Lippen waren groß, seine Augenlider schwer; er sah geheimnisvoll, undurchschaubar, reich und viel aufregender aus als Villon. »Warum muß ich lesen?« fragte ich lahm und ohne Nachdruck. Ich wußte, abgemacht war abgemacht.

Villon wurde auf der Stelle mein Lieblingsdichter. Seine Worte fesselten mich, sein Rhythmus erregte mich, seine Themen kamen mir seltsam vor. Er lebte in einem gewaltigen, fremden Land voller Versprechungen, das ich nur allzu gern allein durchreiste.

Ärgerlicherweise unterbrach mich der Butler. Er fragte mich, ob ich vielleicht etwas Tee und Gebäck möchte. Ich antwortete: »Nein, danke«, obwohl mir das Herz brach. Mein Bruder hatte mir gesagt, es sei schändlich, von Fremden etwas zu essen anzunehmen, wenn man ausgehungert ist.

Eines späten Nachmittags hörte ich Iván unten auf dem Hof pfeifen. Zu meiner Überraschung bedeutete er mir herunterzukommen. Ich wußte sofort, daß etwas Schreckliches geschehen sein mußte. Ich nahm drei Treppenstufen gleichzeitig. Iván wartete am Aufzug auf mich. Seine Wangen sahen eingefallen aus, unter seinen Augen lagen bläuliche Schatten.

»Was ist passiert?«

»Du erinnerst dich daran, daß Mutter mir heute morgen den Abholschein für den Schuster gegeben hat? Für ihre braunen Wildlederschuhe mit den hohen Absätzen? Ich habe sie abgeholt. Ich habe die Reparatur bezahlt. Eine Menge Geld. Auf dem Heimweg habe ich einen Schuh in der Straßenbahn verloren.«

»Was sagst du da?«

»Ich habe einen der Schuhe verloren. Ich habe nicht aufgepaßt. Ich habe gelesen. Er muß aus der Papiertüte gerutscht sein.«

»Das ist ja eine Katastrophe, Iván! Jetzt hat sie nur noch ein Paar Schuhe. Und das Geld für den Schuster ist auch weg. Sie werden dich umbringen. Das ist ja furchtbar.«

Wir beide verfielen in Schweigen. Nach einer Weile sagte ich: »Warum sagen wir nicht, ich hätte es getan? Du hast mir den Schein gegeben, ich habe den Schuh verloren?«

»Sei nicht dumm. Wie könntest du so weit gefahren sein? Außerdem würde ich mich lieber vierteilen lassen, als dich in Schwierigkeiten zu bringen.«

»Du denkst nicht richtig nach. Ich komme mit ganz anderen Sachen durch als du. Überlaß es mir. Ich bringe es in Ordnung.«

»Niemals. Sie könnten dich schlagen, und ich würde zum Mörder. Denk dir was anderes aus. Was soll ich machen?«

»Hast du nach dem Schuh gesucht?«

»Ja. Ich bin zum Fundbüro gegangen. Ich habe auf der Straße nachgesehen. Nichts.«

»Sei ehrlich. Sag: ›Ich habe ihn verloren. Bringt mich um.‹ Das können sie nicht.«

»Du hast recht! Es ist schließlich nur der Schuh unserer Mutter. Was können sie machen? Nichts. Natürlich kann Mutter etwas tun, aber es wird nicht viel sein. Vielen Dank.«

»Komm«, sagte ich. »Gehen wir rauf.«

Mein Bruder lächelte und boxte mir in den Arm. »Hab' ich dir beigebracht, ehrlich zu sein?«

»Absolut.«

»War eine gute Idee von mir. Sehr nützlich in schwierigen Zeiten.«

Wir stiegen in den Aufzug und jagten einander durch den Laubengang. Die ganze Familie war zu Hause, und man hatte unsere Verspätung mißbilligend bemerkt. »Was ist passiert?« fragte meine Mutter und hob ihre rechte Augenbraue bis zum Haaransatz hoch.

»Nun«, sagte Iván, »es ist folgendermaßen: Ich habe deine Wildlederschuhe abgeholt. Ich habe für sie bezahlt. Ich habe den rechten in der Straßenbahn verloren. Das war's. Tut mir sehr leid.«

Die Stille, die nun folgte, dehnte sich aus. Sie nahm die

Farbe von Sturmwolken an, die Beschaffenheit von Schotter. Plötzlich sagte Rózsi: »Ich hoffe aufrichtig, daß ein rechtsbeinig Amputierter ihn gefunden hat.« Die Atmosphäre schlug um. Wir alle explodierten in unbezähmbarem Gelächter. Wir wußten, daß das für Margit ein schwerer Rückschlag in dem ständigen Wettstreit der Schwestern war. Aber wen kümmerte das? Iván war ungeschoren davongekommen. Der rechtsbeinig Amputierte sollte uns noch einige Zeit als Symbol für die Unberechenbarkeit des Schicksals erhalten bleiben.

Unsere Familie hatte Mikulás Nap stets gefeiert – den Nikolaustag, den traditionellen Kinderfesttag in Ungarn, der trotz des Namens nichts mit Religion zu tun hatte. Am Vorabend stellten die Kinder in freudiger Erwartung einen ihrer Schuhe ins Fenster. Wenn sie während des Jahres brav gewesen waren, ließ der heilige Nick in ihren Schuhen und darum herum Süßigkeiten zurück. Nicks jüngsten Leistungen zufolge mußte unser Benehmen mit jedem Jahr schlechter geworden sein.

An diesem Abend, dem fünften Dezember 1943, taten wir alle so, als hätten wir das Datum vergessen. Wir Kinder begriffen, daß nichts übrig war, was die Erwachsenen uns hätten geben können. Trotzdem kam ich, nachdem alle schon eingeschlafen waren, ins Grübeln. Was konnte es schaden, wenn ich meinen Schuh ins Fenster stellte, wo er hingehörte? Nur einfach so, auf gut Glück.

Am nächsten Morgen wachte ich früh auf und schlich auf Zehenspitzen zum Fenster. In meinem Schuh lag ein prachtvoller, rechteckiger Schokoladenriegel, wunderschön eingepackt in Folie und buntes Papier.

Iváns Schuh stand nicht im Fenster. Ich schlich zu seinem Bett. Seine Schuhe standen wie gewöhnlich auf dem Fußboden am Fußende seines Bettes, damit er sie im Falle eines Luftangriffs schnell anziehen konnte. Bei genauerem Hinsehen erwiesen sie sich als leer. Ganz abgesehen von unseren quälenden Versorgungsschwierigkeiten mußte meine Mutter geglaubt haben, Iván sei zu alt für den Nikolaus. Ich war anderer Meinung.

Ich kehrte zu meiner Schokolade zurück, brach sie in zwei Stücke, ließ die eine Hälfte in meinem Schuh liegen und steckte die andere in den meines Bruders. Nachdem Nicks Versehen solchermaßen korrigiert war, schlief ich wieder ein.

Ich erwachte wie gewöhnlich von dem morgendlichen Durcheinander. »Mikulás Nap!« schrie ich, rannte zu meinem Schuh und holte triumphierend mein Schokoladenstück heraus. »Vielen Dank, Édes Anyám. Ich danke dir, meine allerliebste Mutter.« Ich fiel ihr um den Hals.

Mein Bruder, der barfüßig auf der Bettkante saß, grinste. »Nick hat also gedacht, du seist ein braves kleines Mädchen. Was für ein unwissender Narr er doch ist.« Ich sagte nichts. Er reckte sich. Er gähnte. Er machte sich daran, seinen linken Schuh anzuziehen. Sein Fuß traf auf ein Hindernis. Mit verwirrtem Blick hob er den Schuh hoch, spähte hinein und holte den halben Schokoladenriegel heraus.

Ich fand, sein Gesicht sähe aus, als hätte der liebe Gott persönlich ihm einen Besuch abgestattet. »Oh, ich danke dir, Anyu. Vielen, vielen Dank«, sagte er und lief zu ihr hinüber.

Unsere Mutter war sehr blaß geworden. »Das war ich nicht«, sagte sie kopfschüttelnd.

Iván schien zusammenzuschrumpfen, als er sich zu meiner Tante umdrehte. »Danke, Rózsi néni.« Auch sie machte ein betroffenes Gesicht. »Ich bin es nicht gewesen«, sagte sie.

Oh, mein Gott! dachte ich. Was habe ich bloß getan? Ich

habe ihre Vernachlässigung erst richtig zur Geltung gebracht, habe seine zweitklassige Stellung unterstrichen. Beschämt zog ich mir die Decke bis zu den Augen hoch. Mein Bruder drehte sich langsam zu mir um. »Du warst das«, sagte er. Ich nickte, in vollem Bewußtsein meiner Schuld.

Er kam zu mir herüber und fischte meine Hand unter der Decke hervor. Dann hielt er sie fest, richtete sich zu seiner vollen Größe auf, klackte seine schuhlosen Absätze aneinander, knickte in der Taille ein, küßte meine Hand und sagte: »Vielen Dank. Ich werde auf immer dein gehorsamster und demütigster Diener sein.« Dann schlug er noch einmal die Fersen zusammen, drehte sich um und verließ den Raum.

Die Gesetze gegen die Juden nahmen in Ungarn zwischen 1939 und 1944 immer weiter an Härte zu und brachten noch mehr Elend und Demütigungen mit sich. Jeden Tag standen neue antijüdische Verfügungen in der Zeitung und waren auch auf Plakaten an den Hauswänden zu lesen. Die Juden wurden aufgefordert, sich einen gelben Stern mit zehn Zentimeter Durchmesser überm Herzen auf ihre Kleidung zu nähen. Arm und reich wurden gezwungen, in Häuser zu ziehen, die mit einem gelben Stern gekennzeichnet waren. Es wurden spezielle Essensmarken mit eingeschränkter Kaufkraft ausgegeben. Unberechenbar verhängte Ausgangssperren machten Spaziergänge in den Straßen gefährlich. Die Alliierten bereiteten sich darauf vor, uns auszubomben, und wir hatten Luftangriffsübungen in Kellerbunkern. Überall drohte der Tod.

Einige Bürger der neugeschaffenen unteren Klasse dachten, Selbstmord sei die beste Lösung. Sie wurden von anderen, Christen wie Juden, scharf kritisiert. Trotzdem stieg die Zahl der Selbstmorde, nachdem die Deutschen im März 1944 in Budapest einmarschiert waren, exponentiell an.

Gerüchte über Deportationen und Vergasungen waren zu Tatsachen geworden; Augenzeugen, denen die Flucht gelungen war, berichteten darüber. Es schien keine Zukunft mehr zu geben.

Weil Juden nicht länger eigene Geschäfte besitzen durften, hatten die Gebrüder Fischer das Eigentumsrecht an der Glas- und Spiegelfabrik Herrn Poremba übertragen, ihrem getreuen Vorarbeiter. Als die Luftangriffe immer häufiger wurden, war eine Weiterarbeit vollkommen unmöglich geworden, und die Fabrik hatte ihre Tore geschlossen. Zu diesem Zeitpunkt arbeiteten sowohl meine Mutter als auch Rózsi für Pista Papp, einen nichtjüdischen Freund, der am Stadtrand von Budapest eine Gärtnerei besaß.

In der Gärtnerei wurde ein giftiges Nikotinkonzentrat benutzt, um Unkraut abzutöten. Dieses Gift wurde stets unter Verschluß gehalten. Den Schlüssel verwaltete meine Mutter.

Eines Sonntags rief Iván mich am späten Nachmittag in die Wohnung. Ich hatte draußen auf dem Laubengang mit meinen Papierpuppen gespielt. Eine Ecke dieses Korridors war zu meinem neuen Spielzimmer geworden. Ich war noch keine zehn Jahre alt.

Man erklärte mir ohne Umschweife die Tatsachen. Um unser Leben stand es sehr schlecht. Und es konnte noch schlimmer kommen. Wir würden vielleicht getrennt werden. Wäre es da nicht besser, wenn wir alle ganz ruhig zusammen einschliefen und keine Sorgen, keine Angst und keinen Hunger mehr haben müßten?

Klar, wollte ich gerade sagen, als mein Bruder einschritt. »Sie meinen nicht *schlafen*. Sie meinen sterben. Sie wollen, daß wir alle zusammen sterben. Du hast eine Stimme.«

»Du bist das Zünglein an der Waage«, sagte Ervin und brach in hysterisches Gelächter aus. »Großvater, Iván und ich haben mit Nein gestimmt. Großmama, meine Mutter und Margit néni haben mit Ja gestimmt. Die Entscheidung liegt nun offensichtlich bei dir.« Mittlerweile lachte er so heftig, daß ihm die Tränen übers Gesicht strömten.

Ich verstand es nicht. Alle schienen so furchtbar aufgeregt zu sein, und dabei hatte es, soweit ich sehen konnte, nicht einmal den gewohnten Streit gegeben. Ich sah meinen Bruder an. Er schüttelte fast unmerklich den Kopf.

»Nein«, sagte ich. »Nein. Ich stimme mit Nein.«

ZWEI

In hohen Töpfen blubberte brauner Schlamm, wurde kräftig durchgerührt. Eine Hexenzeremonie schien bevorzustehen. Würde es auch Weissagungen und Opfer geben?

In Wirklichkeit färbten wir in Eimern auf dem Küchenherd Tuch. Die Jungen brauchten dringend Hemden. Wir hatten kein Geld, welche zu kaufen, und selbst wenn wir Geld gehabt hätten – es gab keine Hemden mehr zu kaufen. Die Familie beschloß, daß wir mit weniger Bettlaken als bisher auskommen konnten. Vier der besten wurden ausgewählt. Die Stoffhandlung hatte nur noch eine Farbe vorrätig – braun. Auch gut. Es war ein sehr hübsches Braun.

Das Ganze mündete im Chaos. Rózsi und meine Mutter spannten Leinen quer durchs Zimmer, auf die sie die riesigen, braun gefärbten Laken hängten, die einen Tag und eine Nacht lang wie überdimensionale Fledermäuse leise hin und her flatterten. Der Gestank des Färbemittels konnte es mit dem Parfümprojekt meiner Mutter aufnehmen.

Mein Großvater schnitt die Laken zu und fertigte daraus Hemden, zwei für jeden Jungen. Ich bat auch um eines, bekam aber zu hören, Großvater könne nur Herrenkleidung nähen. Das stimmte nicht ganz. Wann immer er mich trösten wollte, machte Großvater irgendein Kleidungsstück für meine Puppe Évike. Évike war alles, was ich nicht war. Sie hatte lange Wimpern und blaue Augen, die sich, wenn man sie hin- und herwiegte, öffneten und schlossen. Sie war nicht vorlaut und widersprach nie. Bestenfalls konnte sie »Maa-maa« sagen, wenn man sie vor und zurück kippte. Dann klang sie wie ein blökendes Schaf. Sie hatte blondes Haar, das ihr in Gretchenmanier über den Ohren zu Zöpfen geflochten war. Außer meiner Großmutter hatten alle sie ins Herz geschlossen. Auch von mir erwartete man das – immerhin gehörte sie mir –, aber ich war mir meiner Gefühle nicht sicher. Diese Puppe hatte es in vieler Hinsicht besser als ich. Sie war gut angezogen, und es gab Dinge, die ihr gehörten. Zum Beispiel einen Rucksack, den mein Großvater ihr genäht hatte, eine genaue Nachbildung der Rucksäcke, die er für die Jungen angefertigt hatte. Ein Rucksack war ein wichtiges Accessoire. Er ließ auf Ansehen und Privilegien schließen, ließ seinen Träger lebensfroh und arisch erscheinen. Ganz anders als die verängstigten, jüdischen Flüchtlinge mit ihren hastig gepackten Koffern, zu denen ich gehörte. Évike besaß außerdem zwei Hosenanzüge, um die ich sie heftig beneidete, sowie ein Cape. Und jetzt, da war ich mir sicher, würde sie auch ein braunes Hemd bekommen. Meine Familie glaubte, ein Geschenk für Évike sei das gleiche wie ein Geschenk für mich. Das war ein schwerer Irrtum. Évike und ich waren zwei verschiedene Wesen und standen in letzter Zeit nicht mal auf besonders gutem Fuß miteinander.

Die braunen Hemden erwiesen sich jedenfalls als wahre Prachtstücke, hatten jedoch einen großen Nachteil: Die Jungen sahen darin wie SA-Leute aus. Zum Lachen, nicht? Manchmal war meine Familie wirklich närrisch. Jeder der beiden mußte sich verschiedentlich aus potentiell lebensgefährlichen Situationen herausreden.

Unsere Lebensumstände verschlechterten sich drastisch. Wir durften kein Telefon mehr besitzen, kein Radio und auch keine Haustiere. Unsere Bewegungsfreiheit draußen auf den Straßen wurde immer stärker eingeschränkt. Juden durften nur noch zwischen eins und drei am Nachmittag ausgehen – und um diese Zeit waren alle Geschäfte geschlossen. Wir konnten daher kaum noch genügend Essen zum Überleben kaufen. Meine Mutter klopfte an die Hintereingänge der Läden, die sie früher immer besucht hatte, und duckte sich unter halb hochgezogenen Metallgittern durch. Die Ladenbesitzer begrüßten sie mit einem Küß-die-Hand und verkauften ihr, als großzügige Gefälligkeit, die Nahrungsmittel zu einem Dreifachen des Preises.

Einige ehemalige Bedienstete halfen und versteckten sogar ihre früheren jüdischen Arbeitgeber. Lajos, der Butler meiner Eltern, besuchte meine Mutter und erbot sich, für sie einzukaufen. Sie ging niemals auf sein Angebot ein, aus Angst, er könnte das Geld behalten und sich aus dem Staub machen. Das war auch die Zeit, als sie und Iván begannen, im Vertrauen auf ihr Glück und ihr arisches Aussehen, ohne ihre Sterne aus dem Haus zu gehen.

Brennstoff wurde knapp und das Wasser rationiert; es floß nur noch stundenweise aus den Leitungen, und wir mußten Wasser in Eimern bereitstellen, um im Falle eines Bombeneinschlags das Feuer löschen zu können.

Eines Nachts wurden wir von lautem Hämmern an die Wohnungstür geweckt. Meine Mutter setzte sich im Bett auf und flüsterte: »Seid alle still.« Sie knipste ihre Taschenlampe an, die sie immer in der Nähe liegen hatte. »Iván, bist du sicher, daß die Fenster ordentlich verdunkelt sind?«

»Natürlich«, antwortete er, »aber ich kann noch mal nachsehen.« Das Hämmern wurde lauter. Mittlerweile waren wir alle wach und hatten furchtbare Angst. Meine Mutter schlüpfte hastig in ihren Morgenrock und ihre

Schuhe, und wir anderen taten es ihr nach. Rózsi und Ervin kamen aus ihrem Zimmer. Das Hämmern an der Tür wurde nun auch von lauten Rufen begleitet: »Aufmachen, im Namen des Gesetzes!«

Die Taschenlampe in der Hand, öffnete meine Mutter die Tür. Es war die Geheimpolizei, was damals die Nyilas oder Pfeilkreuzler bedeutete – die ungarischen Faschisten. In ihrer Begleitung befand sich der Hausaufseher Herr Lakatos, ein uns wohlgesonnener Mann. »Madame Dénes, verzeihen Sie die Störung, aber die Herren von der Polizei scheinen zu glauben, daß es Schwierigkeiten gibt.«

Zwei rüde, stämmige Kerle, deren Trenchcoats den Deutschen abgeschaut waren, schoben sich an ihm vorbei, marschierten geradewegs auf die Küche zu und fingen an, meiner Mutter mit bedrohlicher Stimme alles mögliche vorzuwerfen.

Der Kern der Anklage war, daß wir dem Feind von unserem Hinterzimmer aus Taschenlampensignale im Morsecode zusenden würden. »Wir haben kein Hinterzimmer«, sagte meine Mutter. Dies war zwar eine Tatsache, die wir beweisen konnten, aber wir alle wußten, daß die Gefahr damit nicht vorüber war; war ein Jude erst einmal angeklagt, fanden sich schnell neue Anschuldigungen, wenn die erste sich als haltlos erwies.

»Meine Herren«, sagte meine Mutter, »bitte folgen Sie mir. Ich werde Ihnen all unsere Zimmer zeigen.« Mit der Geheimpolizei zu sprechen, die einem bei solch reichlich nichtigen Nachforschungen für gewöhnlich in Person stellungsloser Arbeiter oder Bauern gegenübertrat, die in jüngster Zeit zu neuem Ansehen aufgestiegen waren, war eine Kunst für sich – eine Kunst, auf die meine Mutter sich bestens verstand. Zuviel Unterwürfigkeit in der Stimme, und man weckte ihren Sadismus; zuviel Selbstvertrauen, und sie würden einen am liebsten umbringen. Die

Stimme mußte so moduliert werden, daß all diese Möglichkeiten ausgeschlossen waren.

Meine Mutter führte sie in Rózsis und Ervins Zimmer, das zwar Fenster hatte, aber nicht in die Richtung, von der die Männer gesprochen hatten. Sie zeigte ihnen das Badezimmer, das keine Fenster hatte, dann unsere Speisekammer. Die hatte ein Fenster, und es ging in die Richtung hinaus, auf die sich die geheimpolitische Besorgnis konzentrierte. Dieses Fenster war jedoch fest geschlossen und schwarz bemalt. Sie öffneten es, kletterten halb hindurch, reckten ihre Hälse in diese Richtung und in jene, beäugten unsere kleine Schar – drei Kinder, ein ältliches Ehepaar und zwei verhärmte Frauen – und kamen zu dem Schluß, daß wahrscheinlich keiner von uns der gesuchte Volksfeind war. Um ihr Gesicht zu wahren, fragten sie streng: »Wer wohnt über Ihnen?«

»Niemand«, entgegnete meine Mutter. »Wir befinden uns hier im obersten Stock.«

»Aha! Dann muß jemand vom Dach aus Signale senden.« Damit gingen sie, aber wir konnten nicht einmal Jubel darüber empfinden, knapp einer Katastrophe entronnen zu sein, denn wir wußten, daß das gleiche in fünf Minuten wieder geschehen konnte, oder morgen, oder nächste Woche. Wer konnte sagen, wer die Lichter gemeldet hatte? Wer wußte, ob sie überhaupt gemeldet worden waren?

Bei einer anderen Gelegenheit tauchte, wiederum mit entsprechendem Tamtam, ein ähnliches Pärchen auf, und wieder mitten in der Nacht. Diesmal waren sie mit einem Haftbefehl für einen gewissen Gyula Dénes ausgerüstet, Zeitungsherausgeber und Israeli. Mit einer unvorsichtigen, winzigen Spur von Triumph in ihrer Stimme sagte meine Mutter: »Er ist nicht hier. Er ist in New York City, in Amerika.« Iván und Rózsi warfen ihr eindringliche

Blicke zu. Eindeutig hatte sie vergessen, daß diese Männer, wenn wir sie provozierten, statt unseres Vaters einen von uns oder sogar uns alle verhaften konnten. Schnell schlug meine Mutter die Hände vors Gesicht und fügte mit einem kleinen Schluchzen hinzu: »Er hat mich und die Kinder einfach sitzengelassen. Er läßt sich scheiden.«

»Wir werden trotzdem suchen«, erklärte einer der Männer. Aber sie hatten natürlich damit genausowenig Glück wie ich – in letzter Zeit hätte ich gern mit meinem Vater ein paar Wörtchen geredet! Schließlich zogen sie ab, und wir kehrten ins Bett zurück.

Mit der Zeit – und durch Wiederholung – wird sogar Gefahr zu etwas Normalem.

Als die weitere Einschränkung der Bewegungsfreiheit für Juden verfügt wurde, war dies ein schwerer Schlag für meine Familie – bis auf meine Großmutter und mich. Sie war fast blind, und ich sah jüdisch aus; beide waren wir seit einer halben Ewigkeit an keinem interessanten Ort mehr gewesen.

Eingeschränkte Bewegungsfreiheit bedeutete auch, daß Iván, Ervin und ich stundenlang Kapitoli spielten, die ungarische Version von Monopoly. Ich lernte zudem das Schachspiel und drei verschiedene Versionen von Rommé. Mit der Zeit langweilten sich die Jungen, wurden reizbar, hackten aufeinander herum. Ich stieg in die Position der begehrten Gefährtin auf. Konnte das Leben noch mehr zu bieten haben?

Aber es hatte auch seine Schattenseiten. Ich hatte oft Hunger. Ich hatte Angst. Ich fror. Mir fehlte das Radio. Aber nicht wie meinem Bruder wegen der Musik, sondern als beruhigender Freund. »Hier ist Radio Budapest. Es ist vier Uhr nachmittags. Es regnet«, pflegte eine Stimme aus dem Radio zu sagen. Ich schaute dann auf die Uhr. Es war vier Uhr nachmittags. Ich sah aus dem Fenster. Es regnete. Ah, dachte ich bei mir, ich bin nicht allein. Auch andere müssen daran erinnert werden, was was ist, selbst wenn es auf der Hand liegt.

Manchmal verbündeten sich die Jungen auch gegen mich. Bei einer solchen Gelegenheit erfuhr ich von Ödipus. Mein Bruder versprach, mir zu zeigen, wie das Spiel gespielt wird, wenn ich ihm meine Papierpuppe Tomi brächte und eine Stricknadel meiner Mutter. Was ich tat. Schnell wie der Blitz stach er der Puppe beide Augen aus. »So spielt man Ödipus«, sagte er.

Ich war so erschrocken, daß ich weder Zorn noch Kummer empfand. »Warum?« Ich brachte die Frage kaum hervor.

»Es tut mir leid«, sagte er sofort. »Es war ein Witz. Ein furchtbar schlechter Witz. Verzeih mir.«

»Was ist ein Ödipus? Hast du die ganze Sache nur erfunden, um meine Puppe kaputtzumachen?«

»Nein. Es gibt ihn wirklich. Er ist eine Figur in einem griechischen Drama. Ich werde dir davon erzählen. Und ich kaufe dir auch eine neue Puppe. Wirklich, das mache ich.«

Er erzählte mir die Geschichte. Und er kaufte mir auch eine neue Puppe, genauso eine wie die alte. Aber ich wollte keine neue Puppe, ich wollte meinen alten Tomi.

Häufig wurde die Stadt mit einem Bombenteppich belegt. Die Alliierten wählten einen Sektor zur totalen Zerstörung aus; kein Gebäude sollte stehenbleiben. Wir waren in der Stadt. Wir waren in einem Gebäude. Wir konnten den Alliierten nicht signalisieren, daß wir Juden waren.

Unser Bombenbunker war der nicht weiter verstärkte Keller, wo jede Wohnung ihren entsprechenden Lagerraum hatte. Das ware kleine, durch Holzwände voneinander getrennte Zellen; in Friedenszeiten hatten die Mieter dort Feuerholz und allen möglichen Kram aufbewahrt. Das Feuerholz war lange fort. Die Regierung hatte jedem befohlen, die leergeräumten Zellen mit Stühlen, einer Pritsche, Wasser, einer Taschenlampe und Decken auszustatten sowie einer Schaufel – für den Fall eines Einsturzes – und einer Flasche Rum. Dieser letzte Gegenstand war vielleicht der höchsteigene Beitrag meiner Familie zu den Kriegsbemühungen.

Da die Batterie in der Taschenlampe kostbar war, rationierten wir ihre Benutzung und zündeten Kerzen an. Wir aßen das wenige, das wir hatten, tranken Rum und erzählten uns Geschichten. Meine Mutter war eine wunderbare Schauspielerin. In einer langen Nacht machte sie die meisten berühmten ungarischen Bühnenschauspielerinnen nach und all unsere Nachbarn, sowohl die männlichen als auch die weiblichen.

Von Zeit zu Zeit verließen Rózsi und Großvater trotz unserer Proteste während eines Luftangriffs den Keller, um draußen im Hof zu rauchen. Sie brachten sich damit gleich zweifach in Gefahr – sie konnten von Tieffliegern getroffen oder von der Polizei verhaftet werden, weil sie dem Feind Funkensignale sandten. Letztere Gefahr stritten beide vehement ab und behaupteten, die Zigaretten seien in ihren geschickt übereinander gewölbten Händen weniger gut zu sehen als die kleinen, phosphorisierenden Nadeln, die wir alle trugen, um einander in der Dunkelheit zu finden.

Manchmal waren vier Völker gleichzeitig unterwegs, um unsere Vernichtung ins Werk zu setzen – die Deutschen und die Ungarn von Haus zu Haus, die Briten und die Amerikaner von der Luft aus. Wie hätten wir da nicht von Zeit zu Zeit in Gelächter ausbrechen sollen – atemraubendes, bauchkrampfendes Gelächter? Sogar meine Großmutter, die sich abwechselnd das Gesicht und den

Bauch hielt, keuchte: »Aufhören! Aufhören! Sonst muß ich ins Bad!« Und das wäre ein Problem gewesen.

Für gewöhnlich schlief ich total erschöpft ein, bevor es Entwarnung gab. Nacht für Nacht in einer unterirdischen Zelle zu sitzen und nicht zu wissen, ob man die Morgendämmerung noch erleben wird, ist kein leichtes Unterfangen. Trotzdem hatte ich nicht das Gefühl, in großer Gefahr zu schweben. Ich hatte ja meine Familie. Ich hätte zwar sterben können, aber in der Zwischenzeit hatte ich, was ich zum Leben brauchte.

Das Gezänk unter den Erwachsenen ließ stark nach, nachdem wir nun alle gleichermaßen mittellos und gefährdet waren. In mancher Hinsicht hatte das Ansehen der Dénes zugenommen, da meine Mutter und Iván tapferer waren als Ervin und Rózsi. Tapfer bedeutete, daß sie sich trotz der Tatsache, daß man sie erwischen und an einen unbekannten Ort verschleppen konnte, ohne einen gelben Stern und zu verbotenen Zeiten hinaus auf die Straße wagten, daß sie illegal mit Lebensmittelmarken oder auf dem Schwarzmarkt Nahrungsmittel kauften, nichtjüdische Freunde besuchten und uns Nachrichten von ihnen brachten. Ihre Mobilität ließ sie sogar in den Augen der Nachbarn als Helden erscheinen. Ich machte mir keine Sorgen, weil ich gar nicht wußte, daß ich mir hätte Sorgen machen müssen.

Seit dem März 1944 bekam ich regelmäßig klare Anweisungen von Iván und meiner Mutter, was ich tun sollte, falls ich einmal allein mit meinen Großeltern in der Wohnung war und die deutschen Nazis oder die ungarischen Pfeilkreuzler über das Gebäude herfallen sollten. Meine Großeltern waren naive Menschen und völlig hilflos; in einem eventuellen Notfall mußte sich jemand um sie kümmern.

Die Übung, der Iván und meine Mutter mich unterzogen – körperlich ein paarmal und verbal fast jeden Morgen – sah folgendermaßen aus:

Wenn wir umzingelt wurden, sollte ich mich so schnell wie möglich auf die Straße hinausschleichen. Ich sollte scharf nach rechts abbiegen, auf die Szerdahelyi Utca, wo etwa fünfzehn Meter weiter eine Telefonzelle stand. Meine Mutter gab mir mehrere Telefonmünzen, die ich an einem Ort meiner Wahl, wo ich sie schnell finden konnte, aufbewahren sollte.

Die Anweisung lautete, meinen Großonkel Dávid anzurufen, den jüngsten Bruder meines Großvaters, dessen Telefonnummer ich auswendig gelernt hatte und täglich wiederholen mußte. Dávid war ein mit Orden ausgezeichneter Soldat des Ersten Weltkriegs und besaß immer noch eine Ausnahmebewilligung, die es ihm ermöglichte, außerhalb der den Juden zugewiesenen Häuser zu leben. Außerdem war seine Frau keine Jüdin. Nachdem ich ihm einen verschlüsselten Satz gesagt hatte, sollte ich auflegen und weitergehen – nicht laufen, damit ich keine Aufmerksamkeit auf mich lenkte –, bis ich Dávids Haus auf der Lilliom Utca erreicht hatte. Sobald Dávid benachrichtigt war, würde er oder jemand von ihm Beauftragter meine Großeltern holen kommen.

Ich fand die Anweisungen absurd. Ich sollte meine hilflosen Großeltern allein lassen?! Ganz entgegen meinem sonstigen Benehmen erhob ich keine Einwände, sondern beschloß, in der Situation einfach das zu tun, was ich für das beste hielt. Mir war klar, daß der Grund für diese Befehle genau der gleiche Grund war, aus dem ich ihnen nicht gehorchen würde. In unserer Familie stritten wir uns manchmal mit allesverzehrender, schrankenlos wilder Heftigkeit, aber angesichts einer Gefahr von außen ließen wir einander nicht im Stich, niemals.

Überdies freute ich mich, daß ich nun einen Vorwand

hatte, regelmäßig das für meine Münzen gewählte Versteck zu besuchen, die Schublade eines Nachttischchens aus weißem Metall, das neben der Nähmaschine stand. Dort hob meine Mutter nämlich ihr Päckchen mit Kopfschmerzpulver auf sowie einen Umschlag mit einem Dutzend steifer, süßer Oblaten, die sie in Wasser tauchte, sich auf den Handrücken legte, mit einer Dosis Kopfschmerzpulver bestrich und dann zusammenfaltete wie eine Crêpe, so daß die aufgeweichte Oblate eine süße Hülle für das bittere Pulver bildete. Ich brachte meine Münzen dort unter, damit ich eine Entschuldigung hatte, zu stibitzen. Ich konnte natürlich nicht viele Oblaten gleichzeitig nehmen, sonst hätte man mich erwischt.

Insgeheim freute sich ein Teil von mir auf die Möglichkeit, bei unmittelbar drohender Gefahr das Kommando zu übernehmen. Und es sollte auch nicht lange dauern, bis der Fall eintrat. Eines Tages verbreitete sich wie ein Lauffeuer die Nachricht, daß bereits mehrere der mit gelben Sternen versehenen Gebäude in der Nachbarschaft umzingelt und gestürmt worden waren.

Ich konnte nicht verstehen, warum nicht alle auf der Stelle aus ihren Häusern liefen, wahrscheinlich hatten sie Angst, erschossen oder gefangengenommen und bestraft zu werden. Meine Familie war da ganz anders. Abgesehen von meinen Großeltern waren wir vollkommen tat- und fluchtorientiert. Mir brachte man bei, daß Rebellion ein Schlüssel zum Überleben sei. Warte nicht, bis sie dich holen kommen. Lauf. Versteck dich. Mach dich unsichtbar. Wenn möglich, halte dich an einen Plan. Wenn nicht, improvisiere. Aber lauf und nimm deine Familie mit.

Wie geplant raffte ich, wenige Sekunden nachdem wir die Neuigkeit erfahren hatten, meine Münzen zusammen. »Macht euch bereit«, sagte ich zu meinen Großeltern. »Ich komme wieder zurück und hole euch.« Sie waren zu erschrocken, um zu protestieren.

Unten herrschte Chaos. Links vom Hauseingang, wo weitere Häuser mit gelben Sternen markiert waren, trieben Polizei und Grünhemden mit Pfeilkreuzler-Armbinden die Leute auf die Straße. Man hörte Gewehrschüsse und Schreie.

Jemand brüllte in ein Megaphon: »Raus! Alle schmutzigen Juden raus!« Ein paar Juden liefen mit hocherhobenen Händen herum, andere nicht. Eine Autohupe gellte. Nicht laufen, hatten sie gesagt? Ich lief nicht – ich rannte zum Telefon!

»Dávid bácsi?«

»Ja?«

»Die Gäste sind gekommen.«

»Gut. Leg auf und lauf weiter, hierher.«

»Nein. Wir kommen alle zusammen.« Ich legte auf.

Langsam ging ich zurück. Ich konnte nicht schneller, meine Knie zitterten zu sehr, um irgend etwas anderes zu tun. Die Stoßtrupps waren bereits bis zum Haus nebenan vorgedrungen. Ein frischer Trupp Grünhemdjungen drosch jetzt mit Keulen auf die Zusammengetriebenen ein. Die Schreie waren lauter geworden.

Oben rang meine Großmutter die Hände, jammerte und lief kopflos hin und her. Mein Großvater, der sein Jackett angezogen hatte, war in den wenigen Minuten meiner Abwesenheit zu einem außerordentlich fetten Mann geworden. Ich verspürte den überwältigenden Drang zu lachen.

»Was ist mit dir passiert?«

»Ich rette ein paar Sachen. Unter meinem Mantel.«

»Was für Sachen?«

»Sachen eben.« Ich knöpfte sein Jackett auf. Ungefähr ein Dutzend Geschirrhandtücher fielen zu Boden.

»Laß die Handtücher hier. Wir müssen gehen.« Ich holte meine Jacke und die meiner Großmutter. Ich mußte die alte Frau anbrüllen, sich zusammenzureißen. Dann überprüfte ich, ob auch auf keines unserer Kleider ein Stern genäht war. Wir liefen nach unten. Ein altes Ehepaar und ein Kind. Offensichtlich auf dem Weg nach Hause, nur schnell weg aus dem Viertel, in dem die schmutzigen Juden wohnten. Drei gute Seelen, Gott schütze sie.

Schon bald sahen wir Dávid auf uns zukommen. Wie einstudiert und oft geprobt ließen wir uns nichts anmerken. Dávid ging an uns vorbei, überquerte dann die Straße und drehte sich um, um auf der anderen Seite mit uns zusammen zu seinem Haus zurückzukehren. Wir kamen ohne Zwischenfall dort an.

Später kam meine Mutter uns holen. Sie hatte erfahren, daß die Grünhemden abgezogen waren, und wir konnten gefahrlos in unsere Wohnung zurückkehren.

Der Morgen des 16. Oktober 1944 war grau und für die Jahreszeit ungewöhnlich kalt, mit stürmischem Wind und einem feinen, anhaltenden Regen. Ich hatte die vergangene Woche mit einer Mandelentzündung im Bett verbracht, außer daß ich zweimal am Tag in den Luftschutzkeller rennen mußte. Morgens bombten die Briten uns aus, abends die Amerikaner. Pünktlich auf die Minute.

Trotzdem war es insgesamt keine schlechte Zeit. Das Gespenst eines tuberkulösen Rückfalls trieb meine Familie dazu, mich bei einer fiebrigen Erkrankung furchtbar zu verhätscheln. Meine Großmutter bereitete meine Lieblingsspeise zu – Eier *nokedly* mit Gurkensalat. Mein Bruder las mir im Stil einer Hörspielreihe den *Letzten Mohikaner* vor. Ervin und ich spielten Karten.

Als wir uns an diesem Morgen gerade zum Frühstück hingesetzt hatten, erreichte uns durch Pista Szabó, einen

Nachbarssohn, die Nachricht. Wie ein außer sich geratener Derwisch rannte er um den Laubengang unserer Etage, klopfte an jede Tür und schrie atemlos: »Sie haben das Haus nebenan umstellt. Sie kommen jetzt zu uns. Sie meinen es ernst. Ich habe gesehen, wie sie einen Mann erschossen haben. Macht schnell!«

Panik brach aus. Alle in meiner Familie sprangen auf, rannten kopflos umher, gestikulierten und brüllten einander widersprüchliche Befehle zu. Nur ich blieb sitzen.

»Du un-glück-se-li-ger Schwachkopf, sitz doch nicht einfach nur rum!« schrie meine Mutter mich an. »Zieh dich an. Sofort!«

Aus irgendeinem Grund ist das Adjektiv »unglückselig« im Ungarischen, wenn man es langsam und mit sorgfältig artikulierten Silben ausspricht, eine schwere Beleidigung. Im Zusammenhang mit dem Wort »Schwachkopf« hatte es eine vernichtende Wirkung. Ich war noch nie so schnell mit dem Anziehen fertig wie an jenem Morgen.

Inzwischen hatten sich auch die Fronten geklärt. Mein Bruder sagte: »Wir verstecken uns auf dem Dachboden.« Mein Vetter sagte: »Wir gehen mit hocherhobenen Händen raus.«

»Du bist ja wahnsinnig«, sagte mein Bruder. »Sie werden uns trennen und Gott weiß wohin bringen. Und dann werden sie uns vielleicht erschießen.«

»Ich bin wahnsinnig? Nein. Du bist verrückt geworden«, sagte Ervin. »Auf dem Dachboden werden sie uns ganz bestimmt töten. Flüchtlinge werden immer erschossen.«

Während dieser Auseinandersetzung hatten die Grünhemden das Haus betreten, standen jetzt unten im Innenhof und brüllten durch ihre Megaphone Befehle. »All ihr schmutzigen Söhne Abrahams, all ihr Israeliten, ihr drekkigen Judenschweine – Frauen und Kinder eingeschlossen –, kommt sofort runter! Mit erhobenen Händen! Und deutlich sichtbaren gelben Sternen! Wer sich drückt, wird erschossen! Wer Widerstand leistet, wird erschossen! Jeder häßliche, zinkennasige, schielende Schieber von einem Scheißjuden, der nicht in drei Minuten hier unten ist, wird erschossen! Lang lebe Szálasi!«

»Müssen diese Leute denn so beleidigend sein?« fragte meine Großmutter.

»Wir müssen uns verstecken«, sagte Iván.

Mittlerweile war eine kleine Gruppe unserer Nachbarn unten angekommen, wo sie sich unter gelegentlicher Ermutigung durch einen Gewehrkolben aufstellen mußten. Einige Familien verloren in ihrer panischen Angst zu gehorchen vorübergehend einen Teil ihrer Mitglieder aus den Augen. Durch das Getrampel waren erstickte Schreie zu hören: »Wo ist Zsuzsi?« und »Wir müssen das Baby finden!« Die Grünhemden brüllten immer noch Befehle durch ihre Megaphone; gleichzeitig schossen sie Salven in die Luft und johlten. Vom Frühstücksfrieden bis zum Inferno hatte es keine fünfzehn Minuten gedauert.

»Wir sitzen in der Falle«, jammerte Rózsi. »Wir werden heute sterben.«

»Ich nicht«, sagte mein Bruder. »Keiner von uns, wenn ihr mir folgt.« Er nahm meine Mutter am Arm und ergriff meine Hand. »Kommt, wir gehen auf den Dachboden.«

»Nein«, sagte Ervin. »Wir werden uns ergeben und überleben.« Er ergriff Rózsis Hand. Meine Großeltern standen wie angewurzelt zwischen den beiden Lagern.

»Ihr kommt mit uns«, befahl mein Bruder und zeigte mit einem strengen Finger auf die beiden Alten. »Sofort!« Die Autorität in seiner Stimme trieb sie auf unsere Seite. Ervin zuckte die Achseln. »Wie ihr wollt«, murmelte er voller Abscheu. »Idiot!« Er stieß seine Mutter durch die Tür und auf die Treppe zu.

»Gut«, sagte mein Bruder. »Wir tun jetzt folgendes: Ich

gehe voran, dann kommt Magda, dann Großmama und Großpapa. Mutter als letzte.« Ich konnte die Logik in dieser Entscheidung erkennen, aber sie gefiel mir gar nicht. Verdammt, dachte ich, ich bin nicht das schwächste Glied in dieser Kette. Das ist Großmama. Jawohl! Mein Gott, wenn ich doch nur vier Jahre älter wäre! Erwachsen – oder wenigstens vierzehn wie Ervin.

»Preßt euch mit dem Rücken flach an die Wand des Laubengangs und schiebt euch vorsichtig seitlich weiter. Auf diese Weise kann man uns vom Innenhof aus nicht sehen. Rührt euch nicht von der Wand weg. Wenn ich das hintere Treppenhaus erreicht habe, schlüpfe ich hinein. Ist die Luft rein, gebe ich euch ein Zeichen, dann folgt ihr mir nach. Gehen wir.«

Sobald wir im Treppenhaus waren, sahen wir, daß andere auf dieselbe Idee gekommen waren wie Iván. Pista Szabó war mit seiner Mutter dort und noch andere Nachbarn aus unserem Stockwerk und dem darunter. Insgesamt waren wir vierzehn Personen. Die für uns wichtigsten waren jedoch Herr Pike und seine schöne blonde Frau, beides Christen, die schräg gegenüber von uns wohnten. Frau Pike und ich hatten uns schon bald nach unserem Einzug angefreundet. Ich war ihr im Aufzug begegnet und hatte höflich vor ihr geknickst, und sie lud mich daraufhin zu Marmelade und Brot ein. Sie erlaubte mir, ihr beim Teeausschenken und beim Geschirrabtrocknen zu helfen, und sie half mir, den Buchstaben *L* auszusprechen, mit dem ich mich etwas schwertat.

Verheiratet war sie mit einem schmächtigen Mann, der zwischen dreißig und vierzig Jahre alt war und als Kellner arbeitete. Ich bin mir sicher, daß Herr Pike sich nicht für einen Helden hielt, aber an diesem Tag zeigte sich, was in ihm steckte. Er konnte nicht tatenlos zusehen, wie seine Nachbarn abgeschlachtet wurden. Er griff ein und setzte damit sein Leben und das seiner Frau aufs Spiel. Juden waren verhaßt, aber jene, die ihnen halfen, wurden noch mehr gehaßt. Wenn man ihn erwischt hätte, wären sie beide gefoltert worden, bevor man sie getötet hätte.

Jetzt stand er dort, wo das Treppenhaus zum Dachboden hinaufführte. »Ihr alle da«, sagte er, »geht schnell hinauf. Versteckt euch unter den Brettern. Ich werde die Tür hier bewachen und schwören, daß ihr nicht dort oben seid. Seid ganz still. Verratet mich nicht.«

»Das tun wir nicht«, sagte Iván. »Und vielen Dank. Wir werden Ihnen ewig dankbar sein.« Sie schüttelten sich die Hände. Vorsichtig stiegen die Leute nach oben. Zu uns sagte mein Bruder: »Versteckt euch unter den ersten Brettern. Direkt neben der Tür.«

Meine Mutter blieb wie angewurzelt stehen. »Aber dann werden wir als erste erschossen, wenn sie uns entdekken.«

»Genau«, sagte mein Bruder. »Möchtest du lieber sehen, wie alle anderen vor uns erschossen werden? Sie werden ganz bestimmt jeden erschießen, wenn sie uns erwischen.«

»Du hast recht«, sagte meine Mutter. »Es ist besser, wenn wir die ersten sind. So wird es leichter sein, vor allem für das Kind.« Damit stiegen wir hinauf.

»Mutter, tut es weh, erschossen zu werden?« fragte ich.

Bevor sie antworten konnte, sagte Iván in bühnenreifem Flüsterton: »Wie beim Zahnarzt. Ungefähr so wie beim Zahnarzt.« Das war in Ordnung. Ich hatte den Tod beim Zahnarzt bereits mehrfach überlebt.

»Bist du sicher?«

»Natürlich bin ich sicher. Los, geh weiter.«

Damals in Ungarn hatten die Dachböden die Funktion der heutigen Kellerwaschküchen. Um den ordentlichen Abfluß des Wassers zu gewährleisten, bestand der Fußboden aus Holzbrettern, die ungefähr vierzig Zentimeter über einer Zementschicht angebracht waren. Auf den Brettern standen in gleichmäßigen Abständen Waschzuber, dazwischen Bügelbretter, und von Wand zu Wand waren unter dem Dachbalken Wäscheleinen gespannt. Die beiden Fensterreihen mit ihren Holzläden lagen einander gegenüber; eine ging auf den Hof, die andere auf die Straße hinaus.

An normalen Tagen hätten hier mehrere Waschfrauen gearbeitet und auf Waschbrettern Wäsche geschrubbt. Heißer Dampf wäre von den überlaufenden Zubern aufgestiegen; blendendweiße Laken hätten auf den Leinen gehangen und sich in der leichten Brise gebläht; von kleinen Wasserpfützen wäre der süßliche, leicht Übelkeit erregende Geruch nach Seife, Schweiß und Lauge aufgestiegen. Eine der Frauen hätte vielleicht gesungen, wahrscheinlich eine klagende Zigeunermelodie. Die anderen hätten mitgesummt.

Der Dachboden war mir bei den seltenen Gelegenheiten, da ich ihn mit unserer Waschfrau, Piroska néni, hatte besuchen dürfen, stets als ein exotischer und geheimnisvoller Ort erschienen. Nun war alles ganz anders, nun herrschte hier oben Dämmerlicht und Stille, und der schmutzige Geruch unserer Angst.

Zu unserem Glück waren die Bretter so hoch angebracht, daß sich ein normal gebauter Mensch, wenn er sich flach auf den Rücken oder den Bauch legte, darunterzwängen konnte.

Meine Mutter und ich lagen nebeneinander. Iván war irgendwo hinter uns, mit Pista Szabó, und noch weiter hinten, auf der rechten Seite, waren meine Großeltern. Wir warteten. Unten wurden weiterhin Befehle durch Megaphone gebrüllt, aber jetzt klangen sie gedämpft und unverständlich. Von Zeit zu Zeit drang ein undeutbarer

Schrei zu uns herauf. Bei jedem Geräusch fuhr meine Mutter zusammen. Dann hörten wir Gewehrschüsse.

Plötzlich tauchte Iván neben uns auf; er hatte sich, ohne das leiseste Geräusch, auf dem Bauch zu uns herübergerobbt. »Pista meint, wir sollten durch die Fenster, die zur Straße hinaus gehen, fliehen«, flüsterte er. »Wir könnten von Dach zu Dach bis in ein anderes Viertel gelangen und entwischen. Was meint ihr dazu?«

Meine Mutter schwieg.

»Nun, was meinst du?« beharrte mein Bruder.

»Wer? Wer könnte das schaffen? Das Kind? Deine Großeltern?«

»Stimmt«, sagte Iván. »Ich gehe zurück und sage nein.«

Solchermaßen entmutigt, änderte Pista ebenfalls seine Meinung. Wir warteten. Plötzlich hörten wir Herrn Pikes Stimme. »*Nem vannak fent. Senki nincs fent.* Sie sind nicht oben. Niemand ist oben. Ich bin hergekommen, um die Tür zu bewachen. Kein schmutziger Jude ist an mir vorbeigekommen. Was glaubt ihr denn? Daß ich ein Judenschwein nicht riechen würde? Ha, das würde ich sehr wohl. Ich habe für ein paar von ihnen gearbeitet. Abschaum, das kann ich euch sagen. Keine Trinkgelder. Keine Rücksichtnahme. Zudringlich, rüde. Bringt sie alle um, und zwar bei der ersten Gelegenheit, die sich bietet, sage ich immer. Ich spucke auf sie. Jesusmörder. Ich hasse sie. Ich hoffe, ihr erschießt sie alle. Ich wünschte, sie wären hier entlang gekommen. Ich hätte sie schon Mores gelehrt, mit meinen Fäusten, was, Bruder? Lang lebe Szálasi!«

Er war äußerst überzeugend. Stille. Wir warteten. Zeit verging. Dann hörten wir wieder Herrn Pikes Stimme. »Oh, diese Schweine? Die haben unsere Brüder schon vor langer Zeit mitgenommen, Dank sei Gott. Ein paar haben sie erschossen. Den Rest haben sie mitgenommen. Wir können ohne deren Gestank hier leichter atmen. Ich bewache die Tür, damit sie nicht nach oben fliehen können. Wie? Lang lebe Szálasi!«

Zeit verging. Stille. Wir warteten. Dann durchschnitt Pikes Stimme abermals das Schweigen, nur ein paar Oktaven höher als vorher. »Natürlich könnt ihr suchen, Brüder. Nur zu. Eine gute Sache. Ein wunderbares Dankeschön. Ich habe den ganzen Tag hier gestanden, um die Tür vor den jüdischen Schweinen zu bewachen, und jetzt zweifelt ihr an meinem Wort. Aber bitte, sucht, und entschuldigt euch später. Ha!«

»Immer mit der Ruhe, Bruder, ich wollte dich nicht beleidigen. Ich bin sicher, du hast gut aufgepaßt, und dort oben ist niemand. Lang lebe Szálasi! Heil Hitler!«

»Heil Hitler.«

Stille. Zeit verging. Nein, das stimmt nicht. Die Zeit verging nicht, sondern schwebte in der Luft, wurde ein körperlich greifbarer Aspekt der Gefahr, ein hungriger, bösartiger Vogel mit einem häßlichen Schnabel, darauf aus, uns zu verschlingen.

Pista Szabó hatte gegen neun Uhr morgens Alarm geschlagen. Jetzt war es spät am Nachmittag. Seit wir auf den Dachboden gestiegen waren, hatten wir uns weder bewegt noch gegessen, getrunken oder das Badezimmer aufgesucht. Mir machte das alles nichts aus. Ich wollte nur, daß wir überlebten. Ich dachte, wenn ich mich vielleicht zu einem kleinen, kaum sichtbaren Ball reiner Energie zusammenzog, könnte ich nach Belieben explodieren und einen Lichtstrahl durch den Himmel direkt in Gottes Garten senden, so daß er ihm vor seine ruhenden Füße fiel und ihn darauf aufmerksam machte, daß er augenblicklich dringend gebraucht wurde.

Durch die halbgeöffnete Tür kam das drängende Flüstern von Herrn Pike. »Sie sind für den Augenblick verschwunden. Schnell, raus! Ihr müßt weg. Macht schnell!«

Macht schnell. Mit trocken gewordenen Kehlen, erstarrten Gliedern und Verzweiflung im Herzen. Schnell? Ein kleines Häufchen Verängstigter schlich langsam hinunter ins Treppenhaus.

»Geht«, sagte Herr Pike und deutete auf zwei Leute. »Sofort. Bevor die Wachen zurückkommen. Geht.« Sie machten sich davon. »Du als nächstes«, sagte er zu Iván. Zögernd drehte sich mein Bruder zu meiner Mutter um. »Geh«, sagte sie. »In den Blumenladen.« Iván nickte und machte sich auf den Weg zu seiner Patentante Ilonka, der besten Freundin meiner Mutter. So ging es weiter. Als die Reihe an meine Großeltern kam, fragte Herr Pike: »Indig bácsi, könnt ihr irgendwohin gehen?«

Meine Großmutter fing an zu weinen. »Nein«, jammerte sie. »Wir können nirgendwo mehr hin. Dávid wird jetzt wohl auch in Schwierigkeiten sein.«

»Natürlich gibt es jemanden, zu dem ihr könnt«, widersprach meine Mutter. »Geht zu Piroska néni, unserer Waschfrau. Sie wird euch unterbringen, bis ich euch holen komme. Jetzt geht.«

Meine Großeltern gehorchten. Nun waren wir nur noch zu viert, einsam und verlassen: Pista Szabó, seine Mutter, meine Mutter und ich.

Da zerriß ein schriller Pfiff die Luft. »Oh, mein Gott. Allmächtiger, erbarme dich«, flüsterte Herr Pike. »Das ist eine Warnung, von einem Freund von mir. Sie sind wieder da. Ich kann euch nicht mehr helfen. Geht runter in das Pissoir, von dem aus man in die Bar in der nächsten Straße kommt. Es ist so dreckig, daß nur Betrunkene da reingehen. Das ist die beste Chance, die ihr habt. Versteckt euch da. Viel Glück!«

»Los«, drängte Pista, »beeilen wir uns.« Aber die beiden Frauen und ich rührten uns nicht. Er wurde wütend. »Meine sehr verehrten Damen«, sagte er höhnisch, »wenn es Ihnen keine allzu große Mühe bereitet, wäre ich froh, wenn Sie sich vielleicht ein wenig beeilen könnten. Zufällig geht es um Leben und Tod.«

Wie auf Kommando liefen wir alle gleichzeitig die Treppe hinunter.

Aus meiner jetzigen Wahrnehmung existiert das Pissoir, in das wir uns damals alle drängten, überhaupt nicht. Es hat nie existiert. Wie könnte es auch? Ungefähr einen Meter zwanzig im Quadrat; das eigentliche Urinbecken ein Loch im Boden; die Wände und der Fußboden mit Urin, Fäkalien, Rotz, Schleim, Blut und anderen, nicht identifizierbaren Exkrementen bedeckt, was in dieser Mischung so widerlich erschienen, daß man schon meinte, krank zu werden, wenn man sie bloß einatmete.

»Lehn dich bloß nicht an«, flüsterte mir meine Mutter eindringlich zu. In Ordnung.

Wir hörten Stimmen. Eine sagte: »Sie verstecken sich wahrscheinlich da drin. Dieser Abschaum. Diese gottverdammten Juden. Sie haben so viel. Alles Bankiers, weißt du. Und Schwarzmarkthändler. Wir haben so wenig. Laßt uns da reingehen und ein paar fangen.«

Mein Atem kam plötzlich laut und stoßweise. Laut genug, um auf der anderen Seit der Tür hörbar zu sein. »Psst!« zischte Pista.

»Still!« flüsterte meine Mutter, aber ich war dagegen machtlos.

»Ihretwegen werden wir noch alle geschnappt«, flüsterte Pista. »Bring sie sofort zum Schweigen.«

Meine Mutter studierte die feuchte Decke, die im Halbdunkel kaum zu sehen war. Ich preßte mir beide Hände auf den Mund.

»Du willst da reingehen? Nur zu«, sagte eine zweite Stimme. »Das möchte ich sehen, wie du einen Fuß in dieses Drecksloch setzt.«

»Du glaubst wohl, ich habe Angst.«

»Ich glaube gar nichts. Ich möchte nur sehen, wie du da reingehst.«

Zu meiner ungeheuren Erleichterung hörten wir jetzt die Stimme von Herrn Pike. Meine Atmung beruhigte sich sofort. »Guten Abend, Brüder. Was ist hier los?« Er klang vollkommen harmlos.

»Er glaubt, da drin würden sich ein paar Juden verstekken. Er will sie fangen«, sagte die erste Stimme.

»Da drin? Das ist wirklich ein guter Witz!« Herr Pike brach in Gelächter aus. »Warum gehen wir nicht auf ein Bier um die Ecke, Brüder? Ihr seid meine Gäste.«

»Los«, sagte die erste Stimme. »Gehen wir ein Bier trinken. Der Bruder hat uns eingeladen.«

Wir hörten sich entfernende Schritte.

»Jetzt! Schnell!« Wir rannten quer über den Hof auf den Ausgang zum Teleki Tér zu. Pista erreichte als erster die schmiedeeisernen Tore. Doch bevor wir ebenfalls durchschlüpfen konnten, stand plötzlich Herr Lakatos, der Hausaufseher, vor uns. »Geht zurück«, sagte er. »Pista hat Glück gehabt. Die neuen Wachen überqueren gerade die Straße. Sie dürfen euch nicht weggehen sehen.«

»Nun sitzen wir in der Klemme«, sagte Frau Szabó. »Besser, wir gehen alle wieder in unsere Wohnungen zurück.«

Meine Mutter geriet in Panik. »Das kann ich nicht!« In ihrer Stimme schwang kaum unterdrückte Hysterie mit. »Das mache ich nicht. Rózsi liegt erschossen in der Wohnung. Ich weiß es. Ich kann da nicht mehr rein. Ich tue es nicht. Sie liegt tot da drin. Ich weiß es.«

Frau Szabó sah mich an. Ich zuckte die Achseln. »Gut«, sagte Frau Szabó. »Bleibt bei mir, in meiner Wohnung. Es ist zu spät, um irgendwohin zu gehen.«

Niemand sprach es aus, aber ich spürte, daß wir uns in einer gefährlichen Lage befanden. Am Ende hatten wir jedoch Glück. Niemand kam in der Nacht, um nach uns zu suchen, was wir auch den Luftangriffen zu verdanken hatten. Sie zwangen die Grünhemden, in den Bunkern zu bleiben; für uns waren sie ein willkommenes Deckungsfeuer.

Frau Szabós Wohnung, am Morgen noch ordentlich und behaglich, war geplündert und verwüstet worden. Überall lagen zerbrochene Gläser und zerfetzte Papiere. Jemand hatte aufs Sofa gepinkelt. Fast alles, was nicht niet- und nagelfest war, war gestohlen worden. Frau Szabó brach in Tränen aus. Meine Mutter weinte mit ihr. Ich war todmüde.

Irgendwo hatte Frau Szabó noch ein paar Gläser Marmelade versteckt. Die holte sie jetzt hervor, und jeder aß ein paar Löffel voll. »Da könnt ihr schlafen«, sagte sie. »Das ist Pistas Bett. Zieht euch bis auf die Unterwäsche aus, und legt euch hin. Ich decke euch mit dieser Steppdecke zu. Ich hatte sie für Pista versteckt. Ich hoffe, es geht ihm gut.«

»Vielen Dank, Frau Szabó. Ich hoffe auch, daß es Pista gutgeht. Gute Nacht.«

»Gute Nacht, meine Liebe.«

Meine Mutter schien verschwunden zu sein. Bevor ich mir ihretwegen Sorgen machen konnte, schlief ich ein. In meinen Träumen hörte ich einen Hund bellen. Ich konnte ihn jaulen und nagen hören, als fräße er seine eigenen Pfoten auf – in einem verzweifelten Versuch, sich aus einer Falle zu befreien. Nach ein paar Stunden Schlaf wachte ich von dem Gebell eines in einer leeren Wohnung zurückgelassenen Hundes auf – wahrscheinlich war es der Schäferhund Attila im dritten Stock.

Bald darauf dämmerte es. Bevor der Morgen sich von Nebel in Helligkeit verwandelte, waren wir auf den Beinen.

»So«, meinte meine Mutter. »Wir müssen heute aufbrechen.«

»Ja«, nickte Frau Szabó. »Sie müssen dem Kind einen Mantel aus Ihrer Wohnung holen. Es ist kalt draußen. Ohne Mantel würde sie auffallen.«

Die fixe Idee meiner Mutter, daß Rózsi erschossen in der Wohnung liege, hatte sich während der Nacht nicht gelegt. Ihre Vermutung beruhte auf einem einzelnen, besonders durchdringenden Schrei, dem Gewehrschüsse gefolgt waren, die wir in unserem Versteck gehört hatten.

»Nein«, sagte meine Mutter und biß die Zähne zusammen.

»Na schön«, sagte Frau Szabó. »Ich hole ihn.«

»Nein!« rief meine Mutter. »Ich will nicht herausfinden, daß meine Schwester tot ist und ich noch lebe.«

»Ich werde nichts verraten«, sagte Frau Szabó, eine durch und durch praktische Seele. Ich mußte lachen.

Voller Zorn drehte meine Mutter sich zu mir um. »Du findest den Tod komisch? Du findest den Mord an deiner Tante komisch? Ja? Nun, dein Vater hätte die Situation auch komisch gefunden. Aber leider ist er ja nicht hier. Er ist in Amerika. Das ist komisch. Stimmt's?«

»Ich hab's nicht böse gemeint, Anyu. Ich brauche meinen Mantel wirklich, das weißt du. Und was Frau Szabó gesagt hat, war komisch.«

Der Zorn meiner Mutter legte sich nicht. »Du hast einen Mund, so groß wie ein gewaltiges Stadttor. Halt ihn gefälligst geschlossen.«

»Immer mit der Ruhe, ihr beiden«, sagte Frau Szabó. »Ich leihe ihr eine meiner Kostümjacken. Die müßte ihr eigentlich fast so gut wie ein Mantel passen.«

Die Kostümjacke paßte mir nicht wie ein Mantel; sie paßte mir überhaupt nicht. Ich sah wie ein Clown aus, gefährlich auffällig. Das sagte ich auch. Frau Szabó stimmte mir zu. Aber meine Mutter war unerbittlich. »Ich weiß, daß Rózsi tot in der Wohnung liegt. Ich will keine Bestätigung dieser Tatsache.«

Schließlich war es Zeit, den Hausaufseher wieder aufzusuchen, um ihn nach dem Wachwechsel zu befragen. Wir mußten ein kleines, freies Zeitfenster finden, durch das wir zwischen dem Abgang der einen Wache und dem Auftauchen der nächsten entschlüpfen konnten. Meine Mutter ging mit ein paar hundert Pengös, die sie und Frau Szabó gemeinsam zusammengekratzt hatten, zu ihm und kehrte mit Neuigkeiten zurück. »Sie rühren sich nicht von der Stelle. Aber wenn doch, wird der Aufseher es uns wissen lassen. Es wird schwierig werden.« Wir setzten uns. Zwei Stunden verstrichen. Vier Stunden verstrichen. Wir aßen Marmelade. Weitere Stunden verstrichen. Schließlich das Klopfen des Hausaufsehers. »Zeit für euch zu gehen.« Es war mitten am Nachmittag, kurz vor Einbruch der frühwinterlichen Dunkelheit. Wir rannten die Treppe hinunter, auf den Ausgang zu. »Viel Glück, und nochmals vielen Dank«, sagte meine Mutter zu Frau Szabó.

»Viel Glück«, antwortete Frau Szabó. Dann trennten sich unsere Wege.

»Wir können die Straßenbahn nehmen«, meinte meine Mutter. »Das ist sicherer, als zu Fuß gehen. Wir gehen zu Ilonka. Iván wartet dort auf uns.«

»Bist du sicher?«

»Natürlich. Ich habe ihm doch gesagt, daß er da hingehen soll.«

Als wir in der Straßenbahn saßen, hatte ich das Gefühl, als hätte die Stadt sich über Nacht verändert. Wie in einem Märchen, das eine böse Wendung nahm, hatte die Welt ihre bedrohlichen Seiten enthüllt. Die wohlbekannten Straßen, durch die wir fuhren, waren fremd geworden. Es gab kein Budapest mehr. Wir befanden uns in einer verzauberten Stadt des Bösen, die von verborgenen Ungeheuern bewohnt wurde. Ein anklagendes Wort, ein auf uns gerichteter Finger konnte unseren sofortigen Tod bedeuten.

»Hör auf, den Kopf einzuziehen«, flüsterte meine Mutter mir zu. »Du bist keine Schildkröte.«

»Was?« flüsterte ich zurück.

»Hör auf zu flüstern«, flüsterte meine Mutter. »Mach ein selbstbewußtes Gesicht, verdammt noch mal.«

Ich nickte. Selbstbewußt. Klar doch. In Frau Szabós Kostümjacke.

Nach einer Weile rief der Fahrkartenkontrolleur: »Ferencz Körút!« Unsere Haltestelle. Wir stiegen aus und gingen den halben Block zu Ilonkas Blumenladen.

Beim Näherkommen sahen wir, daß das rostige Eisentor halb heruntergelassen war. Es war kurz vor Ladenschlußzeit. Zum Gebimmel einer kleinen Glocke über der Tür traten wir ein. Dort standen Ilonka, ihre Mutter, Miszlai néni und – zu unserem Unglück – ein Kunde. Ein Mann, der Rosen kaufte.

»Guten Abend«, sagte Mutter.

Ilonka drehte sich zu ihr um. »Guten Abend, Madame. Es tut mir leid, aber wir schließen gerade. Dieser Herr ist für heute unser letzter Kunde. Wir können Ihnen nicht helfen.«

Meine Mutter wurde noch eine Spur bleicher. »Oh, ich weiß, daß wir spät dran sind. Ich habe gesehen, daß das Tor bereits heruntergelassen ist. Aber meine Tochter hat heute Namenstag, und ich habe ihr ein Ansteckssträußchen versprochen.«

»Namenstag« war gut. Meine Mutter hatte wirklich einen schnell arbeitenden Verstand. Nur Christen feierten Namenstage. Wenn der Mann mich nach meinem

Namen fragte, würde ich so tun müssen, als sei ich stumm. Er sah mich an, und ich konnte förmlich sehen, wie er dachte: Diese Armen haben merkwürdige Ideen. Das Kind hat ja nicht mal einen Mantel, aber sie soll ein Ansteckstäußchen kriegen. Ich drehte mich zu meiner Mutter um und verbarg mein Gesicht in ihrer Kleidung, bevor sich ein Gespräch entwickeln konnte. Scheu wie ein Veilchen.

»Tut mir leid, Madame, wir können Ihnen nicht helfen«, sagte Ilonka noch einmal entschieden.

Der Mann kam uns zu Hilfe. »Aber das können Sie doch nicht machen, ich bitte Sie! Sie haben doch gehört, das Kind hat heute Namenstag. Sie müssen ihnen helfen.«

»Na gut«, willigte Ilonka ein.

»Vielen Dank«, sagte meine Mutter zu dem Mann. Ich blieb in meinem Versteck.

Endlich ging er. Ilonka tat, als suche sie nach einem Sträußchen, während wir schweigend zuhörten, wie die Schritte des Mannes verhallten.

»Wo ist Iván?« fragte meine Mutter. »Oben?«

»Nein«, antwortete Ilonka. »Miklós ist oben, Olgas Mann. Ich konnte nicht zwei verstecken.«

»Aber er war doch hier, oder?« fragte ich, außerstande, mich zurückzuhalten.

»Ja«, sagte Ilonka. »Gestern abend. Aber ich kann nicht zwei verstecken. Miklós hat ihm die Adresse einer Fabrik am Stadtrand gegeben, deren Besitzer Juden hilft. Dort ist Iván gestern abend hingegangen.«

»Du hast Iván gehen lassen?« fragte meine Mutter ungläubig. »Du hast ihn *nachts* weggehen lassen? Ohne Papiere?«

Bis zu diesem Augenblick hatte ich Ilonka sehr gemocht. Bevor sie den Blumenladen eröffnet hatte, bevor sie so furchtbar dick geworden war, war sie eine berühmte Charakterschauspielerin gewesen, war auch in Musicals aufgetreten. Ich hatte sie früher oft auf der Bühne gesehen, obwohl ich mich kaum noch daran erinnern konnte. Und obwohl sie nicht meine Patentante war, schickte sie mir jedes Jahr zu Weihnachten einen eigenen kleinen Baum, gut einen halben Meter hoch, geschmückt mir rosafarbenen Schleifchen, Lametta und Kerzen. Es waren wunderschöne kleine Bäume gewesen. Was war nur aus meinem Leben geworden? Was war mit dem Früher geschehen?

»Mir blieb nichts anderes übrig«, verteidigte sich Ilonka. »Ich mußte ihn weiterschicken. Ihr müßt auch gehen. Sofort. Man hat euch reinkommen sehen. Nun muß man euch auch rausgehen sehen. Der Laden müßte schon geschlossen sein. Ihr bringt uns alle in Gefahr. Kommt, ich schreibe euch die Adresse der Fabrik auf.«

»Das kannst du nicht machen, Ilonka«, sagte meine Mutter. »Es ist fast dunkel. Laß wenigstens Magda hierbleiben.«

»Nein!« protestierten Ilonka und ich wie aus einem Mund.

»Ich komme mit dir«, sagte ich. »Ich bleibe nicht hier. Ich will zu Iván.« Ich fing an zu weinen.

Meine Mutter nahm den Zettel, den Ilonka ihr entgegenhielt, und wir gingen, ohne uns zu verabschieden. Hinter uns donnerte das Eisentor herab.

»Glaubst du, Iván ist in der Fabrik?« fragte ich, als wir zur Straßenbahnhaltestelle gingen.

»Ich weiß nicht«, sagte meine Mutter. »Ich weiß es einfach nicht.«

»Und alle anderen? Was glaubst du, wo die anderen sind?«

»Hör auf, mir Löcher in den Bauch zu fragen. Komm, schneller.«

»Warum soll ich schneller gehen. Wir sind doch schon an der Haltestelle.«

»Hör auf! Hör auf, mir freche Antworten zu geben. Unverschämtes Gör! Hör auf, mir Fragen zu stellen. Du weißt genausoviel wie ich.«

Wenn das stimmte, dann war es jedenfalls nicht viel.

Inzwischen war es Abend geworden. Ein kühler Herbstwind hatte den gestrigen Regen verjagt und pfiff jetzt durch Frau Szabós Kostümjacke. Seit den paar Löffeln Marmelade hatten wir nichts mehr gegessen, aber ich kam zu dem Schluß, daß es sinnlos war, meine Mutter darauf hinzuweisen. Sie würde nur wieder wütend auf mich werden. Außerdem hatte ich keinen Hunger. Genaugenommen hatte sich mein Magen den ganzen Tag über schon angefühlt, als hätte ich Bleiklöße gefrühstückt. Wo war mein Bruder? Was würde aus uns werden? Die Angst vor dem Undenkbaren ist die quälendste Angst überhaupt. So, als ginge man mit verbundenen Augen durch unvertrautes, wahrscheinlich vermintes Gelände; so, als wäre man mit Stummheit geschlagen, wenn es galt, mit glühenden Reden das eigene Leben zu retten.

Die Straßenbahn blieb vor uns stehen. Ein klein wenig verspätet flüsterte meine Mutter mir eindringlich ins Ohr: »Das Haus, zu dem wir wollen, ist das Heim deiner Großeltern. Großmama ist etwas krank. Ihr Name ist Viradó. Wir heißen Dénes. Von einer Fabrik weißt du nichts. Gar nichts.«

Ich nickte. Wir stiegen ein und fuhren durch Bezirke, die ich noch nie gesehen hatte. Die Heimat der Gnome. Das Königreich der Hexenmeister. Hier herrschte keine huldvolle Majestät. Dann mußten wir uns wieder gegen den Wind stemmen.

Bei der Fabrik klopfte meine Mutter an ein großes, schönes, aus Holz geschnitztes Tor.

»Wir haben geschlossen. Kommt morgen wieder«, ertönte eine strenge Stimme.

»Bitte«, sagte meine Mutter. »Ilonka hat uns geschickt.«

»Ich kenne keine Ilonka.«

»Nein, Miklós hat uns geschickt. Olga. Bitte.«

Das Tor wurde so weit geöffnet, daß meine Mutter hineinschlüpfen und mich hinter sich herziehen konnte. Der Mann vor uns war ein lachender Riese mit lockigem Haar. »Wer immer euch geschickt hat, ihr seid offensichtlich Juden. Kommt rein. Kommt rein.«

»Ist mein Sohn hier?« fragte meine Mutter. »Er ist ein sehr großer, blonder Junge mit blauen Augen. Sieht aus wie ein Nazi. Sein Name ist Iván. Ist er hier?«

»Oh, das ist Ihr Junge?« fragte der Mann, und sein Grinsen wurde breiter. »Ein sehr netter Junge. Ein wirklich wunderbarer Junge. Er hat gestern nacht hier geschlafen. Heute morgen ist er dann ziemlich früh aufgebrochen. Er wollte zu irgendeiner Gärtnerei. Er hatte große Angst um Sie.«

»Er ist schon wieder weg?«

»Ja. Kommen Sie doch rein«, sagte der Mann.

»Wann ist er gegangen?«

»Heute morgen«, sagte der Mann. Dann drehte er sich zu mir um. »Und wie heißt du, meine Kleine?«

»Magda. Ging es meinem Bruder gut, als er weggegangen ist?«

»Natürlich ging es ihm gut. Kommt rein.«

Ich fing an, diesen Mann zu hassen. »Hat mein Bruder uns eine Nachricht hinterlassen?«

»Nein, er dachte, ihr würdet direkt zu der Gärtnerei gehen.«

Wir gingen hinein. Innen sah es so aus, wie ich mir die Hölle vorstellte. Mein Bruder hatte mir einst Teile aus Dantes *Inferno* vorgelesen, und vielleicht war Dante direkt vor uns hiergewesen, vielleicht sogar an jenem Morgen.

Verzerrte Schatten bewegten sich im Licht von Kerzen, huschten über übereinandergestapelte Metallbleche. Leises Gemurmel war zu hören, aber keine Worte. »Pst«, sagte der Mann und legte sich einen Finger an die Lippen. »Hier drin hallt es ganz fürchterlich. Tut mir leid, aber ihr müßt auf den Metallblechen schlafen. Leider kann ich euch keine Decken geben und auch nichts zu essen.«

»Ach, das macht nichts«, sagte meine Mutter. »Wir haben vorhin bei meiner Freundin gegessen. Und es ist uns egal, wo wir schlafen. Vielen Dank. Vielen, vielen Dank.« Und dann zu mir: »Mach einen Knicks vor dem Herrn.«

Aber ich war alles so leid, daher winkte ich dem Mann nur kurz zu und ließ mich dann auf das Metallblech sinken, woraufhin eine schwache, unheimliche Melodie ertönte.

»Komm, mein kleines Mütterchen«, sagte meine Mutter. »Komm, kuschel dich an mich, und laß uns schlafen.«

Am nächsten Morgen weckte der Mann uns schon sehr früh. »Ihr müßt gehen«, wies er uns an. »Die Arbeiter kommen um sechs und dürfen euch hier nicht finden.«

Meine Mutter hatte aus Frau Szabós Wohnung einen kleinen Kamm und einen Lippenstift mitgenommen. Sie legte etwas Lippenstift auf und kämmte uns beide. Dann machten wir uns auf den Weg.

»Wohin jetzt?« fragte ich.

»Wir sollten besser zur Gärtnerei gehen und Iván suchen«, meinte meine Mutter.

»Sicherheit« bedeutet für Flüchtlinge die vollkommene Abwesenheit von anderen Menschen oder aber das Untertauchen in einer Menge – alles dazwischen ist risikoreich. Der Trick des erfolgreichen Flüchtlings besteht darin, ganz gewöhnlich und unauffällig zu sein, sich zu vermischen und zu verschmelzen. Aber an diesem Tag waren wir so unauffällig wie dunkelgraue Esel auf einem schneebedeckten Feld.

»Vergiß gestern«, sagte meine Mutter. »Heute ist unsere Geschichte die folgende: Wir wohnen in Ó Buda. Unser Haus wurde vor zwei Tagen bombardiert. Deine Tante, die bei uns war, ist dabei umgekommen, aber wir hatten Glück. Jetzt versuchen wir, deine Großeltern väterlicherseits zu finden. Ihr Name ist Szaba. Atilla und Márja. Wir heißen auch Szaba. Unsere Papiere haben wir in dem Feuer verloren, das nach der Bombardierung ausgebrochen ist. Dein Vater ist an der russischen Front. Du hast keine Brüder oder Schwestern. Überhaupt keine Verwandten. Kannst du dir das alles merken?«

»Natürlich. Und ich erinnere mich auch daran, daß meine Großeltern gestern Viradó geheißen haben. Aber warum können wir nicht bei einem Namen bleiben? Niemand hat uns bisher danach gefragt. Ich meine, wir haben die Namen doch noch gar nicht verbraucht, oder?«

»Sei still«, sagte meine Mutter. »Sei still. Mach mich nicht nervös. Ich habe schon genug um die Ohren, da mußt du mich nicht noch nervös machen. Hast du Hunger?«

»Nach zwei Tagen ohne was zu essen? Aber nein!«

»Warum mußt du bloß so frech sein?«

Ich gab nach. »Anyu«, sagte ich, »sei nicht böse. Laß uns Iván suchen und die anderen.«

Als die Straßen etwas belebter waren, trauten wir uns, in eine Straßenbahn zu steigen. Endlich erreichten wir die Gärtnerei.

Der Besitzer Pista Papp, ein ehemaliges Parlamentsmitglied, hatte sie sich gekauft, als seine politische Überzeugung ihn immer mehr in Schwierigkeiten brachte und er schließlich von seinem Amt zurücktreten mußte. Außerdem litt er an irgendeiner Augenkrankheit und konnte keinen Beruf mehr ausüben, bei dem man lesen und schreiben mußte.

»Ein schlimmer Fehler, Margit«, sagte er, als er uns an jenem Morgen erblickte. »Dein Herkommen ist ein sehr schlimmer Fehler. Wir sind hier in der Gegend gut bekannt, und man weiß, daß ihr Juden seid. Was zum Teufel habt ihr euch dabei gedacht?«

»Ist Iván hier?« fragte meine Mutter.

»Nein«, sagte Pista.

Nein. Überall um mich herum lösten die Dinge sich auf. Mir wurde übel, und plötzlich war ich so müde, daß ich mich am liebsten an Ort und Stelle hingelegt hätte. Außerdem war mir irgendwie die Fähigkeit zu atmen abhanden gekommen.

»Das heißt, er ist nur im Augenblick nicht hier«, fuhr Pista fort. »Er ist gestern angekommen. Ich dachte, am sichersten wäre es, wenn ich ihn wie die anderen Arbeiter behandle. Wir hatten eine Bestellung auszuliefern. Ich habe ihn mit dem Laster weggeschickt, zusammen mit drei anderen Männern. So ist es am besten, glaub mir.«

Meine Mutter sagte nichts. Trotzdem gewann die Welt einen Teil ihrer Stabilität zurück.

»Du mußt gehen, Margit«, sagte Pista. »Du bringst Iván in Gefahr und mich und jeden hier. Das kann ich nicht zulassen.«

Meine Mutter nickte. »Wir werden gehen. Aber wir haben seit zwei Tagen nichts gegessen. Du mußt dem Kind etwas zu essen geben.«

»Na schön. Kommt mit, ihr zwei. Komm, kleiner Käfer. Du mußt ziemlich hungrig sein.«

Endlich ein Badezimmer! Seife und Handtücher. Warmes Essen. Normalität. Das Gespräch beim Essen war jedoch nicht aufmunternd. »Ihr könnt nicht bleiben«, sagte Pista. »Auch Iván nicht, höchstens drei oder vier Tage. Wir haben den anderen Arbeitern erzählt, er sei ein paar Tage auf Heimaturlaub, habe sein Zuhause ausgebombt vorgefunden und wisse nichts über das Schicksal seiner Familie. Da er früher mal hier gearbeitet habe, sei er jetzt wieder hergekommen. Aber diese Geschichte taugt höchstens für eine Woche.«

Meine Mutter war den Tränen nahe. »Ich weiß nicht, was wir tun sollen.«

»Ich weiß es auch nicht, Margit. Vielleicht seid ihr gar nicht so sehr in Gefahr, wie ihr glaubt.«

Das war ein Satz, den wir von Leuten, die uns abwiesen, immer wieder zu hören bekommen sollten.

Ich meldete mich zum erstenmal zu Wort. »Pista bácsi, können wir mit Iván sprechen?«

»Ich weiß nicht. Wenn er rechtzeitig zurückkommt, natürlich. Aber ihr könnt nicht auf ihn warten.« Dann wandte er sich wieder an meine Mutter. »Ihr seid ohnehin schon zu lange hier. Lange genug, um die Behörden neugierig zu machen.«

Das war noch eine Lektion, die wir lernten: schnell, rein, schnell raus. Bevor der Feind Zeit hatte, Verdacht zu schöpfen.

»Was soll ich jetzt bloß tun?« fragte meine Mutter schwach.

»Ich weiß es nicht, Margit.« Dann drehte er sich zu seiner Frau um. »Sárika, pack ihnen ein paar Brote ein.«

Plötzlich war meine Mutter außer sich vor Wut. »Nein! Warte eine Sekunde. Nur eine einzige Sekunde. Wir kennen einander seit vielen Jahren. Du schuldest mir etwas mehr als ein paar Butterbrote. Ich werde gejagt. Meine Kinder schweben in Lebensgefahr. Und du sitzt in deiner sicheren Küche und bietest mir Butterbrote an? Du solltest dich schämen. Im Namen der Menschlichkeit, du schuldest mir mehr als das.«

Wir alle sahen Pista an, der langsam aufstand. »Du hast recht. Du hast absolut recht. Es tut mir leid. Ich hatte Angst. Du kannst nicht hierbleiben, das ist wirklich zu gefährlich, aber geh zurück zu Ilonka. Ich werde sie sofort anrufen.« Ilonka war seine Cousine. »Wir denken uns zusammen etwas für dich aus.«

Und dann stand plötzlich mein Bruder in der Tür.

DREI

»Ah, ein Wiedersehen. Was für eine angenehme Überraschung«, sagte mein Bruder mit einem schiefen Grinsen. »Man stelle sich vor, wir sind alle noch am Leben. Habe ich euch nicht gesagt, daß dies immer noch ein zivilisiertes Land ist?« Er blinzelte mir aus den Augenwinkeln zu. Wir rechneten beide damit, daß sein Sarkasmus unsere Mutter wütend machen würde. Statt dessen stand sie von ihrem Stuhl auf und ging schwankend auf ihn zu.

»Oh, Iván«, sagte sie und brach in Tränen aus. Mein Bruder umarmte sie, streichelte ihr den Rücken und murmelte beruhigende Worte.

In diesem Augenblick war seine Großtuerei wie weggewischt, und aus seinen Augen sprach die Angst. Er war über und über mit Schlamm, Schmutz und Staub bedeckt. Ein Teil davon stammte vom Dachboden; den Rest hatte er, wie sich später herausstellte, Pista zu verdanken.

»Irgendwelche Probleme unterwegs?« fragte Pista.

»Keine«, erwiderte Iván. »Wir sind zweimal angehalten worden, aber dein Schlammtrick hat funktioniert. Sie haben uns durchgewinkt.«

»Gut. Setz dich und iß etwas. Wir müssen Pläne machen. Margit und Magda müssen wieder gehen. Sonst wird es für uns alle gefährlich.«

»Du solltest wirklich gehen«, sagte Iván zu meiner Mutter. »Aber zuerst muß ich dir etwas sagen. Du darfst nicht böse werden. Es ist eine gute Sache, vor allem jetzt. Ich bin seit sechs Monaten Mitglied der zionistischen Untergrundbewegung. Die Pfadfindertreffen, die ich angeblich

Mittwoch abends immer besucht habe, waren in Wirklichkeit Zusammenkünfte der Hashomer. Und die werden uns jetzt helfen, uns sagen, wo wir uns verstecken können, und uns falsche Ausweise geben, die absolut echt aussehen. Du brauchst dir keine Sorgen mehr zu machen. Bald sieht alles besser aus. Es wird nur ein paar Tage dauern.«

An dieser Stelle mischte ich mich in das Gespräch ein. »Iván hat schon seit Monaten polnische und rumänische Juden gerettet; er hat sie von einem Ort zum anderen gebracht. Er ist Bote bei den Shomers.«

Mein Bruder sah mich finster an. O Gott, jetzt hatte ich genau das getan, was niemals zu tun ich geschworen hatte. Ich hatte Anyu erzählt, daß ich Bescheid wußte. »Ich dachte, jetzt könnte ich es sagen...«

Meine Mutter fiel mir ins Wort. »Ich verstehe«, sagte sie, und ihre Stimme klang eisig. »Du hast einem zehnjährigen Kind mehr vertraut als deiner Mutter, die dir das Leben geschenkt hat. Wunderbar.«

»Dafür ist jetzt keine Zeit«, sagte Pista. »Ihr müßt gehen. Geht zu Ilonka. Während der Geschäftszeit kommen dauernd Leute in den Laden. Dort fallt ihr nicht so auf wie hier.«

»Kommt Iván mit?« fragte ich.

»Nein«, antworteten die drei anderen im Chor.

»Es ist sicherer, wenn ihr euch trennt«, erklärte Pista bácsi. »Du gehst mit deiner Mutter.«

Er brannte offensichtlich genauso darauf, uns loszuwerden, wie meine Mutter sich wünschte, bleiben zu können. Mir war es egal, was wir taten. Ich wollte dort sein, wo mein Bruder war. Wenn das nicht ging, spielte der Rest keine Rolle mehr.

Iván bückte sich, um mich zum Abschied zu umarmen.

»Es tut mir leid«, flüsterte ich ihm ins Ohr.

»Mach dir nichts draus«, flüsterte er zurück. »Wir sehen uns bei Ilonka.«

Nach allgemeinem Händeschütteln, vielen Umarmungen und nachdrücklichen Treueschwüren brachen wir auf.

Draußen sah die Straße zu meiner Überraschung vollkommen normal aus. Die Sonne schien. Einige Leute waren zu Fuß unterwegs, zum Teil schwer bepackt. Autos fuhren, ein Fahrradfahrer radelte vorbei. Drei Mädchen, ungefähr in meinem Alter, spielten Himmel und Hölle.

Trotzdem hatte ich das Gefühl, in eine unsichtbare Substanz eingehüllt zu sein, die zwischen mir und der Welt schwebte. Als sähen meine Augen nicht ganz das, was sie sahen. Als blieben meine Füße, wenn sie das Pflaster berührten, bei jedem Schritt in der Luft hängen. Ich glaubte nicht, daß meine Hände wirklich einen Gegenstand anfassen und seine Beschaffenheit hätten fühlen können. Für andere sah ich wahrscheinlich ganz normal aus, aber ich wußte, daß es zwischen der Welt und mir keine Verbindung mehr gab.

Nach einer Weile riß mich das drängende Flüstern meiner Mutter aus meinen Gedanken. »Beeil dich!« Plötzlich zog sie mit einem solchen Ruck an meiner Hand, daß sie mir fast den Arm abriß. »Gerade sind zwei Pfeilkreuzler vorbeigegangen. Sie kennen mich aus der Gärtnerei und haben mich vielleicht erkannt.«

»Ich beeile mich ja.«

Von hinten hörten wir einen Mann schreien: »Ich kenne dich, du dreckige Judenhure! Ich bring' dich um!«

Ein Schuß folgte. Meine Mutter schob mich so heftig vorwärts, daß ich stolperte und beinahe hingefallen wäre.

»Lauf!« schrie sie. »Lauf! Spring auf die Straßenbahn!«

Die Straßenbahn war ungefähr ein Drittel eines Häuserblocks entfernt. Der Mann feuerte noch einen Schuß ab, und die Kugel hinterließ eine kleine Spur von Luftwirbeln über unseren Köpfen. Ich hörte meine Mutter direkt hinter mir laufen und begriff, daß sie mich mit ihrem Körper abschirmte.

»Die Straßenbahn fährt los«, keuchte ich, völlig außer Atem.

»Spring aufs Trittbrett. Spring aufs Trittbrett!« schrie meine Mutter. Der Mann schoß ein drittes Mal, wieder in unsere Richtung.

Endlich erreichten wir die Straßenbahn, die mittlerweile Fahrt aufgenommen hatte. Ich wußte genau, wie man auf eine fahrende Straßenbahn sprang; Ervin hatte es mir beigebracht. Natürlich hinter dem Rücken meiner Mutter, die dergleichen nie gebilligt hätte. Aber jetzt war wohl nicht der richtige Zeitpunkt für Heuchelei. Ich packte den Metallgriff an der Seite der Straßenbahn, ein kleines Stück oberhalb der Stufen, rannte ein paar Schritte mit, um in den richtigen Rhythmus zu kommen, und sprang auf. Meine Mutter tat es mir nach.

In der Straßenbahn rief uns eine rauhe Männerstimme den Pfeilkreuzlergruß zu: »Mut, Schwester.« Dann schoß ein uniformierter Arm auf uns zu. Doch nicht geschafft, schoß es mir durch den Kopf, aber ich irrte mich. Der leicht angetrunkene Mann vollführte eine kleine, tänzerische Drehung, packte Mutter am Arm und half erst ihr und dann mir in den Wagen. »Sie sollten wirklich nicht auf eine fahrende Straßenbahn springen. Niemals.« Schelmisch drohte er meiner Mutter mit dem Finger. »Wer wird denn so schöne Beine sinnlos in Gefahr bringen. Und sie sind wirklich schön, Madame.«

Meine Mutter antwortete mit einem rauhen Lachen: »Sie wissen doch, wie das ist, Bruder. Wir Frauen schwatzen einfach zuviel. Mein Mann wird mich umbringen, wenn ich ihn nicht rechtzeitig von der Fabrik abhole, wo er arbeitet. Ein Hitzkopf...« Sie zuckte anmutig mit den Schultern.

»Verheiratet, wie?« sagte der Mann. »Zu schade. Ich, ich bin alleinstehend. Meine bessere Hälfte ist vor ’n paar Jahren gestorben. Ist vorher noch ganz gelb geworden. Die Leber.«

Sie plauderten weiter. Ich wußte genau, was Mutter da tat. Seine uniformierte Gegenwart bot uns Schutz. Für die Welt sahen wir wie eine nette, kleine Pfeilkreuzlerfamilie aus. Die Sache gefiel mir überhaupt nicht, aber ich hielt den Mund, genau wie meine Mutter es von mir erwartete.

Als wir in der Nähe von Ilonkas Laden ausstiegen, fragte ich meine Mutter: »Glaubst du, diese Kugeln waren echt?«

Sie rollte mit den Augen und sagte nichts. Die Kugeln schienen wirklich echt gewesen zu sein.

Wir kamen zu Ilonkas Laden und lungerten draußen vor dem Schaufenster herum, bis der Kunde, der gerade im Geschäft war, endlich ging. Diesmal begrüßte uns Ilonka viel herzlicher.

»Pista hat angerufen. Ihr sollt in das Zimmer oben gehen und auf ihn und Iván warten. Sie werden etwa eine Stunde vor Ladenschluß hier sein. Außerdem habe ich noch ein paar sehr gute Neuigkeiten. Dávid ist kurz vorbeigekommen. Deine Eltern sind bei ihm und in Sicherheit. Sie sind wohl für einen Tag und eine Nacht bei der Waschfrau untergekommen. Leider erwartete sie ihren Sohn, der in der Partei ist; daher mußten deine Eltern wieder weg. Sie sind dann zu Fuß zu Dávid gegangen, ohne unterwegs behelligt zu werden. Natürlich können sie da nicht lange bleiben. Wir müssen also irgendwelche Pläne für sie machen.«

Pläne, Pläne, dachte ich, was sollen das für Pläne sein? Zuerst hatten wir ein gutes Zuhause, dann hatten wir ein schlechtes Zuhause, jetzt haben wir gar kein Zuhause mehr und müssen statt dessen Pläne machen. Die bleierne Hoffnungslosigkeit und resignierte Müdigkeit der Flüchtlinge senkte sich auf mich herab.

»Ihr geht jetzt besser nach oben, bevor plötzlich ein Kunde im Laden steht«, sagte Ilonka. »Setzt euch aufs Bett. Lauft nicht herum und redet nicht. Wir dürfen keinen Verdacht erregen.«

Meine Mutter nickte. »Hat Dávid irgend etwas über Rózsi oder Ervin gesagt?«

»Nein, leider nicht.«

Wir stiegen die Treppe hinauf. Das Zimmer war klein, mit einer niedrigen Decke und einem schweren Vorhang vor dem Fenster. Den größten Teil des Raums nahm das Bett ein, neben dem ein Nachttischchen mit einer Lampe stand. Meine Mutter gab mir zu verstehen, daß ich sie nicht einschalten durfte. Seite an Seite saßen wir schließlich in beinahe völliger Dunkelheit nebeneinander auf dem Bett. Ich öffnete den Mund, um etwas zu sagen, aber meine Mutter schüttelte warnend den Kopf. Dann hörten wir das Bimmeln der Ladenglocke. Ein Kunde. Wenige Sekunden später noch einer. Die Gespräche drangen bis zu uns nach oben, aber man konnte nur ab und zu ein Wort verstehen. Wir saßen da. Ein Kunde ging weg, dann der nächste. Die Glocke ertönte abermals. Ein neuer Kunde. Wir saßen da. Die Zeit schien hier oben auf zerbrochenen Flügeln zu fliegen. Endlich hörten wir Pista bácsis Stimme. Ilonka und er schienen sich über Rosen zu unterhalten. Iván hörte ich nicht. Niemand kam zu uns herauf. Dann hörten wir das Scheppern des angerosteten Metalltors, das langsam heruntergelassen wurde.

Pista erschien in unserer Tür. »Ganz still«, sagte er leise. »Kommt runter. Ich werde euch sagen, wie es jetzt weitergeht.«

»Wo ist Iván?« fragte ich.

»Wir hielten es für besser, daß er nicht mitkam«, antwortete Pista bácsi. »So ist es weniger gefährlich für uns alle.« Er zögerte. »Nun, genaugenommen ist er zu seinen zionistischen Freunden gegangen. Er erkundigt sich nach möglichen Verstecken und falschen Papieren für euch. Für den Augenblick werden wir folgendes tun. Margit, du bleibst über Nacht bei Ilonka. Morgen werden Iván oder ich anrufen, um dir weitere Anweisungen zu geben.«

Ilonka unterbrach ihn: »Ich kann nicht im Laden bleiben. Meine Mutter erwartet mich zu Hause. Außerdem wissen die Nachbarn, daß ich normalerweise heute nacht nicht hier schlafen würde.«

»Kein Problem«, sagte Pista. »Du kannst Margit einschließen. Dann kann sie morgen hier oben alles abwarten. Oder als dein erster Kunde auftreten. Iván meinte, daß er bis Mittag alles Notwendige veranlaßt haben wird. Hast du ihnen zu essen gegeben, Ilonka?«

Ilonka machte ein verlegenes Gesicht. »Nein, natürlich nicht. Wie denn auch? Ich hatte keine Zeit. Ich habe auch nichts gegessen.«

»Gut, gut«, sagte Pista. »Ich meinte ja nur, da wir nicht wissen, wann Margit das nächste Mal etwas zu essen bekommen wird, solltest du ihr besser alles geben, was du da hast.«

»Etwas Wein, zwei Dosen Sardinen, ein Stück Brot, ein Glas saure Gurken.« Ilonka zählte den Inhalt ihrer Speisekammer auf wie ein getadeltes Schulmädchen.

»Margit, sobald wir weg sind, wirst du etwas essen«, sagte Pista. Dann wandte er sich an mich. »Kleiner Käfer, kannst du noch zwei Stunden auf ein fabelhaftes Festmahl warten?«

Ich nickte. »Ich habe keinen Hunger, vielen Dank. Überhaupt keinen.«

Das stimmte. Ich wußte, daß ich das, was als nächstes

über seine Lippen kam, hassen würde. Es würde mein Schicksal zum Schlimmeren wenden, wenn das überhaupt noch möglich war.

»Ich bin mit dem Lastwagen hergekommen«, sagte er. »Ich werde das Kind zu meiner Schwägerin fahren. Mein Schwager mag zwar mit einem Fuß im rechten Lager stehen, aber er ist im Grunde ein anständiger Kerl. Außerdem ...« Pista brach in ein tiefes, von Herzen kommendes Lachen aus. »Außerdem war er mir bis heute nachmittag eine ganze Stange Geld schuldig.«

Niemand stimmte in sein Gelächter ein. »Ist sie dort in Sicherheit?« fragte meine Mutter.

»Natürlich. Es wird ihr gutgehen. Du kennst die beiden doch. Sie haben selbst keine Kinder, obwohl sie gern welche hätten. Die Kleine wird sie um den Finger wickeln.«

»Pista, würdest du ihnen dein Kind anvertrauen?«

Pista sah meine Mutter mit einem harten Blick an. »Wenn ich keine andere Wahl hätte? Ja. Komm, kleiner Käfer«, sagte er zu mir. »Es ist schon viel zu spät. Wir müssen los.«

»Mutter!« rief ich. »Anyu! Wo soll ich hingehen? Was soll aus mir werden? Ich will nicht weg.«

Meine Mutter kam zu mir und nahm mich in die Arme. Halb über mich gebeugt, küßte sie mein Gesicht. *»Menned kell kisanyám. Menned kell kis csillagom.* Du mußt gehen, mein kleines Mütterchen. Du mußt gehen, mein kleiner Stern. Ich komme dich so bald wie möglich holen.«

Ich brach in Tränen aus und sank auf den Fußboden. »Ich will nicht gehen«, heulte ich.

Pista legte mir eine Hand auf den Mund und hob mich hoch. »Sei still«, zischte er wütend. »Sei still. Wir werden deinetwegen noch alle verhaftet.«

»Iván hat gesagt, daß du gehen sollst«, sagte meine Mutter.

»Nein, das hat er nicht gesagt. Ich habe ihn nicht gehört. *Édes Anyám*, liebe Mutter, erlaub ihm nicht, mich mitzunehmen. Bitte. Erlaub ihm nicht, mich mitzunehmen.« Mittlerweile war meine Stimme ein Kreischen. Und wieder legte sich Pistas Hand auf meinen Mund. Ilonka hatte das Eisentor bereits halb hochgezogen. Pista duckte sich darunter hindurch und lief, trotz meiner heftigen Gegenwehr, mit mir auf dem Arm zu seinem Lastwagen.

Ich war noch nie im Fahrerhäuschen eines Lastwagens mitgefahren. Es roch dort ganz anders als in Autos und Taxis. Dieser Wagen roch schwach nach Mist, was ich nicht unangenehm fand. Ich liebte jedoch den Geruch von Autos, vor allem den Geruch eines ganz bestimmten Autos, das mein Vater gekauft hatte, als ich noch klein war. Es war riesig und roch nach allem möglichen – nach frischem Leder, Wagenpolitur, Rasierwasser und Benzin. Es roch nach Geschwindigkeit und Entfernung, nach Erregung und nach einer erstklassigen Erwachsenenromanze. Damals glaubte ich, ein paar Jahre später würde ein Chauffeur mich in genauso einem Auto herumfahren, mein langes, blondes Haar würde im Wind wehen, und viele junge, hübsche, uniformierte Offiziere mit Orden an der Brust und Monokeln im Auge würden mir den Hof machen und von meinem klassischen Profil schwärmen.

Ich war nicht blond, ich hatte kein Profil, keinen Vater, kein Zuhause. Nicht einmal erwachsen war ich. Ich war die kleinste Redakteurin auf der ganzen Welt, die in diesem nach Scheiße stinkenden Lastwagen saß, neben einem Entführer, der mich in der Dunkelheit auf Nebenstraßen von meinem Bruder wegholte und mich weiß Gott wohin brachte, um mir das Leben zu retten.

»So, mein kleiner Käfer«, sagte Pista bácsi. »Du mußt

dir ein paar Dinge merken, bevor wir am Ziel sind. Das ist sehr wichtig. Du könntest dich und uns alle, sogar Iván, umbringen, wenn du sie vergißt.«

»Ich weiß.«

»Du kommst in das Haus des Bruders meiner Frau Sárika. Du wirst ihn und seine Gattin Onkel und Tante nennen. Wenn ihr drei allein seid, kannst du tun oder sagen, was du willst. Aber sobald jemand kommt, den du nicht kennst – ein Nachbar, der Milchmann –, tust du so, als seist du furchtbar schüchtern, und sagst so wenig wie möglich. Wenn man dich fragt, dann heißt du...«

Jetzt kommt's. Ich wette, ich heiße nicht Viradó oder Szaba, dachte ich. Um mich herum schienen alle Leute ganz besessen davon zu sein, sich falsche Namen auszudenken. »Ja?« hakte ich nach. Er sah mich überrascht und ein wenig gereizt an.

»...genauso, wie du wirklich heißt. Du bist Magda Dénes. Nicht wahr? So, jetzt kommt das Wichtigste. Du stammst aus Szeged. Du bist zweimal ausgebombt worden. Einmal bei dir zu Hause, einmal in der Kirche, in die du geflohen bist, nachdem dein Zuhause zerstört worden war. Dein Vater ist an der russischen Front. Du und deine Mutter, ihr wurdet bei dem zweiten Bombenangriff getrennt. Es gab ein großes Feuer. Du bist weggerannt. Du kannst dich kaum noch an etwas anderes erinnern. Irgend jemand hat dich in dieses Haus gebracht. Zu deinem Onkel und deiner Tante. Bleib bei dieser Geschichte. Überlaß alle anderen Antworten den Erwachsenen. Wenn jemand dich bedrängt, stell dich dumm. Geistesabwesend. Schüchtern. Nicht verängstigt, sondern schüchtern. Verstehst du mich? Kriegst du das hin?«

»Mich dumm stellen? Na klar.«

»Das ist nicht zum Lachen. Außerdem wird das alles wohl nicht nötig sein.«

Wir fuhren schweigend weiter. In die Dunkelheit hinein. Nach einer Weile fragte ich: »Wie heißen die beiden?«

»Onkel und Tante. Du leidest noch ein wenig unter dem Schock der beiden Bombenangriffe, alles andere hast du vergessen. Das ist besser so.« Er glaubte natürlich, ich könnte, falls man uns aufhielt, die beiden verraten, noch bevor wir dort ankamen.

»Sicher. Vor allem, da ja ohnehin nichts Derartiges passieren wird.«

Pista bácsi sah mich scharf an, sagte aber nichts. Mußte er auch nicht. Ich wußte, daß ich unmöglich, sarkastisch, großmäulig, unverschämt und viel zu neunmalklug war, als mir guttat. Das hatte man mir bereits gesagt. Oft sogar. Nun denn, so sei es also, dachte ich, in Zukunft und für alle Zeit werde ich nichts als bombenneurotisch, schwachsinnig, unwissend und dumm, dumm, dumm sein.

Eine Weile später schaltete Pista den Motor aus und knipste die Scheinwerfer aus. In völliger Dunkelheit glitten wir lautlos auf ein kleines Haus zu. Es lag ebenfalls in totaler Finsternis, ganz so, wie es die Verdunkelungsvorschriften befahlen. Als wir auf das Haus zugingen, stieß Pista gegen einen Blumentopf und hätte beinahe zu fluchen begonnen, konnte sich aber gerade noch rechtzeitig zusammenreißen. Wir kamen an die Haustür, und er klopfte fast unhörbar an. Eine Sekunde später wurde die Tür geöffnet, und jemand flüsterte: »Kommt rein, kommt rein.« Wir traten ein, die Tür wurde wieder geschlossen und Licht eingeschaltet.

Die Person, die uns eingelassen hatte, war eine blonde, sommersprossige junge Frau, ein wenig rundlich und mit einem gewinnenden Lächeln. »*Szervusz*, Pista. Das ist also das Kind.«

»Ja, das ist Magda. Sag der Tante guten Tag«, sagte er zu mir.

»Küß die Hand«, sagte ich, aber sie hielt ihre Hand nicht hin, weder zum Küssen noch zum Schütteln. Ich war mir nicht sicher, ob unter diesen Umständen ein Knicks wirklich nötig war, daher ließ ich es bleiben.

»Kommt rein«, sagte Tante. »Kommt in die Küche. Ihr müßt etwas essen.«

»Ich nicht«, sagte Pista mit einem Blick auf seine Armbanduhr. »Ich muß zurück in die Gärtnerei. Aber gib bitte dem Kind etwas zu essen. Wo ist dein Mann?«

»Schläft. Er konnte nicht auf euch warten. Er muß um fünf Uhr morgens in der Arbeit sein.«

»Hm, gut. Ich gehe jetzt wohl besser. Ich melde mich morgen, allerspätestens übermorgen. Du weißt, wie du Magdas Erscheinen erklären sollst?«

»Ja. Natürlich.«

»Sei sehr vorsichtig. Wir sind ein lebendiges Kartenhaus. Wir können uns keine Fehler leisten.«

»Natürlich. Ich weiß.«

Pista schüttelte ihr die Hand und nahm anschließend mich in den Arm. »Sei ein braves, kleines Mädchen«, sagte er. »Ich melde mich bald.«

Tante schaltete das Licht aus, und Pista schlüpfte aus dem Haus. Dann knipste sie es wieder an. Ich wünschte, sie hätte es nicht getan; das Licht beleuchtete meine Situation mit dem kalten Glitzern einer tödlichen Klinge, einer Klinge, die direkt aufs Herz zielte. Ich war eine Fremde in einem fremden Haus. Meine Familie war in alle Winde zerstreut. Nicht einmal mehr mein Name stand fest. Nichts, was ich je gekannt hatte, bot Sicherheit und einen festen Halt. Welche Macht konnte dieses Chaos ordnen und wieder zu einem Leben formen?

»Magduska«, sagte Tante. »Nennen sie dich Magduska?«

Ich dachte über die Frage nach. Ich konnte nicken und es dabei bewenden lassen. Magduska Szaba Viradó.

Warum nicht? Aber ich brachte es nicht fertig, ich fühlte mich zu einsam.

»Meine Mutter nennt mich meistens so, wenn sie böse mit mir ist«, sagte ich in absoluter Aufrichtigkeit.

Tante lachte. »Pista bácsi meinte, du wärst ein kluges Kind. Komm und iß etwas, Magda.«

»Bitte verzeihen Sie mir«, sagte ich, »aber ich habe keinen Hunger. Ich bin sehr müde. Könnte ich wohl irgendwo schlafen?«

Sie zeigte mir ein Badezimmer und dann ein Bett voller weicher Kissen und Decken. Ich hatte mir vier Tage lang nicht mehr die Zähne geputzt. Ob ich sie mir wohl jemals wieder putzen würde? Ich war zu müde zum Beten und schlief sofort ein.

Seltsame Tage folgten. Ich lernte Onkel kennen. Er war groß, kalt und mürrisch. Mir war das egal. Tante lachte viel und versuchte vergeblich, mich aus der Reserve zu locken. Von Pista oder meiner Familie gab es keine Nachricht. »Keine Nachrichten sind gute Nachrichten«, meinte Tante. Meistens saß ich einfach nur da. Die Erstarrung in meiner Seele hatte meinen Körper in Stein verwandelt.

Unerwartet kamen einige Nachbarn vorbei. Tante erzählte meine Geschichte. Ich hielt den Blick auf den Boden gerichtet.

»Ach, mein armes Lämmchen! Ach, dieser verfluchte Krieg!« Sie stellten mir Fragen. Bevor ich antworten konnte, erzählte Tante ihnen, daß ich sehr schüchtern sei. Aus den Augenwinkeln sah ich, wie sie eine kreisende Bewegung mit dem Finger machte, um anzudeuten, daß es gewisse Schwierigkeiten in meinem Kopf gebe. Zu mir sagte sie dann: »Geh im Garten spielen, meine Kleine.« Dann saß ich ein paar Stunden lang im Garten in der bleichen Herbstsonne und beobachtete die Dinge beim Sterben. Blätter, Sommerfliegen, Blumen. Ich fühlte mich versucht, ein paar fleißigen Ameisen auf dem Weg zu ihrem Schöpfer ein wenig nachzuhelfen, aber der Gedanke, daß vielleicht irgend jemand auf sie wartete, hielt mich davon ab. Endlich gingen die Nachbarn.

Ich erfuhr niemals, was die Beinahekatastrophe ausgelöst hatte, aber es mußte entweder der Besuch der Nachbarn oder mein Spaziergang an die frische Luft gewesen sein.

Am nächsten Nachmittag – wir saßen gerade in der Küche – wurde die Tür von heftigen Tritten und Schlägen beinahe aufgebrochen. Dann hörten wir laute Rufe: »Aufmachen, aufmachen! Sofort! Im Namen des Gesetzes!« Es folgten laute Flüche.

Onkel lief zum Fenster und spähte durch den Vorhang: »Verdammt«, sagte er. »Zwei Gendarmen. Jetzt sind wir dran.« Der Lärm draußen verschlimmerte sich noch. »Ich wußte ja, daß es ein Fehler war.«

Tante nahm »es« in die Arme und flüsterte eindringlich: »Ich verstecke dich im Brotofen. Er ist groß genug. Wir haben ihn seit Monaten nicht mehr benutzt. Es wird dir nichts passieren. Aber um Gottes willen, bleib ganz still. Beweg dich nicht, und was auch geschieht, komm nicht raus, bevor ich dich hole. Es wird höchstens zehn Minuten dauern.

Sie schob mich in den Ofen. Noch während ich tiefer hineinkroch, hörte ich, wie seine breite Metalltür zugeschlagen wurde. Dann klirrte es vernehmlich – Tante hatte von außen den Sicherheitsriegel vorgelegt. Schließlich flüsterte sie noch: »Versteck dich ganz hinten.«

Der Ofen war so groß, daß ich mit hochgezogenen Knien und gesenktem Kopf dasitzen konnte. Um mich herum herrschte absolute Dunkelheit, aber zu meiner Überraschung war die Akustik bestens. Ich hörte jedes verdammte Wort, das gesprochen wurde.

»Mut, Brüder. Lang lebe Szálasi!« sagte Onkel. Ich hörte, wie er die Absätze zusammenschlug. »Was für ein stürmischer Auftritt.«

Ich konnte direkt vor mir sehen, wie in seinem rechten Auge ein unangebrachtes Zwinkern aufflackerte. »Was verschafft uns das Vergnügen? Bitte kommt rein, kommt rein.« Das war der Hornochse, dem meine Mutter mein Leben anvertraut hatte. Indirekt, um fair zu sein. Ich hörte das schwere Klirren von mit Sporen besetzten Stiefeln.

»Bitte setzt euch doch, Brüder. Setzt euch.«

»Wir kommen wegen des Kindes«, sagte ein unangenehmer Bariton.

»Oh, ihr habt ihre Mutter gefunden! Was für eine gute Nachricht«, sagte Onkel, ohne einen Herzschlag lang zu zögern.

»Nein«, sagte ein ältere, häßlichere Stimme. »Wir haben gehört, daß ihr hier einen jüdischen Flüchtling von schätzungsweise acht Jahren beherbergt, genau hier, in eurem schönen Haus.«

Acht! Was war ich – ein Zwerg?

»Einen jüdischen Flüchtling? Hast du das gehört, Macza? Das ist ja wirklich ein Witz.« Onkel schlug sich auf den Oberschenkel und ließ ein ziemlich glaubwürdiges Gelächter hören. Vielleicht hatte ich ihn unterschätzt. »Oh, Bruder! Du mußt einen Feind haben oder wenigstens einen sehr komischen Freund. Da hat sich jemand einen kleinen Schabernack mit dir erlaubt. Nun, wir haben in der Tat ein Kind hier – die kleine Tochter der Schwägerin meines Patensohns.«

Bei dieser Art Lügen schien eine möglichst weitläufige Verwandtschaft sehr wichtig zu sein, das hatte ich mittlerweile kapiert.

»Sie sind ausgebombt worden. Zweimal. Erst zu Hause, dann in der Kirche, in die sie geflohen waren. Die Mutter scheint verschwunden zu sein. Der Vater ist an der russischen Front. Das Kind ist ein wenig schwach im Kopf. Aber eine Jüdin? Bitte beleidigt mich nicht. Ich würde doch keinen stinkenden Juden an meinem Tisch sitzen lassen!«

»Vielleicht könnten wir mit dem Kind selbst reden«, sagte der Bariton.

»Ja«, sagte die ältere Stimme. »Wir sollten die Zeugin befragen – ich meine, die Angeklagte.« Durch seinen Fehler in Verlegenheit gestürzt, wurde er aggressiv. »Und zwar auf der Stelle!«

»Natürlich«, sagte Onkel. »Sie müßte jede Minute zurückkommen. Wir haben sie zum Spielen nach draußen geschickt.«

»Wir werden warten«, sagte der Bariton.

Ich wußte, daß die Gefahr für mich mit jeder Minute größer wurde, aber ich fürchtete mich immer weniger. Allerdings beunruhigte mich der Gedanke, die groteske Komik dieser erlauschten Unterhaltung könnte mich zum Lachen bringen.

»Ja, wartet nur«, sagte Tante. »Sie ist ein sehr liebes Kind. Es lohnt sich wirklich, sie kennenzulernen. Etwas schüchtern vielleicht. Warum setzen wir uns inzwischen nicht alle hin und trinken ein Gläschen Rum?«

»Küß die Hand, Madame, da hätte ich nichts dagegen«, sagte die ältere Stimme.

Dann folgten die Geräusche von Menschen, die es sich bequem machen. Als die Gendarmen ihre Helme abnahmen und auf den Tisch legten, klirrten sie leise. Das schwache Sirren der auf den Helmen befestigten Hahnenfedern drang natürlich nicht bis in mein Versteck, auch wenn ich die Federn vor meinem inneren Auge sich wiegen sah.

»Auf eure Gesundheit!« sagte Onkel.

»Und auf eure«, erwiderte Alterchen.

»Auf Szálasi, und auf die Partei«, fügte der Bariton hinzu.

»Auf uns alle«, schloß Tante. Gläser klirrten.

Ich hatte das Gefühl, als seien zwei Stunden vergangen. Dann drei. Langsam bekam ich einen Krampf in den Beinen. Mein Hals schmerzte. Ich begann mich zu fragen, woher die Luft kam, die ich atmete, und wie lange sie reichen würde.

»Wir müssen nach ihr suchen«, sagte der betrunkene Bariton.

»Richtig. Gewehre schußbereit«, sagte die alte Stimme, die genauso betrunken klang. »Kein Kind bleibt so spät am Abend noch draußen.«

Ich hörte, wie die Gewehrhähne gespannt wurden.

»Ihr habt recht«, sagte Onkel. »Wo habe ich nur meinen Kopf? Ich muß sie suchen gehen.« Bevor jemand ihn aufhalten konnte, schoß er aus dem Zimmer.

»Und komm nicht zurück, bevor du sie gefunden hast! Ganz egal, wie lange es dauert!« rief Tante hinter ihm her.

Wie ich später erfuhr, war das die übliche Verfahrensweise: Männer, die für gewöhnlich in größerer Gefahr waren, flohen, während die Frauen zurückblieben, um zu flirten oder – wenn nötig – ihren Körper anzubieten. Sie tauschten ihre Würde gegen ihr Leben, und wenn es funktionierte, hielt man es im allgemeinen für einen guten Handel.

»Wie wär's mit noch einem Gläschen?« fragte Tante.

»Zuerst suchen wir«, sagte der Bariton.

»Nur zu.« Tante schien das Zimmer zu verlassen.

Mir brach der Schweiß aus, und ich erstarrte. Ich glaubte nicht, daß ich meinen Kopf noch lange gesenkt halten konnte. Ich glaubte nicht, daß ich noch genügend

Luft übrig hatte. Ich glaubte, ich würde bald schreien. Du bist ein Brot, du bist ein Brot, sagte ich mir immer wieder, aber der Trick funktionierte nicht; plötzlich hatte ich das Gefühl, ich würde wie zu lange gegorene Hefe gleich aufschäumen und durch die Tür schießen. Oder gebakken werden. Na schön. Kein Brot. Was ich auch bin, ich bin allein und in furchtbarer Gefahr.

»He«, rief der Bariton, »lauf ihr nicht nach! Wir müssen beide suchen.«

»Schuchen, schuchen. Du bist, du bist...« Seine Stimme verlor sich.

Pflichtvergessen, hätte ich am liebsten laut gesagt. Iván hätte gelacht.

Sie öffneten ein paar Schranktüren und Schubladen und schlugen sie wieder zu, aber sie kamen nicht einmal in die Nähe des Ofens.

»Zufrieden?« fragte Tante, die offensichtlich ins Zimmer zurückgekehrt war. »Also wie wär's jetzt mit noch einem Gläschen?«

»He, wo bleibt eigentlich Ihr Mann die ganze Zeit?« fragte der Bariton.

»Der sucht nach dem Kind.«

»Wir sollten besser auch noch etwas suchen. Ich wette, das Kind ist jüdisch und direkt hier vor unserer Nase versteckt.« Plötzlich klang er wütend und ziemlich nüchtern.

Tante begann zu weinen. »Bruder, ich schäme mich, es zuzugeben, aber er hat eine andere Frau. Er läuft die ganze Zeit zu ihr. Ich schwöre bei Gott, ich weiß nicht, wo das Kind ist. Es ist nicht ganz normal.« Mittlerweile schüttelte Tante sich vor Schluchzen.

Der Bariton gab nach. »Nun, es ist schon spät. Wahrscheinlich haben wir eine falsche Meldung bekommen. Du siehst wie eine hundertprozentige Arierin aus, eine patriotische schöne Frau. Vielleicht war es ja die Geliebte deines Mannes, die uns angerufen hat. Wer weiß? Möchtest du, daß ich sie überprüfe?«

»Nein, Bruder, vielen Dank. Du weißt ja, wie das ist. Solche Sachen erledigt man am besten zu Hause.« Sie kicherte.

»Im Bett, wie? Dein Mann hat's wirklich gut. Na, dann noch viel Glück bei eurer Suche nach der kleinen Schwachsinnigen.« Er schlug die Absätze zusammen. »Mut, Schwester«, sagte er und salutierte noch einmal.

»He!« rief er dem zweiten getreuen Beschützer der demnächst hundertprozentig arischen ungarischen Nation zu. »Wach auf, Jóska. Zeit zu gehen. Ich erklär' dir später alles.«

Ich hörte den Mann aufspringen; seine Absätze schlugen gegeneinander. »Lang lebe Szálasi! Mut!« brüllte er.

Fast augenblicklich wurde die Ofentür geöffnet. Sechs Stunden waren vergangen.

»Oh, meine arme Kleine«, jammerte Tante. Jetzt weinte sie wirklich. »Lebst du noch? Hattest du genügend Luft? Kannst du dich bewegen?«

Ich zitterte so heftig, daß ich nicht antworten konnte. Sie zog mich aus dem Ofen, steckte mich ins Bett und ließ mich mehrere Gläser Wasser trinken.

Dann war ich wieder in Ilonkas Haus – wie ich dort hinkam, weiß ich nicht mehr – und saß bei meiner Mutter auf dem Schoß. Gerettet. Wieder vereint. Niemals sollte uns irgend etwas wieder trennen.

»Wo sind die anderen?« fragte ich meine Mutter ängstlich.

»Wir haben lauter gute Neuigkeiten«, beruhigte mich meine Mutter. »Rózsi und Ervin sind unversehrt wieder aufgetaucht. Sie haben zwar einiges durchgemacht, aber jetzt geht es ihnen wieder gut.«

Sie erzählte mir, daß Rózsi und Ervin mit Hunderten anderer Menschen zur Rennbahn von Budapest getrieben worden seien – die ganze Strecke mußten sie mit über dem Kopf erhobenen Händen laufen. Rózsi hatte Angst gehabt, weil sie beide auffielen – Ervin war zu groß, und sie war zu rothaarig und trug außerdem einen sehr guten Hosenanzug. Schließlich zog sie die Jacke aus, um besser mit der Menge zu verschmelzen, aber ohne Jacke war es ihr zu kalt.

Auf der Rennbahn hatte man Männer und Frauen getrennt. Rózsi war hysterisch geworden, zu einem der Wachposten der Pfeilkreuzler gelaufen und hatte versucht, ihn zu beschwatzen. »Siehst du diesen großen Jungen in der grünen, gestrickten Bomberjacke? Das ist mein Sohn. Er ist sehr groß, aber er ist erst vierzehn. Wenn wir nicht zusammensein dürfen, dann sorg doch bitte dafür, daß er in meiner Nähe bleiben darf.« Rózsi hatte sehr viel Charme. Der Pfeilkreuzler brachte Ervin zu ihr und erlaubte beiden, die Arme sinken zu lassen. Sie mußten über Nacht dableiben, dann durften alle gehen. Eine Übung. Nichts als eine weitere Schikane. Niemand wurde getötet, nur ein junges Mädchen wurde vergewaltigt, immer und immer wieder, die ganze Nacht hindurch. Sie schrie und bettelte um ihren Tod, aber sie starb nicht.

»So, und jetzt zu uns«, fuhr meine Mutter fort. »Iván hat alles in die Wege geleitet.«

»Wie meinst du das?«

»Nun, er hat Kontakt zu den Hashomer aufgenommen. Sie haben Zugang zu verschiedenen Häusern, die unter dem Schutz der Schweizer Regierung stehen. Die Schweiz nimmt nicht an diesem Krieg teil. Rózsi und ich sind in einem Haus in der Vadász Utca untergebracht. Bis gestern waren Iván und Ervin in einem anderen Haus in der Vekerle Sándor Utca, aber sie sind jetzt zu uns in die

Vadász Utca übergesiedelt. Das Haus sollte ursprünglich dem Schweizer Konsulat als Nebengebäude dienen, ist jetzt jedoch das Hauptquartier der Zionisten. Wir fälschen christliche Geburtsurkunden und Pässe gleich dutzendweise.« Meine Mutter lachte. »Meine Aufgabe ist es, die Vordrucke auszufüllen, weil meine Handschrift so offiziell wirkt.«

»Und was ist mit den Großeltern, wo sind die?«

»Ebenfalls gerettet. Iván hat sie in einem anderen Haus untergebracht. In einem sicheren Haus am Sankt-István-Park.«

»Warum sind sie nicht bei euch?«

»Nun, aus vielerlei Gründen. Das Haus in der Vadász Utca ist klein, und es drängen sich dort schon fast vierhundert Menschen zusammen. Da ist einfach nicht mehr genug Platz. Außerdem arbeiten alle Bewohner dieses Hauses für die Zionisten. Iván und Ervin sind Boten. Rószi und ich arbeiten im Büro, fälschen Dokumente, verteilen die Leute auf verschiedene sichere Häuser. Was so anfällt. Außerdem ist da immer so viel Betrieb, daß sie keine alten Leute dort einziehen lassen.« Sie hielt inne. Ich wartete. Sie wandte den Blick ab und fuhr dann mit ihrer Ich-will-keine-Einwände-hören-Stimme fort: »Die hygienischen Verhältnisse sind extrem schlecht. Alle schlafen auf dem Fußboden. Zu essen gibt es wenig. Daher ist das im Grunde genommen auch kein Platz für Kinder.«

Ich konnte nicht glauben, was ich da gerade gehört hatte, wenn es auch noch nicht ganz ausgesprochen war. Mein einziger Gedanke war: Fünfzehn Zentimeter zu kurz, um bei meiner Familie bleiben zu dürfen. Der Verdacht, der mich bereits damals im Sanatorium beschlichen hatte, war also zutreffend: Kinder sind entbehrlicher Müll. Mein Kindsein war wie eine Seuche, die jeden, der damit in Berührung kam, in Gefahr brachte. Ich war ein

Ärgernis, eine Bürde, eine lästige Verantwortung, die man geduldig auf sich nahm.

»Ich will mit Iván sprechen«, sagte ich und begann zu weinen.

»Das geht nicht. Es wäre zu gefährlich für ihn, hierherzukommen. Ich werde es ihm ausrichten. Jedenfalls müssen wir morgen früh aufbrechen.«

Ich hatte zwei Mütter: die eine, der ich ständig nachjagte, und die andere, die anwesend war – die eiserne Mutter.

»Wo gehen wir hin?«

»Nun, mein Schatz, das habe ich dir doch gesagt; das Haus an der Vadász Utca ist sehr schmutzig. Äußerst ungesund. Ganz und gar ungeeignet für eine ehemalige Tb-Patientin. Ungeeignet für Kinder. Ich möchte, daß du gesund bleibst. Frische Luft ist ganz wichtig für dich.«

»Wo liegt der Sankt-István-Park?«

»Wie meinst du das? Da sollst du doch gar nicht hin.«

Ich fing an zu schluchzen. Warum mußte ich nur wieder ganz allein sein?

»Ich will mit Iván sprechen. Er wird mich zur Vadász Utca mitnehmen.«

Meine Mutter hob die rechte Hand und deutete eine bevorstehende Ohrfeige an. »Wenn du nicht aufhörst, dich so hysterisch aufzuführen, setzt es was. Hör sofort auf damit!«

Instinktiv legte ich die Arme vors Gesicht. Das machte sie noch wütender. »Wag es ja nicht, dich gegen mich zu verteidigen! Runter mit den Armen! Wenn du eine Ohrfeige verdient hast, bekommst du eine Ohrfeige. Runter mit den Armen!«

Ich dachte daran, die strychningetränkten Pfeile, die ich in meinem Herzen bereithielt, abschwirren zu lassen. Aber was sollte ohne sie aus mir werden? Außerdem hatte ich plötzlich überhaupt keine Kraft mehr, mich zu wehren.

»Wo soll ich hin?«

»Oh, du kommst in ein wunderbares Haus, das unter dem Schutz des Spanischen Roten Kreuzes steht. Auf dem Rószadomb. Das ist ein absolut sicheres Haus, von den Zionisten eigens für Kinder organisiert. Und sehr sauber. Du wirst dich dort sehr wohl fühlen, praktisch wie im Urlaub.«

»Natürlich. Und warum pfeife ich auf dem Weg dorthin nicht auch gleich einen Trauermarsch?«

Ich sah es nicht kommen. Was ich schließlich sah, waren Millionen kleiner Lichter, die die Ohrfeige in meinem Kopf explodieren ließ.

In der Morgendämmerung brachen wir Hand in Hand auf. Einen Sonnenaufgang würde es offensichtlich nicht geben. Die kalte Morgenluft roch nach Regen und bevorstehendem Schnee. Der Himmel hatte die Farbe von Grabsteinen. Nichts leuchtete. Nichts spiegelte auch nur einen Lichtstrahl wider. Meine Mutter sah müde aus.

»Du kennst die Prozedur ja«, sagte sie. »Nur daß wir diesmal unsere eigenen Namen benutzen. Ich habe unsere gefälschten Papiere bei mir, also sind wir relativ sicher. Aber wie dem auch sei, das Reden übernehme ich.«

»Ja. Wie weit ist es noch?«

»Ein Kilometer, vielleicht auch zwei. Hör zu, ich kann dich nirgendwo anders unterbringen. Das ist der sicherste Ort. Wirklich. Ich versuche, das Beste für dich zu tun. Ich habe dich lieb.«

»Ich weiß, Anyu. Ich habe dich auch lieb.«

»Morgen bringe ich dir Essen und etwas zum Anziehen. Der Anruf von Pista kam so plötzlich, und Ilonka wollte uns nicht noch einen Tag dabehalten. Ich tue, was ich kann.«

»Ich weiß.« Wir gingen weiter hügelaufwärts und kamen ein wenig außer Atem. Ein blonder Junge in Naziuniform trat uns aus dem Nebel entgegen. »Halt!« sagte er. *»Wohin gehen Sie?«*

Er sah meinem Bruder so ähnlich! Eine verzweifelte Sehnsucht überfiel mich. Ich blickte strahlend zu ihm auf und winkte ihm zu. *»Szervusz«*, sagte ich. Er brach in Gelächter aus. »Servus«, erwiderte er und tätschelte mir den Kopf. Dann winkte er uns durch.

»Tu das ja nie wieder«, zischte meine Mutter wütend. »Das ist viel zu gefährlich.«

Ich zuckte mit den Schultern. »Es hat doch funktioniert, oder?« Ich tat, als hätte ich das Ganze genau geplant. Wir trotteten weiter.

»Mutter, bitte laß mich nicht allein. Ich will auch ganz brav sein. Der Schmutz macht mir nichts aus. Ich brauche auch keine Betten. Ich brauche nichts. Ich will nur da sein, wo du bist. Wo Iván ist. Bitte.«

»Fang nicht schon wieder an«, beschied mir meine Mutter barsch. »Es *gibt* keine andere Möglichkeit.«

»O doch, gibt es wohl. Wir könnten sofort umkehren, und du könntest mich mit in die Vadász Utca nehmen. Bitte. Ich werde wirklich ganz brav sein und überhaupt keine Probleme machen.«

»Hör auf. Die Entscheidung ist gefallen.«

Die eiserne Mutter hatte entschieden.

»Weiß Iván, wohin du mich bringst?«

»Natürlich. Er hat es organisiert. Es war nicht leicht, glaub mir.« Ich gab alle Hoffnung auf. Außerdem dämmerte mir langsam – auch wenn es bisher kaum mehr als eine leise Ahnung war –, daß Einfluß und Distanz vielleicht in direktem Verhältnis zueinander standen. Durch das Zusammenleben mit Iván hatte Mutter eindeutig die Oberhand gewonnen.

Ein pockennarbiger, finster dreinblickender Posten der Pfeilkreuzler hielt uns an. »Eure Ausweise.« Dabei klopfte er mit dem Fuß rhythmisch und bedrohlich auf den Boden.

Das Werk meiner Mutter wurde auf die Probe gestellt, wahrscheinlich zum erstenmal. Sie stöberte lange in ihrer Handtasche herum, wie das jede Frau tun würde, die nichts zu befürchten hatte.

Die Kunst, unter Feinden zu überleben, ist eine wahre Zirkusnummer. Sie erfordert die Balance eines Luftakrobaten, die Geschicklichkeit eines Magiers, die Schnelligkeit eines Jongleurs, die Unverwüstlichkeit eines Clowns, die Schläue eines Zwerges und den Mut eines Löwenbändigers.

»Oh, diese verflixten großen Taschen«, stöhnte meine Mutter. »Na, endlich! Bitte schön, Bruder.«

»Genau wie meine Frau«, murmelte er. »Sie braucht eine halbe Stunde, um irgend etwas darin zu finden. Ich möchte bloß wissen, was ihr Frauen immer in euren Handtaschen habt!« Die Papiere selbst würdigte er kaum eines Blickes. »Nun geht schon, geht schon«, sagte er. »Beglückt den Burschen an der nächsten Kontrollstelle.«

Der Arm meiner Mutter schnellte vor. »Lang lebe Szálasi!«

Das Spanische Rote Kreuz war in einer wunderschönen Villa oben auf dem Hügel untergebracht. Man hatte von dort aus einen atemberaubenden Ausblick auf majestätische Eichen und endlose Wiesen. So großartig, wie meine Mutter es geschildert hatte, war es allerdings auch wieder nicht. Es gab nicht genug Betten für alle. Keine Decken. Keine Handtücher. Kein vernünftiges Essen. Nur ein einziges Badezimmer war benutzbar. Ich haßte die Frau, die uns mit all diesen Tatsachen bekanntmachte und meine Mutter damit indirekt anklagte. Sie versprach jedoch, gut auf mich aufzupassen, und meine Mutter küßte mich und brach sofort wieder auf. Wenn man jemanden im Stich läßt, muß es schnell geschehen, wie ein Dolchstoß. Der Täter muß fort sein, bevor die ungläubig gerundeten Augen anklagen oder flehen können.

Die Frau, deren Namen ich vergessen hatte, deren Gegenwart mir jedoch zu widerwärtig war, um noch einmal danach zu fragen, führte mich in einen großen Gemeinschaftsraum, dessen Boden mit Teppich ausgelegt war. Die riesigen Fenster sorgten an einem klaren Tag wahrscheinlich für strahlendes Licht im ganzen Raum, aber im Augenblick ließen sie nur noch mehr von dem metallischen Grau des Tages herein. Ich fühlte mich, als würde ich gleich in dem schlammigen Wasser eines Teichs ertrinken.

»Das ist Magda«, verkündete die Frau munter. »Sie ist das neueste Mitglied unserer kleinen Familie. Heißen wir sie willkommen.«

Was zum Teufel glaubte diese Idiotin, wo wir uns befanden? Im Kindergarten? Ich wollte keine neue kleine Familie. Meine alte hatte mich gerade, wie es schien, ein für allemal abserviert.

Ein paar Kinder scharten sich um uns. Noch viel mehr Kinder saßen im hinteren Teil des Raums, schienen sich für das ganze Theater aber ungefähr ebensosehr zu interessieren wie ich. Gott sei Dank.

»Das ist Julika.«

»Szervusz.«

»Das ist Péterke.« – *»Szervusz.«* – »Und Tamás und Erika, und das ist Mimi. Sie ist unsere Jüngste, erst drei Jahre alt.«

Mimi streckte mir die Zunge raus. Ich tat so, als wolle ich nach ihrer Zunge greifen, aber statt das komisch zu finden, brach sie in Tränen aus.

»Jetzt sieh nur, was du angerichtet hast«, sagte die Frau anklagend.

Mimi war vernünftiger. Als ich die Arme nach ihr ausstreckte, lief sie sofort auf mich zu, und ich hob sie hoch. »So, Mimi«, sagte ich, »wir zwei machen jetzt folgendes: Du und ich, wir gehen in eine stille Ecke in diesem Zimmer, setzen uns auf den Boden und denken nach. Abgemacht?«

Mimi nickte ein Ja gegen meinen Hals. Der Frau stand der Mund offen.

Mimi und ich taten genau das, was ich ihr gesagt hatte. Sie kuschelte sich an mich, und ich schloß die Augen, um nachzudenken. Bei nüchterner Betrachtung schien meine Situation absolut hoffnungslos. Meine Mutter war offensichtlich fest entschlossen, mich hierzulassen. Ich hatte keine Möglichkeit, meinen Bruder zu erreichen. Und damit war meine Liste möglicher Helfer auch schon erschöpft. Also blieb mir als Alternative nur noch die Flucht. Aber wohin? Man hatte mir nicht beigebracht, wie man von einem Punkt A zu einem Punkt B kam – ich hatte da ein fatales Versäumnis in meiner Ausbildung zugelassen, das wurde mir jetzt klar.

Die Frau, wie ich sie zu nennen beschlossen hatte, riß mich aus meinen Gedanken.

»Ich muß Mimi etwas zu essen geben und sie ins Bett bringen. Hast du überhaupt irgendwelches Gepäck bei dir? Eine Decke? Etwas zu essen?«

Natürlich. Ich habe diesen unsichtbaren Handkoffer, der bis oben hin voll ist mit *gulyás,* Gänseleber, selbstgebackenem Brot, Federdecken, einem Bruder, einem Vetter, mehreren Müttern und den ganzen Vereinigten Staaten von Amerika, wo mein Vater lebt und vor Sorge um mich schier umkommt.

»Nein. Wir mußten sehr plötzlich aufbrechen. Meine

Mutter sagte, sie würde mir morgen ein paar Sachen bringen, wenn sie es schafft.«

»Hm, na gut. Ich leihe dir eine Decke und etwas zu essen. Du mußt es mir morgen zurückzahlen.«

»Vielen Dank. Verzeihung, aber ich habe Ihren Namen nicht verstanden.«

»Ich bin Frau Ungár, Mimis Mutter.«

Zu meinem eigenen Erstaunen brach ich in lautstarkes Schluchzen aus. Ich versuchte, es zu verbergen, indem ich mir die Hände vors Gesicht schlug und so tat, als hätte ich einen Hustenanfall.

»Du scheinst dich erkältet zu haben«, sagte Frau Ungár. »Ich bin gleich wieder da.«

Als sie zurückkam, gab sie mir eine Decke, ein Glas Wasser und etwas Brot mit Marmelade. »Tut mir leid«, sagte sie, »aber das Essen ist sehr knapp.«

Ich nickte. »Vielen Dank. Wirklich, das ist sehr freundlich von Ihnen.«

Sie lachte. »In welche Klasse gehst du?«

»Ich hab' mit der vierten angefangen, als die Bombenteppiche kamen. Da mußte ich aufhören.«

Frau Ungár seufzte. »Du scheinst diese Ecke zu mögen. Bleib hier. Wickel dich fest in deine Decke ein. Hier oben auf dem Hügel kann es nachts ziemlich kalt werden. Schlaf gut.«

Ich träumte von einem Erdbeben und von einstürzenden Brücken. Nein, das tat ich nicht wirklich. Ich dachte lediglich, daß solche Träume mich als Dichterin ausweisen und mir so das Recht auf irgend etwas verschaffen würden. Vielleicht das Recht auf Rettung.

Am nächsten Nachmittag kam meine Mutter zurück – mit Decken, einem Kissen, einer Zahnbürste, sauberer Unterwäsche, einer Flasche Milch, frischem Brot und einer geradezu unanständigen Menge anderer Nahrungsmittel. Alles war von einer Qualität, wie wir sie jahrelang nicht mehr gesehen hatten. Ich bin erledigt, dachte ich. Man hat mir gerade meine Henkersmahlzeit gebracht.

»Ich mußte mehrere Kontrollpunkte passieren und hätte es fast nicht bis hierher geschafft«, sagte sie atemlos.

»Warum muß ich allein hierbleiben?« fragte ich sie auf den Kopf zu und sah ihr dabei direkt in die Augen. »Warum?«

Ihr Blick schweifte ab, kehrte zu mir zurück, flackerte durch den Raum und blieb dann endgültig starr an mir hängen.

»Deshalb. Weil es besser für dich ist. Weil es so beschlossen wurde.«

»Warum? Ich bin hier nicht sicherer als in der Vadász Utca.«

»Natürlich bist du das. Sicherer als irgendwo sonst.«

Es ist vorbei, dachte ich. Sie will mich loswerden. Na gut.

»Also, dann auf Wiedersehen, Anyuci«, sagte ich. »Ich werde zu einem Tischtennismatch im Gymnastikraum erwartet.«

Sie kapierte es nicht. »Oh, schön. Schön. Mach's gut.« Wir küßten uns.

Dies war, soweit es mich betraf, ein Abschied fürs Leben. Oder für den Tod, um genauer zu sein. Was habe ich getan? dachte ich. Was habe ich so furchtbar falsch gemacht, so abscheulich verkehrt, um das zu verdienen? Und ich mußte es verdient haben, sonst wäre ich gerettet worden.

Die Tage verstrichen. Die Wochen verstrichen. Ich lehnte beharrlich alle Reisen nach Jerusalem ab und auch alle anderen gemeinsamen Spiele.

Jeder von uns aß allein, zu unterschiedlichen Zeiten, heimlich und in irgendwelchen Ecken. Ich schämte mich für all das Essen, das ich hatte, fürchtete mich aber, es den anderen anzubieten. In einer Minute wäre alles weg, und dann hätte ich nichts mehr übrig. Trotzdem mußte ich an der Schokolade würgen, und die Sardinen blieben mir im Hals stecken. Am liebsten wäre ich gestorben.

Es kamen Gerüchte auf, wonach die Nazis das Gebäude stürmen und die Kinder an einen unbekannten Ort bringen wollten. Mir war es egal. Frau Ungár sagte, die Gerüchte wären alle völlig haltlos. Sie war ein wenig einfältig. Als eine ganze Anzahl Kinder von ihren Eltern oder Verwandten abgeholt wurde und eins sogar ganz auf sich gestellt floh, wurde sie immer mißmutiger. Mir war das, wie gesagt, ziemlich egal.

Eines Nachmittags kündigte ein älterer Junge, der fast so alt war wie mein Bruder, eine bevorstehende Dichterlesung an. Die Rezitatoren waren allesamt Kinder aus dem Gymnasium, die im oberen Stock zusammen in einem Zimmer wohnten. Ich konnte nicht widerstehen. Sie lasen Ady, Babits, Kosztolányi. Ich fühlte mich in bessere Zeiten zurückversetzt.

Vor Freude unvorsichtig geworden, vergaß ich die Welt und rief, als es nach einem Ady-Gedicht Zeit zum Applaudieren war: »Mein Lieblingsgedicht, mein Lieblingsgedicht, mein absolutes Lieblingsgedicht!«

Der Junge, der das Ganze organisiert hatte, warf mir einen frostigen Blick zu. »Tja, dann«, sagte er, und in seiner Stimme lag Spott, »nenn uns ein weiteres Lieblingsgedicht von dir. Wir sind wie Zigeunermusiker und erfüllen gern jeden Wunsch.«

Mein Kopf war plötzlich vollkommen leer; ich konnte mich an keine einzige Gedichtzeile mehr erinnern. An nichts. Unter dröhnendem Gelächter zog ich mich hastig in meine Ecke zurück, drehte mich zur Wand und fing an zu weinen. Wo war mein Bruder?

Am nächsten Morgen kamen überraschenderweise ein paar neue Kinder. Unter ihnen war auch ein Junge von ungefähr dreizehn Jahren; er wurde von niemandem gebracht, sondern kam allein und erntete große Bewunderung für seine Heldentat. Als die anderen Kinder und Frau Ungár ihn umringten, nickte er mir in meiner Ecke zu. Ich lächelte zurück.

Kurze Zeit später kam er zu mir herüber und ließ sich neben mir auf dem Boden nieder. »Ich heiße Ervin«, sagte er. »Und du?«

»Magda.«

»Wie kommt es, daß du hier in der Ecke hockst? Warum bist du so traurig? Hast du Hunger? Ich schon. Gibt's hier irgendwas Gescheites zu tun? Warum siehst du so aus wie ein Segelboot ohne Segel? Bist du allein?«

Ich mußte lachen. Er auch.

»Na siehst du«, sagte er, »ich habe durchaus meine Vorzüge. Ich wollte sie dir nur demonstrieren. Jetzt sehen deine Augen wenigstens nicht mehr so mausescheißemäßig ängstlich aus. Sie sind hellgrün-wunderschön.«

Ich mußte wieder lachen. Er hatte das Wort »Scheiße« ausgesprochen. Das fand ich sehr mutig. »Hast du wirklich Hunger?«

»Einen Bärenhunger! Ich verhungere schier. In meinem Magen klappern die Skelette, aber sie wagen es nicht, mich zu beißen, weil ich zurückbeißen würde. Ich habe seit gestern morgen nichts mehr gegessen. Aber keine Sorge, ich treibe schon was zu essen für uns auf. Wer könnte einem Jungen wie mir auch ein Almosen abschlagen? Und viele kleine Almosen geben einen ganzen Berg eßbares Zeug ab.«

Schon wieder mußte ich lachen. »Das brauchst du nicht«, sagte ich. »Ich habe jede Menge zu essen. Du kannst haben, soviel du willst.« Meine Erleichterung über seine Gegenwart war überwältigend. Ohne Grund lachte ich noch einmal.

»Warte«, sagte er plötzlich ganz ernst. »Du brauchst mir nichts von deinem Essen abzugeben. Ich habe den Bogen wirklich raus und kann von meinem Verstand leben. Du offensichtlich nicht.«

»Bitte. Ich würde dir so gern was geben.«

»Na ja, das ist natürlich was ganz anderes. Wir machen ein Picknick. Breite die Decke aus. Und paß auf, daß keine Ameisen draufkrabbeln. Ich seh' mal zu, ob ich uns was zusammenschnorren kann, um diesen Tisch ein bißchen festlicher hinzukriegen.«

Er kehrte ohne ein Lächeln zurück. »Ich habe nur einen alten, schmutzigen Klumpen Seife gefunden. Ich glaube nicht, daß wir genug Zeit haben, um daraus Kerzen zu machen. Das ist alles, was ich auftreiben konnte. Schon erstaunlich, wie ausgeräubert das ganze Haus ist.«

»Keine Sorge. Das Essen, das ich habe, ist vorzüglich. Hol uns ein paar Gläser Wasser.«

Wir setzten uns auf die Decke und schmausten munter vor uns hin. Er aß sehr systematisch, als fülle er ein leeres Faß. Ich hatte mich nicht mehr so wohl gefühlt, seit die Grünhemden uns am 16. Oktober vertrieben hatten. Oder vielleicht war es noch länger her.

»So, jetzt erzähl mir alles über dich«, sagte er.

Ich kicherte. Das war eine Ausdrucksweise, über die Iván und mein Vetter Ervin sich oft lustig gemacht hatten.

»Ich schätze, du hast Brüder«, sagte er. Wir mußten beide lachen.

Abgesehen von dem seltsamen Gefühl, fast ständig damit rechnen zu müssen, ermordet zu werden, war dies das Erstaunlichste, was mir je zugestoßen war. Hier saß ein Junge, den ich nicht kannte, aber es machte mich glücklich, wenn ich ihn auch nur ansah. Wirklich ein Rätsel.

Wie hätte ich auch ahnen können, daß ich im Alter von zehn Jahren durch den Krieg in die beiden größten existentiellen Geheimnisse des Lebens eingeweiht worden war? Tod und Liebe. Liebe und Tod.

»Das Essen ist gut, nicht?«

»Das weißt du doch.« Er nahm sich noch ein Stück *kolbász.* »Es ist hervorragend. Wie kommt's?«

»Meine Mutter hat es mir gebracht. Sie will mich auf Dauer hierlassen. Du weißt schon: ›Bis daß der Tod uns scheidet.‹«

»Verdammt. Willst du meine *bachurah* sein?«

»Was bedeutet das?«

»›Verdammt‹?«

»Nein, das habe ich schon mal gehört. Was bedeutet *bachurah?*«

»Du bist wirklich erstaunlich«, sagte er aufrichtig verärgert. »Du schwebst in Todesgefahr. Du versteckst dich, um dein Leben zu retten. Du könntest jede Minute in die Lage kommen, weglaufen zu müssen, und weißt nicht mal die einfachsten Dinge. Wie willst du da überleben? *Bachurah* heißt auf hebräisch Freundin.«

»Und was für Konsequenzen hätte das?«

»Nun, wir teilen unser Essen.«

Wir lachten so laut, daß Frau Ungár zu uns kam, um zu fragen, ob alles in Ordnung sei. Als sie wieder ging, sagte Ervin: »Du weißt ganz genau, was ich meine. Ich habe dir gesagt, daß du mir nichts von deinem Essen abzugeben brauchst. Ich würde genug für uns beide besorgen.«

»Ich weiß. Welche Konsequenzen wären da noch?«

»Nachts schlafe ich hier neben dir in der Ecke, obwohl ich Ecken hasse. Ich lege meinen Arm um dich, und du hast keine Alpträume mehr.«

»Was sonst noch?«

»Für die anderen Sachen bist du noch zu jung.«

»Wie meinst du das? Was sonst noch?«

»Vergiß es.«

»Was meinst du denn nun?«

»Vergiß es!«

»Was sonst noch?«

»Vergiß es, habe ich gesagt!« Mittlerweile schrie er fast.

»Na gut.«

Ich dachte, daß er mich vielleicht wirklich mochte. Mir kam eine Idee. »Hör mal«, sagte ich. »Weißt du, wo die Vadász Utca ist? Hast du eine Ahnung, wie man da hinkommt?«

»Da komme ich doch gerade her«, sagte er.

»Aus der Vadász Utca? Jetzt? Warum? Wie? Erzähl es mir!«

»Was ist so toll daran? Mit etwas Glück ist es bloß ein Tagesmarsch. Wenn die Gendarmen einen nicht aufhalten. Was findest du so aufregend daran? Was gibt es Besonderes in der Vadász Utca?«

»Meinen Bruder. Meinen Vetter. Alle. Wie kann das so einfach sein? Du mußt eine Schraube locker haben.«

»Ich bringe dich noch heute hin, wenn du willst. Es ist nicht schwierig, von hier wegzulaufen. Mir ist es egal, wo ich hingehe. Aber warum in die Vadász Utca? Da ist es nicht besonders toll.«

Es war einfach unbegreiflich.

»Ich muß nachdenken«, sagte ich. »Bitte laß mich ein Weilchen hier sitzen. Allein.«

»Na klar.« Er machte Anstalten wegzugehen.

»Ervin«, rief ich hinter ihm her, »sind da Kinder in deinem Alter?«

»Ein paar. Was hast du bloß mit dieser Vadász Utca?«

»Ach egal. Laß mich einfach etwas nachdenken.«

Ungefähr eine Stunde später kehrte er zurück. »Ich glaube, ich weiß jetzt, wer du bist«, sagte er lachend. »Du hast einen Bruder, der Iván heißt, und einen Cousin, der ein Namensvetter von mir ist oder jedenfalls war. Stimmt's?«

»Er heißt jetzt Simcha; er hat einen hebräischen Namen angenommen. Und er hat eine *bachurah*. Ihr Name ist Shoshana. Sie ist achtzehn und sehr hübsch.«

»Moment. Der Nachname meines Vetters ist Gutmann. Er ist sehr groß, aber er ist erst vierzehn.«

»Ja, genau den meine ich. Dein Bruder hat auch eine *bachurah*, nur daß sie eine *shiksa* ist. Die Tochter eines Richters. Sie wohnt in Buda, auf der anderen Seite des Flusses. Zur allgemeinen Belustigung rennt dein Bruder dauernd dahin, da er so erpicht darauf ist, alle Juden in Budapest zu retten.«

»Du spinnst. Du mußt einfach spinnen. Laß mich allein, ich muß nachdenken.«

Diese Nachricht war ebenso unglaublich wie erstaunlich. Intuitiv begriff ich, daß sie wichtige Auswirkungen auf mein Leben haben würde, aber ich war nicht in der Lage, ihre Bedeutung genauer zu ergründen. Oder ich wollte es nicht. Ich saß nur da und ließ mir die Worte wieder und wieder durch den Sinn gehen. *Bachurah*, Shoshana, Tochter eines Richters. Irgendeine Schlußfolgerung mußte da doch zu finden sein.

Der Junge lügt.

Falsch.

Das Ganze hat nichts mit mir zu tun.

Falsch.

Na ja, was dann?

Schwer zu sagen.

Die Tochter eines Richters, *bachurah*, Shoshana.

Na komm schon, zieh eine Schlußfolgerung! Zieh!

In der Vergangenheit war ich das einzige, das ausschließliche, das *eine* wichtige Mädchen im Leben der

Jungen gewesen. Offensichtlich hatte sich mein Status durch meine Abwesenheit vollkommen verändert. Ich mußte ganz dringend in die Vadász Utca, um zu sehen, was sich aus diesen Trümmern noch retten ließ.

Das ist es!

Schön, dachte ich. Aber was mache ich jetzt? Ich konnte mit diesem Ervin fliehen, und er würde mich vielleicht dort hinbringen. Oder auch nicht. Wir konnten erwischt werden. Getrennt werden. Ich wußte, daß ich nicht wußte, wie man allein in der Stadt überlebte. Außerdem hatte ich Angst, einfach so wegzugehen. Besser, ich versuchte es zuerst mit einem Brief. Ich suchte Ervin.

»Hör mal«, sagte ich. »Ich werde meiner Mutter schreiben, damit sie mich von hier wegholt. Wenn das nicht funktioniert, werde ich deine *bachurah*, und wir tun, was immer du sagst. Geht das in Ordnung?«

»Klar. Es gibt zwei Dinge, die du in deinem Brief unbedingt beachten solltest, wenn ich das sagen darf. Ich weiß zwar nicht, warum ich dir diesen Rat gebe, schließlich hoffe ich ja, daß du damit keinen Erfolg hast.«

»Also?«

»Prinzip Nummer eins: Du mußt auf dem Bauch kriechen, das haben die Erwachsenen gern. Prinzip Nummer zwei: Du mußt auf dem Bauch kriechen.«

Ich bat Frau Ungár um einen Bleistift und ein Stück Papier. Sie gab mir beides und versicherte mir, daß ein Kurier den Brief am folgenden Tag mitnehmen würde. Alle zwei oder drei Tage trugen Boten Nachrichten und Post zwischen den sicheren Häusern in Budapest hin und her. Wie seltsam, daß in all dieser Zeit mein Bruder nicht ein einziges Mal dazu abkommandiert worden war hierherzukommen.

Der Brief, den ich schickte, lautete folgendermaßen:

Meine allerbeste, liebe kleine Mutter!
Bitte, schick unbedingt jemanden her, der mich holen kommt. Komm nicht selbst, weil es für Dich gefährlich wäre. Ungefähr fünfzig Kinder wurden schon von hier weggeholt, und drei sind geflohen. Wenn möglich, schick mir den Wagen.
Ich mache mir hier furchtbare Sorgen um Euch alle. Es ist bestimmt besser, wenn wir zusammen sind. Meine kleine Mama, Du mußt mich unbedingt zu Dir holen. Meine allerbeste, einzige kleine Mutter, ich halte es ohne Dich einfach nicht aus. Meine liebste kleine Mami, komm noch heute oder schick jemanden zu mir. Meine kleine Mutter, wenn wir nicht zusammensein können, weiß ich nicht, was ich tun werde.
Wie geht es Euch allen? Allerliebste kleine Mutter mein, hast Du von den Bodenangriffen gehört? Wenn das Radio einen Bodenangriff meldet, dann muß man mit Essen für fünf Tage in den Keller runter. Ich mache mir solche Sorgen, wenn Ihr nicht bei mir seid. Liebste kleine Mutter, es ist mir egal, wenn es da kein Essen gibt, wenn es keine anständigen Decken gibt, ich will einfach nur bei Euch sein. Meine allerliebste Mama, wie geht es Rószi néni, Ervin, Iván und den beiden Alten? Meine kleine Mutter, ich bitte Dich, komm mich holen.

Ich schicke Euch tausend Küsse und umarme jeden von Euch einzeln.

Magda

Während ich schrieb, ließ mich jeder Satz vor Scham fast vergehen. Bis auf den heutigen Tag weiß ich nicht, ob ich mich wirklich dafür geschämt habe, daß ich auf dem Bauch kroch, um zu manipulieren, oder ob diese traurigen, nackten Sätze eine unvorsichtige Preisgabe meiner wahren Gefühle waren – daß ich mir wie eine Bettlerin vorkam, daß ich mich im Stich gelassen fühlte?

Neue Gerüchte kamen uns zu Ohren. Die Tage dieses Zufluchtorts schienen gezählt zu sein. Es hieß, daß jemand vom deutschen Oberkommando die zionistische Führung gewarnt habe, die Kinder könnten jetzt jederzeit nach Polen deportiert werden. Trotz dieser Gerüchte wurden wir nicht ausquartiert. Dafür gab es nun verschiedene Erklärungen. Erstens, die Gerüchte entsprachen nicht der Wahrheit. Zweitens, sie konnten so schnell keinen passenden Platz für uns finden. Drittens, man hatte uns abgeschrieben. Viertens, es war niemand mehr da, der uns hätte helfen können.

Die Stimmung verschlechterte sich zusehends. Wie vor einem Gewitter war die Luft mit elektrischer Energie geladen; jederzeit konnten Funken fliegen und einen Brand entfachen. Die jüngeren Kinder zitterten und versuchten, sich zu verstecken – wie kleine Tiere, die ein unmittelbar bevorstehendes, namenloses Verhängnis witterten. Es wurde viel häufiger geweint. Es wurde gestritten. Nachts wurden noch mehr Schläfer von Angstträumen heimgesucht, in denen sie stöhnten oder schrien.

Ervin schlug vor zu fliehen, aber ich wollte abwarten, ob mein Brief Wirkung zeigte.

Meine Mutter kam tatsächlich. Und zwar in dem sogenannten Firmenwagen, einem von mehreren Autos, die der Schweizer Konsul den Zionisten gelegentlich für Rettungsmissionen zur Verfügung stellte. Ich war überglücklich und von Ehrfurcht erfüllt.

Meine Mutter hatte ebenfalls von den Deportationsgerüchten gehört, die meinem Brief größere Wirkung verliehen hatten. Mir war es egal, wie alles zusammenhing.

Wichtig war nur, daß sie gekommen war und ich mit ihr gehen würde.

Wir bedankten uns beide bei Frau Ungár. Ich umarmte Mimi und suchte Ervin, um mich von ihm zu verabschieden. Meine Mutter hatte eingewilligt, ihn mitzunehmen, falls er das wünschte. »Nee«, winkte er ab. »In der Vadász Utca gefällt es mir nicht. Überfüllt und langweilig. Ich gehe vielleicht zu einem sicheren Haus in Buda; davon habe ich schon bessere Dinge gehört. Aber vielleicht gehe ich auch nicht. Wer weiß?«

»Wo sind deine Eltern?« Es war das erste Mal, daß ich es wagte, ihn das zu fragen. Vielleicht lag es aber nur daran, daß meine Mutter bei mir war und ich endlich den Mut dazu aufbrachte.

»Erschossen. Alle beide. Bei einer Razzia.«

Ich hatte eine Tüte mit dem Rest meines Essens in der Hand. Nun hielt ich sie ihm hin. »Nimm sie. Bitte.«

»Vielen Dank«, sagte er. »Was bist du doch verschwenderisch, und zwar in jeder Hinsicht. Du hättest meine *bachurah* sein können.«

Im Auto grübelte ich einmal mehr über die unüberbrückbare Kluft zwischen der Welt im allgemeinen und den individuellen Schicksalen nach. Ich fuhr, für den Augenblick einmal ungefährdet, mit meiner Mutter im Wagen. Ervin war allein. Ganz allein.

Mehrere Wochen später kam die Nachricht. Ein oder zwei Tage, nachdem meine Mutter mich geholt hatte, waren alle in der Villa des Spanischen Roten Kreuzes verhaftet worden. Man hatte sie zu den Festungswällen an der Donau getrieben – Mimi und Ervin und Frau Ungár und alle übrigen – und mit Gewehrschüssen in ihr nasses Grab gezwungen. Aber vielleicht war das nur ein Gerücht.

Ein paar Nichtjuden standen schwatzend um einen Zeitungskiosk herum. Die Sonne schien. Gott war nicht in seinem Himmel. Ich saß in dem sicheren Wagen und fuhr in die Vadász Utca.

»Wie ist es denn da so?« fragte ich.

»Wo?«

»In der Vadász Utca.«

»Da fahren wir nicht hin.«

Ich war wie vom Donner gerührt. Sie wußte bestimmt nicht, was sie da sagte. Das hier war etwas anderes als früher, wenn ich nicht brav war und wir den Zirkus ausfallen ließen. Es war nicht so, als hätte ich mich geweigert, meine Vitamine zu nehmen, woraufhin sie den Zoobesuch strich. Hier ging es um mein Leben. Ich *mußte* in die Vadász Utca.

»Wie kannst du mir das antun?«

»Um Himmels willen! Ich habe es dir doch schon mal erklärt. Das ist kein geeigneter Platz für dich. Ich bin dieses ewige Nörgeln langsam leid.«

»Ich dachte, du wärst mich holen gekommen, damit ich bei dir bleiben kann.«

»Ich komme dich holen, damit du bei Ilonka bleibst.«

»Bleibst du auch da?«

»Nein, natürlich nicht. Sie hat nicht genügend Platz, und ich muß zurück in die Vadász Utca.«

Wahrscheinlich kann man mit Betteln keine Liebe gewinnen, dachte ich. Ich spürte, daß ich am Ende war. Es war aus, aus.

Bei Ilonka sagte mir meine Mutter, daß ich ein sehr braves, kleines Mädchen sein müsse. Tagsüber, solange Kunden im Geschäft waren, sollte ich in dem kleinen Dachbodenzimmer im Bett liegen. Ich durfte mich nicht bewegen, nicht pinkeln gehen, nicht lesen. Man hätte unten das Rascheln der Blätter hören können, und außerdem war es in dem Zimmer zum Lesen nicht hell genug. Wenn das

Geschäft mittags schloß, konnte ich die Treppe hinuntersteigen, meine Beine ausstrecken, ins Badezimmer gehen, mich waschen, zu Mittag essen, reden und mich ganz normal benehmen. Dann mußte ich wieder hinauf, bis der Laden schloß und es Zeit fürs Abendessen war. Nachts würde Ilonka manchmal mit mir im selben Bett schlafen, und manchmal würde sie mich allein dort oben einschließen. In diesen Nächten mußte ich mich ganz still verhalten, weil die Nachbarn dann davon ausgehen würden, daß das Haus leer war. Und den Luftalarm hatte ich grundsätzlich zu ignorieren.

»Hast du mich verstanden? Ist alles klar?«

»Ja. Klarer, als du es dir vorstellen kannst.«

Als meine Mutter ging, war sie gekränkt, weil ich sie nicht hatte küssen wollen.

Wir begannen unseren neuen Tagesplan mit dem Abendessen. Ilonkas Mutter, Miszlai néni, hatte es von ihrem in der Nähe liegenden Haus herübergebracht. Offensichtlich war das keine ungewöhnliche Sache, daher würden wir damit keinen Verdacht erregen. Ilonka blieb oft bis spät in den Abend hinein, um die Bücher zu machen oder den Laden aufzuräumen und mit ihrer Mutter hier zu Abend zu essen.

Für mich war dieses Essen eine wunderbare Wiedererweckung glücklicher Erinnerungen. Damals in der Személynök Utca hatte unsere alte Köchin Irma auch solche Bohnensuppe gekocht, mit viel Schweinefleisch und Schinken, und diese Einlagen pflegten wir, mein Bruder und ich, auf getrennten Tellern mit Schwarzbrot und Senf zu essen. Genau wie jetzt.

Ich hatte, seit mein Vater fortgegangen war, keinen Senf mehr gegessen, denn für meine Großmutter war dies eine unmoralische Speise, die einem die Nieren ruinierte. Genaugenommen hatte sie viele seltsame Indikatoren für

Verworfenheit, die ihre tiefste Verachtung verdienten: Sardellen essen, Fingernägel kauen, Sonnenbrillen tragen, Stottern, das Saugen an einem schmerzenden Zahn oder das Ausprobieren von Ballerinaschritten, die man den Frauen in den kleinen Schaubuden auf einem Flohmarkt abgeguckt hatte.

Ich wurde zu Bett gebracht und bekam gesagt, daß ich heute nacht eingeschlossen werden würde. Der Luftalarm weckte mich. Durch die mit doppelten Läden versehenen Fenster klangen die Sirenen ganz schwach, wie Geister, die in der Dunkelheit ein schauriges Klagelied pfiffen. Eine Botschaft aus der Unterwelt: Die Hölle schwebte am Himmel, allzeit bereit, in einem Feuerball auf die Erde herunterzufallen.

Bevor die dritte Alarmsequenz vorüber war, begannen die Explosionen. Flakgeschütze antworteten in wildem Stakkato. Ich hatte keine besondere Angst, bis ich etwas später die Detonationen immer näher kommen hörte. Das Gebäude schien genau in der Rückzugsschneise der Bomber zu liegen. Da kam mir eine erstaunliche Erkenntnis: Ich kannte nur die beiden ersten Worte des jüdischen Gebets für die Zeit der Gefahr und des Sterbens: *Shema Israel*. Ich konnte doch nicht allein sterben, ohne wenigstens Gott zur Gesellschaft zu haben. Aber ich würde mit dem auskommen müssen, was ich gelernt hatte: niederknien und ein Gebet sprechen. »Vater, der du bist im Himmel.« Es schien irgendwie nicht richtig zu sein. Es erschien mir demütigend, Gott in der Stunde meines jüdischen Todes nach Christenart anzusprechen. Ich dachte, daß ich das *Shema Israel* ganz lernen sollte. Und zwar schnell.

Die Fensterscheiben begannen erschreckend zu klirren, das Zeichen für einen bevorstehenden Treffer. Selbst wenn die Bombe ein oder zwei Häuser weiter einschlug, würde das Glas zerspringen, es würde Feuer geben, Verletzte, Tote, Rettungskommandos. Todeskommandos für mich.

Am nächsten Tag erfuhr ich von Ilonka, daß meine Einschätzung falsch gewesen war. Was ich gehört hatte, war etwas ganz Neues: Flugzeuge in solcher Menge, in solch sinnverwirrender Anzahl, daß ihr Dröhnen Schockwellen von ausreichender Stärke schuf, um die Stabilität all dessen zu gefährden, was unter ihnen lag.

Was ich bestätigen konnte.

Das Frühstück war eine kurze, aber recht angenehme Angelegenheit. Ich schien mir durch mein stilles Erdulden des nächtlichen Bombenangriffs eine Sonderbehandlung verdient zu haben. Ilonka gab mir zwei klebrige Brötchen. Gott weiß, wo sie die herhatte; ich hatte jedenfalls seit Jahren keine mehr zu Gesicht bekommen. Und dazu gab es warmen, süßen Kaffee mit Milch. Auch so ein mittlerweile seltener Luxus. Dann mußte ich wieder hinauf ins Bett, wo ich für den Rest des Tages zu bleiben hatte.

In dem erzwungenen Zwielicht meines Zimmers stand die Zeit still wie in einem verzauberten Königreich. Ich wandte mich nach innen. Ich nahm meinen Puls. Ich zählte mit der Zunge meine Zähne. Ich maß meinen Herzschlag, indem ich den Atem anhielt. Ich probierte ein paar alte Schattenspiele aus, die nicht funktionierten. Ich döste. Ich träumte. Ich erwachte. Ich döste. Ich überließ mich meinen Erinnerungen.

Im Grunde genommen ist die Angst ein unterhaltsames Gefühl. Sie sorgt dafür, daß das Summen und Dröhnen im Bauch nicht aufhört. Sie hält dich unter Spannung, in einem nervösen Zustand der Erregung und Wachsamkeit, in der ständigen Bereitschaft aufzuspringen, Lügen zu ersinnen, Hindernisse zu überwinden. Die

Angst selbst bringt immer neue Wahrnehmungsmöglichkeiten hervor.

Aber das beherrschende Gefühl in mir war nicht das Entsetzen. Es war Ungläubigkeit. Wie hatte all das geschehen können? Hätte man es vorhersagen können? Verhindern? Hatte mein Vater es gewußt? War das der Grund, warum er fortgegangen war? Warum er uns nicht mitgenommen hatte?

Ich hatte keine Angst mehr, und nicht einmal das erschreckte mich, obwohl ich wußte, daß dies der absolute Tiefpunkt der Niederlage war. Komme, was da wolle, sei, was da sein mag. Mein früheres Leben trat in den Hintergrund. Ich war nur noch eins: ein Körper auf einem Bett. Warum sollte irgend jemand mir etwas tun wollen? Ich verschwand ja sowieso.

Solcherart waren meine Gedanken an schlechten Tagen. An guten Tagen machte ich mir über alles mögliche Sorgen. Ich konnte mich nicht daran erinnern, wann ich das letzte Mal gebadet hatte. Ich wusch mich jeden Abend unten in der Spüle und hüpfte auf einem Fuß herum, um den anderen unter das fließende Wasser zu halten und ihn mit der übelriechenden Seife zu schrubben, die Ilonka mir gegeben hatte. Trotzdem kam ich mir dauernd schmutzig vor. Und ich fühlte mich wie eine Verbannte. Ich dachte, ich würde vielleicht eine Blinddarmentzündung bekommen. Ich vermutete, daß das ständige künstliche Dämmerlicht mich blind machen würde. Ich befürchtete, daß ich das Lesen verlernt hatte. Ich wußte mit Sicherheit, daß ich mich nicht mehr daran erinnern konnte, wie man die grammatische Struktur eines Satzes analysierte. Und ich wußte, daß Ilonka, wenn ich bei ihr über diese Dinge jammerte, mich für verrückt erklären würde. Ich verzieh ihr jedoch, weil wir weiter Senf zu essen bekamen.

Während dieser Zeit juckte mir manchmal die Kopfhaut. Zuerst nur wenig, dann wurde es immer schlimmer, und ich fing an, mich heftig zu kratzen. Diese Beschäftigung entwickelte sich zu einem Vergnügen von allergrößter Wichtigkeit.

Als Ilonka es bemerkte, wurde sie sofort argwöhnisch.

»Was ist mit deinem Kopf los?«

»Er juckt.«

»Warum?«

Ich zuckte mit den Schultern. Wer konnte die dunklen Mysterien eines Juckreizes ergründen? Es fängt für gewöhnlich ganz plötzlich irgendwo an zu jucken, völlig überraschend wie ein Überfall. Der Juckreiz kann durch eine innere Störung ausgelöst werden, die mit der Zeit vielleicht zu einem Furunkel, einem Pickel, einer Entzündung oder einem Hautausschlag aufblüht. Er kann durch eine Infektion wie einen Mückenstich verursacht werden, durch das Berühren von giftigem Efeu oder durch einfache Ansteckung, wenn man zum Beispiel jemand anderes sich kratzen sieht. Der Juckreiz kann sogar der Phantasie entspringen, nur weil man an etwas denkt, das juckt.

Ich konnte mich noch genau an den Sommer erinnern, als ich vier wurde. Wir hatten auf dem Land ein Haus gemietet. Es muß schon ziemlich spät im Sommer gewesen sein, denn das Haus war von hohen Haufen frisch geschnittenen Heus umgeben.

»Sieht das nicht verlockend aus?« hatte Iván gefragt.

»Was?«

»Der Heuhaufen, du Dummerchen. Wir könnten über die Leiter zum Verandadach raufklettern. Das Dach steht ein kleines Stück vor. Wenn wir es richtig anstellen, können wir genau in die Mitte des Heuhaufens springen.«

Wir waren beide barfuß und trugen Badesachen. Das

Dach schien sehr hoch zu sein. Die Leiter sah nicht sehr vertrauenerweckend aus.

»Ich glaube nicht, daß wir das dürfen.«

»Natürlich nicht, Dummerchen. Nichts Tolles ist erlaubt, aber wer soll uns denn erwischen? Rauf, runter, raus. Ein Nicht-mal-vier-Minuten-Abenteuer.«

»Wir könnten uns weh tun.«

»Wir tun uns schon nicht weh. Das Heu ist weich. Na, komm schon.«

»Nein.«

Da wurde er wütend. »Du hast Angst. Gib's zu. Du bist ein Feigling. Feig-ling, Feig-ling! Spielverderber! Ich wußte es ja.« Er brüllte mich *sotto voce* an; unsere Eltern waren im Haus.

»Ja.« Ich ließ den Kopf hängen. Schuldig im Sinne der Anklage.

»Gut. Na gut. Du wartest hier, Feigling. Ich mach's allein.« Er ging auf die Leiter zu.

»Nein!« sagte ich schnell. »Ich komme mit.« Ich wollte nicht, daß er sich allein weh tat. Oder daß er allein bestraft wurde, falls es soweit kommen sollte.

Er blieb stehen und lächelte. »Wir springen Hand in Hand. Ist das besser?«

Unendlich viel besser. Überall. Jederzeit.

Unser Sprung ist immer noch ein kribbelndes Gefühl in meinem Herzen. Das *Wusch* der Luft, das emporschnellende Stückchen Sonne, das Sausen des Bluts in meinen Ohren. Die Hand meines Bruders in der meinen.

Wir landeten, klatsch, mitten im Ziel. Dann sanken wir ein, ganz tief in den Heuhaufen hinein. Ich befürchtete, wir würden ertrinken. Das taten wir nicht, aber wir mußten um Hilfe schreien. Das Heu türmte sich so hoch um uns herum auf, daß wir nicht zur Seite rauskriechen konnten. Tarzan war elf Jahre alt.

Nach unserer Rettung wurden wir eiligst zum Arzt gebracht. Wir hatten am ganzen Körper Schwielen, und in einigen der Schwielen saßen Zecken. Eine Woche lang juckte es uns ganz erbärmlich, was in den Augen unserer Eltern Strafe genug war.

In den darauffolgenden Jahren juckte es mich, wann immer ich an diesen Zwischenfall dachte, am ganzen Körper, und ich mußte grinsen.

Wenn ich mich später im Leben daran erinnerte, juckte es mich, und ich mußte weinen.

»Nun?« fragte Ilonka verärgert. »Was hast du zu sagen?«

Ich zuckte nur wieder mit den Schultern.

»Hör auf, mit den Schultern zu zucken. Das ist sehr ungezogen. Ich rufe deine Mutter an, damit sie herkommt und dir das Haar wäscht. Vielleicht ist das alles, was du brauchst. In der Zwischenzeit wage ja nicht, dich zu kratzen, solange Kunden da sind. Sie könnten dich hören.«

»Vielen Dank. Und bitte, verzeih mir.« Im Geiste zuckte ich zweimal mit den Schultern. Zehnmal. Mich interessierte nichts mehr. Nicht einmal ein Besuch von meiner Mutter. Sie kam, um mir das Haar zu waschen. Na und? Ich kratzte mich gern.

Zwei oder drei Tage später stand meine Mutter triumphierend und mit einer Flasche Haarshampoo vor mir. »Sieh mal!«

»Du bist unglaublich!« entfuhr es Ilonka. »Shampoo! Heiliger Jesus. Du bist eine Zauberin.«

Eingeschlossen in die kleine Toilette, sagte meine Mutter: »Ilonka macht sich Sorgen, daß du Kopfläuse haben könntest. Wenn das der Fall ist, behält sie dich nicht länger hier. Sie hat Angst, auch welche zu kriegen. Du solltest besser keine Läuse haben, weil ich nämlich nicht weiß, wo ich dich dann hinbringen soll.«

»Kann ich es mir denn aussuchen, Anyuci? Kann ich

einfach entscheiden, keine Läuse zu haben? Wenn ich brav bin, machen sie sich dann davon? Wie funktioniert das?«

Sie verlor die Fassung, genau wie ich es beabsichtigt hatte. »Die ganze Welt steht in Flammen, aber du änderst dich nicht. Pampig, frech, großmäulig, sarkastisch. Ganz wie dein Vater. Was hast du bloß?«

»Läuse, vermute ich. Was meinst denn du, Anyu? Läuse, die ich mir in diesem wunderbaren Haus beim Spanischen Roten Kreuz geholt habe. Du erinnerst dich doch. ›Praktisch wie Urlaub‹, hast du gesagt.«

»Meine kleine Lieblingstochter vom guten Apuci. Beug dich über das Waschbecken.«

Sie packte meinen Kopf und drückte ihn über das Bekken. Ich war zu klein. Mein Kopf wollte nicht ins Becken reichen, ganz egal, wie unbarmherzig sie meinen Hals bog. Mißmutig schloß sie die Tür auf und machte sich auf die Suche nach einem Hocker. Im Laden stand eine ganze Menge davon herum; Ilonka bewahrte die teuren Kristallvasen zusammen mit den weniger teuren Glasvasen auf den höchsten Regalen auf. Mit den Hockern konnte sie sie schnell herunterholen.

Kein noch so kniffliges Fadenspiel war so verworren wie mein Leben. Warum waren immer alle wütend auf mich? Wenn ich Läuse hatte, hatte ich sie dann ohne mein Wissen selber eingeladen?

Meine Mutter kehrte mit dem Hocker zurück. »Stell dich drauf«, befahl sie, »und laß uns die Sache hinter uns bringen. Mein Passierschein gilt nur bis sechs Uhr, danach setze ich für dich mein Leben aufs Spiel«

Hübsch. Ich nickte. Ich hielt meinen Kopf ins Becken und machte mich auf den Weg. Wo sollte ich hingehen? Wohin? Jedenfalls nicht mit Daddy auf eine Schokolade zu Gerbaud, dachte ich und lachte laut auf.

»Was gibt es jetzt wieder Komisches?« zischte meine Mutter ärgerlich.

»Nichts.«

»Halt deinen Kopf tiefer ins Becken, und hör auf, dich so anzustellen.« Sie schrubbte mir zweimal energisch den Kopf. Dann noch ein drittes Mal. »Es hat keinen Sinn«, sagte sie, während sie das Shampoo ausspülte.

»Was ist los?« Mittlerweile war ich von dem Hocker runtergestiegen und stand, ein altes, zerfranstes Handtuch um mein nasses Haar geschlungen, vor ihr.

»Auf deinem Kopf wimmelt es nur so von Läusen – es sind Nissen und ausgewachsene Tiere. Man kann sie nicht rauswaschen. Wir brauchen irgendeine medizinische Flüssigkeit oder etwas Benzin, um sie loszuwerden. Aber beides ist im Augenblick nicht zu haben.«

Es war kalt in der Toilette, und ich fing an zu zittern.

»Jetzt werd bloß nicht hysterisch«, sagte meine Mutter mit strenger Stimme. Ihr Gesicht wirkte im Gegensatz zu ihrer Stimme sehr erschrocken, als würde sie gleich in Tränen ausbrechen.

»Was jetzt? Was bedeutet das für mich?« fragte ich.

»Du wirst aufhören müssen, dich zu kratzen. Nicht nur oben, solange Kunden da sind, sondern die ganze Zeit. Du darfst dich weder beim Mittagessen kratzen noch abends oder wann immer die Miszlais dich hören können.«

»Wie soll ich das machen, Anyu? Es juckt. Es juckt furchtbar.«

»Ich weiß nicht, wie, aber du wirst es schaffen. Ilonka vermutet, daß du Läuse hast. Ich werde sie belügen. Ich werde sagen, dein Haar war lediglich schmutzig. Wenn sie sich auch welche fängt, wird sie dich rauswerfen. Dann weiß ich nicht mehr, wohin mit dir. Ich weiß es einfach nicht. Du mußt aufhören, dich zu kratzen, ganz egal, was passiert.«

Zuerst schien es mir unmöglich, mich nicht zu kratzen. Als ich wieder im Bett lag, wurde das Jucken immer schlimmer. Ich bin ungezieferverseucht, dachte ich und schlief auf der Stelle ein. Bald wachte ich wieder auf. Ich bin ungezieferverseucht, dachte ich und konnte nicht mehr einschlafen.

Ich wußte, daß ähnliche Katastrophen schon andere vor mir befallen hatten, aber ich konnte mich nicht daran erinnern, wer es war. War es Hiob? War es Gulliver? Wer nur?

Schließlich traf mich eine andere Erkenntnis. Meiner statischen Existenz war eine mobile Dimension gegeben worden. Mein Kopf beherbergte jetzt eine ganze Welt lebendiger Geschöpfe. Sie ernährten sich, trafen sich, vermehrten sich, reisten, nahmen Abschied und starben. Mein Haar war der Dschungel ihrer Kämpfe. Meine Ohren und mein Hals mußten ihnen als Welten jenseits ihrer Welt erscheinen. Nackt und kahl wurden sie wahrscheinlich als gefährliches Territorium erachtet, das die älteren, die in der Vergangenheit gekratzt worden waren, den jüngeren verboten.

Von Zeit zu Zeit nahm ich eine Laus aus meinem Haar und hielt sie zwischen Daumen und Zeigefinger fest. Diese Übung machte keinen Lärm. Fett, aufgedunsen und volltrunken von meinem Blut, zappelte die Laus mit den Beinen, wahrscheinlich, wie ich vermutete, von Angst und Entsetzen erfüllt. Ah, jetzt bist du an der Reihe, mein Freund! dachte ich. Bist du Jude oder Nazi? Was du auch bist, du stinkst, und ich finde dich widerlich.

Es juckte mich buchstäblich in den Fingern, die Laus zu töten, aber dieses Verlangen stellte mich vor ein Dilemma. Egal, wo ich sie zerquetschte, sie würde mein Blut verspritzen und einen Fleck hinterlassen, dessen Ursprung ich Ilonka nicht erklären konnte. Also setzte ich mir die Laus wieder ins Haar. Wandelte sie anschließend unter den anderen Mitgliedern ihres Stammes einher und predigte, daß sie durch unergründliche oder vielleicht auch verdiente Gnade verschont worden war? Wenn ja, mußte ich wohl eine gottesfürchtige Sekte auf meinem Kopf beherbergen, nachdem ich dieses Spiel mit geradezu selbstquälerischer Faszination mindestens ein dutzendmal getrieben hatte.

In der Zwischenzeit bestimmte das Leben im Geschäft unseren Alltag. Zum Mittagessen und zum Abendessen ging ich hinunter. Ich löffelte Essen auf meinen Teller. Ich lächelte. Ich sagte danke. Meine Hände waren sauber und rührten sich nicht.

Eines Tages sagte Miszlai néni beim Mittagessen: »Das Kind sieht nicht gut aus. Sie ißt nur halb soviel wie früher. Ihr Gesicht ist eingefallen und viel zu blaß. Sieh sie doch an.«

Ilonka sah mich an. Wie seltsam! Und wie selten! Niemand sah mich heutzutage noch an. Wenn man einem anderen ins Gesicht schaute, mußte irgendein starkes Gefühl dahinterstecken – Liebe, Haß, Furcht, Zorn, Neugier oder zumindest die unausgesprochene Erwartung, daß man durch den Anblick des anderen eines dieser Gefühle wachrufen werde. Ich war ein im Stich gelassenes Kind auf der Flucht. Warum sollte irgend jemand mich ansehen?

»Was erwartest du?« fragte Ilonka gereizt. »Sie ist seit Wochen keinen Schritt aus dem Haus gekommen. Erwartest du rosige Wangen? Vielleicht eine gesunde Bräune? Was ist los mit dir, Mutter?«

Miszlai néni war eine halsstarrige alte Dame, die sich nicht so leicht einschüchtern ließ. Sie zog ihre dicke, gestrickte Wolljacke fester um sich und sagte: »Das ist etwas anderes, hör auf mich. Die Kleine hat keinen Appetit. Sie sieht blutleer aus. Sie sagt kaum ein Wort. Sie erinnert mich an die Zigeunerkinder in meinem Dorf, als ich noch ein junges Mädchen war. Sie wurden von Kopfläusen ausgesaugt. Margit muß sich geirrt haben. Du solltest sie besser anrufen, damit sie noch mal nachsieht, bevor uns am Ende noch allen die Läuse durch die Haare krabbeln.«

Mein Herz setzte für einen Schlag aus, aber Ilonka war genauso halsstarrig wie ihre Mutter.

»Mutter«, sagte sie, »wir sind nicht mehr in deinem Dorf. Ich habe seit dem Tag, an dem Margit ihr das Haar gewaschen hat, nicht ein einziges Mal gesehen oder gehört, wie sie sich gekratzt hätte.«

»Es juckt nicht mehr«, sagte ich schnell, und zu meinem Erstaunen wurde mir klar, daß das nur eine halbe Lüge war. Das Jucken war nicht mehr von Bedeutung. Ich lebte unter Wasser, unter tiefem Wasser, obwohl ich weder Fisch noch Alge war. Meine Umgebung war für meine angeborene Natur völlig ungeeignet, und doch überlegte ich. Irgendein mysteriöses Talent ließ mich überleben, eine unerschütterliche, von den Vorfahren überkommene Entschlossenheit durchzuhalten und weiterzumachen.

Wie das so oft der Fall ist, löste das zufällige Unglück eines anderen Menschen das Unglück aus, das wir alle befürchten. Auf diese Weise bestimmen unvorhergesehene Ereignisse, die Vorsehung sowie das zufällige Zusammentreffen irgendwelcher äußeren Dinge unser Schicksal.

Eine Kugel kam von ihrer vorgesehenen Flugbahn ab, und ein Mann starb und hinterließ eine Frau und drei Kinder unter fünfzehn Jahren. Die Frau arbeitete in einer Fabrik. Sie konnte es sich nicht leisten, sich einen Tag freizumachen und Geld zu verlieren, auch wenn beide Eheleute immer gute Pfeilkreuzler-Parteimitglieder gewesen und allgemein dafür bekannt waren, daß sie ihr

Einkommen damit aufbesserten, Israeliten und fehlgeleitete christliche Nachbarn zu denunzieren.

Der Tag der Beerdigung kam früher, als Frau Veres – so hieß die Dame – das erwartet hatte. Sie beschloß, besonders früh aufzustehen und vor dem Blumenladen in der Nachbarschaft zu warten, bis dieser öffnete. Sie wollte einen fertigen Kranz kaufen und ihn selbst zum Beerdigungsinstitut bringen. Jeder Pfennig zählte.

Es war sieben Uhr morgens. Ilonka war über Nacht dageblieben, und wir frühstückten. Am Eisengitter war ein leises Kratzen zu hören. Ilonka mußte gedacht haben – ich weiß nicht, was sie dachte. Ich weiß aber, daß ich entsetzt zusah, wie sie zur Tür eilte, öffnete und das Tor hochkurbelte.

Frau Veres – vogelgesichtig und knöchern – und ich starrten uns an. Ihr entging nichts. Ilonka blieb der Mund offenstehen.

»Ich komme wegen eines Kranzes«, sagte Frau Veres, nach einer Zeit, die mir sehr lang erschien. »Mein Mann wird heute beerdigt. Ich nehme, was sie gerade da haben. Wer ist die Kleine?«

»Oh. Frau Veres. Ja. Die Kleine? Ein Kranz? Sind Sie nicht ziemlich früh dran, ich meine spät, wegen der Sache mit Ihrem Mann? Ich meine, ich gehe mal nachsehen, was ich dahabe. Mein Beileid.«

Ilonka war eine Katastrophe in diesem Spiel, das wurde mir sofort klar. Sie hätte mal meine Mutter in Aktion sehen sollen. Da hätte sie sich eine Scheibe abschneiden können!

Frau Veres durchbohrte mich mit Blicken. Ich schaute auf mein Brot herab, das ich mit großer Konzentration zu kauen begonnen hatte.

»Du bist ein hübsches Mädchen«, sagte Frau Veres. Ich kaute weiter. »Und du magst dein Brot, wie?« Ich kaute.

Ich hoffte zu Gott, daß Ilonka sich daran erinnerte, daß ich angeblich nach einem Bombenangriff unter Schock stand.

»Kannst du nicht sprechen, mein Kleines?« fragte Frau Veres, deren honigsüße Stimme ihren Ärger kaum zu verhehlen mochte. »Oder bist du ein Spion, der sich hier versteckt? Haha.«

Ich sah ihr direkt in die Augen. »Mein Vater ist tot«, sagte ich und senkte den Blick wieder auf mein Brot herab.

Volltreffer. Sie begann zu weinen. »Mein Mann auch. Wir begraben ihn heute. Oh, in welch schrecklichen Zeiten wir doch leben. Ich weiß nicht, was los ist mit mir. Ich sehe dauernd irgendwelche Dinge, die nicht da sind.«

Ich wußte mit absoluter Gewißheit, daß ich die gleiche Nummer noch mal abziehen sollte, nur daß ich dann diesmal sagen müßte: »Meine Mutter ist tot.« Damit würde ich sie erschrecken und entwaffnen. Und wir wären in Sicherheit. Ich wußte es. Und brachte es trotzdem nicht fertig. Ich war zu abergläubisch, um einen solchen Satz über die Lippen zu bringen. Statt dessen kaute ich mit gesenktem Blick weiter auf meinem Brot herum. Keine gute Taktik.

Ilonka kehrte mit einem großen Kranz zurück, den sie Frau Veres für die Hälfte des Preises ließ. Noch ein argwohnschürender Fehler. Trauerkränze im Ausverkauf? Gab es heutzutage vielleich eine Knappheit an Leichen? Oder stand die Auferstehung unmittelbar bevor?

»Wer ist das kleine Mädchen?« erkundigte Frau Veres sich überfreundlich. »Sie ist so brav, wie sie da die ganze Zeit an ihrem Brot knabbert.«

»Ach, sie ist das Patenkind der Schwester meines Schwagers.« Ilonka sprudelte meine Geschichte hervor und erinnerte sich Gott sei Dank daran, die Frau am

Ende – sozusagen hinter meinem Rücken – wissen zu lassen, daß ich ein paar Schrauben locker hatte.

»Ach, das arme Ding«, sagte die Frau, überhaupt nicht hinter meinem Rücken. »Das arme Ding. Diese schrecklichen Zeiten.«

»Ja«, erwiderte Ilonka traurig. Und fügte dann hinzu: »Sie bleibt nur heute bei mir. Sie sind ungefähr vor einer Stunde angekommen und brechen heute abend wieder auf. Auf dem Land ist es sicherer, das wissen Sie ja. Ich habe das Tor überhaupt nur deshalb so früh aufgemacht, weil ich dachte, es wären schon ihre Leute.«

Sie unterhielten sich noch länger, aber ich hörte nicht mehr zu. »Heute abend ist sie weg«, hatte Ilonka gesagt. Wenn meine Mutter wirklich nicht wußte, wo sie mich sonst hinbringen sollte, würde ich heute abend in der Vadász Utca sein. Vadász Utca! Traum meines Herzens. Hoffnung meiner Seele.

Eine halbe Stunde später rief Ilonka meine Mutter an.

Etwas später am Tag kamen zwei Fremde in den Laden, ein Mann und eine Frau. Andere Kunden waren nicht da. Mittlerweile waren die Würfel gefallen, daher hatte man mir erlaubt, unten zu bleiben. Die Fremden gaben sich Ilonka sofort zu erkennen und benutzten das Signal, das meine Mutter am Telefon verabredet hatte: Sie fragten nach einem vorgefertigten Kranz. Als ich dieses Codewort vorgeschlagen hatte, war es mir sehr komisch vorgekommen. Die beiden sahen nach Christen aus und waren im richtigen Alter. Sie hatten falsche Papiere für uns alle drei bei sich – wahrscheinlich ausgefüllt von meiner Mutter persönlich. Das Ganze diente dazu, Ilonka und Miszlai néni zu schützen, falls Frau Veres die Autoritäten bereits verständigt hatte und der Laden bewacht wurde. Wir stiegen in einen Wagen und fuhren weg. Wir wurden weder aufgehalten noch verfolgt. Das bizarre Manöver meiner Rettung war völlig glatt über die Bühne gelaufen.

Die Nacht war sehr kalt und sehr dunkel, als ich durch die geheiligten Portale von Vadász Utca Nummer 16 trat.

Vor der Tür standen junge Zionisten Wache, und dahinter warteten bereits meine Mutter und mein Buder auf mich. Wir fielen einander in die Arme. Meine Mutter drückte mich an sich und küßte mich. Mein Bruder wollte mir gerade das Haar zerzausen, wie er das immer getan hatte, als er sich plötzlich eines Besseren besann und die Hand zurückzog.

»Nimm dich zusammen!« zischte meine Mutter ihn an. »Nimm dich zusammen. Deine Hand wird schon keine Läuse kriegen.«

Iván errötete. »Darum geht es nicht«, murmelte er. Offensichtlich fühlte er sich sehr unwohl. Er beugte sich vor, um mich an sich zu ziehen, hielt mich dabei jedoch um Armeslänge von sich entfernt und gab mir einen schnellen, zaghaften Kuß. »Ich bin froh, daß du hier bist«, sagte er.

Ich nickte. Nicht direkt das Wiedersehen, das ich erwartet hatte. Wo waren die Trompeten? Wo die Rosenblütenblätter? Wo der feierliche Kanonensalut für die verlorene Tochter?

»Ich bin sehr müde«, sagte ich. »Könnten wir dahin gehen, wo wir schlafen? Oder schlafe ich wieder irgendwo allein?«

»Nein, nein«, sagte Iván. »Du schläfst natürlich da, wo wir schlafen.« Er bückte sich, um mir aus einiger Entfernung etwas ins Ohr zu flüstern. »Hör mir zu«, sagte er. »Es tut mir sehr leid, daß ich solche Angst vor Läusen habe. Aber du bist trotzdem immer noch mein bester Kumpel.« Und dann grinste er das alte Grinsen unserer lang vergangenen Verschwörungen.

Ich nickte wieder. Gut. Dein aussätziger Kumpel. Ich strengte mich enorm an, nicht die Fassung zu verlieren. Tränen waren nicht der richtige Anfang für einen neuen, lang ersehnten Lebensabschnitt.

»Komm schon, Anyu«, sagte Iván. »Bringen wir das Kind ins Bett, metaphorisch gesprochen.« Er blinzelte mir zu und lachte. Ich wandte den Blick ab.

Wir gingen eine Treppenflucht hinauf und kamen in einen Raum, der in dem schwachen Kerzenlicht wie ein sehr großes Büro aussah. Überall standen Schreibtische, Stühle und Aktenschränke herum. Jede verfügbare horizontale Fläche war mit einer für die Nacht eingemummten Person belegt. Die Art der Decken reichte von teuren Pelzüberwürfen über Regenmäntel bis (in einem einzigen Fall) zu einem zerfetzten, vergilbten Laken. Unter Iváns Führung bahnten wir uns sorgfältig einen Weg zwischen den Schlafenden hindurch. Wir kamen zu einer gemütlichen Nische zwischen einer Wand und einem Schreibtisch, in der sich Kissen und Decken türmten.

»Das ist unser Platz«, sagte meine Mutter. »Hier schlafen wir.« Die Stelle schien mir nicht groß genug für drei Leute.

»Du schläfst quer vor unseren Füßen«, meinte meine Mutter.

Natürlich.

Dann machte sie sich sofort daran, mein »Bett« zu bauen.

»Mach ein Zeichen an ihr Kissen«, flüsterte Iván. Meine Mutter warf ihm einen ihrer Jetzt-bist-du-tot-Blicke zu. »Ich meine, wir haben schließlich jeder unser eigenes Kissen, oder? Jetzt hat sie auch ein eigenes Kissen, oder? Das war alles, was ich damit sagen wollte.« Mein Bruder errötete von neuem.

»Gute Nacht, Iván«, sagte meine Mutter. »Das reicht jetzt. Geh zu Bett.«

Offensichtlich hatten sich einige normale Rituale gehalten. Wir tasteten uns zurück zu einem großen Gemeinschaftswaschraum mit vier Spülen und vier Toilettenkabinen. Dort wuschen wir uns, putzten uns die Zähne und stiegen in unsere jeweiligen Nachtkleider. Als Nachtkleider galten hier Straßenkleider, die tagsüber nicht benutzt wurden. Dahinter steckte die Überlegung, daß man auf diese Weise im Fall eines Angriffs durch die Bodentruppen der Nazis – oder eines Luftangriffs durch die Alliierten – sofort loslaufen konnte.

Schließlich kehrten wir in »unsere« Nische zurück. In Wirklichkeit war es natürlich ihre Nische, weil ich, wie ich da vor ihren Füßen lag, dem Rest des Raums preisgegeben war und zu einem unbeabsichtigten Bollwerk wurde. Aber ich war zu erschöpft, um länger darüber nachzudenken, und schlüpfte zwischen meine Decken. Meine Mutter setzte sich neben mich. »Möchtest du, daß ich deine Gebete mit dir spreche?« fragte sie.

Diese Frage überraschte mich. Sie brachte mich aus dem Gleichgewicht. Was für Gebete meinte sie? Kindergebete? »Jetzt lege ich mich zum Schlafen nieder«? Ich betete zwar immer noch, aber nicht mehr auf diese Art. Nicht mit den Worten anderer Leute. Ich sprach direkt mit Gott und zürnte ihm genauso oft, wie ich ihn anflehte. In diesen Tagen fiel es mir jedenfalls nicht mehr ein, ihn zu lobpreisen. Es war auch nicht wichtig. Ihn scherte es sowieso nicht.

»Nein, danke«, sagte ich.

»Du siehst sehr blaß aus«, sagte meine Mutter. »Das sind die Läuse, sie saugen dich aus. Ich konnte nichts bekommen, um sie auszurotten. Aber ich habe bei einem Rumänen etwas Essen gegen einen Läusekamm eingetauscht. Er hat ganz dicke, dichte Zähne. Damit kämme ich dir jetzt jeden Tag das Haar aus. Auf diese Weise wirst du die lebendigen Läuse los, und es hört auf zu jucken. Die Nissen erwischt man mit dem Kamm zwar nicht, aber wenn ich jeden Tag die neuen Läuse herauskämme, werden es mit der Zeit immer weniger. Du brauchst dir jetzt keine Sorgen mehr zu machen. Ich kümmere mich um alles.«

Mein Bruder stand, bisher unbemerkt, hinter uns und blickte aus seiner Höhe von einem Meter achtzig auf uns herab.

»Mutter, wenn du weiter mit ihr tuschelst und sie in der gleichen Geschwindigkeit weiterheult, wie sie das in der letzten halben Stunde getan hat, wird sie bis spätesten vier Uhr morgens in ihrem eigenen Kissen ertrunken sein.«

Ich kicherte. Meine Mutter lächelte. »Du hast recht«, sagte sie. »Wir sollten jetzt alle zu Bett gehen. Es ist ein sehr langer Tag gewesen.« Sie nahm mich fest in den Arm und bedeckte mein Gesicht mit Küssen.

Mein Bruder hob meinen Arm hoch, verbeugte sich und küßte mir feierlich die Hand. Diese List, mit der er es schaffte, meinem Kopf fernzubleiben, täuschte mich zwar nicht, aber ich verzieh ihm.

»*La Dame aux Camélias*, ich sage Euch adieu. Ich bedaure aufrichtig, daß mir der Sinn nicht im mindesten danach steht, Euch zu heiraten. *C'est la vie.*« Wir beide lachten. »So, und jetzt«, sagte er, »schnell: Woraus ist dieses leicht entstellte Zitat?«

Ich schmolz dahin, machte aber eine abwehrende Handbewegung. In jüngster Zeit eine Oper. Davor ein Roman. Vielleicht umgekehrt. »Ich bin zu müde, um mich daran zu erinnern. Geh ins Bett, du Spinner.«

Ich war wieder lebendig.

War geborgen, und überall rings um mich herum atmeten Menschenwesen. Die Nacht war voller herrlicher

Geräusche. Voller Stöhnen, Schnarchen, Husten und Schnauben, zerrissen von dem Rascheln von Bettzeug und dem Knarren der Tische, auf denen meine neuen Mitbewohner sich im Schlaf umdrehten. Ich fühlte mich gesegnet, sogar von den gelegentlichen, unterdrückten Aufschreien anderer Leute Alpträume.

VIER

Ich war kaum eingeschlafen, als mir etwas Schweres auf den Kopf fiel. Dann noch etwas. Obwohl ich nicht verletzt war, hörte ich mich selbst hysterisch schreien: »O Gott! Mein Kopf! O mein Kopf!« Ich weckte alle Leute in meiner Nähe. Hier und da entzündete jemand eine der kostbaren, sorgsam gehüteten Kerzen. Solchermaßen plötzlich im Rampenlicht erschien mir meine Vorstellung noch stark verbesserungswürdig. Ich schlug um mich. Ich trommelte mit den Fäusten auf mein Bettzeug. Ich trat, ich heulte, ich hielt mir den Kopf. Je mehr Theater ich machte, desto angemessener erschien mir mein Verhalten. Ja, ich *war* verletzt worden. Was heißt hier verletzt? Tödlich verwundet! Und wovon, bitte, wenn nicht von dem, was da auf mich herabgestürzt war?

Inzwischen war mein Bruder aufgesprungen und beugte sich über den Schreibtisch, der unsere Schlafnische an einer Seite begrenzte. Im Schein der flackernden Kerzen sah Iván finster und bedrohlich aus, ein Mann, wie mir plötzlich klarwurde, kein Junge mehr. Auch das war in meiner Abwesenheit geschehen, dachte ich verbittert.

Die Schreibtischplatte, an der er stand, diente Lily Bauer, einer Freundin meiner Mutter, als Bett. Und heruntergefallen waren ihre Schuhe, die sie neben sich auf den Schreibtisch gestellt hatte, eine durchaus vernünftige Vorsichtsmaßnahme für den Fall, daß man mitten in der Nacht plötzlich aufbrechen mußte. Frau Bauer hatte sich in ihrem »Bett« umgedreht und dabei versehentlich die Schuhe runtergeworfen.

Mein Bruder fuhr sie an. »Was ist los mit dir? Bist du blöd? Sind dir alle anderen hier egal? Wie kannst du meiner kleinen Schwester Schuhe auf den Kopf werfen? Du ... Du ...«

Meine Mutter stand ebenfalls auf. Sie hielt eine brennende Kerze in der Hand und schrie nun ihrerseits Iván an: »Hör auf damit! Das reicht jetzt! Entschuldige dich bei Frau Bauer.«

Mein Bruder kehrte beiden den Rücken zu. Ich hätte am liebsten laut gelacht. Dies hier war zweifellos eine neue, verzauberte Welt, in der man sich auf alles möglich gefaßt machen mußte. Ich kletterte gerade wieder zurück in mein improvisiertes Bettzeug, als sowohl Iván als auch meine Mutter sich über mich beugten. »Ist mit deinem Kopf alles in Ordnung?« fragte Iván.

»Ja, danke. Meinem Kopf geht's gut.« Versuchsweise fügte ich hinzu: »Bis auf die Läuse.«

Mein Bruder lief dunkelrot an. »Hm, gute Nacht«, sagte er und hob die Hand zum Gruß.

Mittlerweile waren alle Kerzen bis auf die meiner Mutter ausgepustet worden. In dem schummrigen Licht küßte sie mich sanft und wünschte mir eine gute Nacht. Während ich in den Schlaf glitt, fühlte ich mich zum erstenmal seit langer Zeit wieder sicher.

Am nächsten Morgen erzählte Iván mir das Wichtigste über meine neue Unterkunft. Neben dem Büroraum, in dem wir einquartiert waren, gab es noch einen Hof, zwei separate Keller und einen langen, unübersichtlichen Dachboden. »Der Keller links ist der Unterschlupf der Hashomer«, erklärte Iván. »In dem auf der rechten Seite wohnen religiöse Juden; aber nur ein paar von ihnen sind Zionisten. Der Dachboden ist – gewissermaßen – für Bohemians, Studenten und andere Freigeister reserviert.«

Das Ganze gehörte Arthur Weisz und war Teil seiner Glasziegelfabrik gewesen, bis die Deutschen im März in Budapest einmarschiert waren und die Fabrik geschlossen hatten. Durch seine Verbindungen zu Schweizer Kollegen und Freunden und mit Hilfe eines komplizierten Verfahrens der Bestechung gewisser deutscher und ungarischer Funktionäre war es ihm gelungen, das Gebäude zu einer Außenstelle des Schweizer Konsulats erklären zu lassen. Daher galt der Grund und Boden hier jetzt als ausländisches Territorium, geschützt durch den neutralen Status der Schweiz. An den Toren standen Wachen – auf der Innenseite jüdische Jugendliche, draußen die bestochenen Nyilas –, und ohne beiderseitige Zustimmung kam keiner herein.

Die Familie Weisz wohnte nach wie vor in ihrer herrschaftlichen Wohnung im ersten Stockwerk auf der dem Bürogebäude gegenüberliegenden Seite des Hofes. Die Weisz gaben selbst jetzt noch manchmal Partys für einige wenige Auserwählte, zu denen, wie Iván mir verriet, auch er selbst zählte. Ich war sehr beeindruckt.

»Iván, wie kommt es, daß du jetzt so wichtig bist?« Ich blickte zu ihm auf wie zu einem Turm. Selbst wenn er gebeugt ging – was manchmal vorkam –, schien er mindestens einen halben Meter größer zu sein als ich.

»Ich weiß nicht. Um die Wahrheit zu sagen, ich habe mich das selbst schon gefragt. Vielleicht liegt es daran, daß ich keine Angst habe, hinaus in die Stadt zu gehen. Im Grunde habe ich zwar schon Angst, aber ich halte es einfach nicht aus, ständig hier eingepfercht zu sein. Also treffe ich mich mit nichtjüdischen Freunden, besuche Restaurants und tue eben das so Übliche. Vielleicht liegt es auch daran, daß ich deutsch spreche und aussehe wie ein Nazi. Es ist schrecklich, aber ich geb's trotzdem zu: Ich finde es herrlich, wie ein Nazi auszusehen. Das gibt mir ein Gefühl von Freiheit.« Er zuckte mit den Schultern. »Ich sollte mit einem Kind nicht so reden.«

»Du hast immer so mit mir geredet. Immer.«

»Das ist jetzt etwas anderes. Ich bin ein Mann. Ich tue Dinge und denke Dinge, von denen Kinder nichts wissen sollten.«

»Ach ja? Zum Beispiel?«

»Zum Beispiel werde ich die sieben tödlichen Kniegriffe anwenden, wenn du nicht aufhörst, mich mit Fragen zu löchern.«

»Wann?«

Mein Bruder lachte. Aber ich wußte genau, daß sich etwas – was war es nur? was *war* es? – zwischen uns geschlichen hatte, etwas Nicht-zu-Fassendes, Schmerzliches und absolut Irreparables. Seine Aufmerksamkeit waberte um mich herum wie eine Nebelbank, war nicht länger einzig auf mich gerichtet.

»Und weiter?« fragte ich. »Bist du hier der Chef?« Ich gab acht, daß meine Stimme nicht anders klang als bei der vorherigen Frage.

Mein Bruder sah mich von der Seite an, verletzt. Volltreffer! »Nein, natürlich nicht. Nominell ist Herr Weisz der Chef. Nun ja, nicht nur nominell, schließlich gehört ihm das Gebäude, und er hat viele Verbindungen und steuert eine Menge Geld bei. Aber trotzdem, die eigentliche Führung liegt bei einem Komitee. Und das besteht aus lauter Zionisten, überwiegend Hashomer, obwohl auch ein paar andere Gruppen vertreten sind. Sie entscheiden alles und kümmern sich um alles.«

»Zum Beispiel?»

»Zum Beispiel um die Zahlung der Schutzgelder, um das Essen, um die Schutzpässe – wer sie bekommt, wer sie ausliefert. Wer hier reinkommen darf, wo die Leute schlafen sollen – um alles eben. Ich gehöre nicht zum Komitee, daher weiß ich nicht über sämtliche Details Bescheid, aber viele Mitglieder sind meine Freunde. Frau Weisz zum Beispiel.«

»Ist ihr Vater Richter?« fragte ich und schaute zur Decke empor. Nach meinem Aufenthalt bei Ilonka verstand ich eine ganze Menge von Decken. Aus den Augenwinkeln sah ich, wie meinem Bruder die Zornesröte ins Gesicht schoß.

»Was ist denn mit dir los?« zischte er mich wütend an. »Es ist schließlich nicht meine Schuld, daß du bisher nicht bei uns warst. Anyu hat das entschieden. Sie hat sich wegen deiner Lunge Sorgen gemacht. Es ist so voll hier drin und so schmutzig. Sie hat versucht, dich zu schützen. Sie hatte recht.«

»Ja. Das hat man mir bereits mitgeteilt.«

Ich hätte gern noch soviel mehr gesagt, und ich hätte es auch tun können, hätte meinem Bruder alles sagen können, wenn wir nur wieder zu Hause in unserem engen Badezimmer am Teleki Tér wären. Wenn ich auf dem Toilettendeckel gesessen und an meiner Möchtegernzigarette gezogen hätte, hätte ich ihm sagen können, daß er bei diesem niederträchtigen Verrat nicht hätte mitmachen dürfen. Daß er die Dinge hätte klarer sehen und mich retten müssen. Daß dies ihre Verschwörung war, ihr Plan, weil sie mit ihm allein sein wollte. Daß sich nun zwischen uns eine unüberbrückbare Kluft aufgetan habe, was weh tue. Daß er mir helfen solle.

Es überraschte mich, daß sich alles, was meine verzweifelte Seele quälte, in so wenige Sätze fassen ließ. Aber trotz der Kürze dieser Botschaft schien das, was ich zu sagen hatte, im Augenblick unaussprechlich. Wir befanden uns in einem überfüllten Zimmer, saßen auf Bürostühlen, auf verschiedenen Seiten eines zerkratzten Holzschreibtisches, der nachts Frau Bauer als Bett diente. Also zuckte ich nur mit den Achseln und sagte statt dessen: »Was noch?«

»Na ja, komm mit und sieh's dir selbst an«, sagte Iván. »Machen wir eine Führung.« Wir gingen die Treppe hinunter und traten in den Hof hinaus. Ich sah einen schiefergrauen, schneeschwangeren Himmel und blinde Fenster, die gemäß den Luftschutzbestimmungen mit schwarzem Papier zugeklebt waren. Die Hauswände waren streifig grau; unter der abblätternden Farbe zeigte sich ein noch dunklerer Grauton. Die Pflastersteine waren ebenfalls grau und schlammverkrustet. Nur etwas stach heraus: Inmitten des Hofes erhob sich ein Gebäude, das wie ein langes, schmales Bethaus aussah, erbaut aus geriffelten Glassteinen, die die Vielzahl der Grautöne absorbierten und in einem magischen, silbernen Schimmer zurückwarfen. Ich hielt den Atem an und stieß meinem Bruder den Arm in die Seite. »Was ist das?«

»Nimm deinen Ellbogen weg. Das ist die Latrine«, sagte er.

»Die was?«

Er rollte mit den Augen. »Gütiger Gott, wie ahnungslos kann ein Mensch denn sein? Die Latrine. Das, wodrin man Aa und Pipi macht.«

Ich lachte ein wenig verlegen über seine nicht ganz salonreine Erklärung. Andererseits war ich froh, daß wir langsam zur Normalität zurückkehrten. »Sag mir die Wahrheit. Mach jetzt keine Witze. Es ist wunderschön, wie ein Tempel.«

Er schüttelte den Kopf. »Ich hab's dir gesagt. Die Latrine. Wirklich.«

Wir schwiegen beide. Nach einer Weile fragte ich: »Wer benutzt sie?«

»Sie ist für die Leute, die im Keller wohnen. Da gibt es keine Toiletten. Man hat bestimmte Zeiten für Frauen und für Männer festgelegt. Zur festgesetzten Zeit kommen alle rauf und gehen zur Latrine.«

»Alle Frauen gleichzeitig?«

»Ja. Anders geht es nicht. Es sind sehr viele Leute da unten. Aber mach dir keine Gedanken deswegen. Da oben, wo wir wohnen, gibt es richtige Waschräume. Gestern abend warst du doch in einem. Komm weiter.«

Mittlerweile wartete in der linken Ecke des Hofes bereits meine Mutter auf uns. »Beeilt euch!« rief sie. »Wo habt ihr euch so lange rumgetrieben?«

»Wir kommen ja schon«, antwortete mein Bruder und suchte mit den Augen den Himmel ab.

Meine Mutter stand vor einigen hohen Holzregalen, auf denen Farbeimer, Hämmer, Sägen, Nägel, Zangen und verschiedene andere Bauwerkzeuge und -materialien lagen. »Ich dachte, wir wollten noch in den Keller«, sagte ich.

»Wart's einfach ab«, sagte meine Mutter. »Du wirst schon noch alles sehen.«

An dem Regal lehnten zwei kräftige junge Männer. Bei unserem Näherkommen richteten sich beide auf. *»Shalom«*, sagte der eine von ihnen.

»Szervusz«, sagte Iván. Sie schüttelten einander die Hände.

»Das ist meine kleine Schwester.«

»Szervusz.«

Dann schoben die beiden Burschen das Regal zur Seite, und eine schwere, verschlossene Holztür kam zum Vorschein. Einer der beiden jungen Männer klopfte an, ein paar geheimnisvolle Worte fielen, dann wurde die Tür von innen geöffnet. Dahinter führte eine Treppe in die Dunkelheit.

Erstaunlich. Unglaublich. Was für eine wunderbare Welt! Und das nach ungezählten Wochen, in denen es nur eine Decke zu beobachten gab. Holmes! Poe! *Prinzessin Magda und die Verborgene Höhle von ...?* Das Ende des Titels würde auf die Tatsachen warten müssen.

»Geh nur«, forderte mein Bruder mich auf.

»Nein«, sagte meine Mutter. »Ich gehe voran.« Sie hielt mir die Hand hin. Dicht nebeneinander stiegen wir die Treppe hinunter. Mein Bruder folgte.

Den Fuß der Treppe beleuchtete eine einzige, nackte Glühbirne, die von der Decke baumelte. Sie warf lange Schatten, so daß der dahinterliegende Raum schwer zu erkennen war. Als meine Augen sich an die Dunkelheit gewöhnt hatten, sah ich einen langen, sehr schmalen Keller, an dessen beiden Seitenwänden je eine Reihe hölzerner Etagenbetten stand, auf denen sich eine erstaunliche Anzahl von Menschen drängte. Hier unten war es empfindlich kalt, daher trugen viele Überzieher oder Parkas, Hüte jeglicher Art, Handschuhe, Muffs. Einige hatten sich so gründlich in Decken eingewickelt, daß nur noch ihre schmalen, durchscheinenden Gesichter zu sehen waren. Aus dem Gemurmel vieler leiser, gleichzeitig geführter Gespräche erhob sich gelegentlich ein Wort oder ein halber Satz und blieb zusammenhanglos in der Luft hängen:

»...ich versichere dir...«

»...*gulyás*...«

»...im dritten Satz...«

Der Gestank, in seiner widerlichen Fülle geradezu körperlich greifbar, deutete vage auf eine Vielzahl von Quellen hin: getrockneter Urin, ungewaschene Leiber, verdorbenes Essen, billiger Tabak, feuchte Wände, feuchte Kissen, feuchte Decken, Sauerstoffmangel. Angst.

Ich entdeckte meine Großeltern, die auf der rechten Seite ganz in der Nähe des Eingangs auf einem der unteren Betten saßen. Das Bett darüber war abgebaut worden, aber seine Stützbalken standen noch, so daß das Ganze wie ein Himmelbett ohne Baldachin wirkte. Die beiden alten Leute sahen noch zerbrechlicher aus, als ich sie in Erinnerung hatte. Aber vielleicht war das ganz normal; vielleicht enthüllt der erste Blick nach langer Trennung oft die ganze, verhängnisvolle Verletzlichkeit, die wir im alltäglichen Miteinander lieber übersehen. Meine Großmutter hatte sich ein Seidentuch um den Kopf gebunden, als wolle sie gleich die Sabbatkerzen entzünden. Sie trug ein Kleid, einen Pullover, einen offenen Mantel und, unpassenderweise, Schlafzimmerpantoffeln über dicken Socken. Mein Großvater hatte ebenfalls eine Kopfbedekkung auf, und zwischen seinen Lippen klemmte unangezündet die allgegenwärtige, selbstgedrehte Zigarette.

So froh ich war, sie zu sehen, schrak ich doch zurück und blieb wie angewurzelt stehen. »Wie kommt es, daß sie hier sind?« fragte ich und ließ die Hand meiner Mutter los. »Du hast mir gesagt, sie seien in Sicherheit, aber nicht, daß sie hier sind. Wie lange sind sie schon hier? Wie sind sie hierhergekommen? Wer hat sie hierhergebracht?«

All meine scheußlichen, wackelpudding-zittrigen Verdächtigungen zogen sich augenblicklich zu einem stachligen Ball harter Gewißheit tief in meiner Magengrube zusammen. Ja, man hatte mich ausgeschlossen. Mich, nur mich. Und die Verantwortung dafür trug diese Frau neben mir, die behauptete, mich zu lieben.

»Das ist eine sehr lange Geschichte«, sagte meine Mutter ein wenig nervös. Mein Bruder pfiff anerkennend – denn es war mir gelungen, meinen Atem beeindruckend lange durch zusammengepreßte Lippen hervorzustoßen.

Ich wußte nicht, ob er mich mißverstanden hatte oder mein Verhalten mit Absicht falsch deutete, aber er sagte: »So lang ist die Geschichte nun auch wieder nicht. Es war ein Notfall. Das Komitee hatte die Nachricht erhalten, daß die Nyilas alle Leute, die in den sicheren Häusern am

Sankt-István-Park lebten, zusammentrieben. Du erinnerst dich wahrscheinlich, da habe ich die Alten im Oktober hingebracht, als sie nicht mehr bei Dávid bácsi bleiben konnten. Die Nyilas wollten sie alle ins Ghetto bringen, von wo aus sie dann deportiert werden sollten. Als ich das hörte, habe ich dem Komitee gesagt, ich müsse meine Großeltern holen. Und die Erlaubnis dazu bekommen. Sie haben mir falsche Haftbefehle gegeben, die die sofortige Inhaftierung von Herrn und Frau Indig verlangten. Also bin ich losgezogen.

Als ich ankam, war da totales Chaos. Sie hatten die Juden in Fünferreihen antreten lassen, meistens alte Leute und ein paar Kinder, die alle ihre wenigen Habseligkeiten an sich preßten. Viele weinten. Die Nyilas brüllten herum und feuerten in die Luft. Ich bin zu dem Anführer gegangen, hab' salutiert, ihm die Haftbefehle gezeigt und gesagt, daß ich zwei besonders beschissene Judenbastarde holen solle – und das auch noch an einem Nachmittag, an dem ich mich mit einem Mädchen hätte verabreden können. Er lachte, und vier seiner Vorderzähne sahen so aus, als hätten sie gerade erst funkelnagelneue Goldkronen bekommen. Dann meinte er, hier gebe es keine Namen, alle würden ins Ghetto getrieben. Wer nicht mithalten könne, wer protestiere oder sich davonzumachen versuche, werde erschossen. Das sei die einfachste Art und Weise, den Scheißjob über die Bühne zu bringen. ›Moment mal‹, sagte ich und warf mich in Positur. ›Ich habe hier einen Haftbefehl. Der Leutnant im Hauptquartier wird nicht gerade begeistert sein, wenn ich ihm die falschen zwei Scheißjuden präsentiere. Du solltest mir besser helfen, sie zu finden, Bruder. Lange lebe Szálasi!‹

Seine Rechte schoß hoch wie bei einer Marionette. Fast hätte ich gelacht. Dieser verdammte Satz verfehlt doch nie seine Wirkung. Es ist, als zöge man an einem unsichtbaren Faden. Wenn ich diese drei Worte ausspreche, fühle ich mich immer wie ein Magier, der die Puppen tanzen läßt.«

»Hattest du denn keine Angst?« fragte ich Iván, nicht länger das gekränkte, ausgeschlossene Familienmitglied, sondern nur noch eine atemlose Zuhörerin. Mein Bruder war ein Magier; mit seinen Worten konnte er eine Welt der Geräusche, Farben, Taten und Gefahren heraufbeschwören. Mein Herz schlug kaum, als er sprach, begann dann zu rasen, stockte und schlug wieder weiter.

»Ich weiß nicht«, sagte er. »Ich denke nie darüber nach. Ich kriege nur so ein kribbeliges Gefühl auf der Haut und bin sehr aufgeregt, aber ich glaube, Angst habe ich nicht. Wenn sie mich erwischen würden, dann hätte ich Angst. Ich würde zusammenbrechen und sterben. Aber vorher ist es nur ein Spiel um die Frage, wer von uns ist der schlauere...« Seine Stimme verlor sich.

»Was ist dann passiert?«

»Wann?«

»Iváaaan!«

»Oh, nicht viel. Der Typ meinte: ›Nimm sie mit. Nimm so viele, wie du willst. Erschieß sie. Du kannst sie auch in der Donau ertränken. Ist mir egal. Ich wünschte, sie würden alle tot umfallen und ich könnte nach Hause gehen.‹ Er bot mir einen bewaffneten Wachposten an, der sich um meine Gefangenen kümmern könnte. Aber ich hab' ihm gesagt, ich käme mit diesem Abschaum schon allein zurecht. Dann habe ich ihn noch mal salutieren lassen, bin die Straße runtergeschlendert und habe mir jede Reihe angesehen. Ich hatte Glück. Einen halben Häuserblock weiter unten hatte ich sie schon entdeckt. Dann fiel mir ein, daß die alte Henne...« Er hielt inne und warf einen erschrockenen Seitenblick auf unsere Mutter, die nichts mitzubekommen schien. »... daß Großmama uns verraten könnte, indem sie mir in die Arme fiel. Also bin ich um die Reihen herumgegangen und habe die beiden auf Großvaters Seite angesprochen. Ich sagte: ›Indig, du und deine Frau, ihr seid verhaftet. Tretet vor und folgt mir.‹

Du wirst es nicht glauben, aber Zsigmond hat mir sogar zugeblinzelt. Dann hat er Emma so fest den Arm gedrückt, daß ich dachte, er würde ihn ihr brechen. ›Ja, mein Herr‹, sagte er laut. ›Gehen wir, Emma.‹ Später habe ich ihnen gesagt, sie sollen vor mir hergehen. Und schließlich sind wir hier angekommen. Das ist die ganze Geschichte. Keine finstere Verschwörung, kein übler Vorsatz.«

Mittlerweile hatte mein Großvater uns bemerkt und winkte uns zu. »Kommt her, kommt her. Ich habe auf dich gewartet, Magduska«, sagte er mit der herzlichen Offenheit, für die er überall bekannt war – überall, nur nicht zu Hause. »Wie geht es dir?«

»Mir geht's gut, Großvater.« Er beugte sich vor, um mich zu küssen, aber ich winkte ab. »Ich habe Kopfläuse.«

Er lachte. »Das ist jetzt sehr modern«, sagte er und küßte mich trotzdem.

Meine Großmutter und ich schüttelten uns die Hände, und ich sagte pflichtbewußt: »Küß die Hand, Großmutter.« Vom Nachbarbett standen Rózsi und ein Mann auf, um uns ebenfalls zu begrüßen. Rózsi und ich küßten uns. Der Mann tätschelte mir die rechte Schulter.

Wer, zum Teufel, war das? Er sah alt und ausgezehrt aus, aber auch vage vertraut. Als es mir klarwurde, erschrak ich. Guba! Ervins Vater, Rózsis früherer Mann. Der war auch hier? Alle, außer mir? Wer sonst noch? Frau Szabó? Das Schulorchester? »Guba bácsi«, sagte ich, »ich freue mich, dich zu sehen.«

Das tat ich wirklich. Ich hatte Guba bácsi immer gern gemocht – bis auf ein einziges Mal, nämlich als ich während eines Besuchs in Miskolc mitansehen mußte, wie

Guba Ervin mit seinem Gürtel verdrosch. Weil er die Geige zerbrochen habe, sagte er immer wieder, weil er die Geige zerbrochen habe. Aber Ervin hatte die Geige gar nicht zerbrochen, das war ich. Oder genaugenommen war es keiner von uns beiden, die Violine hatte sich vielmehr selbst zerbrochen. Ervin hatte vergessen, den Verschluß am Geigenkasten einzuhaken, und als ich den Kasten hochhob, um ihn woanders hinzulegen, fiel die Geige heraus und zerbrach von allein.

Als er sah, was geschehen war, sagte Ervin: »Oh, mein Gott, dafür werden wir sterben.« Ich brach in Tränen aus. Er war neun, ich fünf. »Laß uns nachdenken«, sagte Ervin. »Wenn ich es war, bedeutet das eine Tracht Prügel. Wenn du es warst, bedeutet es, daß Margit néni ihm noch mehr Geld schuldet. Eine Tracht Prügel geht schnell und ist vorbei. Laß mich die Sache beichten.«

»Nein«, sagte ich. »Ich muß es machen.« Wir wußten beide, daß es in unserer Familie keine Unfälle gab, wenn es um kaputte Dinge und Kinder ging. Jemand mußte schuldig sein, jemand mußte bestraft werden. Ervin wurde wütend. »Na klar. Tu's doch. Beichte es. Reinige deine Seele, und laß deine Familie den Preis zahlen. Los doch. Laß sie Luft essen. Warum nicht?«

»Ervin, ich habe dich lieb.«

»Dann vertrau mir«, sagte er.

Er beichtete. Guba bácsi verprügelte ihn mit dem Gürtel. Ich hockte in der hintersten Ecke des Zimmers und wimmerte, von Ervin war kein Ton zu hören.

»Wo ist Ervin?« fragte ich nun in dem schmalen Keller.

Gubas Gesicht verdüsterte sich. »Er ist hinten.«

»Kann ich mit ihm sprechen?«

»Nicht jetzt«, wehrte Guba ab. »Er ist hinten.«

Ich blickte nach hinten, konnte aber nichts als endlose Reihen Etagenbetten sehen. »Warum gehen wir denn nicht zu ihm, wenn er hinten ist?« fragte ich. Iván bedeutete mir verstohlen, den Mund zu halten. Aber ich wollte den Mund nicht halten. Ich wiederholte meine Frage. Niemand antwortete.

Die Luft war plötzlich von einer klebrigen, süßen, romantischen Akkordeonmusik erfüllt. Für mich klang die Melodie sehr traurig und herzzerreißend schön. Einen Augenblick lang herrschte Schweigen. Alle lauschten.

»Was ist das? Wer ist das?« wollte ich wissen.

»Das ist Ervin. Er spielt Akkordeon«, antwortete Iván.

»Wie meinst du das? Ervin spielt doch Geige, nicht Akkordeon.«

»Wenn er verliebt ist, spielt er Akkordeon«, sagte mein Bruder.

»Verliebt!« gackerte meine Großmutter. »Ein Kind. Ein vierzehnjähriger Junge und eine achtzehnjährige Hure. Verliebt. Genauso wie mein linker Pantoffel in meinen rechten. Sie wickelt ihn um den kleinen Finger und benutzt ihn.«

Mich hatten die Phrasen, die meine Großmutter sich ausdachte und anschließend als Volksweisheiten ausgab, schon immer fasziniert. So wußte ich zum Beispiel, daß sie die Liebe für einen Bumerang hielt: Man läßt ihn fliegen, und er kehrt zurück, um den zu töten, der ihn geworfen hat. Aber gerade in diesem Augenblick interessierten mich die Tatsachen doch mehr. Ich versuchte, das eigentliche Thema wieder anzuschneiden, indem ich die Frage stellte, die genau dort einsetzte, wo meine Großmutter aufgehört hatte.

»Wozu benutzt sie ihn, Großmutter?«

»Steck deine Nase nicht in anderer Leute Angelegenheiten«, fuhr meine Großmutter mich an. »Sieh sich einer dieses Mädchen an! Diese Dreistigkeit! Kaum hat sie einen Fuß hier reingesetzt, schon muß sie alles wissen.«

»Aber Großmutter, ich wollte doch nur...«

»Es ist mir egal, was du ›doch nur wolltest‹. Du bist vorwitziger, als dir guttut. Bist es immer gewesen, seit dem Tag, an dem du geboren wurdest.«

»Fängt das schon wieder an«, murmelte Großvater.

»Sei nicht frech zu deiner Großmutter«, sagte meine Mutter.

»Sei nicht frech«, wiederholte Rózsi.

Nichts hatte sich geändert. Meine Großmutter war immer noch eine Seelenhäuterin. Eine Alchimistin – ganz egal, um welche Substanz es ging, sie konnte sie auf der Stelle in Elend verwandeln. Und sie steckte ihre Töchter grundsätzlich damit an.

Iván hob mich hoch und setzte mich auf seine Schultern. »Ich muß jetzt gehen«, sagte er. »Ich nehme Magda mit nach oben. *Au revoir*.« Und kaum hörbar fügte er hinzu: »Und zwar ganz *ohne* plaisir.«

Oben auf seinen Schultern hatte ich wirklich einen hervorragenden Platz. Ich hielt mich an seinen Ohren fest und drohte ihm, ganz fest zu ziehen, wenn er mich nicht über die Ervin-Situation aufklärte.

»Sei nicht so eine unverschämte Marktfliege«, sagte Iván und gebrauchte damit einen Lieblingsausdruck unserer Großmutter. Wir mußten beide so lachen, daß ich beinahe runtergefallen wäre. Dann bestürmte ich ihn von neuem, aber er meinte, ich sei zu jung für so etwas. Ich setzte dieser Behauptung das ganze Gewicht meines neuen Status eines auf sich selbst gestellten Flüchtlings sowie meine literarischen Kenntnisse von Romanen entgegen. Schließlich gab er nach.

»Es ist eine komplizierte Geschichte«, meinte er. »Es geht um politische Überzeugungen, um Statusfragen, um philosophische Neigungen und um Hormone. Vor allem um Hormone.«

»Willst du damit sagen, Ervin ist verrückt geworden?«

»Nein. Überhaupt nicht. Es ist ›zu Natur und Herkunft zurückgekehrt‹, wie man so schön sagt. Irgendwann hat er diese Zsuzsa, die jetzt Shosha heißt, kennengelernt. Sie ist schon lange bei den Zionisten, durch ihre Eltern. Und sie ist eine Hashomer, also eine Kommunistin. Ich hatte schon immer den Verdacht, daß unser Ervin ein bißchen was von einem Zigeuner hat. Na, wie dem auch sei, jetzt will er mit ihr nach Palästina auswandern und für einen jüdischen Staat kämpfen. Ich weiß nicht mal, was das sein soll. Juden sind Intellektuelle, keine Bauern oder Soldaten. Das Ganze ist pubertärer Unsinn. Er hat sich einen *nom de guerre* zugelegt, und den gibt er jetzt als seinen ›wahren‹ Namen aus: Simcha. Und er treibt die ganze Familie zur Weißglut, indem er nicht mehr reagiert, wenn ihn jemand mit Ervin anspricht.«

Ich war verblüfft. Die Sache war viel verworrener als alles, was ich mir hätte ausdenken können. Ich hatte so viele Fragen. Vor allem wollte ich mehr über meinen Ervin und diese Shosha wissen. Und was war mit Iván?

»Warte mal. Bist du denn nicht auch ein Hashomer?«

»Nur dem Namen nach. Ich bin überzeugter Anhänger des Kapitalismus. Und mehr noch, ich glaube fest an eine auf Intelligenz gründende Meritokratie. Ich will keinen Staat erbauen. Ich will Literaturprofessor werden. Mir gefällt mein Name – obwohl sie hier auch versucht haben, mir einen hebräischen Namen schmackhaft zu machen, Moshe. Sieh mich an. Sehe ich vielleicht wie ein Moshe aus? Ich habe dankend abgelehnt.«

»Aber du arbeitest für sie. Als Bote.«

»Das tue ich für die Menschen, nicht für die Politik. Ich bin schlicht und einfach jemand, der selbst überleben und anderen Leuten helfen will, auch am Leben zu bleiben. Ich interessiere mich für die homerischen Kriege, nicht für die Schlachten der Zukunft. Ervin und ich haben nicht mehr viel gemeinsam.«

»Aber warum sind denn alle so wütend auf die beiden?«

»Ah! Kommen wir der Sache auf den Grund. Sie haben sich den Zorn der Erwachsenen-Götter zugezogen – und jetzt nähern wir uns wieder dem Thema Hormone –, indem sie wie ein verheiratetes Paar zusammenleben, ohne jedoch verheiratet zu sein.«

»Ervin kann nicht heiraten. Er ist zu jung dazu.«

»Du weißt schon, was ich meine.«

Ich nickte. Die Wahrheit war – ich wußte es und wußte es auch wieder nicht. Ich hatte Gerüchte gehört, die viel zu unglaublich klangen, um glaubwürdig zu sein. Niemand hatte mir bisher irgendwelche Tatsachen erklärt. Es handelt sich um ein Geheimnis, das zu erforschen Kindern nicht gestattet war. Von den technischen Einzelheiten hatte ich keine Ahnung. Ich wußte nur, daß das Wort »Schürzenjäger« irgendwie damit zu tun hatte.

Schürzenjäger. Was immer das bedeutete, das Wort kam schon seit Jahren in meinen allabendlichen Gebeten vor. Mein Vater war ein Schürzenjäger. Als wir bei den Großeltern wohnten, hatte Großmutter mich mit schönster Regelmäßigkeit von diesem Umstand in Kenntnis gesetzt. So wie sie es sagte, schien es unsere Schuld zu sein, also kümmerte ich mich darum: Nachdem ich zusammen mit meiner Mutter laut meine gewohnten Gebete gesprochen hatte, fügte ich immer schweigend hinzu: »Und gib uns etwas mehr Geld. Und mach, daß mein Vater kein Schürzenjäger ist. Amen.«

Nach einigen Tagen brachte Iván mich zu Ervin und Shosha. Sie wohnten ganz weit hinten im Keller, in einem der unteren Etagenbetten, das sie zu beiden Seiten und von vorne mit Decken verhängt hatten; das Ganze wirkte sehr gemütlich und verschaffte ihnen auch eine gewisse Ungestörtheit. Ich fragte mich, warum es nicht alle so machten, vermutete aber, daß es dafür nicht genügend Decken gab.

Ein Mann, der ganz in unserer Nähe stand, begrüßte Iván. »Ihr wollt sicher unsere Flitterwöchner besuchen, wie?« Er blinzelte. »Na, ihr braucht nur anzuklopfen. Irgendwann klettern sie dann schon raus. Das tun sie nämlich. Von Zeit zu Zeit.«

Ich war sehr aufgeregt, endlich Ervin wiederzusehen. Wie weit konnte sich diese Shosha-Person schon zwischen uns drängen? Wieviel klüger und hübscher als all die anderen Mädchen am Teleki Tér konnte sie sein, als all die Mädchen, für die Ervin sich nie im Leben interessiert hatte? Hatte sie soviel Ahnung von Dichtung wie ich? Konnte sie überhaupt reimen? Ich bezweifelte es. Je mehr ich darüber nachdachte, desto klarer wurde mir, daß die Familie diese »Situation« komplett mißverstanden hatte. Ervin würde rauskommen, mich hochheben und küssen. Dann würden wir nach oben gehen und uns aufgeregt alles erzählen, was geschehen war, seit wir uns das letzte Mal gesprochen hatten. Und natürlich würde Ervin zu uns nach oben ziehen. Wir würden Schach spielen oder *malom*. Alles würde wieder gut werden. Die momentane Verzögerung dieser prachtvollen Zukunft machte mich ungeduldig. »Klopf lauter«, forderte ich Iván ein wenig gereizt auf. »Sag ihm, daß ich hier bin.«

In diesem Augenblick kletterte Ervin aus dem Verschlag hervor. Er war sogar noch hübscher, als ich ihn in Erinnerung hatte; er sah erwachsener aus, und er glühte förmlich. Breit lächelnd sagte er: *»Szervusztok*. Wie geht's dir, Magda?« Er schien sehr glücklich zu sein, aber mir wurde klar, daß ich nicht der Hauptgrund dafür war.

»Danke, mir geht es sehr gut«, antwortete ich steif, als

unterhielte ich mich mit einem fremden Erwachsenen. Angestrengt musterte ich die häßlichen Risse in meinen klobigen, schwarzen Schuhen. Meine Ungläubigkeit war unermeßlich, und in Sekundenbruchteilen fand ich meine Ansichten korrigiert. Natürlich. Ich war ein kleines, häßliches, jüdisch aussehendes, von Kopfläusen gebeuteltes Nichts mit kaum verheilten Löchern in den Lungen. Was hatte ich mir bloß gedacht? Wie dumm ich doch war, wie furchtbar dumm.

»Und das hier ist Shosha«, sagte Ervin mit einer ausladenden Armbewegung, die sie liebkoste, ohne sie zu berühren. Ich erinnere mich noch sehr gut an diese Geste. Shosha und ich schüttelten uns die Hände, aber ich konnte sie nicht sehen. Was ich sah, war das Bild hoher Gebäude, die im Zeitlupentempo einstürzten, unzählige Steine, in die bis vor kurzem noch das Wort »Hoffnung« eingeritzt gewesen war.

Kurz nach diesem Wiedersehen wurde ich mit dem einzigen Kind in meinem Alter bekannt gemacht, einem Jungen namens Imre oder kurz Imi. Meine Mutter gab uns Papier und Bleistifte und sagte, wir sollten spielen. Er war ein netter Junge, der die Pünktchen, die ich als Augen in meine Gesichter malte, sehr ausdrucksvoll fand. Blödmann. In meinen Augen war er ein Trostpreis. Was für ein absurder Gedanke, etwas als Preis zu betrachten, das man gar nicht will. Zu glauben, daß etwas Geringeres als das eigentlich Begehrte jemals genügen könnte. Als würden Wünsche durch eine Niederlage sich in Nichts auflösen.

Wenn ich nicht mit Imi spielte, beobachtete ich meine Mutter, wie sie elegant mit einem achtlos über die Schultern geworfenen Strickpullover an einem Schreibtisch saß und den ganzen Tag gefälschte Papiere tippte. Gelegentlich rief sie: »Und wieder ist ein guter Christ geboren worden.« Nach einer Weile fand ich den Witz langweilig.

Andere Frauen, zu denen auch Rózsi gehörte, versahen die Dokumente mit gefälschten Stempeln und unterzeichneten sie mit verschiedenfarbiger Tinte. Die Boten lieferten die Papiere dann überall in der Stadt aus. Wir glaubten, daß die falschen Pässe einigen Leuten das Leben rettete, aber genau wußte das niemand.

In letzter Zeit klagten die Boten nach jedem erledigten Auftrag darüber, daß es draußen immer schwieriger würde. Immer regelmäßiger wurden Razzien abgehalten. Die Straßenkontrollen waren verschärft worden. Viele resignierten, so auch Ervin. Nur mein Bruder lachte: »Eine Meute verschreckter alter Hennen«, sagte er und schnitt eine Grimasse. »Ich hab' da keine Probleme.«

Aber ich. Ich hatte die ganze Zeit Angst um ihn. Zu allem Überfluß hatte er kurz zuvor einen törichten Fehler begangen, auf den er obendrein noch stolz war. Er hatte mit einem alten Freund, der in einem anderen Versteck hauste, die Wintermäntel getauscht. Iván gab seinen alten, zerschlissenen Stoffmantel für einen fabelhaften Armeemantel her, wie ihn die deutschen Offiziere trugen. »Was für ein Fang!« triumphierte mein Bruder und stolzierte mit dem Mantel auf und ab.

»Du un-glück-se-li-ger I-di-ot«, sagte meine Mutter, den Tränen nahe. »Was glaubst du, warum der Kerl das getan hat? Er hat dich übertölpelt! Dieser Mantel ist gefährlich. Er ist lebensgefährlich. Jetzt hast du nichts mehr anzuziehen. Du kannst nicht mehr weggehen.«

»Oh, Anyu«, sagte Iván und tat ihre Einwände mit einer wegwerfenden Geste ab. »Schau nur, wie ich darin aussehe. Sie mich an.«

»Ich halte das nicht aus«, stöhnte meine Mutter und kehrte ihm den Rücken zu.

Wie in alten Zeiten war ich Iváns Ein-Mann-Publikum. »Du siehst toll aus«, sagte ich. Iván der Eroberer, der

Strahlende, der Große. Er setzte ein Lächeln auf und lächelte dann noch einmal wirklich. »Ein toller Fang«, wiederholte er. Ich hätte am liebsten gar nichts gesagt, weil ich diesen Augenblick endlos in die Länge ziehen wollte. Aber ich mußte etwas sagen. Es war meine Pflicht. Ich holte tief Luft. »Ich glaube, Anyu hat recht. Der Mantel war ein Fehler. Er ist gefährlich. Du siehst zu gut darin aus. Zu schön. Zu herausfordernd. Du mußt ihn loswerden.«

Das Lächeln verschwand. »Oh, hm, tja«, sagte mein Bruder und nickte mechanisch. »Tja. Hm. Genaugenommen geht es dich ja nichts an.« Er warf sich den Mantel über die Schultern und ging.

Nach ein oder zwei Tagen erhörte Gott meine Gebete, Iván zu beschützen. Er bekam Typhus wie so viele von uns und konnte nirgendwo mehr hingehen.

Iván kam in das VIP-Krankenzimmer auf unserer Etage. Dort lag er auf Stroh, über dem man Decken gebreitet hatte. Er warf sich im Fieber hin und her, er phantasierte, er nahm ab, hatte ständig Durst. Wegen der zahlreichen Rohrbrüche in der letzten Zeit war das Wasser schmutzig. Er trank es trotzdem – wie wir anderen auch. Die lange Schlange seiner weiblichen Besucher wurde zu einem geradezu sprichwörtlichen Scherz. Jede Besucherin brachte ihm ihren Schatz: einen halben gesalzenen, schwarzen Rettich. Eine Vierteltasse Suppe. Eine Postkarte von Venedig, die er sich an die Wand heften konnte. Ein bißchen Marmelade. Die Partitur eines obskuren Musikwerks.

Wie auf Befehl eines kollektiven Willens erholte er sich binnen einer Woche.

Als nächstes wurde unsere Mutter krank. Iván zuliebe erlaubte das Komitee auch ihr, im VIP-Raum zu bleiben. Trotz einer jüngst erlassenen Quarantäneverordnung hielten Iván und ich tagsüber abwechselnd bei ihr Wache.

Sonst kam niemand. Der Typhus war zu einer wild um sich greifenden Epidemie geworden, und alle hatten Angst.

Meine Mutter sah sterbenskrank aus. Sie hatte Durchfall, übergab sich, wurde ohnmächtig.

»Und wenn sie stirbt?« fragte ich, obwohl ich die Worte kaum über die Lippen brachte.

»Das wird sie schon nicht«, versuchte Iván mich zu beruhigen. »Sie ist genauso zäh wie du.« Es sollte ein Witz sein, aber ich konnte nicht darüber lachen.

Nachts saß er bei ihr und gab ihr schmutziges Wasser zu trinken, tupfte ihr das Gesicht ab und hielt ihre Hand. Mich schickte er weg, damit ich in unserer Nische schlief. Was hätte ich auch tun sollen?

Nach einigen Tagen stand meine Mutter wieder auf. »So, und weiter geht's«, sagte sie. Wir beide applaudierten. Aber leider ging doch nicht alles einfach so weiter wie bisher.

Während wir uns auf den Typhus konzentriert hatten – zufälligerweise war ich Lungengeschädigte die einzige, die der Krankheit entkam –, hatten wir die vielen schleichenden Verschlechterungen unserer ohnehin kritischen Lage nicht bemerkt.

Die Nazis hatten mit teuflischer Raffinesse in dem Haus neben dem unseren Soldaten einquartiert, auf dem Hof eine Latrine gebaut und Flakgeschütze installiert. Von der Luft aus waren die beiden Gebäude nicht zu unterscheiden. Infolgedessen wurden die Tiefflugangriffe der Alliierten immer häufiger, die Bomben fielen dichter. Sie richteten eine Menge kleinerer Schäden an, aber erstaunlicherweise bekamen weder die Deutschen noch wir einen direkten Treffer ab.

Als unsere Mutter wieder auf den Beinen war, kam einer der letzten Jungen, die noch Botengänge für uns machten, mit sehr schlechten Nachrichten zurück: Zwei Tage nach meiner Übersiedlung in die Vadász Utca hatte eine Bombe Ilonkas Laden zerstört. Es war gegen Mittag passiert, und ein Kunde war auf der Stelle getötet worden. Ilonka hatte eine schlimme Verletzung am linken Bein und würde vielleicht nie wieder laufen können. Miszlai néni hatte einen Arm verloren. Das Bett, auf dem ich gelegen und schweigend die Decke gemustert hatte, war zerfetzt worden. Meine Mutter brach in Tränen aus. »O mein Gott! Arme Ilonka! Arme Miszlai néni!« sagte sie immer wieder und schluchzte. Mein Bruder wurde sehr blaß, sagte jedoch nichts. Ilonka war seine Patentante, und ich wußte, daß er sie sehr gern hatte.

Und ich? Ich schämte mich. Ich fühlte mich zwar schrecklich wegen Ilonka und ihrer Mutter, aber ich hätte trotzdem am liebsten getanzt, hätte mich wie ein Kreisel gedreht und der ganzen Welt zugerufen: »Seht ihr!? Gott liebt mich! Er hat mich gerettet! Er hat mich schon wieder gerettet!«

Warum hatte er das getan? Wie traf er solche Entscheidungen? Mimi, Ervin, all die anderen Kinder und Frau Ungár lagen erschossen auf dem Grund der Donau und hatten sich mittlerweile wahrscheinlich in Fische verwandelt. Die Miszlais lagen im Krankenhaus, und Teile ihres Körpers waren verstümmelt oder fehlten ganz. Und ich, ich stand hier und verfaßte feierliche Dankgebete. »Anyu«, sagte ich, »darf ich auf deinem Schoß sitzen?«

»Jetzt? Hast du denn überhaupt kein Gefühl?« fragte meine Mutter. »Gar keins? Siehst du nicht, daß ich aufgeregt bin und weine? Weißt du nicht, daß Ilonka meine beste Freundin ist und daß sie vielleicht stirbt? Was stimmt bloß nicht bei dir?«

»Gar nichts stimmt bei mir. Gar nichts«, sagte ich kaum hörbar.

»*Ne motyogi!* Hör auf zu flüstern! Habe ich dir nicht gesagt, daß du nicht flüstern sollst? Nur Dienstmädchen flüstern und werden dafür rausgeworfen. Was hast du da gesagt?«

»Nichts«, sagte ich unhörbar.

»Was?«

»Nichts!« schrie ich. »Nichts!«

»Du bist unglaublich. Unverschämt wie eine Marktfliege, und das in einem solchen Augenblick!«

Ich kehrte meiner Mutter den Rücken zu. Von mir aus konnte Gott zur Hölle fahren.

Unser Aufenthaltsbereich, der Büroraum, hatte einen größeren Treffer abbekommen, so daß wir ihn nicht mehr benutzen konnten. Alle Fenster waren zersplittert, einige der Möbel zertrümmert. Im Waschraum waren die Rohrleitungen geplatzt, die Toiletten zerstört. Wie durch ein Wunder war jedoch niemand ernsthaft verletzt worden. Das Komitee befahl den Umzug in einen der Kellerräume; wir gingen natürlich in den Hashomerkeller.

Am Anfang war das Komitee davon ausgegangen, daß das Gebäude etwa vierhundert Personen beherbergen konnte. Als wir in den Keller zogen, hausten in dem Gebäudekomplex dreitausendsechshundert Menschen; diejenigen auf dem Dachboden mußten trotz der immer häufiger werdenden Bombenangriffe oben bleiben, weil es nirgendwo anders Platz für sie gab.

Der Hashomerkeller platzte aus allen Nähten. Iván zog zu den anderen jungen Zionisten in den hinteren Teil des Kellers. Meine Mutter und ich wurden zusammen mit meinem Großvater und einem weiteren Mann in ein Etagenbett verfrachtet, in dem bisher nur eine Person geschlafen hatte. Rózsi und Guba siedelten in Großmutters »Himmelbett« um, das unserem gegenüberstand.

Und noch immer trafen neue Leute ein. Unsere Anzahl verdreifachte und vervierfachte sich, bis die Überfüllung ein solches Ausmaß erreicht hatte, daß man nur noch auf der Seite schlafen konnte. Wenn ich mich umdrehen mußte, weckte ich meine Mutter, die dann rief: »Das Kind muß sich umdrehen.« Woraufhin sich sechs Leute erheben mußten – rechts von mir meine Mutter und links mein Großvater, und dazu je zwei weitere Schläfer neben ihnen. Sie alle mußten sich auf einem Arm hochstemmen, damit ich genug Platz hatte für mein Manöver. In Kürze wurde der Drang, mich umzudrehen, schlimmer als jeder Juckreiz, wurde zu einem unumgänglichen, schweißnassen, panikartigen Zwang. Ich hatte das Gefühl, mich wieder und wieder umdrehen zu müssen, weil ich sonst sterben würde, aber ich durfte natürlich nicht mutwillig so viele Leute stören. Niemand in der ganzen Menschheitsgeschichte, dachte ich, war je daran gestorben, daß er sich nicht umdrehen konnte. Schließlich fand ich eine Lösung. Schlangengleich rutschte ich zum Fußende, bis meine Knie über das Bett hinausreichten. Trat ich dann mit den Beinen heftig vor und zurück, berührten meine Füße schließlich den Boden, und ich konnte aufstehen. Aber auch das war keine optimale Lösung, weil ich damit sowohl meine Mutter als auch meinen Großvater weckte, die sich aufrecht hinsetzten (was meine Abwesenheit ihnen ermöglichte) und wie aus einem Mund fragen: »Wo gehst du hin?«

In die Philharmonie, denn die Oper hasse ich. »Ich stehe einfach hier.«

»Laß das sein«, flüsterte meine Mutter wütend, ganz in meiner Nähe in der Dunkelheit. »Komm sofort zurück.« Ich rutschte zurück. Die anderen Körper hatten sich während meines Manövers breiter gemacht, und jetzt hatte ich noch weniger Platz als zuvor. Egal. Gegen Morgen würde ich nicht mehr da sein, entführt in ein sagenhaftes Land auf ein Schloß, erbaut auf dem Fuß einer Ente.

Unsere Tage waren nicht besser als unsere Nächte. Wir saßen da, wir hungerten, wir verzweifelten. Der schlimmste Gedanke war: Was ist, wenn es am anderen Ende nichts gibt, das diesem Leiden einen Sinn verleihen kann? Steht es wirklich fest, daß wir alle in einem Himmel auf Erden enden werden? Und wie wird der aussehen? Für mich war er eine tiefe, saubere Badewanne, voll mit schaumigem, heißem Wasser, und so viele warme, gekochte Kartoffeln zum Essen, wie die Seele sie brauchte.

Das Besorgen von Nahrungsmitteln war fast unmöglich geworden, daher gab es nur noch sehr wenig zu essen. Zweimal am Tag teilten die für die Essensverteilung verantwortlichen Männer jedem eine sehr dünne Erbsensuppe, die nicht viel dicker als Wasser war, und ein ganz kleines Stück angeschimmeltes Brot zu. Es schmeckte so widerlich, daß ich es wie Medizin herunterwürgte, wie Lebertran. Ich hielt mir die Nase zu, schluckte, öffnete den Mund, um ihn auszulüften, hielt mir wieder die Nase zu und fing von neuem an.

Eines Nachmittags hörte ich, wie meine Mutter Rózsi zuflüsterte: »Letzte Nacht hat irgendein Idiot in einen der Seifeneimer gepinkelt. Ich werde nie wieder Seife benutzen. Jedenfalls nicht hier.«

»Sei nicht dumm«, flüsterte Rózsi zurück. »Das ist doch nur ein bösartiges Gerücht. Wahrscheinlich ein Abschreckungsmanöver, damit die Seife länger hält. Guba müßte davon wissen. Er ist mit für die Seifenverteilung verantwortlich. Und er hat nichts davon erzählt.«

Meine Mutter schwieg, aber sie stand zu ihrem Wort. Von da an tauschte sie mit dem Mann, der neben meinem Großvater schlief – einem erst jüngst zu uns gestoßenen Flüchtling, von dem wir nicht wußten, woher er kam –, ihre Seifenration gegen alte Schokowaffeln, mit denen sie mich gegen meinen Willen fütterte. Der abgestandene, süßliche Geschmack dieser Waffeln sollte mir noch einige Jahre auf der Zunge liegen.

Zu allem Übel war der Keller auch noch von Kleiderläusen verseucht. Sie waren Legion und wild wie die Tataren. Alle Leute kratzten sich. Dauernd. Es war schrecklich. Andererseits war ich jetzt keine Außenseiterin mehr, mein Klub hatte zahllose neue Mitglieder bekommen. Obwohl es sich um einen Blutsport handelt, ist die Läusejagd auch ohne Lizenz gestattet. Das Verfahren ist einfach: Man fängt eine Laus in seinen Kleidern, setzt sie sich auf den Daumennagel, legt den anderen Daumennagel darauf und zerquetscht die Laus. Sie zermatscht und verspritzt ihr Blut. Einfach. Dennoch, wann immer ich es tat – also ziemlich oft, denn es war ja das einzig verfügbare Spiel –, dachte ich: Was ist, wenn irgendwo in einem anderen Teil meiner Kleidung eine Läusefamilie ängstlich auf die Rückkehr dieser speziellen Laus wartet? Auf diese unerschrockene Laus, die ich gerade zerquetsche? Was dann? An meine Mutter konnte ich mich mit diesem Problem natürlich nicht wenden; sie würde mich als melodramatisch beschimpfen. Iván konnte ich auch nicht danach befragen; er war zu weit weg hinten in der Dunkelheit.

Bombardierungen und Tieffliegerangriffe nahmen dramatisch zu. Der Keller war nicht länger nur ein Versteck vor den Nazis; jetzt versteckten wir uns vor allem vor den Alliierten, was eine ganze Reihe einfacher Dinge extrem schwierig machte. So wurde die Verrichtung der Notdurft zu einem Rennen gegen die Gefahr. Eine Trennung nach Geschlechtern oder Altersgruppen gab es nicht mehr. Wir kauerten am Kellerausgang und traten mit einem Gefühl der Demütigung von einem Fuß auf den anderen. Viele von uns hielten sich oft schamlos ihre Genitalien und versuchten verzweifelt, eine lang aufgestaute Flut zurückzuhalten. Zu guter Letzt brüllte dann der zuständige Hashomer »Los!«, woraufhin Männer, Frauen und Kinder zur Latrine galoppierten. Schnelligkeit war unser Hauptanliegen, nicht Ungestörtheit. Das einzig Ziel unserer Blicke war der Himmel. Und regelmäßig begannen die magischen, geriffelten Glassteine, von Kugeln getroffen, zu splittern, bevor irgend jemand fertig war.

Einmal blieb meine Mutter zur Latrinenspurtzeit mit einem Eimer schwarzen Wassers in einer Ecke im Hof zurück. Sie versuchte, meine Unterwäsche zu waschen, weil ich nichts Sauberes mehr zum Anziehen hatte. Das Wasser gefror. Meine Unterwäsche gefror. Ihre Hände gefroren. Doch statt dankbar zu sein, war ich wütend. Man sehe sich nur an, was diese törichte Frau getan hat, dachte ich. Ihre schönen, zarten Hände sahen wie rohes Fleisch aus.

Das Wetter verschlechterte sich, im Keller wurde es noch kälter. Kleine Dampfwölkchen stiegen vor unseren Gesichtern auf, erinnerten mich daran, daß ich gern wieder einmal ein paar Scheinzigaretten geraucht hätte – aber ich hatte kein Toilettenpapier.

Wir trugen mittlerweile zu jeder Tageszeit unsere gesamte Kleidung, eine Schicht über der anderen. Ich hatte zwei Röcke, ein Hemd, zwei Pullover und Frau Szabós Kostümjacke an. Trotzdem war mir die meiste Zeit kalt. Ich rieb meine Hände aneinander und stampfte oft mit den Füßen. Das taten die anderen auch. Nachts war es mir jetzt nur recht, daß man sich nicht umdrehen konnte, denn die eng an mich gepreßten Leiber meiner Mutter und meines Großvaters wärmten mich.

Eines Nachmittags beschloß ein Rechtsanwalt, der in einem der oberen Etagenbetten schlief, etwas zu unserer Unterhaltung beizutragen. Er wickelte sich eine graue

Decke um die Schultern und band sich einen gestreiften Wollschal um den Kopf, den er unterm Kinn verknotete. Dann setzte er sich im Schneidersitz auf sein Bett und beschrieb langsam und mit honigsüßer Stimme haarklein die Vorbereitung und Darbietung eines opulenten Mahls. Er hackte Schnittlauch und zupfte Petersilie. Er mahlte, raspelte, vermengte, köchelte und reduzierte, bis das Essen schließlich fertig war. Als ersten Gang servierte er frisch geröstete, mit hauchzarten Mandelscheibchen bestreute Gänseleber und als letzten Gang eine Kastanienmoussetorte, gekrönt von einem Häubchen aus süßer Schlagsahne. Wir, sein Publikum, saßen wie gebannt da, blickten voller Ehrfurcht zu ihm auf. Während seines Vortrags füllte sich die Luft mit dem Duft halbvergessener Festmahlzeiten, und uns lief in gemeinschaftlicher Wonne das Wasser im Mund zusammen.

Gelegentlich fragte er wie jeder gute Volksschauspieler, ob jemand einen besonderen Wunsch habe. Aber anscheinend konnte sich niemand etwas vorstellen, das es mit den gerade beschriebenen Speisen aufnehmen konnte. Schließlich hob ich die Hand und sagte auf sein Zunicken hin: »Bohnensuppe.«

»Bohnensuppe? Was für eine Art Bohnensuppe?«

»Die von meiner Großmutter.«

Allgemeines Gelächter war die Folge. Als die Heiterkeit sich gelegt hatte, sagte der Mann nicht unfreundlich: »Dann soll deine Großmutter es uns erzählen.« Was einen neuerlichen Ausbruch von Gelächter hervorrief.

Ich sah meine Großmutter an. Auch sie mußte furchtbar lachen und hielt sich die rechte Hand vor den Mund. Gleichzeitig bedeutete sie uns mit einem energischen Kopfschütteln, daß sie nichts dergleichen tun werde.

Ansonsten lag eine unheilschwangere Stille über dem Keller. Die Hashomer im hinteren Teil hatten aufgehört, ihre Lieder zu singen; nicht mal die Hatikva, die Hymne der Zionisten, war noch zu hören. Auch keine Akkordeonmusik. Die Leute unterhielten sich kaum noch miteinander. Alle sparten Energie. Da es uns am Nötigsten – Luft, Licht, Nahrung und Wärme – mangelte, mußten wir uns ganz aufs Überleben konzentrieren.

Dann geschah das, was wir am meisten befürchtet hatten. Trotz Bestechungen, Versprechungen, Zuwendungen, Übereinkünften und Ehrenschwüren wurde das Gebäude von einem gemeinsamen Kommando der Nyilas und Nazis überfallen. Sie schlugen die jüdischen Wachen an den Toren zusammen und erzwangen sich Zugang zum Hof. Ein junger Bote, der für die zwanzig Meter zwischen unserem Tor und dem Keller zuständig war, alarmierte uns. Samuel, einer unserer eigenen Türwachen, erklärte uns hastig und fast im Flüsterton die Situation. Ein anderer rannte nach hinten, um das gleiche zu tun. »Seid ganz still«, befahl Samuel. »Ihr dürft nicht mal atmen. Blast alle Kerzen aus. Sitzt einfach nur da. Ich schiebe von draußen die falsche Mauer vor. Dann gehe ich auf die Straße. Es ist ein großes Opfer. Ihr müßt überleben. Das seid ihr mir schuldig. *Shalom.*«

Sekunden später hörten wir, wie die falsche Mauer vorgeschoben wurde. Niemand rührte sich, niemand flüsterte, niemand atmete.

Eine Stunde verging, zwei Stunden, viele Stunden. Was ist das Überleben doch für eine öde Angelegenheit, dachte ich. Der Tod mochte da aufregender sein. Was war Tod überhaupt? Ritt man auf Beelzebubs Schwanz in den Nebel hinein, wie ich es einmal irgendwo gelesen hatte? Warf man eine Münze in den Styx? Stieg man gen Himmel auf? Was war der Tod? Er mußte wie Sex sein – verbotene Gefilde für Kinder, ein Thema, über das kein Erwachsener jemals irgendwelche Fragen beantworten wollte. Dann bin ich in Sicherheit, dachte ich. Kinder dürfen nichts vom Tod wissen, daher dürfen sie auch nicht sterben. Ich wußte, ich machte mir selbst etwas vor, aber der Gedanke gefiel mir. Es gab gewisse Lügen, die ich sehr mochte. Mein Bruder meinte, Lügen kündeten von moralischer Verworfenheit. Ich war da anderer Meinung. Ein paar Lügen waren wie Karamelbonbons und Regenbogen und Zirkusclowns. Ein paar Lügen füllten einem den leeren Magen – so wie die, die der Mann aus dem oberen Etagenbett für uns gesponnen hatte. Aber dann war er müde geworden und hatte aufgehört. Das ist das eigentliche Problem beim Lügen. An irgendeiner Stelle hat man immer das Gefühl, aufhören zu müssen. Und genau da fangen die Schwierigkeiten an.

»Hör auf, vor dich hinzumurmeln«, sagte meine Mutter und stieß mich mit dem Ellbogen an.

Kurze Zeit später hörten wir, wie die falschen Türen bewegt wurden. Einige schreckliche, atemstockende Sekunden lang wußten wir nicht, wer hereinkommen würde. Freund oder Feind? Der Mann, der schließlich aus der Dunkelheit auftauchte, war Samuel. »Es ist vorbei«, verkündete er mit lauter Stimme, in der jedoch keine besondere Freude mitschwang. »Für den Augenblick ist es vorbei. Die Nyilas sind weg.«

Am nächsten Morgen erfuhren wir Näheres. Die Nazis und die Nyilas waren durch die vorderen Tore nur einige Meter weit auf den Hof vorgedrungen, kamen nicht einmal in die Nähe unseres Eingangs. Herr Weisz und einige andere Mitglieder des Komitees waren ihnen entgegengelaufen, um mit ihnen zu verhandeln. Ein Bote wurde eiligst nach dem Schweizer Konsul gesandt.

Herr Weisz verfügte immer noch über eine ganze Menge Bargeld. Er bot den Eindringlingen einen guten

Teil davon an, falls sie sich bereit erklärten, den Rückzug anzutreten. Er und alle anderen hofften jedoch, daß der Konsul rechtzeitig erscheinen und andere Bedingungen aushandeln würde, da man das Bargeld für dringend benötigte Nahrungsmittel und einige kleinere Notfallbestechungen zurückgelegt hatte. Außerdem konnte ein Angebot von soviel Geld gefährlich sein. Die Faschisten wurden womöglich noch gieriger und kamen zehn Minuten später wieder zurück.

Man zog die Verhandlungen in die Länge, aber nicht lange genug. Der Bote, ein tapferer, mit allen Wassern gewaschener junger Mann, wurde an mehreren Kontrollstellen aufgehalten. Er kam zwar durch, aber mit stundenlanger Verspätung.

Herr Weisz mußte das Geld herausrücken, und die Nazis und Nyilas traten den Rückzug an. Während der Verhandlungen hatten sie ihre Waffen im Anschlag gehalten, und auf dem Weg hinaus drehte ein Mann sich um, zielte aufs Geratewohl auf irgend jemanden im Komitee – jemanden, der nicht in unmittelbarer Nähe von Herrn Weisz stand – und drückte ab. Die Frau wurde später im Hof begraben.

Der Konsul traf kurz nach ihrer Ermordung ein. Aber er konnte nichts mehr tun, nur noch den Hinterbliebenen seinen Respekt bezeugen. »Möchten die Männer an einem *minjan* teilnehmen?« fragte jemand. Ich sah, wie die Hand meiner Mutter sich entschlossen auf den Ellbogen meines Großvaters legte. Niemand meldete sich freiwillig. Das hier war ein Hashomerversteck. Wild und gottlos.

Zwei Tage nach dem vereitelten Coup verkündete Ervin seinen Eltern, daß er mit Shosha in ein sicheres Haus in Buda ziehen wolle, da die Schweizer Außenstelle sich als sehr verwundbar erwiesen habe. Er und seine Hashomerfreunde würden davon ausgehen, daß man das Gebäude schon bald wieder überfallen werde, und jetzt sei obendrein kein Bargeld mehr da. Er fand, es sei seine Pflicht, Shosha zu retten – und damit auch sich selbst.

Sowohl Guba als auch Rózsi protestierten, argumentierten, redeten im Flüsterton flehentlich auf ihn ein, aber ohne Erfolg. »Meine Entscheidung steht fest«, wiederholte Ervin immer wieder, ebenfalls im Flüsterton. Ich selbst hätte ihm am liebsten eine Ohrfeige verpaßt. Schließlich hörte ich ihn in normalem Tonfall sagen: »Ich denke noch mal darüber nach.«

Am nächsten Morgen stahl er sich unbemerkt davon. Er nahm Shosha mit.

Obwohl ich regelmäßig das bekümmerte oder erzürnte Gemurmel über den folgenden Brief mit anhörte, bekam ich ihn doch erst nach Rózsis Tod zu lesen, als ich ihn zwischen ihrer anderen Habe versteckt fand. Er ist auf liniertem, weißem Papier in einer sauberen, überraschend eleganten Handschrift geschrieben.

> Liebe Eltern,
> es tut mir leid, daß mir nur diese Möglichkeit bleibt, Euch mitzuteilen, daß ich gehen werde. Unglücklicherweise tragt Ihr ganz allein die Schuld daran. Ich gehe um meiner persönlichen Sicherheit willen. Ich weiß, Ihr glaubt das nicht, aber ich weiß, daß ich recht habe.
> Ich hätte nicht gedacht, daß ich jemals aus irgendeinem Grund so würde handeln müssen, aber Ihr müßt einsehen, daß es notwendig geworden ist.
> Ich gehe mit Zsuzsa. Und das ist der wahre Grund, warum Ihr so feindselig seid. Auch in dieser Hinsicht bin ich davon überzeugt, daß ich recht habe, denn meine Freundschaft mit Zsuzsa kann mir nur nützlich sein.

Wir gehen an einen vollkommen sicheren Ort. Macht Euch keine Sorgen. Ich bin fast sicher, daß es mir möglich sein wird, Kontakt zu Euch aufzunehmen, wenn auch nicht persönlich. Falls das nicht geschehen sollte, hat es nichts zu bedeuten.

Und bitte geht meinen Freunden nicht mit irgendwelchen Fragen auf die Nerven. Auch von ihnen weiß keiner, wo wir hinwollen.

Ich hoffe, Ihr stimmt mit mir überein, daß dieser Schritt – nicht nur aus praktischen Gründen – notwendig war, und ich hoffe, daß er nicht zu einem endgültigen Bruch zwischen uns führt. Ich baue auf Eure Objektivität. Ich wünsche Euch das Allerbeste und küsse Euch und auch meine Großeltern ungezählte Male.

Gebt auf Euch acht,

Ervin

Budapest, 18. Dezember 1944.

Am 31. Dezember 1944, einem Datum, von dessen Bedeutung ich zu diesem Zeitpunkt nichts ahnte, saß ich ganz weit hinten in unserem Etagenbett und machte mir fürchterliche Sorgen um meinen Geisteszustand. Mir war aufgefallen, daß ich kein einziges Gedicht von früher mehr fehlerlos aufsagen konnte. Wurde ich verrückt, oder verdummte ich einfach nur? Was genau war los mit mir? Schließlich riß mich das Erscheinen meiner Mutter aus meinen Grübeleien. Dankbar für die Ablenkung, lächelte ich sie an.

»Iván ist ausgegangen«, sagte sie atemlos und mit aschfahlem Gesicht.

»Wie meinst du das? Was heißt, er ist ›ausgegangen‹?« schrie ich. Wenn ich Angst habe, werde ich sehr reizbar.

»Ausgegangen, ausgegangen, ausgegangen. Um einen

Schutz-Paß auszuliefern, einen *laissez-passer*, einen Wie-du-es-auch-nennen-Willst.«

»Aber warum? Du hast es ihm doch verboten. Er hat sein Versprechen gegeben.«

»Ich weiß. Ich weiß. Heute morgen hat er mir gesagt, daß er gehen wolle. Ich sagte, nein. Er sagte, ja. Er müsse gehen. Der Bursche, der das Ding brauche, sei ein sehr anständiger Mann. Außerdem wollte Iván zu Ildikó, der Tochter des Richters, um ihr ein frohes neues Jahr zu wünschen. Ich wurde wütend auf ihn. Wir haben gestritten. Er ist weggegangen. Ich bin mit seinem Mantel zu den Wachen gelaufen, ich habe ihn ihnen gezeigt und gesagt: ›Ihr dürft den Jungen, der diesen Mantel trägt, auf keinen Fall rauslassen.‹ Sie sagten, das ginge in Ordnung. Ich habe ihnen vertraut. Dann kam der Wachwechsel. Danach ist Iván hinausgeschlüpft. Er ist weg. Ich weiß nicht, was ich tun soll.« Sie sah so bleich aus, als hätte sich ihr gesamtes Blut in ihren Knöcheln versammelt, die obendrein jeden Augenblick aufplatzen konnten. Ich stellte mir vor, ihre Knöchel würden sich in einen fünfarmigen Sprinkler verwandeln, wie Pista bácsi ihn früher im Kinderzimmer hatte. Aber statt Wasser würden sie Blut verspritzen.

»Es kommt schon alles wieder in Ordnung«, sagte ich, weder sehr überzeugend noch selbst überzeugt. Die Erkenntnis durchfuhr mich wie ein Blitz: Dies ist ein furchtbares Unglück, eine Katastrophe. Mein Blut gefror, und eine Klinge ritzte durch die Haut hindurch ins Eis die Worte: tot, ermordet, tot.

»Wie lange ist er schon weg?« fragte ich.

»Er hätte jedenfalls mittlerweile wieder zurück sein müssen.«

»Wie lange?«

»Sechs oder sieben Stunden.«

»Weißt du es nicht genauer?«

»Sieben. Der Wachwechsel war um drei Uhr nachmittags. Jetzt ist es zehn Uhr abends.«

»Im Dunkeln kann er nicht zurückkommen. Das weißt du. Wir dürfen die letzten vier Stunden nicht mitzählen. Wenn er nicht bis sechs Uhr den Sicherheitspaß ausgeliefert und seinen Besuch bei Ildikó hinter sich gebracht hatte, konnte er wegen der Sperrstunde gar nicht mehr nach Hause kommen. Wahrscheinlich wurde er aufgehalten und ist bei Ildikó geblieben oder in einem der sicheren Häuser. Morgen früh ist er bestimmt wieder hier. Keine Angst, Anyu. Er wird schon zurückkommen.«

Die ganze Nacht kauerten meine Großeltern, Rózsi, Guba, Mutter und ich auf dem Himmelbett, hellwach und schweigend. Um zehn Uhr morgens beschloß meine Mutter, sich auf die Suche nach Iván zu machen. Alle Erwachsenen erhoben vehement Einwände. »Das ist ein irrsinniger, selbstmörderischer Plan«, sagte Guba. »Du kannst ihn nicht retten. Du erreichst damit nur deine eigene Verhaftung. Du hast auch deinem anderen Kind gegenüber eine Verpflichtung. Du darfst nicht gehen.«

Welchem anderen Kind? fragte ich mich.

»Aber ich muß«, entgegnete meine Mutter.

Ich verkroch mich ganz hinten in unserem Etagenbett. Völlig grundlos fielen mir plötzlich unsere Nachbarn vom Teleki Tér ein, vor allem Ibolya, das älteste der Kornitzermädchen.

Meine Mutter kam zur Sperrstunde zurück. Langsam ließ sie sich auf das Himmelbett fallen. Sie sah aus, als hätte sie seit gestern zehn Pfund abgenommen. Ihre Lippen waren rissig, ihre Augen glänzten, und sie zitterte – vor Kälte oder Fieber war schwer zu sagen. »Nichts«, sagte sie, und ihre Stimme brach.

Mein Großvater tätschelte ihr die Schulter, eine seltene

Geste. »Erzähl es mir.« Ich befürchtete, daß er in Tränen ausbrechen würde. Statt dessen murmelte er irgend etwas vor sich hin und sagte dann traurig: »Was für Zeiten! Und ich habe nicht mal was zu Essen für dich.«

»Sprich weiter, Margit«, sagte Rózsi schroff, in dem Versuch, der Situation einen Anstrich von Normalität zu geben.

»Nichts«, wiederholte meine Mutter. »Er ist nicht bei Ildikó angekommen.«

Mutter berichtete uns, daß sie mit Ildikós Vater gesprochen habe, einem sehr eleganten, freundlichen Mann, der ihr erzählte, wie gern er Iván habe und wie sehr er ihn respektiere. Anyu bat ihn, ihr bei der Suche nach Iván zu helfen, bat ihn, doch bitte seine Verbindungen spielen zu lassen. Aber er lehnte ab – sehr freundlich. »Madame«, sagte er, »auch ich habe Kinder. Ich muß sie beschützen. Sie verstehen.« Im Kamin loderte ein Feuer. Das Zimmer roch nach frischen Kiefern. Es standen schon die Champagnerkelche fürs Mittagessen bereit.

»Heute ist Neujahr, das wißt ihr ja«, sagte Anyu. »Am liebsten hätte ich eines der Gläser zerbrochen und ihm damit die Kehle durchgeschnitten, aber ich habe ihm bloß gedankt und bin gegangen.« Sie verstummte.

Rózsi hakte nach. »Und da bist du all diese Stunden gewesen?«

»Nein«, antwortete meine Mutter. Dann hielt sie, nach meiner Zählung, fünfzehn Herzschläge lang inne. »Arthur Weisz hat mir den Namen und die Adresse eines Polizeihauptmanns gegeben, der von uns bezahlt wird. Und von Willi Klein vom Komitee hatte ich den Namen eines Kriminalbeamten. ›Er ist ein alter Schulfreund‹, hat er gesagt. Der Mann ist ein Nyilas, steht aber innerlich treu zu Willi und dessen Freunden. Ich habe diese Männer aufgesucht. Sie haben beide mit den Gefängnissen telefoniert, zu denen sie Verbindungen haben. Iván war in keinem davon. Der Hauptmann hat die Absätze aneinandergeschlagen und zu mir gesagt: ›Gehen Sie zurück in die Außenstelle, Madame. Sie bringen sich in Gefahr. Ich präge mir den Namen und die Beschreibung Ihres Sohnes ein. Ich werde weiter nach ihm suchen. Gehen Sie heim.‹ Dann ist er ganz rot im Gesicht geworden.«

Sie schwieg. Ich hatte keinen Herzschlag mehr, den ich hätte zählen können. Mit dem jähen, überraschenden Aufwallen eines abgelaufenen Aufziehspielzeugs sprudelte es plötzlich aus ihr heraus: »Überall stehen die Häuser in Flammen. Das Schloß in Buda brennt. Viele andere Gebäude sind zertrümmert, dem Erdboden gleichgemacht. Überall Absperrungen mit Stacheldraht und Kontrollposten. Und es gibt keine Straßenschilder mehr. Ich habe mich mehrmals verirrt. Das ist aus meinem Budapest geworden.« Wieder verlor sich ihre Stimme.

»Du mußt etwas heiße Suppe essen«, sagte Rózsi. »Guba, geh und hol welche.« Wir wußten, daß meine Mutter in den letzten vierundzwanzig Stunden unmöglich etwas hatte essen können.

»Keine Suppe«, wehrte meine Mutter ab und preßte die Lippen aufeinander. Zum erstenmal seit zwei Tagen verspürte ich so etwas wie Hoffnung.

»Ich werd mal sehen, was ich auftreiben kann«, meinte Guba.

»Schluff«, sagte mein Großvater zärtlich und brach damit eine seit langem bestehende Regel, die ihm die Familie aufgezwungen hatte, nie, niemals jiddisch zu sprechen, diese verachtete Sprache der jüdischen Unterklassen. *»Schluff,* mein *Tochterle.«* Er küßte sie auf die Stirn.

»Komm, Anyu«, sagte ich. »Gehen wir schlafen.« Wir kletterten in das Etagenbett und streckten uns aus. Ich legte meinen linken Arm um sie.

Zwei Sekunden später hörten wir Gubas Stimme: »Steh auf, Margit. Ich habe dir etwas gebracht.« Wir setzten uns beide hin. Guba reichte ihr eine Schale mit etwas, das er Tee nannte.

Einen furchtbaren Augenblick lang dachte ich, es sei erwärmter Urin, aber das Gebräu roch tatsächlich wie Tee. Dann reichte er ihr ein ziemlich großes Stück Brot, das mit Schinkenfett beschmiert war; darauf lagen drei kleine Stückchen Schinken, noch heiß, direkt von einem offenen Feuer. Wie wunderbar.

»Iß es, Margit«, drängte Guba. »Du brauchst es.«

Meine Mutter lächelte. Sie war noch nicht ganz wieder die alte, aber zu meiner ungeheuren Erleichterung fehlte dazu nicht mehr viel. »Du bist ein Zauberer, Guba.« Als sie in den Schinken biß, verspritzte sie ein wenig Fett. »Nimm auch etwas«, sagte sie zu mir. »Iß ein Stück.« Sie brach ein großzügiges Drittel ihres Brotes ab, mit Schinken drauf.

»Nein, Anyu, vielen Dank. Ich bin satt. Guba hat mich den ganzen Nachmittag mit diesem Schinken vollgestopft. Er muß einen ganzen Haufen davon haben; sicher hat er irgend etwas dafür eingetauscht. Er ist so verschwenderisch.« Ich rechnete fest auf Guba, daß er mich nicht verraten würde.

»Oh, hm, ich bin froh, daß du gegessen hast«, sagte meine Mutter. »Ich habe mir schon Sorgen um dich gemacht.«

Dann quetschten wir uns wie die Heringe in unser Bett. Bevor ich sie noch etwas fragen konnte, schlief sie schon.

Was hatte das alles zu bedeuten? Sie war hier und dort gewesen, aber Iván war nirgends. Hatte man ihn ermordet? Lebte er noch? Was hatte sie wirklich herausgefunden? Warum rückte sie nicht mit der Sprache heraus.

Am nächsten Tag, als sie sich wieder gefaßt hatte, sagte meine Mutter: »Ich habe nichts herausgefunden. Der gestrige Tag war reine Verschwendung. Diese Leute, die Razzien veranstalten, müssen ihn irgendwo festhalten. Aber da gibt es so viele Möglichkeiten. Ich werde nachher mit dem Komitee reden und dann noch mal versuchen, ihn zu finden.«

»Was soll das nützen?« fragte ich. »Was ist, wenn du ihn findest? Er bleibt trotzdem in Haft. Er ist trotzdem verloren.«

»Nein«, widersprach sie. »Das Zauberwort heißt Lösegeld.«

»Was?«

»Lösegeld. Wir müssen ihn freikaufen. Das schuldet ihm das Komitee. Wenn ich ihn finden könnte, würde ich das Komitee überreden, ihn freizukaufen. Verstehst du jetzt, warum ich gestern versuchen mußte, ihn zu finden?«

»Ja, Anyu, ich verstehe.«

Das alles änderte jedoch nichts an meiner abgrundtiefen Verzweiflung. Wo war mein Bruder? Ich versuchte es mir vorzustellen, merkte aber, daß ich wegen meiner fehlenden Erfahrung es mir gar nicht vorstellen konnte. Was wußte ich denn schon? Ich kannte einen Keller, einen Dachboden, die Villa vom Roten Kreuz, einen Blumenladen. An keinem dieser Orte war Iván, dessen war ich mir sicher. Ich wußte, wie es war, wenn man beschossen wurde, aber nicht, was es für ein Gefühl war, getroffen zu werden. War er getroffen worden? War er tot? Und wenn er tot war, würde ich ihn dann wirklich nie wiedersehen? Ich fing an zu weinen. Um meine Tränen vor meiner Mutter zu verbergen, erzählte ich ihr, ich sei müde und müsse mich hinlegen. Sie nickte.

Ich kletterte ganz nach hinten in das Etagenbett und schluchzte lange still vor mich hin. Gerade als ich dachte, ich würde nie mehr aufhören können, hörte ich in meinem Kopf die Stimme meines Bruders. »Sei nicht so melodramatisch«, sagte er. »Du bist nicht die Heldin in diesem Stück.«

»Ach, nein? Und wer ist es dann?« erwiderte ich in dem Tonfall, in dem ich eine solch herausfordernde Eröffnung zu parieren pflegte. Er antwortete nicht. Trotzdem, dachte ich, wenn ich ihn erst vor einer Sekunde so deutlich hatte hören können, dann war er vielleicht doch nicht tot. Ich fragte ihn: »Bist du tot, Iván?« Er gab mir keine Antwort.

Die Tage vergingen. Im Keller wurde es noch kälter. Die Vorräte an Nahrungsmitteln schwanden dahin. Die Kerzen waren rationiert, so daß wir im Dunkeln saßen. Niemand sprach viel, aber meine Familie war fast verstummt. Was gab es auch zu sagen? Alle Themen waren bedeutungslos, bis auf das eine, das keiner von uns anzuschneiden wagte, aus Furcht, den Schmerz der anderen noch zu verschlimmern.

Mein Großvater betete immer noch jeden Morgen, auch ohne Tallis und Tefillin. Beides hatte er bei der Flucht von Teleki Tér zurückgelassen. Er besaß auch kein Gebetbuch. Er betete aus dem Gedächtnis seines Herzens. Wenn ich seinem Gemurmel aufmerksam lauschte, konnte ich in dem ansonsten unverständlichen Monolog gelegentlich die Worte »Moshe« und »Simcha« ausmachen. Also, Gott, dachte ich, jetzt hast du deine Chance. Der da zu dir fleht, das bin nicht ich, sondern das ist ein wirklich guter Mensch.

Je tiefer wir sanken, desto schutzloser waren wir den zahllosen Gerüchten ausgeliefert. Morgen – oder an irgendeinem anderen Morgen – würde man uns alle exekutieren. Die Amerikaner würden Fallschirmjäger schikken, die bei uns im Hof landen und uns retten sollten. Das Wasser in der Hauptleitung direkt vor dem Gebäude war vergiftet worden; das war der Grund, warum wir alle immer schwächer wurden. Die Russen hatten Budapest umstellt.

Was mich bestürzte, war nicht die endlose Folge falscher Nachrichten, sondern die fiebrige Atemlosigkeit, mit der die Erwachsenen darüber tuschelten. Das hatte etwas Beängstigendes. Es war krank. Es war wahnsinnig. Wenn nur Iván dagewesen wäre. Er wäre meiner Meinung gewesen, ganz bestimmt. Und er hätte die Erwachsenen vielleicht zur Vernunft bringen können. Vielleicht.

Ein paar Tage später – was bloß eine Redensart ist, da man im Dunkeln nur sehr schwer den Überblick über die Zeit behält – erschienen zwei ältere Mitglieder des Komitees an der Tür. Sie sahen streng und entschlossen aus.

Der ältere von ihnen, ein Mann mit weißem Haar und Bart, sagte: »Jetzt hört mir genau zu. Ich weiß, ihr habt viele Gerüchte gehört. Wir sind hier, um euch über die Tatsachen zu informieren, so gut wir selbst Bescheid wissen. Budapest ist von den Russen umstellt. Einige der Vororte haben sie bereits eingenommen. Einige Stadtteile sind ebenfalls gefallen, aber wir wissen weder, welche das sind, noch, wie weit entfernt wir davon sind. Wir wissen nur folgendes: Die Nyilas versuchen, alle Zeugen zu eliminieren. Auf den Straßen erschießen sie jeden, den sie erwischen. Sie haben das Ghetto geräumt. Wir wissen nicht, wo sie die Leute hingeschafft haben. Vielleicht sind die Juden dort mittlerweile alle tot. Wir wissen es einfach nicht. Wir sind aber zu der Auffassung gelangt, daß sie uns überfallen werden. Wir sind eine große Enklave. Es ist nur folgerichtig für sie, uns zu töten.

Wenn jemand gehen will, dann ist jetzt der richtige Zeitpunkt dafür. Wir würden jedoch nicht dazu raten, denn wir glauben, daß die Straße den sicheren Tod bedeutet. Hier können wir vielleicht noch telefonisch zum Konsul durchkommen – obwohl wir es in den vergangenen paar Stunden nicht geschafft haben. Aber es ist trotzdem nicht unmöglich. Zum einen könnten wir die Nyilas bluffen, zum anderen bereiten wir uns darauf vor, Widerstand zu leisten. Natürlich haben wir keine nennenswerten Waffen, aber einige unserer jungen Männer sind gute Sportler, und alle sind sehr tapfer.

Eure Situation in diesem Keller ist etwas Besonderes. Wir halten die falsche Mauer für perfekt. Sie wird standhalten, und niemand wird sie entdecken – wenn ihr alle hier ganz still seid.

Für den Fall, daß die List mit den falschen Türen versagt, werden wir euch Ziegelsteine geben. Bewerft sie mit den Steinen. Wer weiß? Das Schicksal könnte euer Rächer sein.« Er war den Tränen nahe. »Und eins dürft ihr nie vergessen«, fügte er hinzu. »Die Überlebenden müssen Zeugnis ablegen.« Dann drehte er sich abrupt um und ging. Sein schweigender Partner folgte ihm.

Kurze Zeit später brachten einige Hashomerjungen die Ziegelsteine und verteilten sie: einen pro Person, ohne diskriminierende Einschränkungen. Meine Großmutter und ich zählten beide als vollwertige, ziegelsteinwerfende Bürger.

Die offizielle Einschätzung der Lage, wie man sie uns mitgeteilt hatte, war korrekt. Wenige Stunden später griffen die Nyilas tatsächlich an. Die falsche Mauer wurde vorgeschoben, und wir saßen im Dunkeln und umklammerten unsere Ziegelsteine. »Ist es nicht wunderbar«, flüsterte meine Mutter mir zu, »daß wenigstens die Jungen nicht hier sind, sondern irgendwo in Sicherheit?«

Mein Bruder hatte mir beigebracht, eine Wirklichkeitsverdrehung von solchen Ausmaßen auf keinen Fall hinzunehmen. »Nein«, flüsterte ich zurück. »Unser Sterben hat nichts mit den Jungen zu tun. Vielleicht leben sie noch, vielleicht sind sie tot. Aber mit unserer Situation hat das rein gar nichts zu tun. Verstehst du das denn nicht?«

»Nein«, antwortete meine Mutter. »Aber ich verstehe genau, wie gemein du bist.«

Wie als Schlußpunkt dazu gab es draußen eine sehr laute Explosion. Dann gebrüllte Befehle. Schwaches Wimmern. Das Ratatatat eines Maschinengewehrs. Wir werden sterben, schoß es mir durch den Kopf. Zu meiner absoluten Überraschung brach mir der kalte Schweiß aus, und ich fing an zu zittern. Willst du nicht sterben? fragte ich mich. Nein, zum Teufel, ich will nicht sterben, antwortete ich. Ich will weiterleben.

Wie seltsam, dachte ich. Was für ein unpraktischer Idiot dieses andere Ich doch ist.

Um mich abzulenken, legte ich mir meinen Ziegelstein auf den Schoß und unterzog ihn einer gründlichen Untersuchung. Wie ein Arzt ließ ich meine Fingerspitzen über seine rechteckigen Oberflächen gleiten, erst oben, dann an den Seiten und dann unten. Ich stellte fest, daß ihm rundherum etwas rauher Mörtel anhaftete. Der Stein hatte eine zerfurchte Unterseite und wirkte porös. Ansonsten kam er mir ganz normal vor. Ich klopfte einmal mit dem Fingernagel darauf, woraufhin meine Mutter mich sofort zum Stillsein ermahnte. »Keine Angst, Frau Dénes«, flüsterte ich. »Der Stein ist gesund und munter und in bester Verfassung.« Ich spürte förmlich, daß sie dachte, ich sei übergeschnappt. Vielleicht war ich es auch.

Weitere Salven Ratatatat, weitere Schreie. Keine Bewegung an unserer Tür. Wir warteten.

Ich wollte an andere Dinge denken, hatte aber in letzter Zeit bemerkt, daß mein Verstand zu einem verminten Gebiet geworden war, mit Schützengräben und stacheldrahtbewehrten Kontrollstellen. Sobald ich mich in irgendeiner Richtung auf den Weg machte, wurde ich fast sofort von Schildern mit der Aufschrift aufgehalten: »Kein Eintritt« stand darauf, *»Für Juden verboten«* oder »Benutzung auf eigene Gefahr.« Ich wandte mich um, wandte mich zur Seite und wandte mich abermals um, traf aber immer auf dieselben Hindernisse.

Denk an Gedichte.

– Nein, das ist Iván.

Denk an heiße Schokolade mit Schlagsahne.

– Nein, das ist die lange verlorene Vergangenheit.

Denk an Mendelssohns Violinkonzert.

– Nein, das ist Ervin.

Denk an Gemeinschaft, an Sicherheit und Glück.

– Nein, das ist niederschmetternd hoffnungslos.

Denk an Gott.

– Soll er doch an mich denken.

Plötzlich war alles vorbei. Ein Hashomerjunge, jünger als mein Bruder, kam zu uns, legte die Hände vor den Mund und brüllte: »Es ist vorbei. Kommt raus. Sie sind weg. Ihr seid in Si-cher-heit!« Er schien Gefallen an seiner Arbeit zu finden. »Erlöööööst!« brüllte er vor Lachen. »Erlöööööst!« Wir alle lachten mit ihm. Wie wunderbar, erlöööööst zu sein!

»Und kommt um Gottes willen hier raus!« schrie er durch seine zu einem Trichter geformten Hände. »Die Luft hier drin ist widerlich. Wi-der-lich! Ich weiß nicht, wie ihr hier atmen konntet oder wieso ihr immer noch lebt. Kommt raus, kommt raus!« Er hüpfte vor uns her hinaus. Als er verschwunden war, vermißte ich ihn. Wo war mein Bruder?

Der Hof war voller Menschen, die sich in die Arme fielen und einander küßten. Wir, die privilegierten Hashomer aus der unentdeckten Höhle, fühlten uns ein wenig wie Außenseiter. »Ihr habt ja keine Ahnung!« riefen die

Leute und winkten in unsere Richtung. Das stimmte. Aber wir waren extrem wißbegierig.

Wir erfuhren, daß die Nyilas alle entdeckt hatten, alle bis auf uns. So hatte sich letzten Endes nur das Hashomerversteck als sicher erwiesen. Die anderen wurden auf die Straße getrieben und mußten stundenlang mit erhobenen Händen dastehen. Einige gerieten in Panik, andere fielen in Ohnmacht. Gerade als man die Zusammengetriebenen zur Donau treiben wollte, um sie dort zu erschießen, traf der Schweizer Konsul ein. Nach langen Verhandlungen zogen die Nyilas ab. Es hatte keine Toten gegeben.

Herr Weisz stellte sich auf den Stuhl, um sich Gehör zu verschaffen. »Wir sind mit diesem Trick zweimal durchgekommen«, sagte er. »Ein drittes Mal wird es nicht geben. Wir sind am Ende. Wir haben kein Geld mehr, und wir haben keine Außenstände mehr, die wir eintreiben könnten. Der Konsul ist abberufen worden. Wenn sie uns wieder überfallen, sind wir verloren. Laßt uns alle beten, daß die Russen uns zuerst erreichen. Bitte kehrt in eure Verstecke zurück. Das ist die einzige Möglichkeit. Ich wünsche uns allen viel Glück.«

Am nächsten Tag kam ein Nazikommando, und der ranghöchste Offizier bat um eine Unterredung mit Herrn Weisz. Sie trafen sich auf dem Gehsteig, draußen vor dem Gebäude. In Gegenwart von einem Dutzend Zeugen sagte der deutsche Oberst: »Kommen Sie bitte mit, Herr Weisz. Wir müssen mit Ihnen reden. Ich geben Ihnen mein Ehrenwort als Offizier des Reichs, daß Sie in zwei Stunden wieder zurück sein werden.«

Er war nicht in zwei Stunden zurück. Er war auch nicht in zwei Tagen zurück. Wie wir viel später erfuhren, kam er nie mehr zurück.

Am Nachmittag des 6. Januar 1945 – sieben Tage nach dem Verschwinden meines Bruders, drei Tage, nachdem Herr Weisz nicht wiedergekommen war – wurden wir von der russischen Armee befreit. Von unseren Helden. Unseren lang ersehnten Verbündeten. Unseren heiß erwarteten Rettern. Die Nachricht, daß wir überleben würden, erreichte uns ausgerechnet in Person von Herrn Fehér; Herr Fehér war sehr alt, völlig kahl, bucklig und so dünn, daß ich jedesmal, wenn ich ihn sah, das Wunder der Elastizität der Haut bestaunte. Wie konnte sie so straff und gespannt sein, ohne zu reißen?

Herr Fehér stand am Eingang und sagte in ganz unauffälligem Ton, als verkünde er, das Essen sei aufgetragen: »Die Deutschen sind weg. Die Russen haben unsere Straße besetzt. Wir sind befreit.« Er hielt inne, und auf seinem Gesicht zeichnete sich ein Ausdruck äußersten Erstaunens ab.

Niemand reagierte. Nach ein paar Sekunden rief der Rechtsanwalt-Chefkoch: »Fehér bácsi, was hast du gesagt?«

»Wir sind befreit worden«, wiederholte Herr Fehér. »Der russische Soldat, den ich gesehen habe, hat auf mein Handgelenk gezeigt und auf ungarisch gesagt: ›Uhr‹, ›Uhr‹ – ›Ich habe keine Uhr‹, habe ich gesagt. ›Ich bin Jude. Willkommen, Kamerad, ich bin Jude.‹ Der Soldat hat mit den Achseln gezuckt und in den Schnee gespuckt. Was hat das zu bedeuten?«

Während Herr Fehér sprach, kletterte der Küchenchef von seinem Bett herunter, ging auf ihn zu und legte seine Arme um ihn. »Fehér bácsi«, flüsterte er. »Es ist alles gut. Keine Angst. Wir haben überlebt. Die Russen sind gut.«

Uns anderen rief er, während er sich auf die Brust schlug, zu: »Sieger! Überlebende! Wir haben es geschafft! Leben, Essen! Na kommt schon, gehen wir rauf. Kommt!«

Niemand, nicht eine Menschenseele, antwortete. Herr Fehér fing an zu weinen. Der Küchenchef wurde böse. »Feiglinge!« rief er. »Gottverdammte Feiglinge! Mutig auf die bequeme Art. Euer Mut reicht nur zum Sterben. Zeigt, was ihr könnt, und lebt!« Auch er war den Tränen nahe.

Von irgendwo weit hinten im Keller stimmte jemand mit einer süßen, hohen Stimme die Hatikva an: *»Kolodba levov . . .«* Alle fielen ein. Die Wirkung war elektrisierend. Singend wollten alle hinausrennen. Es gab kein Gedrängel, aber eine Hast, die nicht weit davon entfernt war. In weniger als fünf Minuten hatte sich der Keller geleert.

Unsere Familie blieb allein zurück. »Laßt uns auf die Jungen warten«, sagte mein Großvater.«

»Gute Idee«, sagte Guba.

Wir saßen und warteten. Mir tat langsam alles weh. Ich saß zwischen Wahnsinnigen fest. Oben, nur ein paar Meter von uns entfernt, gibt es etwas zu essen, dachte ich. Freiheit. Ein warmes Bad. Worte des Trostes und Taten der Wiedergutmachung. Wir konnten die Russen wahrscheinlich bitten, Soldaten abzukommandieren, um nach Iván und Ervin zu suchen. Das sind unsere guten Freunde. Wir sollten hinaufgehen und sie begrüßen.

»Sollten wir nicht, wie alle anderen auch, nach oben gehen?« fragte ich.

»Nein, wir warten auf die Jungen«, entgegnete meine Mutter. »Hier werden sie uns am ehesten finden.«

»Na schön.« Wir saßen da. Wir aßen nicht, wir tranken nicht. Wir saßen dort, saßen und saßen.

»Anyu«, sagte ich, »meinst du nicht, daß du vielleicht herausfinden solltest, ob außer uns noch andere Leute im Gebäude sind? Ich meine, sonst sitzen wir vielleicht für ewig hier und werden zu Stein.«

»Unverschämt! Wie immer unverschämt!«

»Ich weiß. Aber geh trotzdem. Bitte. Bitte, finde heraus,

ob noch irgendwelche anderen Leuten in diesem Gebäude sind.«

Meine Mutter ging und kehrte triumphierend zurück. »Du hast dich geirrt, Gott sei Dank.«

»Wie gewöhnlich«, murmelte ich.

»Es sind noch Leute im religiösen Keller – Leute aus den Städten, die noch nicht befreit worden sind. Und aus Buda, das immer noch unter Belagerung steht. Wir sind nicht die einzigen hier. Auch andere Leute waren so vernünftig zu bleiben.«

»Ja.«

»Chaim, einer der Hashomerjungen – Iváns Freund, du weißt schon, wen ich meine –, hat gesagt, wir sollten in den anderen Keller rüberkommen. Dort wird Essen verteilt, und dort wollen sie in einem Holzofen ein Feuer machen. Und sie haben viele Decken. Dann meinte er noch: ›Die Sache mit Iván tut mir sehr leid.‹ Ich weiß nicht, wovon er sprach.«

Ich schwieg. Mein Herz war wie erstarrt. Ich stellte mir vor, wie es brach und mit einem Muster aus tausend feinen Rissen überzogen wurde.

Schließlich sagte Guba zu Rózsi: »Ihr solltet unbedingt in den anderen Keller rübergehen. Ich breche heute noch nach Miskolc auf. Ich will wissen, was aus meiner Schwester und meinem Haus geworden ist. Außerdem wird Ervin vielleicht dorthin kommen, statt nach Budapest zurückzukehren. Es tut mir sehr leid, aber ich muß euch verlassen.«

Rózsi warf ihm einen eisigen Blick zu. Immerhin schuldete er ihr sein Leben; als sie damals erfahren hatte, daß er auf einem Todesmarsch auf dem Weg in ein Arbeitslager war, hatte sie dafür gesorgt, daß jemand ihn auf der Straße abpaßte und mit falschen Papieren seine Freilassung erreichte.

»Schön«, sagte sie ruhig. »Geh nur.«

Bis zum Abend waren wir umgezogen. Von dreitausendsechshundert Leuten waren vielleicht noch hundert geblieben. Das Komitee teilte jedem von uns ein Drei-Personen-Bett und drei Decken zu und servierte uns ein Armen*gulyás*. Bei diesem Luxus hätte uns warm ums Herz werden sollen, aber meine Familie saß einfach nur apathisch da. Sie wartete auf die Jungen. Sie trieb mich an den Rand der Verzweiflung.

Ich wartete nicht auf die Jungen, denn ich wußte ganz sicher, wenn sie noch leben würden, wären sie hier. Daher wartete ich nicht. Ich trauerte. Trauerte allein.

Nach weiteren zwei Tagen beschloß meine Mutter, es doch noch einmal mit der Welt draußen zu versuchen. Die Abgesandten sollten Rózsi, Mutter und ich sein. Zsigmond und Emma blieben, wo sie waren, um auf die Jungen zu warten. Wir zogen uns so warm wie möglich an, überquerten den Hof und traten durch die Tore hinaus auf die Straße der Befreiung. Und wie auf ein Kommando traten wir wieder zurück. Was vor uns lag, war nicht von dieser Welt.

»Jaj Istenem!« Rózsi verschlug es den Atem. »O mein Gott!«

Es war gegen Mittag, aber wir konnten den Himmel nicht sehen. Wogende, graue Rauchwolken trieben um die obersten Stockwerke der Gebäude und hoch über ihnen. Überall sank grobe Asche zu Boden. Wir laufen am Tage in Finsternis und tappen am Mittag wie in der Nacht, dachte ich, wie Hiob.

»Dramatische Analogie«, hörte ich meinen Bruder flüstern. »Bravo!«

»Na schön«, antwortete ich ihm. »Sarkasmus ist billig, aber wo bist du?«

Vor mir teilte ein Krater die Straße in zwei Hälften. Tiefe Risse durchzogen den Asphalt. Links stand ein gewaltiger, zerborstener, russischer Panzer, dessen Metall in tausend bizarren Winkeln verbogen war. Rechts lag ein totes Pferd, auf dessen aufgeblähtem Bauch sich eine Schneewehe türmte. Seine vier steifen Beine sahen aus wie Ausrufezeichen. Schmutziger, verharschter Schnee deckte alles zu. Wie hypnotisiert gingen wir weiter und sahen aus dem Boden gerissene Straßenbahnschienen, die jetzt quer zu ihrer ursprünglichen Richtung verliefen. Zehn Meter von den Schienen entfernt lag eine umgestürzte Straßenbahn.

An der nächsten Ecke brannte ein Gebäude lichterloh; die Flammen streckten sich wie betende Arme himmelwärts. Kein Feuerwehrmann kam, kein Opfer schrie um Hilfe. Ein paar Schritte weiter sagte meine Mutter plötzlich: »Sieh nicht hin!« und versuchte, mir die Augen zuzuhalten.

Ich wand mich aus ihrem Griff. Auf einem Schneehaufen lag ein russischer Soldat in Uniform, den rechten Arm und die Hand hatte er ausgestreckt, der Ringfinger fehlte. Der Schnee darunter war hellrot wie Erdbeereis. »Ich muß mich übergeben«, stieß Rózsi hervor.

»Nein, mußt du nicht«, sagte meine Mutter. »Wir kehren um.« Genau in diesem Augenblick wurde ein sechsstöckiges Gebäude zu unserer Linken von einem Kanonenschuß getroffen und fiel im Zeitlupentempo in sich zusammen. Ein seltsam clownhafter Kollaps.

Ich wußte, es war falsch, es war mehr als falsch, es war wahrhaftig sündig, aber ich konnte mein Lachen nicht länger unterdrücken. Ich schüttelte mich, ich hielt mir meinen schmerzenden Leib. Ich konnte nicht mehr atmen und lachte und lachte und lachte. Ich ließ mich auf den gefrorenen Boden nieder und lachte noch mehr.

»Habt ihr das gesehen? Hahahaha!« Ich schüttelte mich, ich schrie.

»Mit diesem Kind hat schon immer irgendwas nicht gestimmt«, sagte meine Mutter und drehte sich zu Rózsi um, die nicht mehr da war. Irgendwann hatte Rózsi sich ebenfalls auf den Schnee gesetzt und angefangen, mit mir zu lachen.

»Hast du gesehen, wie diese Fenster runtergekommen sind, eins nach dem anderen, runter? Hahahaha. Hast du das gesehen, Rózsi néni? Hahahaha.«

»Und die Türen«, keuchte Rózsi. »Hahahaha. Sie sind hin und her geflattert. Fast, als wollten sie abheben! Dann sind sie rausgefallen. Hast du das gesehen? Hahahaha.«

»Ja, ja, hahahaha.«

»Das Haus, das hätten wir sein können, wir drei«, sagte meine Mutter verbittert.

Rózsi und ich lachten noch mehr und streckten uns auf dem schmutzigen Schnee aus. »Genau das ist es doch, Margit«, sagte Rózsi, und wir fingen wieder an zu lachen.

»Das muß der Alkohol sein«, sagte meine Mutter.

Rózsi setzte sich auf. »Welcher Alkohol? Ich könnte einen Schnaps gebrauchen.«

»Habt ihr den Gestank nicht bemerkt?« fragte meine Mutter und zog eine Augenbraue hoch. Jetzt, da sie es sagte, nickten wir beide. Die Luft war mit Alkoholschwaden geschwängert. »Ich kenne das noch aus dem Großen Krieg. Das siegreiche russische Heer hatte damals drei Tage Zeit zum Plündern bei freiem Schnaps. Sie haben unsere Stadt in Angst und Schrecken versetzt. Als sie Miskolc einnahmen, hat Mutter uns versteckt. Du erinnerst dich nicht mehr daran, Rózsi, weil du drei Jahre jünger bist. Aber laß dir gesagt sein, die Russen haben geplündert und vergewaltigt.«

Ein Lastwagen, der schon fast an uns vorbei war, hielt

an und fuhr im Rückwärtsgang zu uns zurück. Die betrunkenen russischen Soldaten darin johlten und brüllten: »Hey, Fräuleinchen, *barishnya, mademoiselle, kislány!* Steigt auf den Wagen. Pengö, Pengö.« Wir rührten uns nicht.

»Kein Kind«, sagte ein Offizier in gebrochenem Ungarisch. »Meine Damen, Geld, ja?«

Nein, nein, bedeuteten ihm Rózsi und meine Mutter. »Nach Hause, bitte, nach Hause«, sagte Rózsi.

Der Offizier lachte. »Wir bringen euch nach Hause.«

Und das taten sie auch. Der Laster fuhr im Schrittempo hinter uns her, bis wir den sicheren Eingang in der Vadász Utca erreichten. Da plötzlich warfen versteckte Heckenschützen wie aus dem Nichts mehrere Granaten auf den Laster. Zwei oder drei davon explodierten im Ziel. Einige Soldaten wurden getroffen und verletzt.

Der Offizier wurde wütend. »Huren! Kollaborateure! Huren!« schrie er und befahl einem seiner Soldaten, mit dem Maschinengewehr auf uns zu feuern. Ratatatat ging das russische Gewehr. Ich nehme an, meine Mutter sah sich in ihrem Glauben an eine universale Sprache endgültig bestätigt: Alle Gewehre schießen auf Esperanto.

FÜNF

Die Hashomerjungen, die noch immer Wache hielten, zogen uns schnell hinein und stießen uns dann unsanft weiter, weg von den Türen. »Seid ihr nicht bei Trost?« schrie uns ein rothaariger junger Mann an. »Wißt ihr denn nicht, was hier los ist?«

Bevor wir antworten konnten, kam es am Eingang zu einem Tumult. Die Russen zertrümmerten mit ihren Gewehrkolben ein paar Glassteine in den Toren. Der Offizier drängte sich durch, gefolgt von einigen seiner Männer, Gewehre im Anschlag. »Gebt uns die Kollaborateure raus!« forderte er den rothaarigen jungen Mann auf. »Liefert diese Huren auf der Stelle aus!«

»Mein Herr«, sagte der junge Mann in gebrochenem Russisch, »ich glaube, das ist ein Mißverständnis. Dies ist ein Versteck für Juden, die von den Nazis verfolgt wurden. Wir haben nur mit knapper Not überlebt. Wir haben darum gebetet, daß ihr uns befreit. Ihr seid uns willkommen. Wir sind eure Freunde. Hier gibt es keine Kollaborateure. Wir alle hier sind Juden.«

Der Offizier, der – ganz nach Nazimanier – auf den Zehenballen hin- und herwippte, dachte kurz nach und sagte dann: »Liefert die Huren aus, oder ich greife das Gebäude an.«

Die beiden Männer sahen sich in die Augen. Wir Juden waren hoffnungslos in der Minderheit und hielten den Atem an. »Bei allem schuldigen Respekt, mein Herr«, sagte schließlich unser Rotschopf sehr ruhig und gefaßt, obwohl er sein Leben für uns aufs Spiel setzte, »ich muß

Sie daran erinnern, daß dies immer noch eine Außenstelle des Schweizer Konsulats ist. Geschütztes, neutrales Gebiet. Wenn Sie uns angreifen, würde das, glaube ich, größere internationale Komplikationen heraufbeschwören. Aber wie dem auch sei, wir sind auf keinen Fall Ihre Feinde. Wir haben um Ihre baldige Ankunft gebetet, und welche Dummheit die Frauen auch angestellt haben mögen, sie sind keine Kollaborateure. Wir heißen Sie willkommen. Wir sind Juden.«

Während dieser ganzen Rede zuckte im Gesicht des russischen Offiziers kein einziger Muskel. Als der junge Mann zu Ende gesprochen hatte, sah sich der Russe langsam auf dem Hof um. Schließlich nickte er. »Ja«, sagte er, »ich glaube euch, daß ihr Juden seid. Der Gestank sticht mir schon seit einer Weile in die Nase.« Damit drehte er sich um und zog mit seinen Männern ab.

Alle rannten zu dem rothaarigen jungen Mann. »János, Jánoska! Wie tapfer du warst! Wie klug! Dieser schreckliche Russe.« Sie versuchten ihn zu berühren, als würde sich körperlicher Kontakt mit dem Retter in einen Schutzzauber verwandeln.

János zuckte die Achseln. »Ich hatte Glück. Er hätte mich genausogut erschießen können. Und anschließend euch. Wir haben ein Problem. Die Russen mögen uns nicht. Niemand mag uns.« Er zuckte wieder mit den Schultern und ging weg, begleitet von Hochrufen und beifälligen Pfiffen.

Ich glaube, er ging gerade rechtzeitig weg, um seine Tränen zu verbergen.

Ernüchtert, aber nicht abgeschreckt, wagten wir uns am nächsten Tag erneut auf die Straße. Die Verhältnisse hatten sich – falls das überhaupt möglich war – verschlechtert. Es gab noch mehr brennende Gebäude, noch mehr

Bombenkrater, noch mehr zornige Kämpfer, die auf Rache aus waren. Auf den Straßen herrschte das totale Chaos. Von Zeit zu Zeit stürzte der Himmel ein und ließ die Erde in Schutt und Asche versinken.

Die dreitägige Freigabe zur Plünderung, die auch diesem russischen Sieg gefolgt war, hatte die Stadt in einen dem Irrsinn anheimgefallenen Markt weggeworfener Waren verwandelt. Im wodkagetränkten Schmutz der Straßen lagen Dutzende von Hüten; aus den Schneehaufen ragten einzelne Schuhe und Stiefel hervor, von denen man um des Leders willen die Schäfte abgeschnitten hatte; in den Gossen floß ein ständiger Strom von Alkohol aus angestochenen Fässern und zerbrochenen Flaschen.

Jeder in der Stadt schien trunken zu sein, vom Schnaps und vom Überleben. Wir drei hielten uns dicht an den Häusern. »Kommt und feiert mit uns, kommt her!« riefen uns Leute zu. »Kommt und feiert mit uns. Der Krieg ist vorbei.«

Wir nickten und drückten uns weiterhin an den Mauern entlang. Ein paar Häuserblocks weiter, im ehemaligen Einkaufsviertel, wurde uns schließlich klar, warum wir unterwegs so viele weggeworfene Dinge entdeckt hatten: Die Menge plünderte die größten Geschäfte, wobei der Vortritt dem Sieger eingeräumt wurde. Die Russen stapelten die Waren auf gepanzerten Lastwagen und Karren und Motorrädern mit Beiwagen, die ihre Kameraden mit Maschinengewehren bewachten. Was sie nicht wollten, warfen sie in die schreiende, drängende Menge der Einheimischen. Um diese »Gaben« entbrannten wüste Faustkämpfe, es wurde geflucht und gespuckt. Die Hälfte dessen, was da geschrien wurde, verstand ich nicht. Einen Satz jedoch, der immer wieder zu hören war, den verschiedene Leute immer wieder aus Leibeskräften brüllten, erkannte ich. Ich hatte ihn vor langer Zeit von einem

Mädchen im Szani gelernt, das einmal gehört hatte, wie der Chauffeur ihrer Eltern diese Worte murmelte. Nachdem sie mich hatte schwören lassen, daß ich es niemandem verraten würde, hatte sie die Worte ständig wiederholt: »Fick dich doch in den Arsch.« Keiner von uns konnte sich einen Reim darauf machen. Jetzt schienen alle um mich herum ebendiesen Satz geradezu zwanghaft zu wiederholen.

»Gehen wir heim«, flüsterte meine Mutter. Einen Augenblick lang war ich verwirrt. Dann wurde mir klar, daß sie mit »daheim« den neuen Keller in der Vadász Utca meinte.

»Ja«, nickte Rózsi. »Ja. Laßt uns dort auf die Jungen warten.«

Als wir nun den Rückzug antraten, wurden wir von einem Soldaten angehalten. »Hier, *anyuska*«, sagte er und zeigte auf meine Mutter. »Nimm das.« Er hielt ihr einen riesigen Ballen Wollstoff hin; der Stoff hatte ein Fischgrätmuster und war von einer Qualität, wie sie in Ungarn seit Beginn des Krieges nicht mehr zu bekommen war.

Meine Mutter sah Rózsi an. Rózsi zuckte die Achseln. Meine Mutter schüttelte den Kopf. »Danke, aber das ist zu schwer. Das kann ich nicht tragen.« Der Soldat sah sie erstaunt und ein wenig gekränkt an.

»Ich trage es«, sagte ich schnell. Ich war ein Kind des Kriegs; ich wußte, daß man etwas Nützliches nicht ausschlagen durfte. Außerdem wußte ich seit neuestem auch, daß man einen russischen Soldaten nicht kränken durfte. »Ich trage es«, wiederholte ich und deutete auf meine Schulter.

Der Russe brach in Gelächter aus. *»Da, da, harasho.«* Er hob den Ballen hoch und ließ ihn ganz sachte auf meine Schulter herab, bevor er ihn gerade so weit losließ, daß ich unter seinem Gewicht zusammensackte. Meine Mutter schrie auf. Aber der Soldat lachte so schön, daß ich mit ihm lachen mußte. Daraufhin lachte er noch mehr. Ich auch. Ich sah in die erschrockenen Gesichter von meiner Mutter und Rózsi und lachte noch lauter. Der Soldat hielt einen langen russischen Monolog, der offensichtlich beifälliger Natur war, denn er tätschelte mir dabei die ganze Zeit den Kopf. Dann hörte der Redeschwall abrupt auf, er warf mir eine Kußhand zu und ging. Und mit ihm verschwand unser dringend benötigter und so töricht verwirkter Reichtum.

Der Zwischenfall wirkte sich auf uns ganz unterschiedlich aus: Rózsi und meine Mutter wurden noch schweigsamer und verließen den Keller kaum noch; ich hingegen fühlte mich seither nicht mehr so niedergeschlagen – offensichtlich gab es außerhalb meiner Familie noch Menschen, die lachen konnten.

Mit der Zeit lebten wir uns im neuen Keller ein und taten so, als stünde das Rad der Zeit still. Irgendwie waren wir unter Belagerung geblieben, in Schach gehalten von unsichtbaren Nyilaswachen an den Toren, außerstande, aus unserem Verlies aufzutauchen, um auch nur frische Luft zu schnappen.

Meine Familie saß reglos und meistens stumm da – sonst passierte nichts. Von Zeit zu Zeit erwachte der eine oder andere unerklärlicherweise aus seiner Erstarrung, sagte: »Wenn die Jungen erst zurück sind...«, um dann wieder zu verstummen. Meiner Meinung nach war dies eine hoffnungslose Hoffnung, und so fühlte ich mich verpflichtet, in Iváns Fußstapfen zu treten und für uns zu sorgen.

Dreimal am Tag stand ich mit fünf Schalen in Händen in der Essensschlange. Um das Essen zu meiner Familie zu bringen, mußte ich zweimal gehen. Eines Abends schrie mich ein hinter mir Wartender an: »He, Kleine! Hier wird nichts gehortet. Eine Person, eine Schale. Was für ein unverschämtes Balg!«

Vorne an den Ausgabetischen arbeiteten die Hashomerfreunde meines Bruders. Einer von ihnen, Gábor, rief dem Mann zu: »Du Schwachkopf! Dieses Mädchen ist Iván Dénes' kleine Schwester. Simchas Cousine. Sie sind beide verschwunden. Die Familie sitzt hier fest. Die Kleine versucht, sie am Leben zu halten, du Idiot.«

Unwissentlich hatte man mir soeben das ganze Ausmaß meines Unglücks bestätigt. Zu mir sagte Gábor: »Komm, Kleine, ich mache dir die fünf Schalen voll. Und Baruch hier wird dir helfen, sie zu tragen. Du kannst auch wiederkommen, um einen Nachschlag zu holen. Du brauchst dich nie wieder in der Schlange anzustellen. Komm direkt zu mir.« Er zwinkerte mir zu und zauberte aus irgendeinem verborgenen Versteck einen Keks hervor. »Für dich«, sagte er mit einer schwungvollen Armbewegung.

»Danke.«

Es machte mir nichts aus, angeschrien zu werden, aber echter Freundlichkeit konnte mein fest verschlossenes Herz nicht standhalten. Vielleicht sollte Freundlichkeit unter gewissen Umständen als gefährliche Säure eingestuft werden: Es verätzt das Herz und hinterläßt empfindlichen, notwendigen Grind.

Nach diesem Vorfall bestürmte ich meine Mutter erneut. »Wir müssen hier weg, und zwar sofort. Bevor die Jungen zurückkommen. Wir müssen hier weg, oder wir werden sterben.«

»Irgendwann werden wir schon gehen«, sagte sie. »Bestimmt. Ich verspreche es.«

Immerhin zogen Mutter und Rózsi los, um die Lage zu sondieren. Nach einer viel zu langen Zeit des Wartens kehrten sie blaß und erschüttert zurück. Ein Teil des Hauses am Teleki Tér war bei einem Fliegerangriff zerstört worden, erzählten sie uns. Das Gebäude stand zwar noch, aber unsere Wohnung war jetzt nur noch leerer Raum: Luft inmitten von Luft, mit ein paar bizarr verbogenen Balken.

»Margitka«, sagte mein Großvater sehr leise, »du mußt eine andere Wohnung suchen. Wir müssen hier weg. Das Kind kann sonst nicht überleben.« Ich gab ihm recht. Also brachen Rózsi und Margit wieder auf; diesmal kamen sie mit guten Neuigkeiten zurück. Der Hausverwalter hatte ihnen versichert, daß die Bergers, zweiter Stock vorn, mit Sicherheit nicht zurückkehren würden – sie waren tot. Wir konnten daher in ihrer Wohnung unterschlüpfen. Wer sonst aus dem Gebäude nicht mehr lebte, wußten wir nicht, aber wir hatten zu große Angst vor schlechten Nachrichten, um genauer nachzufragen.

An dem Tag, an dem wir die Vadász Utca verließen, um wieder auf den Teleki Tér zu ziehen, hörte meine Mutter eine furchtbare Geschichte. Von einer Bekannten, die ihr erzählte, sie habe es wiederum von einer Bekannten erfahren, die es ihrerseits von jemand anderem gehört habe. Der Geschichte zufolge war Iván am Spätnachmittag des 31. Dezember inmitten einer Gruppe von Juden gesehen worden, denen man die Hände auf den Rücken gebunden hatte. Sie alle waren von einem Nyilaskommando in das schneekalte Frostwetter Richtung Donau hinausgetrieben worden. Die »Zeugin« war jedoch nicht lange genug geblieben, um festzustellen, ob sie zu einem in der Nähe gelegenen Gefängnis abgebogen oder geradeaus weitermarschiert waren.

Während meine Mutter uns die Geschichte erzählte, wurde sie immer hysterischer. »Wie bösartig die Leute doch sind: Und wie gemein! Es spottet jeder Beschreibung! Die Frau hat mich immer um meinen Sohn beneidet. Sie hat nur Töchter. Sie will mir Angst einjagen. Diese Hure, diese schmutzige Hure! Was für häßliche Lügen diese alte Hexe verbreitet. Vergessen wir's. Vergessen wir's einfach.«

Wir alle saßen wie betäubt da und beobachteten stumm meine wild gestikulierende Mutter; ich rechnete jeden Augenblick damit, daß ihr der Schaum vor den Mund treten würde.

Meine Großmutter brach als erste das Schweigen: »Jeder weiß, daß sie eine Hure ist. Sie verdient sich schon seit Jahren ihren Lebensunterhalt auf der Straße.« Ich wußte genau, daß meine Mutter den Namen der Bekannten nicht erwähnt hatte.

»Was sie auch tut, sie ist auf jeden Fall eine Lügnerin«, bemerkte mein Großvater dazu.

Rózsi stand auf und nahm meine Mutter in die Arme. »Vergiß es«, sagte sie. »Es ist eine dumme Lüge. Wir hätten davon erfahren, wenn es stimmte. Die Frau hat sich die Geschichte ausgedacht, um dich zu quälen.«

»Ja.« Meine Mutter nickte. »Eindeutig. Kommt, gehen wir, lassen wir dieses Loch hier hinter uns.«

»Ich muß erst noch auf die Toilette«, sagte ich.

»Wann müßtest du das denn mal nicht?« schrie meine Mutter mich an. »Gibt es irgendeinen Augenblick im Leben, in dem du mal nicht auf die Toilette mußt?« Ich zuckte mit den Achseln.

Auf dem Klo vergoß ich ein paar Tränen, fühlte mich entsetzlich und riß mich dann zusammen. Das wichtigste war jetzt, die Lage zu überdenken. Angestrengt versuchte ich genauso zu denken, wie ich glaubte, daß Iván gedacht hätte. Erstens: Die Geschichte ist offensichtlich keine aus Bosheit geborene Lüge. Zweitens: Da sie aus dritter Hand stammt, kann man sie als Gerücht bezeichnen. Und daher drittens: Sie kann wahr sein oder auch nicht. Viertens: Der springende Punkt ist die Frage des Abbiegens. Wenn sie um die Ecke gebogen sind, ist er nicht tot.

Doch was war dann geschehen? Wo war er? Zuerst lotete ich mein Herz aus, dann das Universum jenseits der Toilettenmauern, aber es kam keine Antwort. Na schön, dachte ich, na schön. Lebendig oder tot, das war bisher nicht zu ermitteln, daher unentschieden. Ich mußte abwarten.

Zu meiner abmarschbereiten Familie zurückgekehrt, ging mir zu meiner Verzweiflung auf, daß uns ein mindestens zweistündiger Fußmarsch bevorstand und ich vergessen hatte, Pipi zu machen.

Als wir die Schwelle der Bergers überschritten, weinten wie alle ein wenig. Wer weiß, warum? Sie waren ein altes, kinderloses Ehepaar gewesen, und keiner von uns konnte sich an ihre Gesichter erinnern. Vielleicht darum.

Im Grunde fühlten wir uns wie Hausbesetzer. Dieser Eindruck verstärkte sich noch, als wir die Wohnung mit allem ausstaffierten, was wir irgendwo auftreiben konnten. Wir nahmen uns Löffel aus der Wohnung dieser toten Familie und ein Bett aus dem Zuhause jener, bis wir das Allernotwendigste beisammen hatten. Schuldig fühlten wir uns nicht. Wir hielten einfach unseren inneren Blick auf die verborgene Sonne geheftet und flehten sie an, am nächsten Tag aufzugehen.

Als die Wohnung soweit fertig war, hatten wir drei aneinandergeschobene Bettcouchen, auf denen wir zu fünft schliefen. Wir hatten einen Tisch und fünf Stühle. Natürlich paßten die Stühle nicht zueinander, und bei einem war obendrein ein Bein durchgebrochen. Trotzdem konnte man ihn benutzen, allerdings mußte man vorsichtig sein. Ferner ergatterten wir ein paar Töpfe und Pfannen, etwas Besteck und zusammengewürfeltes Geschirr.

Den größten Teil des Porzellans trieb ich auf; einige Stücke holte ich aus der Wohnung der Nussbaums und einige von den Berkovics. Nach den Plünderungen zuerst durch die Nazis und dann durch die Russen war zwar nicht mehr viel übrig, aber wir kamen zurecht. Zum Schlafen teilten wir uns vier Decken, die allesamt ein wenig zerschlissen waren, und als Kissen benutzten wir kleine, zusammengerollte Handtücher.

Das Wichtigste aber war, daß wir einen Ofen hatten – beigesteuert von meinem Großvater. Er hatte ihn gegen den letzten persönlichen Besitz eingetauscht, der ihm noch geblieben war – seine Doxa-Taschenuhr. Dieser Tausch erwies sich als ein gutes Geschäft, denn nicht viel später intensivierten die Russen ihre Requirierung von Uhren; einige trugen sechs oder sieben Uhren übereinander am Arm, wie heidnische Gebetsriemen.

Unser Ofen war faßförmig, aus grauem Metall, und man konnte darin Holz verbrennen. Wir heizten mit kaputten Möbeln, zersplitterten Balken, lockeren Fußbodendielen und anderen brennbaren Materialien, die es in den leeren Wohnungen im Überfluß gab. Wurde der Ofen gut befeuert, nahm er eine kastanienbraune Farbe an. Und er wurde zum Zentrum unseres Daseins, wie ein lange erwartetes Neugeborenes, um das sich die ganze Familie schart.

Der Ofen stand vor den Fenstern, die mit Brettern vernagelt waren, so daß ständiges Zwielicht herrschte. Die Bergers hatten die Bretter seinerzeit gemäß den Verdunklungsvorschriften und gegen die durch die Bomben verursachten Druckwellen angebracht. Jetzt mußte mein Großvater in eines der Bretter ein Loch sägen, durch das wir das Ofenrohr nach draußen führen konnten, ein Verfahren, das in der ganzen Stadt üblich war. Man konnte es in allen Straßen sehen, ganz gleich, wie prächtig sie früher gewesen sein mochten: Die Häuserfronten waren mit den Enden ungezählter Ofenrohre gesprenkelt, aus denen sich schwarzer Rauch kräuselte. Der Geruch, den sie verbreiteten, beschwor die Erinnerung an grauenvolle Szenen und mörderische Taten, von denen die Rückkehrer aus den Konzentrationslagern uns im Flüsterton berichteten. Keiner, der mit uns sprach, zählte zu unseren engeren Freunden, daher wußten wir nicht ganz genau, ob ihre Geschichten der Wahrheit entsprachen. Wir hofften, daß sie übertrieben, obwohl uns natürlich auffiel, daß sie viel geschwächter waren als wir.

Trotzdem bestand unser dringendstes Anliegen im Augenblick darin, unseren allzeit getreuen Kameraden und ergebenen Gefährten im Schmutz endgültig Lebewohl zu sagen: den Läusen.

Meine Mutter brachte auf dem Ofen Wasser zum Kochen und tauchte alle Kleider, von denen sie hoffte, daß sie nicht einlaufen würden, in den Topf. Den Rest unserer Sachen legte sie in die Küche; das war der Raum, der am weitesten von unserem beheizten Zimmer entfernt war. Dann brach sie die Küchenfenster auf, so daß die Temperatur dort weit unter null Grad sank; alle Kleider, die nicht gekocht worden waren, wurden jetzt vier Tage lang gefroren. Ob sie nun im sprudelnden Wasser umkamen oder im Eis, um die Läuse war es jedenfalls geschehen.

Mein Kopf war jedoch ein Sonderfall. Meine Mutter bettelte fast einen ganzen Tag lang auf der Straße russische Soldaten um Benzin an. Nach vielen Zurückweisungen kam sie bei Einbruch der Dunkelheit endlich mit einem Liter davon zurück. Ich setzte mich mit einem Handtuch um die Schultern auf einen Stuhl und beugte mich über einen Eimer, während meine Mutter mein Haar mit dem Benzin tränkte und den Rest davon auf meinem Kopf verteilte. Dann hüllte sie mein Haar fest in

Zeitungspapier, über das sie noch zwei Kopftücher band, eines über das andere. Die Isolation war so perfekt, daß nicht ein einziger Tropfen Benzin durchsickerte. Mutter war der Meinung, daß sowohl die Läuse als auch ihre Larven binnen vierundzwanzig Stunden tot sein müßten.

Am nächsten Abend packte sie mich aus. Wieder beugte ich mich vor, diesmal über ein weißes Handtuch, und meine Mutter zog mir systematisch vom Nacken nach vorn einen Läusekamm durchs Haar. Dutzende sehr toter Dinge fielen auf das Handtuch. Das Martyrium ist vorbei, dachte ich. Ich bin wieder eine läusefreie Bürgerin, die man ohne Gefahr oder Selbstaufopferung küssen kann.

Die Sache hatte jedoch einen Haken. Der Kamm schien auch meine Haut mit abzuziehen. Lange, dünne, leicht blutige Hautfetzen regneten auf das Handtuch herab. Meine Mutter schrie auf: »Ich habe es zu lange drauf gelassen! Sie wird sterben! Ich habe sie umgebracht! Ich bin dumm und...«

Drei erschrockene Augenpaare blickten wie erstarrt zu ihr auf. Ich wußte, daß wieder einmal ich diejenige war, die dem Treiben ein Ende machen mußte. »Ist schon gut«, sagte ich in meinem trockensten Tonfall. »Es ist ja schließlich nicht dein Kopf.« Ich wußte, daß sie wütend werden würde, aber genau das bezweckte ich ja. Im Laufe der Jahre hatte ich gelernt, daß Zorn das beste Gegenmittel gegen ihre Hysterie war.

Aber zu meiner Verzweiflung tat sie etwas ganz Untypisches. Sie fing an, bitterlich und von echter Reue gequält zu weinen. Ich streichelte ihren Arm. Es war das Äußerste, was ich im Augenblick tun konnte. »Hör auf damit, Anyu«, sagte ich. »Die Läuse habe ich gehaßt, und das hier tut kaum weh. Ist schon gut.«

Das war keine Lüge, es tat wirklich kaum weh. Vermutlich bewirkte das Benzin eine Art Narkose. Der Schmerz kam erst am folgenden Tag. Aber ich beklagte mich nur bei Rózsi darüber, und auch das nur im Flüsterton.

Draußen wurde das erschreckende Chaos der Befreiung noch größer. Die Nyilas leisteten immer noch Widerstand und brachten es ab und zu sogar fertig, eine Straße zurückzuerobern. Die holten sich die Russen dann natürlich wieder. Anschließend erschossen sie in ihrem Zorn jeden, den sie erwischen konnten, auch die Juden, die um Gnade flehten und es in ihrer anerzogenen Angst noch nicht gewagt hatten, die gelben Sterne zu entfernen, die über ihrem Herzen auf ihre Kleider genäht waren.

Abgesehen von Iván und Ervin war dies das große Rätsel meines Lebens. Wie war es möglich, daß wir soviel erhofft und dann rein gar nichts bekommen hatten? Woher kamen diese Versprechungen, und wo gingen sie hin? Gab es auf der Welt überhaupt noch einen Platz für uns? Wie konnte man aus Schutt ein Leben aufbauen? Wo fängt man an? Viele Nächte lang, in denen mein knurrender, hungriger Magen mich wach hielt, sann ich über diese Fragen nach. Wenn ich nur jemanden hätte, mit dem ich reden könnte. Wenn ich nur Iván hätte.

Was ich hatte, war ein Zuhause, ein Ort, an dem ich abwarten und Pläne machen konnte, dazu ein Feuer und heiße, dünne Suppe, die meine Großmutter aus Kümmel kochte. Am Ende des vierten Tags unserer höchsteigenen Unabhängigkeit stand ich unten im Eingang unseres Hauses und wartete auf meine Mutter.

Die Landschaft vor mir war wunderschön. Trümmerhaufen aus verkohltem Holz, Glasscherben, zerbrochene Fliesen, pulverisierte Ziegelsteine und herausgerissene Fetzen von Asphalt wuchsen wirr durcheinander und von Schnee bedeckt wie weiße Monumente aus dem Boden.

Inzwischen wurde es dunkel, und die Sperrstunde

rückte immer näher. Meine Mutter war spät dran, meine Nase lief, meine von Frostbeulen gepeinigten Zehen pulsierten, und ich ängstigte mich. Sie war losgegangen, um sich Leichen anzusehen. Irgendwie hatten wir erfahren, daß die Armee in den letzten Kriegstagen an bestimmten Orten reihenweise Leichen zusammengetragen hatte. Dort konnte man nun hingehen, um seine Angehörigen zu identifizieren und privat beerdigen zu lassen. Die nicht identifizierten Leichen würden in Massengräber kommen; vielleicht auf den Kerepesi, wo all die großen, toten Helden lagen.

Wenn meine Mutter nun nicht zurückkehrte? überlegte ich. Was wird dann aus mir? Nicht viel. Ich gehe rauf in den fünften Stock statt in den zweiten. Am Ende der Treppe wende ich mich erst nach rechts, dann nach links. Auf diese Weise komme ich in unsere alte Wohnung, wo ich mit hocherhobenen Armen auf den ins Leere ragengen Balken hinaustrete. Und dann hebe ich einfach ab.

»Ich habe dir doch gesagt, du sollst nicht auf mich warten«, schimpfte meine Mutter atemlos, als sie wie aus dem Nichts auftauchte. »Sie schießen immer noch mit Granaten. Du hättest getroffen werden können.«

»Ich weiß. Hast du... Ich meine, hast du gesehen... Ich...« Ich brachte die Frage nicht über meine Lippen. Ich ließ mich auf den kalten Steinboden des Hauseingangs sinken und schlug mir schluchzend die Hände vors Gesicht.

Da erhob sich drohend die Stimme meiner Mutter über mir. »Nein, kleines Fräulein«, sagte sie, »du hast kein Recht zu weinen. Ich bin diejenige, die sich die Leichen angesehen hat. Ich bin diejenige, die den Gestank des Todes gerochen hat. Ich bin diejenige, die ihren Sohn nicht gefunden hat. Ich bin diejenige, die blutige Tränen weinen sollte.«

Mit jedem ihrer Sätze geriet ich mehr in Panik. War sie verrückt geworden? Warum drückte sie sich so gewählt aus? Sprach die Zunge des Wahnsinns immer in klassisch griechischer Manier?

»Warum gehen wir nicht nach oben«, sagte ich, stand auf und gab ihr dabei einen kleinen Stoß.

Wunderbarerweise verwandelte sie sich dadurch wieder in meine Mutter zurück. »Du kannst dir den Gestank nicht vorstellen«, sagte sie weinend. »Und auch nicht, wie viele es sind. Hunderte. Juden, Ungarn, Deutsche, Russen, alles durcheinander. Die Männer, die dort Dienst tun, packen sie an den Haaren und reißen ihnen die Köpfe zurück, damit man die Gesichter sehen kann. Das ertrage ich nicht noch mal. Gott vergib mir, aber das bringe ich morgen nicht noch einmal fertig.«

»Ach, Anyu«, sagte ich, »das sollst du auch nicht. Das darfst du nicht. Es gibt keinen Grund dafür. Er wird zurückkommen. Iván kommt sicher ganz bald zurück.«

Oben wurden wir schon erwartet. Kein einziges Antirussenmöbel war vorgeschoben, um die Wohnungstür zu versperren, beim ersten Klopfen wurden wir eingelassen.

»Nichts«, sagte Rózsi, als wir die Wohnung betraten. »Stimmt's? Nichts. Du hast nichts gefunden. Margit, ich sage es dir, unsere beiden Jungen leben noch. Und es geht ihnen besser als uns. Viel besser. Das ist der Grund, warum wir nichts von ihnen hören. Sie haben ihren Spaß, so wie es sich gehört.«

Sie war unverkennbar betrunken. Mit seltener Bestimmtheit wandte mein Großvater sich zu ihr um. »Das reicht jetzt, Rózsi. Leg dich hin. Schlaf.« Zu meinem Erstaunen gehorchte sie.

Zu meiner Mutter sagte Großvater: »Hier, Margitka. Trink etwas Wodka.« Er hielt ihr eine Flasche hin, und sie nahm einen Schluck. »Heute auf dem Markt ist etwas

Seltsames passiert«, erzählte er ihr. »Ich bin mit einem russischen Jungen ins Gespräch gekommen, einem Soldaten. Er kann nicht älter sein als zwanzig. Es stellte sich raus, daß sein Großvater zur gleichen Zeit wie ich in Kriegsgefangenschaft war – er in Ungarn, ich in Rußland. Ich wußte gar nicht mehr, daß ich noch etwas Russisch spreche. Er kann ein paar Worte Ungarisch, die er von seinem *zayde* gelernt hat. Also haben wir uns ganz gut unterhalten. Er hat mir zwei Flaschen Wodka geschenkt. Ich habe ihm unsere Adresse gegeben. Er hat versprochen, mit etwas Eßbarem und anderen Dingen herzukommen. Ich glaube, er wird sein Versprechen halten.«

Er hielt inne. Alle schwiegen. Nach einer ziemlich langen Zeit sagte mein Großvater: »Du hast Iván nicht gefunden.«

»Nein«, sagte meine Mutter. »Er war nicht bei den Leichen, die ich gesehen habe.«

»Das ist gut«, antwortete mein Großvater. »Dann haben wir noch Hoffnung.« Beim letzten Wort drehte er sich zu mir um. »Ah, du kannst auch was zu trinken haben. Einen Kleinen für die Kleine.«

Mit zurückgelegtem Kopf schüttete ich mir die brennende Flüssigkeit durch die Kehle, direkt in das tote Herz hinein. Es half nichts.

Wir hatten nichts mehr zu essen. Wir kauerten uns um den Ofen und redeten uns ein, daß wir nicht verhungern würden. Ein mitleidiger Nachbar schenkte uns einen Apfel, den wir in fünf gleich große Stücke teilten. Meiner Meinung nach war das ein Fehler, denn ein zum Narren gehaltener Magen ist ein rachsüchtiges Organ. Er schreit nach mehr, nach viel mehr, und wenn er enttäuscht wird, bestraft er einen mit Krämpfen.

Ein oder zwei Tage später stand Irma vor unserer Tür, unsere alte Köchin aus der Személynök Utca. Ihr Mitbringsel waren ein Dutzend steinhart getrocknete Brötchen.

»Küß die Hand, Madame Dénes«, sagte sie und versuchte, die Hände meiner Mutter zu ergreifen.

»Schon gut, Irma«, sagte meine Mutter kühl und brachte mit einer ruckartigen Bewegung ihre Hände in Sicherheit. Ich konnte das gut verstehen. Ich hatte Irma im Gegensatz zu Iván nie geliebt und hielt sie für eine Schlange. »Vielen Dank für die Brötchen.«

»Aber nicht doch, Madame Dénes«, entgegnete Irma, »das ist das mindeste, was ich tun konnte. Leider sind sie das einzige, was ich hatte.«

Bevor meine Mutter etwas sagen konnte, mischte Rózsi sich ins Gespräch. »Nun Irma, eigentlich hättest du sehr wohl etwas mehr tun können. Du hättest den Schmuck und das bißchen Bargeld mitbringen können, das Madame Dénes dir zur Aufbewahrung gegeben hat. Wo sind diese Dinge?«

»Oh, Madame Rózsi«, sagte Irma und brach in Tränen aus, »es ist nichts mehr da. Die Russen haben alles genommen.«

»Irma«, sagte Rózsi, die ihren Zorn kaum zurückhalten konnte, »in eurem Viertel hat es ja gar keinen Widerstand gegeben, keinen Kampf um jedes einzelne Haus. Und deshalb ist dort auch nicht geplündert worden.«

»Oh, Madame Rózsi«, sagte Irma und saugte die Luft in gewaltigen Stößen ein, als sei sie ein sterbender Fisch. »Beschuldigen Sie mich nicht! Geben Sie nicht mir die Schuld! Die Sachen sind weg. Und ich bin es nicht gewesen.«

»Wer dann?«

»Hör auf damit«, sagte meine Mutter zu Rózsi. Und an Irma gewandt: »Dein Mann oder dein Sohn haben die Sachen genommen. Nicht du. Ich weiß.«

Jetzt fing Irma erst richtig an zu weinen. »Oh, Madame Dénes«, schluchzte sie, »Sie sind immer so gut zu mir gewesen. So großzügig. Ganz anders als der Herr Verleger. Sie... Ich hätte nie...«

»Ich weiß, Irma«, sagte meine Mutter. »Geh jetzt.«

Mittlerweile standen wir zu viert bereit, sie zu verabschieden. Irma begriff. Nach ein paar Schritten drehte sie sich jedoch noch einmal um. »Und Ivánka? Wo ist er? Was ist mit ihm passiert?«

Nach einem kurzen Augenblick des Zögerns antwortete meine Mutter: »Er ist verschwunden.«

Es war das erste Mal, daß ich diese Formulierung hörte. Ich setzte mich auf den Boden. Man hatte mir gegenüber immer behauptet, das habe den großen Vorteil, daß man nicht mehr tiefer fallen könne. Was für eine naive Einschätzung! Man kann auf keinem Platz auf der Erde stehen, sitzen oder liegen, der nicht zum Ausgangspunkt eines schwindelerregenden Falls ins Leere werden kann.

Jeden Abend gab Mutter mir eine von Irmas trockenen Brötchen. Nachts wachte ich oft auf. »Warum schläfst du nicht?« flüsterte meine Mutter.

»Ich bin zu hungrig«, flüsterte ich zurück. Sie fing an zu weinen. Was konnte ich tun?

Wenn es hell wurde – jeden Tag, wenn es hell wurde –, marschierten russische Soldaten vorbei, immer fünf nebeneinander. Durch einen Spalt in den Brettern vor dem Fenster konnte ich sie beobachten. Sie trugen große Pelzhüte und schwere, schwarze Stiefel. Der Anführer pfiff eine Melodie, die anderen summten mit. Die Melodie klang schwerelos und traurig wie eine Seele, die Abschied nahm. Ich konnte sie immer schon hören, bevor sie kamen, und noch lange, lange, nachdem sie vorbeigezogen waren.

Das Beste in jenen Tagen war, daß meine Kopfhaut sich

nicht weiter in Fetzen auflöste. Mein Kopf war läusefrei und ohne Schorf. Mein Haar hätte zu jeder Frisur gekämmt werden können, wenn meine Mutter nur Lust dazu gehabt hätte.

Als ich wieder einmal in aller Frühe wach lag, ging mir endlich auf, daß vor dem Wunder von Iváns oder Ervins Rückkehr ein anderes, kleineres Wunder geschehen mußte. Sonst würde man uns irgendwann als fünf Verhungerte finden, die einen feuerlosen Ofen anbeten.

Ich war nicht die einzige, die so dachte, denn nach dem Aufstehen sagte Rózsi zu meiner Mutter: »Wir müssen uns heute hinauswagen. Wir brauchen etwas zu essen. Sonst werden wir alle sterben.«

»Und was ist mit den Russen?« fragte meine Mutter. »Hast du die Gerüchte nicht gehört? Hast du vergessen, was Frau Deutsch erzählt hat? Daß die Frauen zusammengetrieben werden, weil man sie zum Kartoffelschälen brauche? Daß drei Tage später ihre Leichen im nächstbesten Park auf einen Schneehaufen geworfen werden?«

»Das habe ich gehört«, nickte Rózsi, »und wahrscheinlich stimmt es. Aber wir haben keine andere Wahl. Wir werden uns Kopftücher umbinden und uns die Gesichter mit Asche beschmieren. Ich ziehe meine Hosen an, und du nimmst die von Apuka.«

»Was?« fragten meine Mutter und mein Großvater wie aus einem Munde.

»Das ist die einzige Möglichkeit. Wir müssen zu Pista in die Gärtnerei. Er hat ein paar tausend Pengös von mir sowie die alten Spitzensachen und das andere Zeug, das ich ihm gegeben habe.«

Wir alle starrten sie schockiert an. Meine Mutter sollte die Hosen meines Großvaters tragen? Ein paar tausend

Pengös, um davon Essen zu kaufen? Sie mußte verrückt geworden sein! Wahnsinnig. Es war wohl einer ihrer makabren Scherze, für die sie so berühmt war. Ich fing an zu kichern.

»Ruhe«, sagte mein Großvater und räusperte sich. »Rózsi, hast du wirklich Pengös bei Pista, oder ist das ein Traum?«

»Nein, Apuka, das ist kein Traum. Ich habe ihm im Sommer 1944 etliche tausend Pengös gegeben, bevor Szálasi an die Macht kam.«

Niemand sagte etwas, obwohl eine Frage gestellt werden mußte. Mein Großvater wagte sie schließlich. »Warum hast du dann zugelassen, daß wir hungern mußten?«

»Ich habe auf Ervins Rückkehr gewartet«, antwortete Rózsi ohne eine Spur von Scham oder Schuldgefühl in der Stimme.

Ich verstand Rózsi. Verschwenderische Geldausgaben hier hätten andernorts Ervins Entkommen verzögern oder gar verhindern können. Im Universum gibt es unausgesprochene Gesetze. Ihnen zu trotzen, ist äußerst gefährlich; man muß ihnen instinktiv gehorchen.

Als ich zusah, wie meine Mutter und Rózsi sich für ihren Ausflug bereitmachten, kam ich mir vor wie im Umkleideraum eines Zirkus. Mein Großvater schlang sich ein Handtuch um die Hüften und ließ seine Hose herunter. Meine Mutter hob sie auf. Der Hosenboden hing ihr kurz über den Knöcheln, so daß ich hoffen durfte, die Geburt eines Clowns mitzuerleben. Mutter mußte sich Großvaters Gürtel zweimal um die Taille binden und ihn dann verknoten. Anschließend zogen Margit und Rózsi sich alle Kleider, die wir erübrigen konnten, schichtweise über den Oberkörper, bis sie aussahen wie zwei unförmige, aufgeblähte Tauben. Mit etwas Ruß aus dem Ofen malten sie sich gegenseitig, als stünden sie beide vor einem Spiegel, mit dem Daumen noch dunklere Ringe um die ohnehin eingefallenen Augen. Als alles soweit erledigt war, hakten sie sich unter, traten schwungvoll auf der Stelle – und fingen an zu weinen. Wir fielen einander in die Arme; mit stockendem Atem verleugneten wir alles, was die Zukunft bereithalten konnte. Sie gingen, und ich hatte das Gefühl, die ständige Unordnung in meinem Leben nicht mehr ertragen zu können. Rauf, runter, Verschwinden, Gelächter, Pengö, Hunger, Kommen, Bleiben, Gehen. Sorgen. Es reichte!

Als sie bei Einbruch der Dunkelheit zurückkehrten – dank ihrer Verkleidung hatte sie niemand zum Kartoffelschälen mitgenommen –, hatten wir alle Neuigkeiten füreinander. »Ihr zuerst!« – »Nein, ihr!« riefen wir einander erleichtert und in gehobener Stimmung zu. Wer schert sich schließlich noch um seinen Hunger, wenn er die Gesichter der Geliebten, Gefährdeten, nun sicher Heimgekehrten wiedersieht?

Schließlich erzählten wir unsere Neuigkeiten zuerst. Der Soldatenjunge, mit dem mein Großvater sich angefreundet hatte, war tatsächlich gekommen. Und er hatte etwas zu essen mitgebracht: eine Tasse Zucker, ein Stück Zichorienwurzel, zwei Tassen Mehl, vier Eier, einen Apfel – und dazu einen wahren Schatz: zwei große Ballen erstklassigen Wollstoffs für Herrenanzüge, doppelt soviel, wie sich meine Mutter vor zwei Wochen hatte entgehen lassen. Dann sagte der Junge, er werde nicht wiederkommen; es sei gefährlich für einen ehrgeizigen russisch-orthodoxen Soldaten, sich dabei erwischen zu lassen, wie er Juden half. Großvater und ich dankten ihm überschwenglich. Auf seinem Weg nach draußen fuhr seine Hand – in einem unbewußten Aufblitzen lange abgelegter Gewohnheiten – an die Lippen und dann zur Mesusa der

Bergers, die irgendwie immer noch am Türrahmen hing, ebenso unbeschadet wie unbeachtet. Bis jetzt.

»Nun seid ihr aber dran«, sagten wir zu Rózsi und Mutter, deren Geschichte jedoch weniger fröhlich war. Ja, sie hatten Pista gefunden, der Gott sei Dank immer noch lebte. Er hatte sie zu seinem Haus geführt und ihnen die handbestickten Tischtücher und Rózsis Pelzmantel gezeigt, den sie sich seinerzeit vom Mund abgespart hatte – alles niedergetrampelt von den Russen, alles zusammen mit seiner eigenen Habe in den Schneematsch gestampft. Die Pengös waren ebenfalls größtenteils weg. Pista hatte mehrere Leute, denen er Geld zur Aufbewahrung anvertraut hatte, falsch eingeschätzt. Und er hatte unkluge Investitionen getätigt. »Behauptet er jedenfalls«, schloß Rózsi ihre Erzählung.

»Bitte, ich vertraue ihm absolut«, protestierte meine Mutter.

»Ha, natürlich! Es war ja auch nicht dein Geld.«

»Der Mistkerl!« rief meine Großmutter – zu meiner Erleichterung, denn sie hatte seit Tagen kein Wort mehr gesprochen.

»Wieviel ist denn noch da?« fragte ich.

»Das wissen wir nicht. Ein Teil davon steht immer noch aus und ist möglicherweise noch nicht verloren«, sagte meine Mutter.

»Das meinte ich nicht. Wieviel habt ihr tatsächlich mitgebracht, um etwas zu essen zu kaufen?«

»Ein paar hundert«, antwortete Rózsi, die sehr traurig und sehr geschwächt aussah.

»Rózsikám, denk nur... wie dein Mantel... öhm.« Ich konnte nicht weitersprechen. Mir fiel einfach keine witzige Geschichte über ihren Pelzmantel ein.

»Laß nur«, winkte Rózsi ab. »Die Wahrheit ist doch, daß ich diesen Pelz irgendeinem Tier gestohlen habe. Und jetzt hat ein anderes Tier ihn mir gestohlen. Es herrscht eben doch noch Gerechtigkeit in der Welt.« Ich schlang die Arme um sie, und sie zog mich fest an sich. »Keine Angst, mein Schatz. Pista hat uns einen Laib Brot gegeben, ein Stück Schinken, eine Zwiebel und sechs hartgekochte Eier. Heute abend gibt es ein Festmahl.«

Wir protestierten, meinten, man sollte die Lebensmittel rationieren und an morgen denken. »Ja«, sagte Rózsi, »sollte man. Aber heute sage ich, zum Teufel damit. Es ist mein Pelzmantel, mein Geld, meine Entscheidung. Ich will essen wie eine Königin. Ich lade euch ein, meine Gäste zu sein. Wenn ihr ablehnt, werde ich nicht weinen, sondern einfach um so mehr essen.« Aber der letzte Satz tat ihr sofort leid: »Bitte, ihr eßt doch mit mir?«

Meine Tante Rózsi war eine Frau mit einem großen Herzen und einem Mund, der oft eigene Wege ging. Ich war die erste, die sich freiwillig meldete. Mein Großvater war der nächste; er hob die Hand wie ein Schuljunge, der darauf wartete, aufgerufen zu werden. Meine Mutter und meine Großmutter zogen mit wortloser Mißbilligung ihre Stühle an den Tisch. Dann aßen wir, bis wir fast platzten.

Ein paar Tage später sahen wir alle wie gebannt meinem Großvater zu, der ein Stück von der kostbaren Wolle abschnitt, groß genug für einen Herrenanzug. Der angeschnittene Ballen wurde wieder an die Wand gestellt und mit schmutzigen Laken bedeckt – armselige Maßnahme gegen mögliche Plünderer.

Meine Mutter und Rózsi gingen in die Stadt, um den Stoff gegen etwas Eßbares einzutauschen. Für unsere bangen Erwartungen kamen sie viel zu spät zurück, aber wir stellten ihnen keine Fragen, denn sie waren beide aschfahl und wirkten sehr erschöpft. Statt dessen halfen wir ihnen, Tüten und Taschen in die Wohnung zu schleppen. Ein großer Fang, dachte ich. Es sah aus, als könnten wir mindestens zwei Wochen lang davon leben.

Wortlos schleuderten Rózsi und Mutter ihre Schuhe von sich und sanken vollständig bekleidet in ihre Betten. Was war nur geschehen?

Mein Großvater winkte meine Großmutter und mich an den Tisch. »Keine Angst«, flüsterte er. »Es muß ein langer, harter Tag für sie gewesen sein. Sie sind sicher sehr müde. Aber morgen früh geht es ihnen bestimmt wieder gut.«

»Was ist mit dem Essen?« fragte meine Großmutter.

»Du wirst für uns drei etwas kochen, Emma. Wir haben den ganzen Tag lang nichts gegessen. Den Rest räumen wir weg.«

»Es ist ihr Essen«, sagte ich aus einer wütenden, störrischen, ungerechten Gerechtigkeit heraus.

»Nein, Magduska«, widersprach mein Großvater ruhig. »Das Essen gehört uns allen. Wenn wir etwas haben, essen alle gemeinsam. Wenn wir nichts haben, hungern alle gemeinsam.«

Aus irgendeinem unerfindlichen Grund war mein Großvater der einzige, dem ich keine Widerworte gab. Wenn es jemand anderer gewesen wäre, hätte ich sofort entgegnet: Da habe ich aber ein paar ganz andere, nette kleine Geschichten von Großmutter in meiner Rhinitis gespeichert. Nein, falsch, Rhinitis ist eine Erkrankung der Nase. In meinem, in meinem – verdammt – Cerebrum. Das ist es. Warum muß ich das Wort bloß so genau wissen, wenn ich es überhaupt nicht sagen will? Meine Mutter hat recht. Ich bin wirklich sehr schwierig.

»Komm schon, Kleines«, sagte mein Großvater und kitzelte mich zur Aufmunterung. »Hilf mir, die Sachen ins Nebenzimmer zu bringen.« Doch als er mein Gesicht sah, fügte er hinzu: »Schnell, bevor die Öllampe zerbricht.«

Diese Redensart hatte ich nicht mehr gehört, seit ich drei war; sie sollte ein kleines Kind davon abhalten, in Tränen auszubrechen. Was ich nämlich gerade tat.

»Komm, hilf mir«, sagte mein Großvater. Zusammen zerrten wir einen Sack Kartoffeln in das unbeheizte Nebenzimmer. »Hättest du je gedacht, daß wir einmal so reich sein würden, daß wir ein ganzes Zimmer als Eisschrank haben?«

Ich weinte weiter.

»Wir werden etwas essen«, sagte mein Großvater. »Morgen sieht alles besser aus.« Er preßte die Lippen aufeinander und ahmte kunstvoll ein einzelnes »Zirp« einer Grille nach.

Ich lachte unter Tränen weiter.

Am nächsten Morgen erfuhren wir die schlimmen Neuigkeiten. Nur ein Bruchteil der Sachen von gestern stammte aus Tauschgeschäften; den Rest hatten sie mit Rózsis Geld gekauft. Die ganze Stadt hungerte. Wenn man etwas tauschen wollte, mußte man aufs Land. Die Straßen waren gefährlich, aber eine andere Lösung gab es nicht. Wegen der fortgesetzten Plündereien war Budapest am Ende.

»Kein ganz unverdientes Schicksal«, bemerkte meine Großmutter.

»Nein, zum Teufel«, sagte Rózsi, »aber wir sitzen mittendrin.«

Es gab noch andere Neuigkeiten. Ilonka und Miszlai néni waren, wenn auch verkrüppelt, mit dem Leben davongekommen. Auch die Gebrüder Fischer hatten überlebt. Mutter und Rózsi waren Gyula Fischer auf der Körút über den Weg gelaufen. Und von ihm hatte Rózsi die Adresse eines ehemaligen Kunden, eines judenfreundlichen, reichen Christen, der in Békéscsaba lebte. Falls er immer noch dort war, kannte er wahrscheinlich die Bauern aus der näheren Umgebung und würde uns gern helfen, den Wollstoff gegen Nahrungsmittel einzutauschen.

Und dann gab es noch eine völlig nebensächliche Neuigkeit, ein Gerücht genaugenommen. Eine boshafte Lüge, eine gehässige Erfindung, geboren aus Neid und Mißgunst. Ein Klassenkamerad von Iván hatte Mutter auf der Váci Utca wiedererkannt und ihr sein Beileid ausgedrückt. Er hatte gehört, daß Iván zusammen mit anderen zur Donau getrieben und dort erschossen worden sei. Niemand habe überlebt.

»Ihr hättet Margit sehen sollen«, sagte Rózsi. »Sie hat ihn hochmütig von oben bis unten gmustert und gesagt: ›Das muß ein anderer Iván in deiner Klasse gewesen sein. Mein Sohn, Iván Dénes, ist lediglich verschwunden.‹ Der Junge wurde rot und konnte gar nicht schnell genug wegkommen. Dieser verlogene kleine Mistkerl.«

»Was für ein Schwein«, sagte meine Großmutter.

»Ein sehr ungezogener Junge«, sagte mein Großvater.

Ich sah alle vier abwechselnd an. Ich nickte. Ja, ein boshafter, ungezogener Mistkerl von einem Schweinejungen.

Was für eine traurige, verängstigte Närrin meine Mutter doch war. »Mein Sohn, Iván Dénes, ist lediglich verschwunden.« Aus ihrem Mund klang es so, als sei Iván das Opfer seines eigenen Zaubertricks geworden. Ich wünschte, es wäre so gewesen, denn dann konnte er mich vielleicht zu sich zaubern.

Die Familie beschloß, daß Mutter, Rózsi und ich in die Provinz gehen sollten, um einen der Stoffballen gegen Lebensmittel einzutauschen. Die Erwachsenen rechneten sich aus – sie multiplizierten den gestrigen Fang mit einem unbekannten Faktor X –, daß wir wahrscheinlich mit genug Nahrungsmitteln für sechs Wochen zurückkehren würden. »Allermindestens!« rief meine Großmutter. Es kostete mich gewaltige Zurückhaltung, sie nicht darauf hinzuweisen, daß X irgendeinen Zahlenwert haben mußte, wenn ihre Berechnungen einen Sinn ergeben sollten. Genausowenig brachte ich es fertig, eine Tatsache zu erwähnen, die ich irrigerweise für allgemein bekannt hielt: Daß nämlich der eine oder andere von uns oder vielleicht wir alle drei bei dieser Tauschaktion ausgeraubt, verletzt, ermordet oder auf sonst irgendeine unaussprechliche Art und Weise niedergemacht werden konnten.

Zwei Tage später brachen wir auf. Das Datum unserer Rückkehr blieb offen.

Für jeden von uns packten wir eine Decke ein, Unterwäsche zum Wechseln, sechs hartgekochte Eier, etwas Schinken, Brot und eine kleine Zwiebel. Außerdem trugen wir unsere ganze Kleidung schichtweise übereinander. Anyu schleppte einen alten, zerbeulten Koffer an, den wir bei den Bergers gefunden hatten. Man mußte ihn mit einem Seil zubinden. Der Stoffballen wurde von seiner Pappkartonröhre abgewickelt und zusammengefaltet unter unserer Unterwäsche im Koffer versteckt. Rózsi preßte sich die mit Essen gefüllte Papiertüte an die Brust; ich ging mit leeren Händen.

Großvater umarmte uns in absteigender Reihenfolge der Bedeutung, die wir für ihn hatten: Margit, Rózsi, mich. »Kommt mir gesund wieder heim«, sagte er und wandte sich weinend ab.

Großmutter jammerte: »Ihr müßt gehen, ich weiß, aber o Gott, *Shema Israel*, was soll aus mir werden? Wie soll ich es ertragen, wieder alle zu verlieren?«

Ich sah sie mit neu erwachtem Interesse an. Glaubte sie wirklich, sie könnte Menschen verlieren? Wußte sie nicht, daß sie sie vergiftete und daß sie deshalb verschwanden? Während ich beobachtete, wie sie Rózsis Mantelärmel umklammert hielt, kam ich zu dem Schluß, daß sie es wirklich nicht wußte. Zu meiner Überraschung tat sie mir plötzlich sehr leid. Wir machten uns zu Fuß auf den Weg zum Ostbahnhof. Bei all dem, was diese Reise für uns bereithalten konnte, hätten wir genausogut zum Mars fahren können. Was für Mutanten gibt es da draußen, fragten wir uns, und welche Absichten verfolgen sie? Ist die Atmosphäre sauerstoffhaltig, und können Juden sie gefahrlos einatmen?

Der Weg zum Bahnhof war lang, und unsere Kräfte ließen bald nach. Mutters Koffer war schwer, daher trugen wir ihn abwechselnd. Schließlich schleiften wir ihn nur noch übers Pflaster, immer in Angst, sein billiger Boden könnte nachgeben. Aber uns blieb einfach nichts anderes übrig. Dann begegneten wir einer Frau auf einem Karren, der von drei jungen Männern gezogen wurde.

Rózsi begann zu betteln: »Bitte, könnte ich unser Gepäck wohl auf euren Wagen lagen? Wenigstens zur Hälfte, ich würde dann mitschieben. Dann wäre es für euch auch nicht schwerer zu ziehen. Wir brauchen etwas Hilfe, bitte.«

Die Frau blickte gen Himmel und sagte: »Du mußt verrückt geworden sein. Ich kenne dich überhaupt nicht. Warum sollten meine Söhne dein Gepäck ziehen?«

»Weil ...«, sagte Rózsi und brach in Tränen aus, doch die Karawane der Frau zog ungerührt weiter.

Ich wußte wahrscheinlich seit der zweiten Klasse, daß das Rad als eine der bedeutendsten Erfindungen der Menschheit gilt. Es wurde vor über dreitausendfünfhundert Jahren erfunden und veränderte den Lauf der Geschichte. Das Wissen darum gehörte mit zu der Sammlung von Tatsachen, die man in der Schule in sich aufnehmen mußte – nur für den Fall, daß man als Erwachsener einmal an einer vornehmen Tafel saß und jemand sich umdrehte, einem direkt in die Augen schaute und fragte: »Also, was wissen Sie über das Rad?« Ich war jetzt mehr als befähigt, diese Frage zu beantworten. Das Rad macht Lasten leichter, erhöht die Fortbewegungsgeschwindigkeit, fördert den Handel und trennt die Habenden von den Habenichtsen. Der Besitz selbst eines bescheidenen Karrens ermöglicht einem viele Dinge: Man kann Kranke ins Hospital bringen, Gepäck zum Zug, Essen nach Hause, Holz zum Herd, Särge zum Grab. Wenn man über ein Rad verfügte, das an irgend etwas festgemacht war, machte einen das unabhängig und frei. Ohne ein Rad saß man hilflos in der Falle.

»Na schön. Wir müssen uns etwas mit einem Rad beschaffen«, sagte ich.

»Sei nicht dumm«, erwiderte meine Mutter. »Für so etwas haben wir kein Geld. Außerdem kommen wir sicher bald zum Bahnhof. Und die Züge werden ja wohl Räder haben.«

Wir fanden den Ostbahnhof in einem katastrophalen Zustand vor. Die eine Hälfte war ausgebombt, der anderen schien offensichtlich die Gefahr eines unmittelbaren Einsturzes zu drohen. Soldaten brüllten durch tragbare Megaphone in fremden Sprachen Befehle. Nachdem ich eine Weile zugehört hatte, wurde mir klar, daß eine der fremden Sprachen Ungarisch war.

»Ich gehe mal einen Bahnbeamten suchen«, meinte Rózsi.

Anyu und ich mußten beide lachen. Was für einen Beamten? Schließlich befanden wir uns im Schoß der Anarchie.

»Ihr setzt euch auf das Gepäck«, befahl meine Mutter.

»Ich versuche rauszufinden, wie es jetzt weitergeht.«

»Warte«, sagte Rózsi. »Vielleicht sollten wir nach Hause zurückkehren. Dort ist es sicherer. Ich bin müde. Ich will heim.«

»Laß den Unsinn«, sagte meine Mutter zu ihrer Schwester, als sei diese vier Jahre alt. »Ich werde mich erkundigen. Ihr bleibt einfach hier sitzen. Magda wird sich um dich kümmern.«

Ich streichelte Rózsis Hand, bis meine Mutter nach etwa einer Stunde zurückkam. »Die Situation ist folgendermaßen«, erklärte sie uns. »Es gibt einen Truppenwagen Richtung Békéscsaba. Die beiden vorderen Waggons stehen unter dem Schutz der Ungarn, was bedeutet, daß die Russen bestochen worden sind. Der Preis beträgt fünfzig Pengö pro Person. Sie garantieren in diesen zwei Waggons eine sichere Reise, aber nur bis zur zweiten Station hinter Budapest. Danach sind wir auf uns gestellt.«

»Laß uns nach Hause gehen«, sagte Rózsi. »Der Hungertod ist immer noch besser als das hier. Und außerdem könnte uns zu Hause jemand retten. Die Jungen könnten nach Hause kommen.«

»Niemand wird uns retten kommen«, widersprach ich. Soviel wußte ich. Zu unserer Marschrichtung allerdings hatte ich keine eigene Meinung. Das Wagnis der Reise schien mir genauso schrecklich wie die Rückkehr nach Hause.

»Nein«, sagte meine Mutter. »Wir müssen gehen. Das ist unsere einzige Chance. Wenn wir nicht gehen, werden wir alle verhungern. Los, machen wir uns auf den Weg.«

Wie dumm es doch von uns war, Rózsi auszulachen, weil sie einen Bahnbeamten suchen wollte! Es gab tatsächlich einen Stationsvorsteher, der seine Vorkriegsuniform trug und auf diese Weise seine jüngst vergangenen politischen Neigungen kaschierte. Mutter zahlte ihm dreimal fünfzig Pengö. Er steckte sie in die bereits dick angeschwollene Tasche über seinem Herzen. »Geht«, sagte er. »Lauft auf die linke Seite. Steigt in den Waggon, schnell.«

Der »Waggon« erwies sich als Flachwagen, auf dem verkehrt herum ein lädierter russischer Panzer lag. Wir mußten durch ein großes, rundes Loch klettern, um in ihn hineinzukommen. Drinnen war es sehr voll, aber wir fanden eine aufwärts gewölbte Ecke, in der wir uns niederließen. Wie gemütlich, dachte ich. Was für törichte Befürchtungen wir doch gehabt hatten. Keine Kugel konnte diese Panzerung durchdringen. Kein gefährlicher Feind konnte hier herein. Zwei stämmige Ungarn hatten sich an der Einstiegsluke postiert und wiesen jeden ab, der hereinwollte und nicht perfekt ungarisch sprach. Schließlich waren mehr Menschen drin, als eigentlich hineinpaßten. Der Zug stand noch immer. Zwei Stunden, drei, vier.

»Wir sollten jeder ein Ei essen«, meinte Rózsi.

»Nein«, erwiderte meine Mutter. »Noch nicht. Wir haben erst vor ungefähr sieben Stunden gegessen.«

»Du bist ein Teufel«, sagte Rózsi.

»Wahrscheinlich«, sagte meine Mutter, die solche Beschimpfungen nicht im mindesten kümmerten, wenn sie sich im Recht glaubte. Was in letzter Zeit grundsätzlich der Fall war.

Schließlich schlief ich ein. Als ich wieder aufwachte, war ich in der Hölle. Die ungarischen Muskelprotze am Eingang saßen in Handschellen da. Alle anderen wurden von russischen Soldaten mit Tritten und Schlägen hinausgejagt. »Raus, raus!« schrien sie die ganze Zeit. *»Dawai! Dawai!«* Und sie behielten die ganze Habe der Anwesenden.

»Geh«, flüsterte mir meine Mutter ins Ohr. »Geh um die Soldaten herum. Geh zu dem großen Loch und laß dich hinuntergleiten. Ich werfe dir den Koffer zu. Dann mußt du schnell weglaufen. Ich werde dich später schon finden.«

»Das schaffe ich nicht«, flüsterte ich zurück. »Doch, das schaffst du, doch«, zischte meine Mutter. »Du wirst es schaffen. Du wirst. Unser Leben hängt davon ab. Geh jetzt.«

Auf Händen und Knien kroch ich um die Soldatenbeine herum. Meine Mutter schob mit vorsichtigen Bewegungen den Koffer direkt hinter mir her. Ich richtete es so ein, daß ich mit dem Rücken zum Eingangsloch zu stehen kam. Dann hielt ich mich mit beiden Händen am unteren Rand des Lochs fest und ließ mich hinunter. Blitzartig beförderte meine Mutter den Koffer mit einem Tritt hinter mir her. Ich hob ihn auf und rannte so schnell ich konnte davon. Ein paar Soldaten fluchten hinter mir her, aber keiner machte sich die Mühe, mich zu verfolgen. Ein Kind, ein Koffer. Zum Teufel mit beiden.

Als ich das Ende des Bahnsteigs erreichte und mich mehr schlecht als recht hinter einem kleinen Schneehügel versteckte, kam mir die Verwegenheit des Plans meiner Mutter erst richtig zu Bewußtsein. Hier saß ich nun, ein auf sich allein gestelltes Kind, auf einem schweren, zerbeulten Koffer mit einem Vermögen darin. Ich konnte ihn nicht beschützen; ich konnte ja nicht einmal mich selbst beschützen. Wenn wir uns nicht wiederfanden, würde der Koffer gestohlen werden, und ich würde sterben. Was war nur los mit ihr? Wir hätten den Koffer aufgeben und zusammenbleiben sollen. Ja, das war das Wichtigste. Zusammenbleiben.

Ich brach fast in Tränen aus, aber dann hörte ich Iván in meinem Kopf. »Sei nicht so wütend auf Anyu. Es handelt sich lediglich um ein kleines literarisches Mißverständnis. Sie hat Julius Cäsar gelesen und gedacht, das Motto

›Teile und herrsche‹ bedeute ›Teile die Familie, beherrsche den Feind.‹«

»Finde ich nicht komisch«, erwiderte ich.

»Also, ich finde es einen ziemlich guten Witz«, sagte Iván. »Und ganz bestimmt ist er nicht schlecht genug, um von einer halben Portion wie dir kritisiert zu werden.«

»Iváaan!« wollte ich gerade antworten, als ich wieder zu mir kam. Meine Ohren und Zehen waren taub. Mir war schwindlig. Iván war tot.

Aus weiter Ferne, inmitten des Getöses eines angeheizten, abfahrenden Zuges, hörte ich vage die Stimme meiner Mutter: »Magda!« Einen Augenblick lang zog ich in Erwägung, nicht zu antworten. Irgend jemand hatte mir erzählt, erfrieren sei ein schöner Tod: Man trieb dahin, man lächelte, man schwebte auf den Flügeln seiner schimmernden Wünsche gen Himmel.

Als ich hinter dem Hügel hervorkletterte und den Koffer hinter mir herzerrte, sah ich sie langsam auf mich zukommen. Rózsi hielt die Papiertüte mit Essen an sich gepreßt. »Was ist passiert?« fragte ich.

»Ein russischer Offizier ist gekommen«, antwortete Rózsi. »Er hat die Soldaten angeschrien und gezwungen, alles zurückzugeben, was sie genommen hatten. Bis auf die beiden Männer in Handschellen hat er dann alle gehen lassen. Auf dem Zug waren keine Zivilisten erlaubt. Er ist jetzt abgefahren.«

»Ich weiß, ich hab's gehört. Übrigens, haben irgendwelche anderen Kinder Koffer gerettet?«

Meine Mutter wurde rot. »Du unverschämtes kleines ...« Sie fand das richtige Wort nicht.

»Undankbares Geschöpf?« half ich eifrig aus.

»O Margit«, sagte Rózsi erzürnt. »Laß es gut sein. Laß es einfach mal gut sein. Geh, such uns einen anderen Zug.«

Sobald meine Mutter gegangen war, lachte Rózsi. »Wie

wär's jetzt mit diesen Eiern? Die Drachenherzogin ist ja nicht mehr da! Hast du keinen Hunger?«

»Doch, natürlich.«

»Dann laß uns essen.«

»Na schön.« Ich nahm zwei Eier aus Rózsis Tüte. »Hier«, sagte ich und reichte ihr eins. Wir pellten die Eier schweigend ab und aßen sie jeder mit zwei Bissen auf.

»Wie wär's mit einem zweiten?« fragte Rózsi. Ich nickte. Wir aßen auch die. »Margit ist nicht hier«, sagte Rózsi. »Vielleicht kommt sie nie wieder zurück. In der Tasche sind noch zwei Eier.«

Ich stampfte mit den Füßen auf. »Sie wird zurückkommen!« Bis dahin war es mir überhaupt nicht in den Sinn gekommen, daß auch sie verschwinden könnte. Ich bekam Angst. »Rózsi néni, glaubst du wirklich, daß sie vielleicht nicht zurückkommen wird?«

»Natürlich kommt sie zurück«, beruhigte mich Rózsi. »Komm, kuschel dich an mich. Mir ist kalt, und du bist so warm wie ein Sack glühender Kohlen.«

»Sie wird doch wiederkommen, oder?« fragte ich noch einmal. Aber meine unberechenbare Tante war bereits fest eingeschlafen.

Nachdem meine Mutter uns am nächsten Morgen wachgerüttelt hatte, berichtete sie, was sie herausgefunden hatte. Es gab immer noch zwei Züge. Man hatte eine Verfügung erlassen, die es den Ungarn verbot zu reisen, aber das konnte genausogut ein Gerücht sein.

Ich unterbrach sie: »Aber wir sind doch Juden, keine Ungarn, oder?«

»Das kommt ganz darauf an. Wenn es nach den Ungarn geht, sind wir Juden. Wenn es nach den Russen geht, sind wir Ungarn. Wie du es auch drehst, wir werden immer auf die Verliererseite geschoben.«

»Nein«, sagte ich, »nein. Wir müssen etwas eindeutig

Bestimmtes sein und als solches behandelt werden. Im alten Griechenland...«

»Schluß!« schrie meine Mutter. »Eine weitere Lektion ertrage ich einfach nicht. Wir haben genügend andere Probleme. Erstens: Wie vermeiden wir es, ausgeraubt zu werden? Zweitens: Wir sitzen hier fest. Wir können weder zurück noch vor. Was sollen wir tun?«

»Die Russen fragen, ob sie uns mitnehmen«, schlug Rózsi vor. »Es sind Männer.«

»Ja«, erwiderte meine Mutter. »Aus genau diesem Grund können wir sie nicht fragen.« Scharfe Pfiffe setzten unserer Auseinandersetzung ein Ende, und eine Stimme verkündete: »Fahrgäste mit bezahlten Fahrscheinen ab Budapest können in den dritten Waggon steigen.« Wir rannten los. Der dritte Waggon war so voll, daß nicht mal eine Fliege noch hätte aufspringen können. Auf dem Bahnsteig kam es zu einer wüsten Prügelei. Die russischen Soldaten feuerten – in die Luft, wie sich herausstellte, nachdem wir uns alle zu Boden geworfen hatten.

Schließlich wurde noch ein Gepäckwagen für zahlende Reisende geöffnet. Wir kletterten hinein und stolperten über Rucksäcke, Säcke mit Weizen und reparaturbedürftige Maschinengewehre. Wieder ließen wir uns in einer Ecke nieder. Langsam kam Leben in die einzelnen Glieder des Zuges. Er hustete, spuckte, prustete, setzte ein oder zwei Meter nach vorn – und blieb dann wieder stehen.

Die Russen hämmerten gegen die Waggons. »Raus, alle miteinander. Der Zug muß repariert werden. Raus, raus!«

Inzwischen hatte ein kalter, schwerer Regen eingesetzt. Nirgendwo konnte man sich unterstellen. Wir saßen ungeschützt auf dem Bahnsteig – Rózsi und Mutter auf dem Koffer, ich auf dem Boden – und hüllten uns in verschlissene Decken. Binnen zehn Minuten waren die Dekken tropfnaß. Mehr und mehr Leute scharten sich zusammen. Es ging das Gerücht, daß ein Personenzug erwartet werde, der ausschließlich für die Beförderung von Ungarn vorgesehen sei. Mengen, Massen, ja ganze Heerscharen von Menschen schienen in diesen Zug steigen zu wollen.

Noch immer regnete es. In regelmäßigen Abständen stand meine Mutter auf, nahm meine Decke und wrang sie methodisch Stück für Stück aus. Unsere Nachbarn waren darüber sehr ungehalten. »He, ihr da! Wir haben schon genug Regen. Macht nicht noch mehr!« sagte ein Witzbold zu unserer Linken.

Eine zornige Frau zu unserer Rechten beklagte sich: »Ihr macht mich ja ganz naß!« – und erntete eine Lachsalve.

Meine gegen Kritik gefeite Mutter ließ sich nicht beirren und wrang auch Rózsis Decke und ihre eigene aus. Das schien tatsächlich ein wenig zu helfen; eine ausgewrungene feuchte Decke war wahrscheinlich ein besserer Schutz gegen die Elemente als ein tropfnasse Decke.

Nach vielen Stunden kam endlich der erwartete Zug, natürlich kein Personenzug, aber die Ungarn durften einsteigen. In dem nun folgenden Massenansturm wurden wir fast zertrampelt. Ein junges Mädchen fiel tatsächlich auf die Schienen, konnte aber gerettet werden. Als wir drei uns endlich nach vorne zu einer Waggontür vorgekämpft hatten, war der Zug voll, verriegelt, bewacht. »Kein Platz! Kein Platz!« riefen die Leute, die drinnen waren, und scheuchten uns weg.

Wir gingen den Zug entlang und bettelten um Einlaß. Schließlich, ganz am Ende, kamen drei Waggons, auf denen sich Kohle türmte. Oben auf den Kohlebergen hatten es sich etliche laute, bunt gekleidete, verachtete Zigeunerinnen bequem gemacht. »Kommt rauf, kommt rauf!«

riefen sie in ihrem gebrochenen Ungarisch mit dem seltsamen Akzent.

»Kommt rauf!« forderte uns eine auf.

»Geschwind!« rief eine andere.

»Zigeuner bedeuten Glück«, lachte eine dritte.

»Nein«, sagte meine Mutter leise zu uns. »Wir können nicht mit Zigeunern fahren.«

»Warum nicht?« fragte ich. »Sie sehen doch ganz freundlich aus, und sie haben noch Platz da oben.«

»Nein«, sagte meine Mutter. »Sie sind schmutzig, und sie rauben Kinder.«

»Sie tun was?«

»Sie rauben Kinder.«

»Oh, jetzt verstehe ich«, sagte Rózsi, die jede Beherrschung verlor. »Dann sind sie besser als wir Juden. Denn wir essen Kinder. Hast du das nicht in der Zeitung gelesen? Ich schon. Das Lamm beim Passahfest ist in Wirklichkeit der Arm oder das Bein eines christlichen Kindes. Sie verbreiten Lügen über uns. Und über die Zigeuner. Die Zigeuner rauben keine Kinder, und wir essen keine Kinder. Und was den Schmutz betrifft, nun, ich glaube nicht, daß ein Mensch schmutziger sein könnte als wir.«

»Unser Schmutz ist neuer Schmutz, der Schmutz des Krieges«, entgegnete meine Mutter lahm.

»Mir reicht's jetzt«, sagte Rózsi. »Ich klettere rauf.« Aber dieses Unternehmen, zu dem wir uns nur so schwer hatten durchringen können, erwies sich in der Durchführung weit schwieriger als gedacht. An dem offenen Waggon waren zwar Handgriffe angebracht, die das Klettern erleichtern sollten, aber sie waren naß und glitschig. Rózsi reichte meiner Mutter ihre Papiertüte und versuchte, ihren rechten Fuß auf die erste Sprosse zu heben, die jedoch zu hoch war für sie. Sie glitt aus und fiel auf den Boden. Die Frauen über uns kreischten. Wir waren sofort bei Rózsi, die jedoch unverletzt wieder aufstand. »Ich versuch's noch mal«, sagte sie matt – und hatte Erfolg. Die Zigeunerinnen johlten und klatschten. Eine fing an, ihr Tamburin zu schlagen.

»Du gehst als nächste«, sagte meine Mutter, »dann ich.« Wunderbarerweise schafften wir es. Ich lernte etwas Neues: Selbst wenn man vollkommen durchnäßt war, konnte man durch starkes Schwitzen noch nasser werden.

Der Blick vom Boden nach oben war trügerisch gewesen. Die Kohlenhaufen waren übervölkerter und die Sitzmöglichkeiten gefährlicher, als es von unten ausgesehen hatte. Kein Wunder, daß die Russen den Zigeunern diesen Platz überlassen haben, dachte ich. Es waren aber auch Ungarn da, sogar ein paar Männer.

Die Kohle war zu einem spitzen Berg aufgetürmt, in den die Passagiere sich zu beiden Seiten in Viererreihen kleine Sitzvertiefungen gemacht hatten. Mit den Füßen stützten sie sich in den Kohlen ab. Ungeachtet dieser Manöver war der Kohlehaufen keineswegs stabil. Vagabundierende Kohlebrocken rollten herunter; es stand eine Lawine zu befürchten.

»Das ist ja schrecklich«, flüsterte Rózsi. »Es tut mir leid, daß ich darauf bestanden habe.«

»Hast du nicht«, entgegnete ich.

»Bitte«, sagte meine Mutter. »Es war die einzige Möglichkeit. Wir hätten sonst tagelang festgesessen und wären verhungert.« Stück um Stück halfen die Zigeunerinnen uns auf den zweiten Rang des Kohlehaufens hinauf. Es war offensichtlich, daß man uns besondere Aufmerksamkeit schenkte. Warum, wußte ich nicht.

Es regnete und regnete. Der Zug fuhr und fuhr nicht los.

»Essen wir unsere Eier«, sagte meine Mutter. »Jetzt ist der richtige Zeitpunkt dafür.«

»Du mußt deine zuerst essen«, sagte Rózsi schnell, »denn wir haben uns ein kleines Rätsel ausgedacht.«

»Nein, wir essen zusammen«, widersprach meine Mutter.

»Nein«, erwiderten Rózsi und ich in erschrockenem Einklang.

»Du mußt mitmachen, Margit«, sagte Rózsi. »Nur ein kleines Spielchen, das uns aufheitern wird. Verdirb uns bitte nicht den Spaß.«

»Na gut«, willigte meine Mutter ein und aß ihr erstes Ei. Dann rebellierte sie erneut. »Nein, das gefällt mir nicht. Ihr müßt mit mir essen.«

»Margit, sei kein Spielverderber«, sagte Rózsi. »Iß dein zweites Ei, dann erzählen wir dir, worin das Rätsel besteht.«

Anyu gab nach. Als sie fertig war, fragte sie: »Nun, wie lautet dein Rätsel?«

»Das Rätsel ist, daß du rausfinden mußt, wann *wir* unsere Eier gegessen haben«, sagte Rózsi.

Meine Mutter wurde sehr wütend. »Ihr seid ja alle beide so dumm!« schrie sie. »Ich hätte ein Ei essen können, und ihr beiden hättet euch das andere teilen können. Wir müssen sparsam sein! Jetzt darf stundenlang keiner von uns etwas essen!«

Wir schwiegen betreten. Ich wußte zwar nicht, was Rózsi dachte, aber ich wußte, daß meine Mutter im Grunde genommen recht hatte.

Endlich fuhr der Zug los. Ich hörte sein rhythmisches Schu-schu-schu-schu mit gemischten Gefühlen – Angst, alles zurückzulassen, Erleichterung, endlich loszukommen. Und wie immer sprach auch jetzt die Vergangenheit zu mir. »Ist das nicht aufregend?« fragte Iván einmal, als wir am Ostbahnhof zusahen, wie die Züge ein und aus fuhren. Er klang kein bißchen aufgeregt, sondern nur traurig; er hatte mich an unserem freien Nachmittag dorthin mitgenommen, wie jeden Sonntag, seit Éva Hirsch mit dem Zug nach Sárbogárd gefahren war.

Der Druck auf meine Blase weckte mich. Ich stieß meine Mutter mit dem Ellbogen an. »Ich muß mal Pipi.«

»O Gott«, sagte meine Mutter. »Was sollen wir jetzt machen? Das Kind muß Wasser lassen«, sagte sie zu Rózsi.

»Das Kind muß Wasser lassen«, schrie Rózsi der Welt entgegen.

Augenblicklich bildeten sich Komitees. Eine Gruppe riet dazu, mich einfach in die Hose pinkeln zu lassen, da ich ohnehin völlig durchnäßt war. Andere rieten törichterweise dazu, den Zug anzuhalten. Die Zigeunerin auf der Spitze des Kohlenhaufens meinte: »Zieht dem armen Kind die Hose runter, haltet es über die Bordwand und laßt es in Frieden pinkeln.« Ich fand ihren Vorschlag sehr vernüftig, aber es ärgerte mich, daß meine privaten Nöte so breitgetreten wurden.

Wir rutschten bis zum Rand des Aufbaus hinunter. Mutter und Rózsi nahmen jeder einen meiner Arme und hielten mich mit heruntergezogenen Hosen über die Bordwand hinaus. Ich wußte, daß das gefährlich war, aber es kümmerte mich nicht; frohen Mutes bewässerte ich die Welt noch ein wenig mehr.

Rózsi und Mutter zogen mich herein, und mühsam kletterten wir auf unsere Plätze zurück. Kurze Zeit später nickte ich über dem monotonen Rhythmus des fahrenden Zuges wieder ein. Als ich erwachte, standen wir an einer Haltestelle einem russischen Truppenzug gegenüber. Soldaten hingen auf den Waggons wie Trauben an einem Stiel und schrien und johlten auf erschreckende Art und Weise; das gleiche taten die Zigeunerinnen. Auf beiden Seiten machten ein paar Soldaten und einige der Frauen mit dem linken Zeigefinger und Daumen Kreise und stachen mit dem rechten Zeigefinger in diese kreisförmige Öffnung hinein. Das war Zeichensprache, soviel wußte ich, aber was bedeutete es? Und warum entlockten diese Gesten allen außer uns noch wilderes Gelächter?

»Was machen die da?« wollte ich von meiner Mutter wissen.

»Nichts«, antwortete sie. »Verbirg dein Gesicht in meinem Schoß. Sofort.«

»Nein«, sagte ich. »Erklär mir erst, was das bedeutet.« Ich ahmte ihre Geste nach.

»Neiiiin!« schrie meine Mutter und schlug mir auf die Hände. »Um Gottes willen, tu das nicht. O mein Gott.« Sie wurde hysterisch.

»Reiß dich zusammen«, fuhr Rózsi sie an. »Sie muß doch lernen, auf sich aufzupassen. Du mußt es ...«

In diesem Moment wurde der Zug ruckartig angezogen, und Rózsi wurde mitten im Satz unterbrochen. Die russischen Soldaten brachen in gewaltiges Gebrüll aus, und die Zigeunerinnen antworteten ihnen mit ihren aufreizenden Tamburins. Jeder schien vor Energie nur so zu strotzen – bis auf uns drei.

»Was wolltest du sagen?« fragte ich Rózsi.

»Schlaf jetzt«, sagte sie.

»Schlaf jetzt«, wiederholte meine Mutter.

Ich schlief ein. Ich träumte. Wir machen Ferien in Zirkveniza. Wir sind auf einem Segelboot. Ein Sturm kommt auf. Mein Bruder verliert die Gewalt über das Großsegel. Wir kentern. Er schreit um Hilfe. Ich sehe ihn im Wasser auf- und untertauchen. Ich bin drei Jahre alt. Meine Arme sind aus Blei. Er ertrinkt. Schreiend wache ich auf.

»Alles ist gut, alles ist gut«, sagte meine Mutter und nahm mich in den Arm. »Wach auf. Laß mich deine Decke auswringen. Wenn nur dieser Regen endlich aufhören würde, dann ginge es dir bestimmt gleich besser.«

»Anyu erinnerst du dich an Zirkveniza?« fragte ich.

»Natürlich«, antwortete sie. »Warum?«

»Ach nichts. Ich habe nur gerade davon geträumt.«

Ich konnte nicht wieder einschlafen, weil ich völlig durchgefroren war; mir war furchtbar kalt, kälter, als ich es je für möglich gehalten hatte. Die Decke über mir war mit einer hauchdünnen Eisschicht überzogen, die bei jeder Bewegung knisternd zerbrach. Meine Kleider fühlten sich völlig steif an. Auf meiner Haut stand kalter Schweiß, abgesondert von meinem eisschrankkalten Fleisch. Und unter all dem verwandelte sich meine Seele in einen Eisblock, unschmelzbar und hart wie Glas.

Und schlimmer noch, selbst mein Gehirn war wie tiefgefroren, ich war außerstande, den Gedanken an irgend etwas Warmes heraufzubeschwören. Ich wollte mir einen Vulkan vorstellen, aber ich sah nur gefrorene Tundra. Statt eines Waldbrands erschienen hohe, schneebedeckte Berge. Strände im Dezember, weiße Weihnachten, sibirische Stürme und die einzige Alaskapostkarte, die ich je gesehen hatte, tanzten vor meinen tränenden Augen.

»Anyu.« Ich sah meine Mutter an und fing an zu lachen. Über Nacht hatte der Ruß des Rauchs aus der Lokomotive ihr Gesicht mit schwarzen Streifen überzogen. Sie sah aus wie ein Clown auf einer Beerdigung.

»Was gibt es da zu lachen?« fragte sie ärgerlich.

»Sieh dir mein Gesicht an.« Sie tat es und mußte lachen. »Du siehst aus wie ein Schornsteinfeger.« Das war doch mal ein schöner heißer Gedanke! Wir baten Rózsi, uns anzusehen, und sagten ihr, daß sie genauso aussah. Sie lachte. Wir lachten. Wir stießen einander an und lachten immer weiter. Nach einer Weile war die Sache nicht mehr ganz so lustig, aber wir lachten weiter, weil es guttat und weil es uns wärmte.

Der Zug wurde langsamer. Ein unverständliches Wort

sprang von einem Waggon zum anderen. Es klang wie Daradem. Als es endlich auch zu uns kam, nahm es eine Bedeutung an. Debrecen. Debrecen?

»Anyu, wir sind in Debrecen!« rief ich in ungläubigem Erschrecken. »Debrecen, nicht Békéscsaba.«

Meine Mutter zuckte mit den Schultern. »Na und, was gibt es Besonderes in Békéscsaba? Wir mußten aus diesem Bahnhof raus. Der Zug fuhr ab. Also sind wir jetzt in Debrecen.«

Ich drehte mich zu Rózsi um. »Das hier ist Debrecen«, sagte ich.

Aber Rózsi zuckte ebenfalls nur mit den Schultern. »Wo liegt der Unterschied? Kennst du den Rabbi in Békéscsaba?«

Was für eine Frage. Ich kannte nirgendwo einen Rabbi. Die beiden hatten natürlich recht. Es machte keinen Unterschied. Trotzdem fühlte ich mich zutiefst betrogen.

Der Zug hielt an. Zwei junge Männer, die sich während der Reise fast unsichtbar gemacht hatten, erboten sich hinunterzuklettern, um den »Damen« zu helfen.

Der Abstieg war schwierig. Die vielen Menschen und der Regen hatten den Kohleberg instabil gemacht, außerdem waren die nassen Kohlen glitschig. Rózsi versuchte zweimal vergeblich aufzustehen. Jedesmal rutschten ihr die Kohlen unter den Füßen weg, und um nicht hinzufallen, ließ sie sich hart aufs Hinterteil plumpsen. Ich werde nicht lachen, dachte ich. Das ist nicht komisch. Es ist *nicht* komisch. Demütigung ist niemals komisch. Schwäche ist niemals komisch. Unglück ist niemals komisch. Na schön, Iván, na schön. Ich habe ja gesagt, daß es nicht komisch ist.

Schließlich hatten wir alle drei wieder festen Boden unter den Füßen, aber ich spürte immer noch das Schaukeln des Zuges. Ah, endlich konnte ich über Wellen wandeln. Aber ungeachtet dieser Gnade waren meine Augen vor Tränen blind, und ich fühlte mich schmutzig und verängstigt.

»Seht nur«, zischte meine Mutter Rózsi und mir aufgeregt zu. »Seht nur.« Vor uns stand in einer dichten Menschenmenge jemand auf einem Stuhl und rief etwas durch ein Megaphon.

»O Gott«, wisperte Rózsi. »Eine Razzia!«

»Wir haben Papiere«, flüsterte Mutter zurück.

»Ja«, sagte Rózsi. »Aber welche sollen wir vorzeigen?«

»Du hast die jüdischen Papiere. Ich habe die christlichen. Richtig?«

»Ich weiß nicht mehr. Soll ich nachsehen?«

»Nein«, fuhr meine Mutter sie an. »Nein, nicht jetzt. Ich bin ziemlich sicher, daß ich recht habe.« Nachdem sie einige Sekunden nachgedacht hatte, fügte sie hinzu: »Absolut sicher.«

»Du hast recht«, sagte ich, nicht, weil ich mich an die Verteilung der Papiere erinnerte, sondern weil es nur so einen Sinn ergab. Die jüdischen Papiere waren echt; damit würde Rózsi problemlos klarkommen. Die christlichen Papiere waren gefälscht; damit wäre sie niemals fertig geworden. Das wußten wir alle. Also mußte Anyu sie entsprechend verteilt haben.

»Du erinnerst dich ganz genau?« fragte meine Mutter scharf.

Ich holte tief Luft. Wenn meine Überlegungen falsch waren, konnte das unseren Tod bedeuten. »Ja«, nickte ich schließlich. »Ich erinnere mich ganz genau.«

»Na gut«, sagte Mutter. »Dann mischen wir uns jetzt am besten unter die anderen. Wir müssen nach Lage der Dinge entscheiden. Rózsi, du beobachtest mich. Wenn christliche Papiere verlangt werden, ziehe ich sie blitzschnell heraus. Wenn ich nichts tue, zeigst du die jüdischen Papiere vor.«

»Gut«, sagte Rózsi. Wir gingen langsam weiter, spitzten die Ohren und versuchten, die Grundstimmung der Menge auszuloten.

Plötzlich dröhnte von vorne von einer Plattform, die wir bisher nicht gesehen hatten, eine Stimme durch ein Megaphon. »Madame Denés und Madame... Madame Rózsi, Verzeihung bitte, kommen Sie hier herauf.« Aus, vorbei, dachte ich. Egal, welche Papiere blitzschnell hervorgezogen werden, wir sind erledigt.

»Was jetzt?« fragte Rózsi mit brechender Stimme.

»Wir stehen die Sache durch«, antwortete Mutter. »Los.«

Wir schoben uns zur Plattform vor. Die Menge teilte sich, um uns die Stufen hinaufklettern zu lassen. »Madame Denés«, sagte ein rundlicher, kahlköpfiger, kleiner Mann, bevor er sich aus seiner nicht vorhandenen Taille heraus verbeugte. »Was für eine Freude, Sie zu sehen. Und Sie auch, Madame Rózsi. Verzeihen Sie mir, aber obwohl ich mich an Ihr schönes Gesicht erinnere, fällt mir Ihr Nachname nicht mehr ein.«

»Rózsi reicht«, sagte Rózsi kokett. Wahrscheinlich hatte sie vergessen, welcher Name auf ihren Christenpapieren stand. »Ich erinnere mich sehr gut an Sie«, sagte sie zu dem Mann. »Sie haben doch immer bei den Gebrüdern Fischer Spiegel gekauft.«

»Ja, Madame, und Sie waren stets außergewöhnlich freundlich. Rabatte und pünktliche Lieferung. Es macht mich sehr glücklich, daß Sie sich meiner Kampagne anschließen wollen.«

Rózsis Blick schweifte kurz zu meiner Mutter hinüber, die kaum sichtbar nickte. »Vielen Dank«, sagte Rózsi, ohne sich etwas anmerken zu lassen.

»Nun, gehen wir zu den Wagen«, sagte der Mann. Wie aus dem Nichts waren unter der Plattform zwei Fuhrwerke aufgetaucht, gezogen von zwei Pferden, ein längst vergessener Anblick.

Alles in allem stiegen ungefähr fünfundzwanzig Leute auf. Vorn über den ersten Wagen gab es einen Bogen aus Metall, von dem Plakate und kleine ungarische und kommunistische Flaggen herabhingen. Die Fähnchen flatterten im kalten Morgenwind. Es hörte sich an wie beim Drachensteigen längst vergangener Tage.

Unser Gastgeber, Gönner – oder möglicher Mörder – stieg auf den ersten Wagen und setzte sich unter die Flaggen.

»Was machen wir hier?« flüsterte ich meiner Mutter zu.

Sie zuckte mit den Schultern. »Woher soll ich das wissen? Aber was sollen wir machen? Es ist sieben Uhr morgens. Wir kennen uns in der Stadt nicht aus. Diese Leute sind dem Anschein nach keine Nyilas, und sie sind keine russischen Soldaten. Also gehen wir mit ihnen.«

»Und was dann?«

»Das werden wir schon sehen«, sagte sie. »Ich plane nicht weit im voraus.«

»Das habe ich schon bemerkt.«

»Was flüstert ihr da?« flüsterte Rózsi.

»Sie plant nicht weit im voraus«, sagte ich mit normaler Stimme.

»Das habe ich schon bemerkt«, erwiderte Rózsi, und wir brachen beide in Gelächter aus. Meine Mutter reckte ihr bleiches Kinn hochmütig in die Luft; sie sah trotzdem gekränkt aus.

»Tut mir leid«, sagte ich reuevoll. »Du hast das alles sehr gut gemacht.«

»Ja«, stimmte Rózsi mir zu. »Verzeih uns.«

Meine Mutter machte mit ihrer rechten Hand eine mißbilligende Geste. »Das ist kein Leben für einen Menschen. Es ist ja auch nichts zwischen uns. Es ist etwas zwischen der Welt und uns, und ich werde langsam so müde.«

Ihre Worte machten mir angst. »O Anyu«, sagte ich, küßte sie und schmiegte mich an sie. »Bitte, du darfst nicht müde werden.«

Die Wagen hielten vor einem Bauernhof. Eine armselige Zigeunerkapelle – ein Akkordeon, eine Geige und ein Tamburin – kam uns zur Begrüßung entgegen. Unser rundlicher Gastgeber sprang vom Wagen herunter und tanzte durch das Hoftor. Zusammen mit seinem rechtmäßigen Gefolge gingen wir hinter ihm her. Im Haus waren Tische gedeckt, die sich unter der Last der Speisen bogen: Huhn, Schinken, Gans, Schwein, Brot, Bohnen, Zwiebeln, Kartoffeln, Eingelegtes. Seit Apuci fortgegangen war, hatte ich nichts Derartiges mehr gesehen.

»Dürfen wir auch essen?« fragte ich meine Mutter flüsternd.

»Aber sicher. Was glaubst du, warum wir hergekommen sind?« erwiderte sie und nahm, um Jahre jünger als noch vor ein paar Minuten, ihr komisch-hochmütiges Gehabe wieder an. »So«, sagte sie zu Rózsi, »war es das Spielchen wert?«

Rózsi verneigte sich vor ihr. »Du bist ein bedeutender Wesir, und ich werde mich in Zukunft stets klaglos deinen Befehlen beugen.«

Mich quälte jedoch ein kleiner, aber sehr zäher Gedanke: »Was wird das kosten, und wer wird es bezahlen?«

»Keine Sorge«, antwortete meine Mutter. »Ich glaube nicht, daß es etwas kosten wird. Ich denke, wir können uns anschließend in Ehren wieder zurückziehen. Und das sogar mit vollem Bauch. Nicht schlecht, wie?«

Rundlicher Glatzkopf hielt eine Rede. Alle applaudierten. Wir wurden aufgefordert zuzulangen. »Und einen gesunden Appetit wünsche ich noch. Ein Hoch auf die Gastgeber. Lang lebe Ungarn. *Proszit.* Hoch die Tassen.«

Nach der Mahlzeit verkündete der Kandidat: »Jeder Bezirk, der mich unterstützt, möge sich bitte identifizieren, damit unsere Gastgeber wissen, wem sie dieses außerordentliche Festmahl haben zukommen lassen.«

Ein Mann, der zu einem Drei-Personen-Komitee gehörte, stand auf. »Herr Kandidat, geehrte Gastgeber«, begann er. Der Rest seiner Worte ging im Hämmern meiner Schläfen unter. Jetzt stand eine Frau auf, dann wieder ein Mann. Lauter Stehaufmännchen.

Schließlich hatte nur ein einziges Dreierkomitee sich noch nicht zu Wort gemeldet. Alle Augen ruhten auf uns. »Madame Dénes«, sagte der Kandidat, »bitte, stehen Sie auf. Sie sprechen für Budapest.«

Meine Mutter stand langsam auf. Ihre Wangen waren dunkelrot. »Nein, Herr Kandidat«, sagte sie mit ruhiger Stimme. »Wir repräsentieren niemanden. Wir sind Ihre persönlichen Gäste. Sie haben uns auf dem Bahnsteig im Bahnhof von Debrecen eingeladen, mit Ihnen zu kommen, und wir haben die Einladung gern angenommen. Wir kennen Sie schon seit vor dem Krieg als ehrenwerten Mann. Wir fühlen uns ...« Sie zögerte.

»Geehrt«, flüsterte ich.

»Geehrt, als die Gäste auserwählt worden zu sein, die zeigen, daß Sie nicht nur ein Politiker sind, sondern auch ein Mensch, dem wahres Leben und Freundschaft etwas bedeuten.«

Donnernder Applaus. Noch so eine Rede, und sie würden *sie* wählen, nicht ihn. Jedenfalls war meine Mutter wunderbar. Sie hatte uns wieder einmal gerettet.

»Genossin Dénes«, sagte der Kandidat. »Ich hatte gehofft, daß Sie genau das sagen würden, was Sie gesagt haben. Nämlich die Wahrheit – daß meine ganze Sorge dem Wohlergehen jedes einzelnen gilt. Ich danke Ihnen sehr. Ich danke Ihnen für Ihre Zeit und Ihre Mühe. Und wie ich versprochen habe, wird eine Kutsche Sie sofort nach Debrecen zurückbringen. Ich weiß ja, daß Ihre Zeit begrenzt ist und daß Sie Ihren Zug erreichen müssen.«

»So ist es«, sagte meine Mutter und nickte heftig. »Sofort. Ich danke Ihnen sehr. Leben Sie wohl. Leben Sie wohl.«

Der Kutscher ließ die Pferde lostraben. »Zum Bahnhof«, sagte er. Es war nicht direkt eine Frage.

Am Ziel bemerkte der Fahrer vielsagend: »Nehmen Sie einen Zug. Heute noch.«

Wir nickten und bedankten uns für die Fahrt. Als wir erst im Bahnhofsgebäude drinnen waren, prusteten wir los und stießen einander an wie Schulmädchen. Erstaunlich, was ein voller Magen so alles bewirken kann, uns war regelrecht schwindlig. Ausnahmsweise einmal hatten wir aus einer Sache Vorteil geschlagen, statt immer nur die Dummen zu sein.

Rózsi wirbelte herum und fragte übermütig: »Also, was ist für heute abend geplant, Margit? Zum Ball bei Hofe?«

»Laßt uns besser wieder auf den Boden der Tatsachen zurückkommen«, meinte meine Mutter. »Es ist jetzt Spätnachmittag. Ich glaube nicht, daß wir nachts reisen sollten; das ist viel gefährlicher als tagsüber. Hier im Bahnhof können wir aber auch nicht bleiben. Die Russen veranstalten regelmäßig Razzien auf allen Bahnhöfen. Da passieren schlimme Dinge, vor allem den Frauen. Ich glaube, wir sollten hier in der Stadt irgendwo Unterschlupf suchen.«

»Aber wie?« fragte Rózsi. Ihre gute Laune löste sich in Luft auf.

»Magda«, sagte meine Mutter zu mir, »du bleibst auf dem Gepäck sitzen. Wenn sich jemand Verdächtiger nähert, brüll so laut du kannst und schrei um Hilfe.« Dann wandte sie sich an meine Tante. »Du, Rózsi, wirst in die eine Richtung gehen und ich in die andere. Wir müssen irgendwelche Juden finden, die uns erklären können, woran wir hier in Debrecen sind.«

»Bist du übergeschnappt?« fragte Rózsi. »Wie soll ich denn Juden finden? Ich kann die Leute doch schlecht nach ihren Papieren fragen!«

»Such nach den Auffälligsten. Große Nasen. Spuren ausgerissener Sterne. Lockiges rotes Haar. Du weiß schon. Finde irgendwelche Juden.«

»Du hat den Verstand verloren. Ich werde nicht nach Juden suchen. Weiß gar nicht, wie ich das machen sollte!« schrie Rózsi. Langsam erregten wir die Aufmerksamkeit der Umstehenden.

Eine magere junge Frau mit gelocktem roten Haar und ein junger Mann in Armeestiefeln kamen auf uns zu. Hinter ihnen schlenderte ein weiterer junger Mann heran, mit Verbänden um den ganzen Kopf. Unter seinem Kinn war ein Stück lockerer Gaze zu einer Schleife gebunden.

»Ihr wollt Juden?« fragte der junge Mann in Armeestiefeln, im Grunde genommen noch ein Junge, streitlustig. »Ihr habt sie gefunden. Ihr wollt uns verhaften? Uns foltern? Uns töten? Das ist vorbei. Vorbei. Ihr Nyilasabschaum, ihr Nazis. Wir sind befreit worden. Jetzt treten wir euch!« Sein Gesicht war puterrot angelaufen.

Menschen scharten sich um uns. Unter leisem Gemurmel bildeten sich Fraktionen. »Dieser dreckige Jude! Beleidigt unsere patriotischen Schwestern«, kam es von dem einen Ende. »Soll er die Nazischlampen doch töten!« kam es von irgendwo anders.

Plötzlich trat Rózsi vor den jungen Mann hin, so dicht, daß sich ihre Nasen beinahe berührten. »Halt die Luft an, mein Sohn«, flüsterte sie. »Wir sind auch Juden, du hast uns mißverstanden. Wenn es hier losgeht, werden sie dich und mich als erste niederschlagen. Also beruhig dich und laß uns versuchen zu überleben.«

Der Junge wirkte verdattert, ließ sein Brüllen aber sein. Der junge Mann mit den Verbänden kam näher.

»Alles in Ordnung, Sandor?« fragte er seinen Freund. Der Junge nickte. »Alles in Ordnung, hört ihr«, wandte sich der Bandagierte an die Umstehenden. »Es ist vorbei. Nur ein Familienstreit. Hier gibt's nichts mehr zu gaffen. Geht nach Hause, euer Eintopf brennt an. Die Menge zerstreute sich.

»Seid ihr wirklich Juden?« fragte das rothaarige Mädchen, das bisher geschwiegen hatte.

»Natürlich«, erwiderte Rózsi. »Wir suchen bei irgendwelchen Juden Unterschlupf für die Nacht. Wir sind fremd hier.« Ihre Stimme verlor sich; daß wir außerdem furchtbar verängstigt waren, fügte sie nicht hinzu.

Sie wußten von einer jüdischen Unterkunft für Kinder, die jedoch keine Erwachsenen aufnahm. Anyu fragte nach der Adresse und ließ sich den Weg beschreiben. Ich ahnte, was auf mich zukam, daher begann ich zu betteln: »Bitte, laß uns nicht dorthin gehen. Welchen Sinn hätte das schon? Sie werden uns nicht aufnehmen. Laßt uns eine andere Möglichkeit suchen. Wir können andere Leute fragen. Bitte, bitte, laßt uns nicht dorthin gehen.«

»Wir wollen es uns nur ansehen, nur der Information halber«, sagte meine Mutter, aber ich wußte, daß sie log. Schon wieder wollte sie mich »in Sicherheit« bringen, was bei ihr bedeutete, daß ich abgeschoben, zurückgelassen, in ein Regal gestellt wurde, wo ich außer Gefahr war und ihr keine Sorgen mehr machte.

Ich bin das Kind, dachte ich, ich bin der Kopfschmerz, das Hinken, das Stottern, das Überzählige, das Joch und die Härte ihres schweren Lebens. Wenn ich nur nach Amerika gehen könnte. Oder einfach verschwinden.

Wenn ich nur aus ganzem Herzen sagen könnte: »Ich will dich auch nicht haben.«

Die besagte Unterkunft erwies sich schließlich als ein baufälliges Haus, in dem zwei miteinander verbundene Räume im Erdgeschoß für jüdische Kinder bereitstanden.

Eine Frau, die mich an Dora néni aus Tb-Zeiten erinnerte, begrüßte uns. Mit einem Lächeln, das große, bedrohliche Zähne aufblitzen ließ, sagte sie ohne jede Vorrede: »Das Kind kann bleiben. Sie müssen gehen.«

»Aber«, sagte meine Mutter, »aber ...«

»Hier gibt es kein Aber«, unterbrach sie die Frau. »Das sind die Regeln. Wir nehmen Kinder auf. Keine Erwachsenen, niemals. Keine Ausnahmen.«

»Aber ...«, wiederholte Rózsi laut.

Ich hätte der Frau um den Hals fallen können. Ihr Verhalten verärgerte meine Mutter und meine Tante vielleicht so sehr, daß sie von der Idee abkamen, mich hier zu lassen.

»Was für ein Aber gibt es da noch? Ich habe Ihnen die Regeln genannt«, sagte sie und drohte Rózsi mit dem Zeigefinger.

Von allen Rothaarigen, die ich je gekannt habe, war Rózsi die einzige, die dem sagenhaften Ruf der Rotschöpfe wirklich gerecht wurde. Wenn sie die Geduld verlor, war das schlimmer als Gottes schlimmstes Gewitter, dem selbst er einen versöhnlichen Regenbogen hinterherschickt. *»Kuss!«* sagte sie zu der Frau und stellte sich auf die Zehenspitzen. *»Kuss!«* – »Schnauze!« – ist die einzig angemessene Übersetzung für dieses aggressive und vulgäre Wort.

Zu meiner Verzweiflung stellte sich heraus, daß die Frau sofort buckelte, wenn sie auf entschiedenen Widerstand traf. »Was genau möchten Sie denn wissen?« fragte sie Rózsi mit leicht zittriger Stimme. Ich hörte nicht mehr zu.

Der Raum schien bis zum Äußersten seines Fassungsvermögens mit Kindern – in meinem Alter und jünger –

angefüllt zu sein. Es gab Etagenbetten – was sonst? –, Wiegen, Babytragen, Kinderkörbe und Decken auf dem Fußboden. Überall schliefen Kinder, weinten, saugten, aßen, machten Pipi. Ich zog meine Mutter am Arm. Sie reagierte nicht. Ich zog noch mal.

»Hör auf, an meinem Ärmel zu zerren!« fauchte sie. »Das ist ungezogen! Du siehst doch, daß ich mich unterhalte.«

Ich befand mich ohne Aussicht auf Hilfe in der Obhut einer Wahnsinnigen. Sie sprach von Manieren; ich dachte ans Sterben. »Nun, dann warte ich eben, bis du Zeit hast«, sagte ich und ließ mich auf den Boden nieder.

»Steh auf!« sagte sie. »Steh auf. Du benimmst dich unmöglich. Bedank dich bei der Frau. Sie wird dir etwas zu essen geben und sich heute nacht um dich kümmern.«

Ich tat nichts.

»Steh auf!« schrie sie. Ich blieb sitzen. Sie fing an, an meinem Arm zu zerren.

»Hör auf, an meinem Ärmel zu zerren«, sagte ich. »Das ist sehr ungezogen.«

Sie ließ sich bis auf Höhe meines Ohrs herunter. »Du bist verrückt geworden«, flüsterte sie zornig. »Du bist rücksichtslos und selbstsüchtig und gemein. Du bist wie dein Vater Gyula. Dir ist es egal, ob du Rózsi und mich in Gefahr bringst, dir sind alle Menschen einfach egal.«

Das Joch rebellierte. Mit einem Aufschrei, dessen Klang Engel erbeben lassen würde, zog es ein Maschinengewehr aus seinem zerbeulten Koffer, spannte den Hahn und erschoß Mutter, Rózsi, die Frau, sämtliche Kinder, zwei oder drei Leute, die ein Stück weiter weg Suppe kochten, die vier nackten Birnen, die den Raum beleuchteten, und kroch in der darauffolgenden Dunkelheit durch das Fenster, um zum Mond zu fliehen und seinen Bruder zu treffen, der aus schwarzen Wellen emporgestiegen war.

»Ja, Mutter«, sagte ich. »Es tut mir leid, daß ich böse war. Ich bleibe hier.« Im stillen fragte ich mich, was Rózsis Auseinandersetzung mit der Frau mich kosten würde.

Sie kostete mich gar nichts. Die Frau war fair. Sie bot mir Erbsensuppe an, die ich ablehnte. Sie zeigte mir eine Ecke mit einer Decke, wo ich schlafen konnte, wofür ich sehr dankbar war, vor allem, weil es sich um eine Ecke handelte. In der Nacht fuhr ich immer wieder aus demselben Alptraum hoch. Ich lief davon. Ich stolperte. Ich fiel in den Matsch. Als ich aufstehen wollte, drückte mir jemand den Kopf runter. Ich versuchte, um Hilfe zu schreien, aber es kam kein Laut. Ich wachte auf. Ich schlief ein. Wieder träumte ich und wieder und wieder. Gegen Morgen wünschte ich, es gebe keine Nächte. Vielleicht wünschte ich mir noch Schlimmeres, aber das mochte ich mir selbst nicht eingestehen.

Ich erwartete kaum, daß sie wiederkommen würden, aber sie kamen um sechs Uhr früh. Ich war seit über zwei Stunden fertig. Mein Gesicht war gewaschen, mein Haar gekämmt, meine Zähne waren sauber – mit einem in Seifenlauge getauchten Zeigefinger gerubbelt. »*Szervusz*, Mutter. *Szervusz*, Rózsi. Ich bin so froh, daß ihr mich holen kommt. Vielen, vielen Dank.«

»Nun«, sagte meine Mutter. Oh, ich kannte dieses »nun« so gut! Es klang nach Unglück und Katastrophe. »Genaugenommen sollst du den Vormittag über noch hierbleiben. Wir müssen einen Zug finden, der vom hiesigen Bahnhof abgeht, aber viele Züge eignen sich nicht für Kinder. Ich muß sehen, was sich machen läßt. Du mußt bleiben, bis ich eine Lösung gefunden habe.«

»Ihr wollt mich wieder allein lassen?« fragte ich.

»Nur für kurze Zeit.« Sie streichelte mir den Kopf. »Iß dein Frühstück. Wir sind bald wieder da.«

»Rózsi!« schrie ich auf.

Rózsi wandte erst den Blick ab, sah mich dann jedoch wieder an. »Margit hat hier das Sagen«, meinte sie achselzuckend.

Zum Frühstück bot die Frau mir Erbsensuppe an. Ich lehnte ab. Genaugenommen war mir übel. Ich wünschte mir sehnlichst, mich auf mein Federbett niederlegen zu dürfen – in meinem alten Zuhause voller Wohlstand und Überfluß, wo es mehr Diener als Familienmitglieder gegeben hatte.

In dem Zug, den wir dann endlich Richtung Békéscsaba bestiegen, fuhren wir in einem gewöhnlichen Güterwagen mit ziemlich sauberem Stroh auf dem Boden. Er war nicht überfüllt, was neue bange Fragen heraufbeschwor. Waren wir zahlreich genug, um sicher zu sein? Hatten die Ungarn in dem Waggon vielleicht keine Skrupel, über zwei schutzlose Frauen und ein Kind herzufallen? Würden marodierende russische Soldaten uns alle töten? Wo war der Punkt, an dem alles ausbalanciert war? Dreht sich die Sicherheit immer auf einer Nadelspitze, auf der unzählige Engel tanzen?

Nichts geschah. Es regnete, aber unser Güterwagen hatte ein Dach. Wir waren trocken, nicht allzu hungrig, und die Kälte ließ sich ertragen. Stroh isoliert gut. Es roch sogar gut.

In Békéscsaba gingen wir direkt zu einer jüdischen Organisation, deren Namen und Adresse meine Mutter in der Unterkunft in Debrecen erfahren hatte.

Ich zuckte innerlich ungefähr siebzehnmal die Achseln und sagte mir: Es ist mir egal, ich laufe weg, ich sterbe einfach, es ist mir egal – bevor ich zu fragen wagte: »Ist das wieder eine Unterkunft für Kinder?«

»Nein«, antwortete meine Mutter. »Nur eine Zwischenstation. Dort werden wir Informationen und heiße Suppe bekommen und auch erfahren, wo wir für die Nacht unterkommen können und wo wir am besten unsere Sachen verkaufen.«

Auf unserem Fußmarsch wurden wir wieder tropfnaß, mitsamt unseren Decken und unserer sonstigen Habe.

Die »Zwischenstation« war tatsächlich eine Unterkunft, und zwar eine bis zum Bersten überfüllte. Überall saßen, standen, hockten oder lagen Leute. Sie atmeten, schwitzten, niesten, seufzten, husteten, furzten. Die Luft war schwer von Ausdünstungen, die in ihrer Konzentration beinahe Farbe annahmen, grün wie Galle.

»Hör mit diesem Gewimmer auf«, antwortete meine Mutter auf nichts, was ich gesagt hätte. »Natürlich lasse ich dich nicht allein. Das habe ich nie getan. Ich habe meine Kinder immer bei mir behalten. Vielleicht war das mein großer Fehler.«

Ich blickte zu ihr hoch, in ihr Gesicht. Lag darauf der Ausdruck eines neuerworbenen Sinns für Galgenhumor? War sie über Nacht verrückt geworden? Ich konnte es nicht sagen, aber mein Blut erstarrte. Was war, wenn ihre Lügen von jetzt an als Tatsache akzeptiert werden mußten? Was, wenn sie die Wahrheit genauso wie mich zwischen Daumen und Zeigefinger zermalmen konnte? Was, wenn die Wahrheit lediglich in der Macht einer Person oder vieler Personen über eine andere bestand? Was, wenn das, was ich wußte, nichts war ohne einen Zeugen? All meine Zeugen waren tot. Wie wird Wahrheit bewahrt? In einem ausgeblasenen Ei? In einer Schatulle? In der Flamme einer Fackel? Tief unten verborgen in einem Grab? Wo versteckt man Wahrheit, um sich ihrer sicher sein zu können? Und wann breitet sie ihre ewigen goldenen Schwingen aus, damit alle sie sehen können?

»Was tun wir jetzt?« fragte ich meine Mutter.

»Nun, ich habe gehört, ein paar Meilen weiter gebe es

einen Bauern, einen Gutsbesitzer. Na ja, zumindest gehört ihm viel Land. Er hat viele Pächter, die wahrscheinlich Stoff gegen Lebensmittel eintauschen würden. Der Bauer und seine Frau sind angeblich sehr barmherzig, fromme Katholiken. Sie nehmen uns vielleicht für ein oder zwei Tage auf. Die Sache hat jedoch einen Haken. Bisher haben sie noch niemanden dorthin geschickt, weil niemand gültige Christenpapiere hatte.«

Ich drehte mich schockiert zu Rózsi um. »Na und«, sagte meine Tante achselzuckend.

Als wir aufbrachen, war es fünf Uhr nachmittags. Man hatte uns gesagt, wenn wir querfeldein gingen, würden wir das Haupthaus in zwei Stunden erreichen. Das war vielleicht eine korrekte Schätzung für Infanteristen in guter Verfassung; wir allerdings blieben schon nach dreißig Minuten stecken. Der Boden war so schlammig, daß unsere Füße bei jedem Schritt knöcheltief einsanken. Die Felder verdunkelten sich, und es fing wieder an zu regnen.

»Ich schaffe es nicht«, sagte meine Mutter. »Ich setze mich hin und ruhe mich aus. Ihr kommt mich morgen früh holen.«

»Mach jetzt keine Szene!« schrie Rózsi sie an. »Hoch die Füße. Eins, zwei, drei.«

»Ich kann nicht!«

»Sieh sie dir doch an«, sagte ich zu Rózsi. »Ihr hängt schon die Zunge zum Hals raus.«

Rózsi wandte den Blick ab. »Es ist mir egal, wie sie aussieht. Sie muß weiter. Eins, zwei, drei, eins, zwei, drei, los, marsch.«

Meine Mutter schleppte sich im Schneckentempo weiter.

Wir erreichten den Hof in Pusztaótlaka erst nach Mitternacht. Er lag dunkel da. Wir wagten es nicht, direkt anzuklopfen, aber etwas Lärm zu machen trauten wir uns schon. Ein Licht ging an, erst in einem Zimmer, dann in einem zweiten. Wir hörten schwere Schritte, dann wurde die Haupttür einen Spalt breit geöffnet. Ein Mann, der sich später als Herr Zsiros, der Bauer, entpuppte, streckte die Nase raus. »Was wollt ihr zu dieser Stunde? Seid ihr von der Polizei?«

»Nein, gnädiger Herr«, antwortete Rózsi. »Wir sind Flüchtlinge aus Budapest. Wir frieren und haben Hunger. Wir haben ein zehnjähriges Kind bei uns. Wir brauchen Essen und ein Dach überm Kopf. Wir haben in der Stadt gehört, daß Sie ein guter Christ sind, barmherzig und gütig, wie wir Christen alle sein sollten. Nur sind wir in diesem Augenblick die Bittsteller.«

Meine Mutter wollte Rózsi wohl einen Tritt versetzen, um ihr einen Dämpfer zu verpassen, aber statt dessen erwischte sie mich am Schienbein. »O Gott!« rief ich aus.

»Kommt rein, kommt rein«, sagte Herr Zsiros und öffnete die Tür. »Ich habe von Leuten wie euch gehört. Gute Familien, die hungernd das Land durchstreifen. Dieser irrsinnige Krieg, dieses sündige Budapest. Kommt rein.«

Wir dankten ihm aus den Tiefen unserer sündigen, jüdischen Budapester Herzen.

Der Mann führte uns in eine sehr große Bauernküche. In der Mitte stand eine stämmige, hübsche Frau, älter als meine Mutter, in einem dicken Flanellmorgenrock. Ihr Gesicht wirkte freundlich, ihren kornblumenblauen Augen entging nichts.

»Bitte, kommt rein», sagte sie. »Ihr müßt nasser als die Fische sein. Zieht eure Mäntel und die anderen Sachen aus und legt sie da in die Ecke.«

Sie zeigte nach links, wo ein großer, kamelhöckriger Lehmofen stand. So einen Ofen hatte ich bisher nur in Kinderbüchern gesehen. Er war sandfarben, mit einem rosigen Schimmer, der von dem lodernden, prasselnden Feuer in seinem Innern kam. Was meine Bilderbücher allerdings nicht hatten vermitteln können, war die gewaltige Hitze, die er verströmte. O verehrungswürdiger Ofen, ich grüße dich.

»Das ist Frau Zsiros«, sagte Herr Zsiros matt. Ohne zu zögern machte ich einen Knicks. Es war ein allgemeiner Knicks, der dem Ofen genauso galt wie Frau Zsiros.

»Guten Abend, guten Abend«, sagten Rózsi und Anyu abwechselnd. »Ich bin Frau Dénes, und das ist meine Schwester, Frau Balázs.« Aha, die Christenpapiere! »Und meine kleine Tochter Magduska.« Ich fühlte mich zu einem neuerlichen Knicks verpflichtet.

»Zieh dir auch Socken und Schuhe aus«, sagte Frau Zsiros zu mir. »Am Ofen sind sie in Null Komma nichts wieder trocken.« Ich tat wie geheißen, doch zu meiner Verlegenheit fing ich an, heftig zu zittern. Ich wußte nicht, warum. »Das Kind ist ja völlig erschöpft«, sagte Frau Zsiros. »Die Kleine braucht ein heißes Bad, was zu essen und ein Bett. Herr Zsiros«, sagte sie und sah ihren Mann an, »ich finde, wir sollten die Holzwanne in die Mitte der Küche ziehen und mit heißem Wasser füllen.«

Mich befremdeten die Aufmerksamkeit und die Bevorzugung, mit der ich behandelt wurde. Schließlich war doch meine Mutter die völlig Erschöpfte. Warum sollte ich da zuerst baden? »Meine Mutter«, sagte ich unwillkürlich. Frau Zsiros verstand. »Deine Mutter kann warten«, sagte sie. »Sie ist erwachsen. Wir kümmern uns immer zuerst um die Kinder. Nicht wahr?« fragte sie.

»Natürlich, immer«, nickte meine Mutter.

»Immer«, kam das Echo von Rózsi.

Jawoll, immer. Ich war unfair; manchmal kam ich tatsächlich an erster Stelle. *In extremis.*

Frau Zsiros verbannte ihren Mann aus der Küche, und

die Frauen badeten mich in heißem, duftendem Wasser. Es war, als wäre ich wieder zu Hause mit meinem Fräuli. Als würde ich verwöhnt, gepudert und von allen mein kleiner Schatz genannt. Ich fing an zu weinen.

»Tut dir irgend etwas weh?« erkundigte sich Frau Zsiros besorgt. »Hast du dir bei diesem langen Marsch irgend etwas gefangen?«

Ich schüttelte den Kopf. »Es ist nur der Dampf«, antwortete ich. »Der Dampf treibt mir die Tränen in die Augen.« Ich wußte, was ich sagte, klang dumm.

»Das geht mir auch manchmal so«, sagte Frau Zsiros. »Vor allem, wenn ich sehr müde bin.«

Ich weinte noch ein wenig weiter und versuchte immer noch, es zu verbergen. Frau Zsiros brachte mich ins Bett – in Vertretung meiner Mutter, die dazu zu müde war. Alles um mich herum war sauber, trocken, flauschig und gefüllt mit Daunen von hofeigenen Gänsen. Warum versetzte mir trotzdem jede Bewegung in all dieser Weichheit einen Stich ins Herz?

Als ich ziemlich spät am nächsten Morgen aufwachte, herrschte in der Küche schon geschäftiges Treiben. Rózsi, Mutter und Herr Zsiros aßen am Tisch; Frau Zsiros stand am Herd und kochte.

»Guten Morgen, faules kleines Fräulein«, sagte Frau Zsiros. »Weißt du, was ein *lángos* ist?«

»O ja«, sagte ich. »Irma, unsere alte Köchin, hat früher welche gemacht. Aber sie hat immer gesagt, daß ein richtiges *lángos* in einem Buckelofen gebacken werden müsse.« Ich hielt abrupt inne. Hatte ich mich verplappert? Konnte Irma Teil der Christenausweis-Geschichte sein? Ich konnte mich nicht erinnern. Hatte ich uns verraten? Vorsichtig sah ich meine Mutter an.

»Ja«, sagte sie. »Darüber hat Irma sich immer beklagt. Wie seltsam, daß du dich daran erinnerst.«

»Ihr hattet vor dem Krieg also eine Köchin?« fragte Herr Zsiros. »Was war denn dein Mann von Beruf?«

»Du hast uns mißverstanden«, sagte meine Mutter lachend. »Ich hatte eine Freundin, die für ein paar reiche Leute gekocht hat. An ihren freien Tagen kam sie zu uns und hat für uns gekocht, weil sie das besser konnte als ich. In unserer Familie haben wir sie im Scherz immer ›unsere Köchin‹ genannt.«

»Ah«, sagte Herr Zsiros und verlor das Interesse. Ich sah Frau Zsiros an und spürte förmlich, wie ihre blauen Augen wie eine Registrierkasse Informationen addierten.

Wie soll man *lángos* erklären? Es war eine mittelgroße, gedeckte Pizza mit Ziegenkäse und Dill in einem pizzalosen Land zu einer pizzalosen Zeit. Ich aß zwei davon und wartete auf eine dritte, als Frau Zsiros sich am Ofen verbrannte und schrie: »Heiliger Jesus!«

»Heiliger Jesus, unser Vater, der du bist im Himmel, segne uns«, sagte Rózsi und bekreuzigte sich. Alle im Zimmer hoben überrascht den Kopf.

»Ihr seid also gute Katholiken?« fragte Frau Zsiros, als sie Butter auf ihre Hand strich.

»So ist es«, bestätigte Rózsi.

»Nein, das stimmt nicht«, widersprach ihr meine Mutter und holte tief Luft, »unsere Mutter war Protestantin, unser Vater Katholik. Die Kinder wurden aufgeteilt. Ich übernahm den Glauben meiner Mutter, Rózsi den unseres Vaters. Aber wir sind trotzdem ganz gut zurechtgekommen.«

Brillant, dachte ich, meine Mutter ist die Größte. Aber, lieber Gott, was soll ich denn nun sein? Egal, ich bin sicher, sie wird sich was ausdenken, wenn dieses Thema zur Sprache kommen sollte.

»Macht ja nichts«, sagte Frau Zsiros. »Wir sind alle Gottes Kinder.«

Auch Juden? hätte ich schrecklich gern gefragt.

Die Tage verstrichen. Wir wurden gut ernährt und fühlten uns sehr sauber. Sie gaben uns Zahnbürsten und Zahnpasta, ja sogar eine Nagelbürste. Wir durften wieder sein, was wir früher waren, vorausgesetzt, wir taten so, als seien wir damals etwas ganz anderes gewesen. Was für ein Durcheinander. Was für eine Entwürdigung.

Mutter und Rózsi machten sich an ihre Arbeit und gingen feilschen. Ich blieb mit Zsiros néni in der Küche. Sie kochte. Ich las ihr aus ihren Lieblingsbüchern vor, beliebten Romanen aus Vorkriegszeiten. Zuerst zögerte ich, aber dann kam ich langsam in Schwung – nicht mit dem bösartigen Unterton, den ich vor Jahrhunderten bei meinen Großeltern an den Tag gelegt hatte. »Du bist ein bemerkenswertes kleines Mädchen«, sagte Zsiros néni.

»Weil ich gut lesen kann?«

»Deshalb und aus anderen Gründen. Ich habe eine kleine Enkelin in deinem Alter. Sie ist immer noch Wachs. Du bist bereits Eisen. Du wirst Eisen bleiben. Was sie werden wird, weiß ich nicht.«

Jawoll, das bin ich, Eisen. Sie haben mich durchschaut, Zsiros néni.

Danach war ich ihr gegenüber vorsichtig, weil ich befürchtete, daß sie mein gebrochenes Herz doch nicht richtig durchschaut hatte.

Schließlich hatten Rózsi und Mutter den ganzen Stoff für Dutzende von Eiern, Schinkenstücke und Salami, kiloweise Zucker, Mehl und Tee eingetauscht. Es war Zeit, nach Hause zu fahren. Meine Mutter nahm mich beiseite. »Nun, du wirst das einsehen müssen«, fing sie an. »Hör mir genau zu. Es ist in deinem besten Interesse, daß ...«

»Hör auf«, unterbrach ich sie. »Wie lange willst du mich allein lassen? Ein Jahr? Einen Monat? Für immer? Es ist mir im Grunde genommen egal. Ich will es nur wissen.«

»Du verstehst mich falsch. Ich lasse dich nicht allein…«

Ich unterbrach sie abermals. »Toll. Du läßt mich nicht allein. Dann soll ich jetzt meine Sachen packen gehen, stimmt's?«

»Nun, ja, ich lasse dich nicht allein, es ist nur so, daß…«

»Einen Moment mal. Soll ich nun mit dir und Rózsi gehen? Ja oder nein?«

»Nun, es ist eine komplizierte Situation. Ich denke nur an dich und…«

»Ja oder nein?«

»Nein. Weißt du, du bist wirklich genau wie dein Vater. Gemein und unvernünftig. Kleiner Gyula. Gyulaska. Ich tue das für dich. Du hast wahrscheinlich fünf Pfund zugenommen, seit wir hier sind. Ich möchte, daß du noch mal fünf zunimmst. Du hast Tuberkulose. Es ist wichtig, daß…«

»Ich bin wieder gesund.«

»Du hast Tuberkulose und…«

»Ich bin wieder gesund.«

»Du hast…«

Ich drehte ihr den Rücken zu. Als sie fertig gepackt und bereit zum Gehen waren, schrie meine Mutter zu mir herüber: »Kriege ich keinen Kuß zum Abschied?«

»Was?« schrie ich zurück. Sie wiederholte ihre Frage. »Was?« schrie ich abermals. Wir hätten das wahrscheinlich noch ein paar Runden lang durchgestanden, wäre nicht Zsiros néni eingeschritten.

»Kinder, die es nicht gewöhnt sind, allein gelassen zu werden, sind leicht gekränkt«, sagte sie zu meiner Mutter. »Akzeptieren Sie's, und fahren Sie einfach los.«

Vielen Dank, Frau Wachs-Eisen-Zsiros. Große Erkenntnis. Tolle Einsicht. Idiotin. Deine wissenden Augen sind blind. Wir belügen dich. Nichts, was uns betrifft, ist wirklich. Wir sind zwielichtige Trickbetrüger, wir sind Falschspieler im Roulette des Lebens.

Tage verstrichen, vielleicht Wochen oder Jahre. Ich hatte keinen Kalender und keine Uhr. Ich maß die Zeit in Schmerzenseinheiten.

Eine bleiche Sonne erschien, das Zeichen eines kranken Himmels, der langsam auf dem Weg der Besserung war. Zsiros néni ermunterte mich, draußen zu spielen. Gehorsam setzte ich mich auf einen Felsbrocken und betrachtete den Boden. Sie rief mich zum Essen hinein. Ich saß auf einem Stuhl und betrachtete meinen Teller. Nachts betrachtete ich die Decke. Zsiros néni sagte, ich sähe spitz aus. Sie meinte auch, ich sollte mir keine Sorgen machen. Meine Mutter würde mich bald holen kommen. Woher wollen Sie das wisen? hätte ich sie am liebsten gefragt. Sind Sie in letzter Zeit mal mit der Eisenbahn gefahren? Aber ich sagte nichts. Ich fühlte mich wie mit Watte ausgestopft; sie verklebte mir das Gehirn, trocknete mir die Zunge und bescherte mir einen sauren Geschmack im Mund.

Schließlich kam eine der Zsiros-Töchter mit Ehemann und Kind zu Besuch. Sie hatten einander Monate nicht gesehen, und alle waren außer sich vor Freude. Ich war unbeteiligter Beobachter ihres Glücks.

Die Tochter und der Schwiegersohn sahen ganz anders aus als Herr und Frau Zsiros und erst recht anders als ich. Die alten Zsiros waren reiche Bauern, denen der Mist noch an den Stiefeln klebte; sie waren freundlich und erdverbunden. Geburt und Tod, Erde, Blut, Rotz und Schweiß waren ihnen wohlvertraut. Bei der nächsten Generation sah das schon anders aus.

Das Ehepaar war eindeutig gebildet und sprach in meiner Gegenwart miteinander französisch – unhöflich, aber wirksam. Die beiden waren gut gekleidet, sauber und sorglos. Sie waren beeindruckend schlank, ich dagegen war kränklich mager. Sie neckten einander und lachten, als hätte es überhaupt keinen Krieg gegeben.

Ihr Kind war ein Junge, sieben Jahre alt. Die vier Erwachsenen behandelten ihn wie ein kostbares, leuchtendes Juwel, das Licht und Sinn in ihr Leben brachte.

Und was ist mit mir? schrie ich lautlos durch meine Wattefüllung. Was ist mit mir? 1937, als ich drei Jahre alt gewesen war, machten wir Urlaub in Zirkveniza – Mutter, Iván und ich. Ich gewann den örtlichen Schönheitswettbewerb für Kinder. Alle Zeitungen druckten ein Bild von mir, in allen Fotostudios der Stadt war mein Porträt ausgestellt. Jeder wollte mit mir reden, und ich wollte nur allzugern mit allen anderen reden. In Zirkveniza war ich jedermanns Liebling. Wie kam es, daß ich jetzt so entbehrlich war, ein Stell's-hierhin-stell's-Dahin, ein aus einer Laune heraus alleingelassenes Nichts. Weniger noch als ein Nichts: ein stumpfsinniges Bettlerkind mit geschwollenem Hungerbauch.

Plötzlich tauchte ein halbes Dutzend russische Soldaten auf zwei Pferdekarren auf. Die stark betrunkenen Soldaten schossen mit ihren Pistolen in die Luft und schrien immerzu: »*Barishnya! Barishnya!*«

Herr und Frau Elegant zitterten wie Espenlaub. Das kleine Juwel versteckte sich mit einem lauten Aufschrei unterm Bett seiner Großeltern. Obwohl ich wußte, wie gefährlich es war, konnte ich nicht aufhören zu grinsen. Status ist immer von den Umständen abhängig. Was wißt ihr schon? Vielleicht gibt es doch noch Hoffnung für mich, vielleicht habe ich noch immer eine Zukunft.

Die Russen fuhren wie verrückt auf ihren Karren im Kreis herum. Sie schrien und johlten und schienen ihre

Wodkaflaschen gar nicht abzusetzen. Ich hatte überhaupt keine Angst. Wenn sie uns erschießen wollten, hätten sie das längst getan. Sie schrien immer noch nach Frauen – na und? Ich war keine Frau und Zsiros néni auch nicht, jedenfalls nicht die Art Frau, die sie meiner Meinung nach wohl wollten. Damit blieb nur noch Fräulein Etepetete übrig, und die war ins Haus verschwunden. Auch ihr Mann war nirgends zu sehen. Zsiros néni beobachtete das Ganze eine Weile von der Tür aus und war dann ebenfalls fort. Herr Zsiros und ich hielten am Straßenrand die Stellung.

»Geh rein«, sagte er zu mir. »Du kannst aus dem Hinterfenster klettern und in die Felder verschwinden. Vielleicht holst du sogar noch meine Tochter und die anderen ein.«

Ich schüttelte den Kopf. »Ich habe keine Lust mehr, mich zu verstecken.« Sobald ich die Worte ausgesprochen hatte, begriff ich, wie wahr sie waren. Ja wirklich, ich hatte keine Lust mehr, mich zu verstecken. Ich wollte nicht mehr weglaufen. Ich hatte genug. Zum Teufel damit. Plötzlich mußte ich an Ervin beim Spanischen Roten Kreuz denken, daran, wie gleichgültig ihm Gefahren gewesen waren oder die Wahl seiner Verstecke, wie gleichgültig ihm alles gewesen war und wie frei ihn das gemacht hatte – frei und selbstsicher. »Außerdem«, sagte ich zu Herrn Zsiros, »glaube ich nicht, daß sie uns etwas Böses wollen. Sie sind einfach nur flegelhaft.«

»Flegelhaft?« wiederholte er empört. »Diese Kerle sind widerlicher, stinkender, mörderischer Abschaum. Sie sind der Feind, die Invasoren. Du kannst sicher sein, die wollen uns sehr wohl etwas Böses.«

Ich zuckte mit den Schultern. Dir wollen sie etwas, nicht mir, dachte ich. Aber natürlich stimmte das nicht. Auch das war ich ja so leid – ich war es leid, mir meine Feinde vom Hals halten zu müssen. Jedermann war mein Feind, sogar Herr Zsiros, wäre da nicht meine handgemachte christliche Geburtsurkunde gewesen.

Einer der Wagen blieb gerade in dem Augenblick vor uns stehen, als ich zwei ferne Gestalten auf der Straße langsam aufs Haus zukommen sah. Nach seinen Streifen zu urteilen, war der Soldat, der abstieg, ein ranghoher Offizier. Er konnte nur noch lallen. Trotzdem übermittelte er uns durch Zeichensprache und in gebrochenem Ungarisch die Botschaft, daß er etwas zu trinken wolle und mir im Gegenzug eine Kutschfahrt anbiete. Da sich auf dem Wagen Unmengen ungeöffneter Wodkaflaschen türmten, war uns klar, daß er Wasser wollte.

»Geh in die Küche, such einen Krug und bring ihn mit Wasser gefüllt zurück«, sagte Herr Zsiros zu mir. »Um Gläser brauchst du dich nicht zu kümmern.« Da ging sie hin, meine Kutschfahrt.

Als ich zurückkam, versuchte Herr Zsiros dem Offizier gerade zu erklären, daß ich nicht mit der Kutsche fahren könne, weil ich geistig etwas zurückgeblieben sei. Meine ewige Krankheit. Wußten diese Leute etwas, das mir bisher entgangen war? Der Russe zuckte nur die Achseln und leerte den Krug fast mit einem einzigen Zug. Herr Zsiros schickte mich weg, noch mehr Wasser für ihn zu holen, dann für seine Männer. Der Offizier brüllte dem Rest des Kontingents etwas zu, aber die Männer winkten ab. Als er zur Kutsche zurücktaumelte, gab er mir eine Flasche.

»Nein danke«, sagte Herrr Zsiros fest.

Ich sagte: *»Spasibo!«* und schnappte mir die Flasche. Der Offizier lachte. Die Soldaten feuerten noch eine Runde in den Himmel und fuhren dann vom Hof.

Herr Zsiros musterte mich argwöhnisch. »Wie kommt es, daß du russisch sprichst?«

»Tu ich nicht«, antwortete ich. »Ich kenne nur fünf

Worte. »Danke, *spasibo*. Gut, *horosho*. Frau, *barishnya*. Polizei, *politsya*, und *dawai* – das sagen sie, wenn sie einem etwas wegnehmen. Sie sind seit Januar in Budapest.«

Er schien noch nicht überzeugt. »Ich spreche aber ziemlich gut deutsch«, sagte ich. Dann hätte ich mir am liebsten die Kehle durchgeschnitten. Wie konnte ich ihm nur freiwillig irgendwelche Informationen geben? Ich Idiotin! Was, wenn er mich fragt, wo ich Deutsch gelernt habe? Kann ich mein Fräuli erwähnen? Ist mein Vater Verleger oder Fabrikarbeiter? O Gott, wie lautet eigentlich meine Geschichte? Ich kann mich nicht mehr erinnern, ich kann mich nicht erinnern.

Die beiden fernen Gestalten entpuppten sich beim Näherkommen als Rózsi und Mutter, die viel schlechter aussahen als bei ihrem Abschied vom Bauernhof. Ihre Augen waren größer geworden, und ihre Lippen hatten sich zu Schlitzen zusammengezogen wie verblassende Narben. Rózsi hatte sich angewöhnt, wie eine leicht lädierte Puppe etwas mit dem Kopf zu wackeln. Es war schon wieder etwas Schlimmes passiert. Ich wußte es.

»Ihr seid also wieder zurück«, begrüßte Herr Zsiros die beiden. »Gut. Ich muß meine Familie von den Feldern holen. Die Kleine kann euch erklären, was hier gerade vorgefallen ist. In der Zwischenzeit könnt ihr in die Küche gehen und essen, was ihr wollt. Nicht die Gans natürlich oder deren Leber: Die sind für meine Kinder.« Im Gehen drehte er sich noch einmal um. »Wie kommt es, daß die Kleine deutsch spricht?« fragte er lauernd meine Mutter.

»Die Leute meines Vaters sind *Sváb*, aus dem Grenzgebiet. Er hat dem Kind Deutsch beigebracht. Das war mehr oder weniger seine Muttersprache«, sagte meine Mutter, ohne einen Herzschlag zu zögern. Herr Zsiros wirkte beinahe überzeugt.

Anyu, Rózsi und ich setzten uns an den Küchentisch, zu höflich, irgend etwas zu essen, das Zsiros néni uns nicht hinstellte. Ich erinnerte mich an meine Wodkaflasche, die ich immer noch an die Brust gepreßt hielt. »Seht mal«, sagte ich und hob die Flasche hoch. »Ein Geschenk für Großvater.«

Da brachen sie in Tränen aus. »Großvater ist tot«, schluchzte meine Mutter.

»Großvater ist tot«, kam das Echo von Rózsi.

Ich fing an zu weinen. »Wie ist es passiert?« fragte ich, als machte das einen Unterschied. Tot ist tot. Das Wissen um das Wie ändert nichts an der Tatsache. Und es macht auch niemanden wieder lebendig. Armer Großvater.

»Er bekam eine Entzündung«, erklärte Rózsi. »Unter der rechten Achsel. Sie sind ins Krankenhaus gegangen. Ein Arzt hat die Stelle aufgeschnitten. Das hat die Sache noch verschlimmert. Sein ganzer Arm schwoll an und wurde rot. Der Arzt sagte, er brauche dringend ein Sulfonamid. Großmama hat auf dem Schwarzmarkt ihr letztes Mehl für eine Tablette eingetauscht. Aber sie half nicht. Er ist in der Nacht zu Hause gestorben, gegen Morgen, ein paar Stunden, bevor sie ihm den Arm amputieren wollten. Großmama sagt, er hätte immer wieder geschluchzt und gerufen: ›Emmuska, laß nicht zu, daß sie mir den Arm abnehmen. Ich bin doch Schneider.‹ Dann ist er einfach gestorben.«

»Was hat sie dann gemacht?«

»Wann?«

»Als er starb. Wie ist sie zurechtgekommen? Er war doch tot.«

»Nun, sie hat eine Nachbarin um Hilfe gebeten. Sie haben ihn gewaschen und ihn dann in ein paar Laken gehüllt und in den Schrank gelegt.«

»*Wohin* haben sie ihn gelegt?«

»Du weißt doch, dieser schmale Holzschrank im Flur, in dem das Mädchen früher seine Kleider aufbewahrt hat. Er hat immer schon ausgesehen wie ein Sarg. Dort haben sie ihn reingelegt.«

»Wie?«

»Ich weiß nicht. Du fragst zuviel. Das gehört sich nicht für ein Kind. Außerdem war ich nicht dabei«, sagte Rózsi und blinzelte heftig.

»Bitte, ich will es wissen. Ihr müßt mir sagen, wie es passiert ist.« Ich schluchzte hemmungslos.

»Beruhige dich. Sie haben den Schrank auf den Boden gelegt. Dann haben sie die Tür geöffnet, Großvater hineingelegt, die Tür wieder geschlossen und vernagelt. Ziemlich genau das gleiche, was man mit gewöhnlichen Särgen macht.«

»Das wußte ich nicht. Keiner von uns hatte bisher einen Sarg.«

»Ich weiß«, erwiderte Rózsi, die nun ebenfalls schluchzte. »Ich wünschte, ich wäre dagewesen.«

»Was ist als nächstes passiert?«

»Großmama hat ein paar Jungen mit einem Karren angeheuert. Sie hat ihnen als Bezahlung ihren Ehering gegeben. Die Jungen haben Großvater zum Kaufhaus Korvin geschoben, und Großmama durfte auf dem Karren sitzen. Auf diese Weise konnte sie ihn wenigstens begleiten.«

»Aber warum wollte Großmutter Großvater in seinem Sarg zu Korvin bringen? Außerdem ist das Kaufhaus doch ausgebombt worden.«

»Ist es auch. Aber da werden die identifizierten Toten gesammelt, die einen eigenen Sarg haben. Die Regierung transportiert sie von dort aus ab, um sie auf ordentlichen Friedhöfen zu begraben. Die Juden auf jüdischen Friedhöfen...«

In diesem Augenblick hörten wir Geräusche. »Still!« flüsterte meine Mutter scharf. »Nichts davon zu den Zsiros.« Wie auf ein unsichtbares Signal hin schneuzten wir uns und wischten uns mit dem Handrücken Augen und Nase ab.

Als die Zsiros in die Küche traten, fing Rózsi wieder an: »Als dann Frau Schwarz sagte...« Meine Mutter trat ihr gegen das Schienbein, glücklicherweise waren die Zsiros zu sehr mit sich selbst beschäftigt, um etwas zu merken.

Das Kind und seine Eltern sahen furchtbar aus: über und über mit Schlamm und Kuhdung bedeckt. Sie zitterten zwar nicht mehr, schienen aber immer noch ziemlich erschüttert zu sein. Zsiros néni war ebenfalls schmutzig, aber bei ihr wirkte selbst der Schmutz würdevoll.

»Raus hier, um Gottes willen, raus mit euch allen«, befahl Herr Zsiros. »Dieser Geruch ist ja unerträglich. Allmächtiger! Wascht euch. Nun macht schon, los, los.«

Offensichtlich schämte sich Zsiros bácsi seiner verdreckten Familie. Zu uns sagte er schroff: »Warum habt ihr nichts gegessen? Ich habe euch doch gesagt, ihr sollt essen. Das kleine Mädchen hat das letzte Mal am Mittag etwas bekommen. Jetzt haben wir acht Uhr. Was für eine Art...« Er zügelte sich. »Madame Dénes, wären Sie vielleicht so freundlich, den Tisch zu decken?«

»Gern«, erwiderte meine Mutter mit ihrer ganzen geheuchelten Majestät.

Der nächste Tag war Sonntag, und das Frühstück lief nicht besonders gut. Bis auf das Essen natürlich. Es gab mit Dill bestreuten *Brinza*-Käse, gefüllte *lángos* und echten Bohnenkaffee mit schwerer, geschlagener Sahne und ganz viel Zucker. Dazu jede Menge Wärme vom Herd. Ansonsten waren die Mitglieder einer jeden Familie damit beschäftigt, unaufhörlich zu streiten. Unser Streit fiel natürlich gedämpfter aus als ihrer, wie es unserer niederen Stellung zukam. Und wie es unserem geheimen Flüchtlingsstatus zukam. Mitten in dieser Groteske erklangen die ersten Kirchenglocken, und Rózsi wurde aufgefordert, mit zur Messe zu gehen. Immerhin war sie ja Katholikin. Mutter und ich machten draußen einen Spaziergang. Wir versuchten, Kühe zum Streicheln zu finden. Eine zaghafte Sonne versprach Frühling. Der erste Frühling ohne Iván, dachte ich, und verlor jedes Interesse am Kühestreicheln.

»Was ist los mit dir?« fragte meine Mutter. »Warum bist du so unberechenbar? Warum bist du so launisch? Was ist bloß los mit dir?«

Liebe Mutter. Mädchenschranksärge sind los mit mir. Daß man mich bei jeder Gelegenheit immer wieder allein zurückläßt, das ist los mit mir. Nasse Gräber sind los mit mir. »Ich weiß nicht, was du meinst«, sagte ich patzig. »Wenn ich keine Lust zum Kühestreicheln habe, ist das doch nicht direkt ein Verbrechen, oder?«

Sie kam ins Stottern. Das war nichts Neues. Mit Worten gewann ich immer; ich gewann nur nie ihr Herz.

Als Rózsi und die Zsiros' aus der Kirche zurückkamen, wußten wir sofort, daß etwas Schlimmes passiert war. Rózsi sah krank aus, die Zsiros' sahen wütend aus, alle fünf.

»Vielleicht sollten wir auf unser Zimmer gehen«, sagte Rózsi mit niedergeschlagenen Augen zu meiner Mutter und mir.

»Ja«, nickte Frau Zsiros. »Da können Sie Ihrer Schwester erzählen, wie Sie sie verraten haben. Denn wenn Sie's nicht tun, werde ich es tun.«

Sicher in unser Zimmer eingesperrt, funkelte Mutter Rózsi wütend an. »Was in Gottes Namen hast du jetzt wieder angestellt?«

»Ich habe mich mit der falschen Hand bekreuzigt«,

sagte Rózsi kleinlaut. »Ich habe vergessen, welche Hand man nehmen muß. Ich dachte, es müßte die sein, die dem Herzen am nächsten ist. Also habe ich mich mit der linken Hand bekreuzigt. Sie haben's gemerkt. Das war das Ende.«

Mutter und ich fingen beide an zu lachen. »Rózsi néni«, sagte ich. »Mach nicht so ein trauriges Gesicht. Du bist also eine beidhändige Katholikin. Na und?« Da fing Rózsi ebenfalls an zu lachen. Schließlich konnten wir alle drei uns vor Lachen kaum mehr halten.

»Hahaha, das ist noch nicht das Schlimmste«, gluckste Rózsi.

»Hahaha, was ist denn das Schlimmste?« keuchte meine Mutter und lachte weiter.

»Ich habe ihnen gesagt, unsere Mutter hätte uns all diese Jahre zum Narren gehalten. Vater sei in Wirklichkeit gar kein Katholik, sondern Jude. Aber bis auf den heutigen Tag hättet ihr beide nichts davon gewußt.« Als sie unsere inzwischen wieder ernsten Mienen bemerkte, hielt sie inne. »Ich habe versucht, Magda und dich zu retten«, fügte sie lahm hinzu.

Anyu und ich starrten erst Rózsi, dann einander an.

»Nun, das war's dann wohl«, sagte schließlich meine Mutter und stand auf. »Wir sollten ihnen besser mitteilen, daß wir morgen früh abreisen.«

Genau in diesem Augenblick klopfte es an der Tür. Auf der Schwelle stand Herr Zsiros. Er sah zerknirscht aus. »Ihr müßt das verstehen. Für meine Frau und mich spielen Religion, Klasse und Status keine Rolle. Wir haben die Kleine gesehen und wollten sie etwas aufpäppeln. Das war alles.« Er zögerte. »Vielleicht war das nicht der einzige Grund. Wir haben immer noch nichts von unserer anderen Tochter und deren Familie gehört. Sie hat zwei kleine Mädchen. Gott weiß, wo sie sind. Vielleicht hatte ich gehofft, daß Leute wie ihr, die jetzt an die Macht kommen, ihnen irgendwie helfen könnten.«

Rózsi tat einen Schritt nach vorn. »Leute wie wir?« fragte sie, und in ihrer Stimme schwang leichte Hysterie mit. »Leute wie wir, die an die Macht kommen? Was genau wollen Sie damit sagen, Herr Zsiros?«

»Ach nichts. Ich meinte, es ist mir egal, ob ihr Juden seid. Ich helfe euch heute, und vielleicht helft ihr morgen den meinen. Das ist alles. Ich wußte, daß ihr Israeliten seid, von dem Augenblick an, in dem ihr einen Fuß in mein Haus gesetzt habt. Meine Frau wollte es nicht glauben, aber ich wußte es.«

Was sie uns schweigend an Essen einpackten, reichte den ganzen Weg nach Budapest und noch ein paar Tage darüber hinaus. Als wir zu Hause am Teleki Tér ankamen, waren die Spiegel noch immer mit Laken verhängt. In meiner Familie hält man sich nicht an die vorgeschriebenen Trauerzeiten.

SECHS

Im Ofen brannte kein Feuer, kein Kaffee wurde gekocht, niemand sprach. In dem Zwielicht, das durch die geschlossenen Fensterläden in die Wohnung fiel, nagte ich an trockenem Brot. Ich schlief ein. Ich wachte auf. Alles war still, und ich schlief wieder ein.

Wir warten auf die Jungen, hieß es. Diese dummen Frauen. Ich haßte sie. Und ich haßte es, sie zu hassen, denn sie waren alles, was ich noch hatte. Gut, sagte ich mir zwischen zwei Alpträumen, wenn sie wollen, daß ich sterbe, dann tu ich's eben.

Doch eines Morgens erwachte ich mit einem mörderischen Zorn. »Nein!« schrie ich und stellte mich auf mein Bett. »Das Leben gehört den Lebenden. Ich lebe. Ihr müßt mich am Leben erhalten. Ich bin das Kind. Ihr müßt euch um mich kümmern. Ich bin nicht Iván, ich bin nicht Ervin, ich bin nicht tot!«

»Shema Israel«, sagte meine Großmutter und hielt sich die Ohren zu. »Das Kind hat den Verstand verloren.«

»Nein!« schrie ich. »Das Kind hat keineswegs den Verstand verloren. Nur ihr seid allesamt verrückt geworden. Aber deswegen muß ich nicht auch verrückt werden.« Ich war außer mir. Ich hatte sie aus ihrer Lethargie reißen wollen, aber der Versuch war über irgendeine Grenze hinausgeschossen, war außer Kontrolle geraten, hatte eine Richtung eingeschlagen, die mir fremd war. Ohne es eigentlich zu wollen, fuhr ich fort: »Ihr hättet Ervin und Shosha in Ruhe lassen sollen. Dann wären sie heute noch bei uns. Ihr hättet Iváns Mantel mit einer Schere zerschneiden sollen. Dann wäre er jetzt auch hier. Ihr habt immer wieder das Falsche getan, immer und immer wieder. Aber damit ist jetzt Schluß. Dafür werde ich sorgen.«

Im Zimmer herrschte Totenstille. Ich hatte das Gefühl, kurz vor einem Zusammenbruch zu stehen. Aber wen klagte ich eigentlich an, und von wem erwartete ich Hilfe? Vor mir saßen drei Gespenster: dünn, traurig, gebrochen, stumm. Was hatte ich getan? Ich fing an zu schluchzen.

»Nein«, sagte Rózsi, »weine nicht. Du hast ja recht. Geh und hol Holz fürs Feuer. Ich werde uns was zu essen kochen.«

Ich fing wieder an zu weinen, aber jetzt weinte ich die erschöpften Tränen dessen, der sich verstanden weiß. »Unverschämt wie immer«, fauchte meine Mutter. »Aber das bin ich ja gewöhnt. Das hat sie von Gyula.«

»Margit«, sagte meine Tante heiser, »halt den Mund. Schäl einfach diese beiden Kartoffeln hier.«

»Beide?« fragte meine Mutter.

»Ja«, sagte Rózsi, »beide. Wir wollen feiern.«

»Ist es vorbei?« fragte meine Großmutter, nahm die Hände von den Ohren und öffnete die Augen. Was für ein trauriges Benehmen sie in letzter Zeit an den Tag legte: Rückzug statt Angriff.

O Gott, betete ich, lieber Gott, bitte hilf mir. Ich schaffe es einfach nicht. Ich weiß nicht, wie ich überleben soll. Schick mir ein Zeichen, bitte.

»Komm, die Suppe ist fertig«, sagte Rózsi nach einer Weile. »Suppe?« fragte ich und blickte zur Decke auf. »Suppe? Das ist es? Das ist deine große Botschaft?«

»Ja«, sagte Rózsi ein wenig gekränkt. »Was hast du erwartet? Es ist eine gute Suppe. Mit kleinen Wurst- und Gemüsestücken drin und zwei ganzen Kartoffeln.«

»Sicher, Rózsi néni, danke«, sagte ich. »Ich wollte dich

nicht kritisieren. Eigentlich hab' ich mit jemand ganz anderem gesprochen. Ach, ich weiß nicht, was ich rede.«

In den darauffolgenden Tagen übernahm Großmutter das Kochen, bis unsere Nahrungsvorräte nur noch zum Verhungern ausreichten. Mutter und Rózsi beschlossen, wieder hamstern zu fahren. Gerade als sie gehen wollten, klopfte jemand an die Wohnungstür.

»Aufmachen!« schrie eine Frauenstimme durch die vor der Tür aufgebauten Barrikaden. »Wenn ihr mit Ervin Gutmann verwandt seid, macht auf.« Binnen Sekunden hatten wir alle Hindernisse entfernt.

Die Frau, die durch die Tür trat, wirkte irgendwie gestaucht, als wäre sie von der Druckwelle einer Bombe zusammengepreßt worden. Sie war blond und sehr blauäugig, eindeutig keine Jüdin. »Ich bringe schlimme Nachrichten«, sagte sie ohne Umschweife. »Wer ist die Mutter?«

»Ich«, stieß Rózsi hervor.

»Kommen Sie doch bitte herein«, sagte meine Mutter mit brechender Stimme.

»Nein«, entgegnete die Frau mit fester Stimme. »Schlimme Nachrichten sollen nicht über die Schwelle kommen.« Dann wandte sie sich an Rózsi. »Ihr Sohn ist tot.«

Keiner von uns schrie auf. So etwas tut man in meiner Familie nicht. In Zeiten der Katastrophe brechen wir nur innerlich zusammen. Wir bluten innerlich. Wir werden innerlich ganz schwarz. Die Adern in unseren Augen platzen. Unsere Zungen schwellen an, und wir bleiben stumm.

Nach einer Zeit, die mir wie Jahre erschien, fragte meine Mutter: »Woher wissen Sie das?«

»Ich war ihre Vermieterin«, sagte die Frau achselzuckend. »Ich habe mich um das junge Paar gekümmert. Sie waren so schön, die beiden.«

»Kommen Sie herein, bitte«, sagte meine Großmutter. *»Nehmen Sie Platz.«*

Großmutter litt unter der Illusion, daß man alle schlimmen Nachrichten vertreiben konnte, wenn man nur fehlerfreies Deutsch sprach.

»Ich spreche kein Deutsch«, sagte die Frau streitlustig. »Ich bin eine ungarische Patriotin.«

»Ja, ja«, sagte meine Mutter schnell. »Sonst wären Sie ja nicht hierhergekommen. Bitte, erzählen Sie uns, was mit Ervin passiert ist.«

»Da gibt's nicht viel zu erzählen«, antwortete die Frau so herzlos, daß ich mich fragte, warum sie überhaupt gekommen war. »Hm, die beiden sind zu uns gezogen, in ein Zimmer meines Hauses, um genau zu sein. Als Mann und Frau. Die Polizei hat ihre Papiere geprüft, und sie schienen in Ordnung zu sein. Wir haben sie willkommen geheißen. Sie waren so verliebt, und ihre Geschichte war so traurig. Um Ihnen die Wahrheit zu sagen, Madame, diese Sache nehme ich den beiden ziemlich übel.« Die Frau sah Rózsi an.

»Sie nehmen es ihnen übel, daß sie überleben wollten?« fragte meine Mutter verbittert.

»Nein, Madame. Ich nehme es ihnen übel, daß sie mich belogen haben.«

»Hätten Sie sie denn ...«, begann meine Mutter. Gleichzeitig sagte Rózsi: »Bitte, sprechen Sie weiter.«

»Nun, sie haben uns erzählt, ihre Eltern seien bei einem Luftangriff in Pest ums Leben gekommen. Die junge Frau habe keine Verwandten mehr, nur ihren jungen Liebsten, ihren Mann. Sie haben behauptet, er komme aus Herend und wisse nichts über das Schicksal seiner Familie. Er sei in der Armee gewesen, wo er jedoch an einem unaussprechlichen Teil seines Körpers verwundet wurde. Sie sagten das auf eine Art und Weise, daß niemand es gewagt hätte, ihn aufzufordern, die Hosen auszuziehen. Wirklich raffiniert. Und als ihn eines Tages ein Parteimitglied – ein Mann, der keine Fremden in unserer Gegend mochte – doch einmal aufforderte, die Hose runterzulassen, hätten wir den Mann fast gesteinigt, so wütend waren wir. Ihr Sohn hat uns wirklich sehr geschickt zum Narren gehalten.« Ihre Stimme klang traurig.

Dieser Gedanke war mir noch nie gekommen: daß Leute, die wir täuschten, sich auch getäuscht fühlten. Daß sie sich genauso gekränkt und zornig fühlten, wie ich es an ihrer Stelle getan hätte. Wie interessant. Aber was hätten sie getan, wenn sie die Wahrheit gewußt hätten? Ob sie sich diese Frage jemals stellten?

»Möchten Sie nicht doch hereinkommen?« fragte meine Mutter.

Die Frau schüttelte den Kopf. »Ich habe die beiden sehr gemocht, bis ...«

Meine Mutter öffnete den Mund, schloß ihn dann aber wieder.

»Bitte, sprechen Sie weiter«, sagte Rózsi noch einmal.

»Nun, meine Nachbarn und ich haben uns bis zur letzten russischen Offensive um sie gekümmert. Dann sind wir alle in blinder Panik losgelaufen. Die Russen haben sich ihren Sieg sehr hart erkämpft. Sie mußten jedes Haus einzeln einnehmen. Überall flogen Kugeln durch die Luft. Mörserbeschuß. Granaten. Ströme von Blut. Nun, sie haben gewonnen. Zu unserer Schande wurden wir dann zum nächsten Platz getrieben.

Ihr Sohn, Ihr Ervin, rief ihnen zu: *›Jude, Jude.‹* Er hat sich nicht einmal in seiner Muttersprache ergeben! Aber die Russen haben ihn gar nicht beachtet. Der russische Offizier führte uns all die Strafen, all die Schmach vor Augen, die wir als besiegte Nation würden ertragen müssen. Als er fertig war, sagte er: ›Wer gut deutsch spricht, hebt die Hand.‹ Ervin hob die Hand. Zusammen mit ein paar anderen wurde er ausgewählt. Sie haben Spezialtrupps aufgestellt, die hinter die deutschen Linien gehen sollten. Als Verkünder der Botschaft: Ergebt euch. Als Ervin hörte, was man von ihm erwartete, brach er in Tränen aus. Er sagte, er sei erst vierzehn und Jude und könne das unmöglich machen. Die Nazis würden ihn sofort erschießen. Der russische Offizier zuckte die Achseln und meinte nur, wenn er nicht ginge, würde er gleich auf der Stelle erschossen. Da ging er und kehrte nie mehr zurück. Natürlich. Na ja, so sind die Russen.« Die Frau verstummte.

»Woher haben Sie meine Adresse?« fragte Rózsi kaum hörbar.

»Seine Frau hat sie mir gegeben. Das heißt, es war wohl seine Freundin. Nachdem sie zwei Wochen auf seine Rückkehr gewartet hatte und es keinen Zweifel mehr geben konnte, daß er nicht mehr kommen würde, sagte sie: ›Ich muß weg von hier. Weg von euch. Von allem und jedem.‹ Dann gab sie mir Ihre Adresse. Sie bat mich, Ihnen die Nachricht zu bringen. Außerdem hat sie mir Ervins Kleider angeboten, aber ich habe sie nicht genommen. Ich konnte einfach nicht. Und das, obwohl ich ihm einige davon selbst gegeben hatte; es waren Sachen von meinem verstorbenen Mann.«

Alle schwiegen. Schließlich sagte ich: »Bitte, kommen Sie doch herein. Wir können Ihnen einen Kaffee anbieten.«

»Nein.« Die Frau fing an zu weinen und schüttelte den Kopf. »Ich habe die beiden geliebt, und sie haben mich getäuscht.«

Als sie ging, hinterließ sie eine Wüste.

Am nächsten Morgen brachen Rózsi und Mutter wie geplant auf. Auf Wiedersehen, auf Wiedersehen. Kuß, Kuß. Und wem werdet ihr euren Tod melden? Und wem melden wir den unseren?

Eine ganze Weile waren Großmutter und ich damit beschäftigt, einander zu umkreisen und zu beäugen. Dann wurde uns fast im selben Augenblick klar, daß wir allein und voneinander abhängig waren. »Möchtest du, daß ich dir *nokedli* mache?« fragte sie. »Das war doch immer dein Lieblingsessen, als du noch klein warst.«

»Ja, bitte. Es ist immer noch mein Lieblingsessen. Und dazu hätte ich gern Gurkensalat.«

»Den mache ich auch. Geh du was lesen. Ich rufe dich, wenn das Abendessen fertig ist.«

»Vielen Dank, Großmutter. Ich danke dir.«

Ihr Versuch, so zu tun, als seien wir immer noch eine Familie, ihr Versuch, unserem Leben einen Hauch von Normalität zu geben, zerriß mir das Herz. Die alte Henne breitete ihre Flügel aus, um mich zu beschützen. Ach, du gute alte Henne. Ich könnte dich beinahe liebhaben.

Nach einem sehr guten Abendessen fragte ich: »Möchtest du, daß ich dir etwas vorlese? Nicht so gruselige Sachen wie früher. Was ganz Normales.«

»Das wäre schön.«

Wir machten es uns gemütlich. Ich las ihr aus einem durch Wasserschäden ganz welligen Buch vor, das erste Kapitel von Mark Twains *Der Prinz und der Bettelknabe*. Für ein paar Stunden entflohen wir unserem Leben und wären am liebsten gar nicht mehr zurückgekehrt.

Der Frieden währte weniger als vierzehn Tage. Wir fingen an, aufeinander herumzuhacken, steigerten uns anschließend zu bitteren Anschuldigungen und erreichten zu guter Letzt die Stufe unerbittlichen verbalen Mordens. Nach ein oder zwei Tagen und nach großem, beidseitigem Leiden vertrugen wir uns wieder. Ein paar Tage später fing unser unwiderstehlicher Tango von neuem an.

In Budapest gab es damals nur schmutziges Wasser, und mein Ekel davor war so groß, daß ich schließlich aufhörte, mich zu waschen. Dann ekelte ich mich so sehr vor mir selbst, daß ich mich gleich zweimal am Tag wusch. Ich schlief viel zuviel, bis ich irgendwann überhaupt nicht mehr schlafen konnte. Ich aß. Ich aß nicht. Ich weinte eine Weile, dann spuckte ich tagelang aus, zumindest im Geiste. Mein Leben war außer Kontrolle geraten. Wir warteten auf die Rückkehr der beiden anderen, und sie kamen und kamen nicht. Nüchtern betrachtet kamen sie eine Woche später als erwartet; hysterisch betrachtet waren es mindestens zwei.

In dieser Zeit des Wartens schien es, als seien alle Dinge nur noch ein Abklatsch ihrer selbst. Die Luft wurde immer dünner, bis das Atmen Mühe machte. Die Farben verblichen. Ich sehnte mich nach dem Tod.

Als die beiden endlich heimkehrten, wirkten sie entrückt, als versuche das Universum, sie häppchenweise zu absorbieren. Wir küßten uns, fielen uns in die Arme, tauschten Neuigkeiten aus, vermieden es, von den Jungen zu reden, kochten, aßen, tranken Großvaters Wodka und benahmen uns im allgemeinen, als wären wir lebendige Menschen. Ich jedoch wußte um unser Geheimnis: Wir waren Geister.

Nach einiger Zeit brachen Mutter und Rózsi abermals auf, um auf dem Land etwas Eßbares aufzutreiben. Mich interessierte das nicht mehr. Gelegentlich dachte ich daran, aus dem Fenster zu springen, aber wenn ich hinschaute, schien mir der Höhenunterschied zwischen dem Pflaster und dem zweiten Stock nicht mehr als vielleicht einen gebrochenen Knöchel zu verheißen. Wieder mal betrogen. Es kam mir nicht in den Sinn, daß dieses Gebäude auch einen fünften Stock hatte. Meistens lag ich einfach auf meinem Bett und starrte die Decke an. Was mir bei Ilonka als schweres Los erschien, hatte jetzt den Charakter einer Erlösung angenommen. Was war das nur? Genau die gleiche Sache, aber in einem anderen Kontext mit ganz anderer Bedeutung. Iván hätte es erklären können, ja...

Also lag ich schweigend da und ließ Großmutters Attakken wie schlecht gezielte Raketen über mich hinwegfliegen. Das machte ihr Sorgen. Sie hatte gern einen Gegner. Aber mir war auch klar, daß sie fürchtete, mit mir könne irgend etwas nicht stimmen. Eines Vormittags setzte sie sich auf meine Bettkante. »Sind *madártej* nicht dein Lieblingsnachtisch?«

Mir blieb die Luft weg. Ja, *madártej* waren mir das allerliebste Essen im Leben. Aber was noch viel mehr zählte: Noch nie, nie zuvor war mir ein Waffenstillstand von dieser Größenordnung angetragen worden. »Ja, Großmutter«, sagte ich, setzte mich auf und gab ihr einen aus tiefstem Herzen kommenden Kuß. »Das ist mein allerallerliebstes Lieblingsgericht.«

»Hm«, sagte sie, »die Zutaten hätte ich alle da. Sollen wir welche zum Abendessen machen?«

»O ja, bitte.«

Als ich ihr meine Hilfe anbot, scheuchte sie mich aus der Küche, um einige Zeit später mit ungewohnter Sorgfalt und großem Zeremoniell das Essen aufzutragen. Es war wunderbar. Das Beste, was ich je gegessen hatte. Die Eiweißinseln waren bleich und flauschig, die mit Wein gewürzte Eigelbsoße war dickflüssig und süß, mit einem Hauch von Muskatnuß. »Herrlich«, murmelte ich mit vollem Mund. »Einfach herrlich.« Nach dem vierten Löffel erbrach ich mich in hohem Bogen. Mir war vorher nicht übel geworden; die Fontäne hatte sich schlagartig eingestellt.

Wie gelähmt starrten wir mein Erbrochenes an. Ich wagte nicht, meine Großmutter anzusehen.

»Geh ins Bad«, sagte sie schließlich. »Wasch dir das Gesicht und putz dir die Zähne. Gründlich. Erbrechen ist ungesund.«

»Ja.« Ich verstand nicht, was geschehen war. Mein Körper fühlte sich krank und mein Herz noch kränker. Ich wagte kaum, das Badezimmer zu verlassen. »Ich mache jetzt sauber«, murmelte ich, als ich rauskam.

»Das habe ich schon erledigt. Geh zu Bett.«

Am nächsten Tag wachte ich erst gegen Mittag auf. Großmutter hatte Kaffee gekocht und brachte ihn mir ans Bett, als sei nichts geschehen. »Du mußt zum Markt gehen«, sagte sie. »Wir brauchen Eier...« – ich hätte sterben mögen – »...und etwas Mehl, wenn du welches bekommen kannst. Rózsi hat uns ein wenig Geld dagelassen. Das müssen wir jetzt nehmen. Wirst du das schaffen?«

»Natürlich schaffe ich es. Ich tue alles, was du willst«, sagte ich und fühlte mich noch immer zerknirscht.

Im Hausflur begegnete ich Ibolya, der ältesten Kornitzertochter, die vor dem Krieg immer versuchte, sich selbst zu erwürgen. Wir grüßten uns mit einem »*Szervusz*« und schüttelten uns die Hände.

»Wie geht's euch denn so?« fragte ich.

»Gut«, sagte sie. »Und euch?«

»Auch gut.«

»Gibt's was Neues von Iván?« fragte sie. Ich schüttelte den Kopf. »Ich wollte dich schon lange danach fragen«, fuhr sie fort. »Ist dir je der Gedanke gekommen, daß mein Bruder vielleicht überlebt hat, weil er jeden Tag in *tallis* und *tefillin* zu Gott betet, und daß Iván gestorben ist, weil er nie gebetet hat?«

»Nein«, sagte ich. »Daran habe ich noch nie gedacht. Aber ich denke, dein Bruder hat überlebt, weil er ein greinender Feigling ist und sich unter den Röcken eurer Mutter versteckte, während mein Bruder fortging, um Menschenleben zu retten. Als dein Bruder sich vor Angst in die Hosen schiß, muß er so gestunken haben, daß es nicht mal die Nyilas aushalten konnten. Geht zum Teufel, alle beide.«

Das alles sagte ich auf dem Weg die Treppe hinunter. Als ich bei ihr war, starrte ich sie so wütend an, daß sie schließlich den Blick senkte.

Auf dem Markt hatte ich Glück und bekam sowohl Eier als auch Mehl und Brot. Bei meiner Rückkehr traf ich am Eingang des Hauses Frau Eisler, die Großmutter meiner Freundin Ági. »O mein Gott«, entfuhr es ihr, als sie mich sah. »Kind, du bist ja krank!«

»Nein, Eisler néni, mir geht es gut. Meiner Familie auch. Uns allen geht es gut, und wir sind glücklich. In Ordnung?«

»Laß den Unsinn, Magda«, sagte sie streng. »Du bist krank. Wer ist jetzt bei euch zu Hause?«

»Meine Großmutter.«

»Dachte ich's mir doch. Sie sieht nicht gut, deshalb hat sie nichts bemerkt. Ich komme mit dir und rede mit ihr.«

Wir klopften an, und weil sie zwei Stimmen hörte, geriet meine Großmutter in Panik. »Wer ist da bei dir? Wer will in die Wohnung?« schrie sie.

»Ich bin es, Eisler néni, Ágis Großmutter. Bitte, machen Sie doch auf, um Himmels willen.«

Endlich wurde die Tür vorsichtig geöffnet.

»Kommen Sie doch bitte heraus«, forderte Eisler néni meine Großmutter auf. »Du hast das Geld verloren, oder man hat dich ausgeraubt«, sagte Großmutter zu mir.

»Darum geht es nicht«, sagte Frau Eisler. »Die Kleine ist krank. Ihre Haut ist gelb wie die eines Chinesen, und das

Weiß in ihren Augen hat die Farbe von reifen Zitronen. Sie braucht einen Arzt. Sehen Sie sie doch an. Halten Sie mal Ihren Arm gegen den der Kleinen. Sehen Sie nicht, wie gelb ihre Haut ist?«

»Natürlich sehe ich es«, sagte meine Großmutter. »Selbst meine blinden Augen sehen das.« Und sie brach in Tränen aus.

»Hören Sie auf zu weinen«, sagte Eisler néni. »Das nutzt nichts. Kennen Sie einen Arzt?«

»Mein Arzt hat seine Praxis ziemlich weit weg von hier«, sagte ich. »Und ich weiß nicht, ob er noch lebt und wie ich da hinkommen soll.«

»Wir haben keinen Arzt«, sagte meine Großmutter.

»Ich kenne einen«, sagte Frau Eisler. »Er wohnt hier in der Gegend. Komm mit nach oben, Magda. Ich gebe dir seinen Namen und seine Adresse.«

»Entschuldigung«, sagte meine Großmutter. »Aber was kostet ein Arzt?«

»Was für eine Frage!« empörte sich Frau Eisler. »Dieses Kind braucht einen Arzt, und zwar sofort.«

»Madame«, sagte meine Großmutter würdevoll, und ich fühlte mich ihr niemals näher als in diesem Augenblick. »Sie haben mich falsch verstanden. Die Frage ist doch nur: Habe ich genügend Bargeld im Haus, oder muß ich auf den Markt gehen, um etwas zu verkaufen?«

Später in der Praxis mußte ich stundenlang warten. Als ich endlich an der Reihe war, schien der Arzt nervös und gereizt zu sein. »Setz dich, setz dich. Wo ist deine Mutter?«

»Das weiß ich nicht genau. Irgendwo auf dem Land, Stoff gegen Essen tauschen. Sie ist sicher bald wieder da, aber ich bin jetzt krank. Wenigstens denkt Frau Eisler, daß ich krank bin. Und wahrscheinlich hat sie recht, denn ich habe gestern furchtbar gebrochen. Auf der anderen Seite könnte das natürlich auch andere Gründe gehabt haben. Vielleicht bin ich ja ein völlig gesunder Mensch – abgesehen von der Tuberkulose –, und die habe ich schließlich überwunden. Ich glaube, ich bin ganz in Ordnung.«

»Einen Augenblick mal«, sagte er. »Wie alt bist du?«

»Zehneinhalb.«

»Zehneinhalb, und du bist ganz allein hergekommen?«

Das war genau das, was ich am meisten haßte, dieses wohlmeinende Mitleid. Ich haßte es, wenn mein Verlassensein, meine Einsamkeit, meine erlittenen Verluste an die große Glocke gehängt wurden. »Nun, meine Mutter kommt sicher bald zurück, aber die Großmutter meiner Freundin Ági meinte, ich müsse sofort zum Arzt. Sie findet, ich sähe aus wie ein Chinese. Habe ich Gelbfieber?«

Der Arzt fing an zu lachen. »Nein, mein Kind, nur die Gelbsucht. Schlechtes Wasser, schlechtes Essen, der Krieg. Gelbfieber hast du jedenfalls nicht.«

»Werde ich wieder gesund?«

»Es würde mich nicht überraschen, wenn du mit der Zeit tatsächlich aus dem Grab wiederauferstehen würdest. Ja, du wirst wieder gesund. Ich gebe dir ein paar Tabletten, die du zwei Wochen lang zweimal am Tag einnehmen mußt. Kannst du dir das merken?« Ich sah ihn an. »Ja, das kannst du«, sagte er und lachte noch einmal. »Aber da wäre noch etwas. Du darfst keinen Wein trinken und keine Eier essen. Beides ist in deinem Zustand ganz schlimm. Wein und Eier führen zu schlagartigem Erbrechen. Aber ich glaube nicht, daß das ein großes Problem für dich ist.« Ich erstarrte. »Was ist los?« fragte er.

»Herr Doktor, ich habe einen Fehler gemacht«, sagte ich. »Mein Gedächtnis ist sehr schlecht. Ich schäme mich dafür. Bitte, schreiben Sie alles auf. Das mit den Tabletten und alles andere auch. Und vor allem, was passiert, wenn man Wein und Eier zu sich nimmt. Die Sache mit dem Erbrechen, Sie wissen schon?«

Diesmal sah er *mich* an. »Mit wem genau lebst du zusammen?« fragte er argwöhnisch.

»Mit meiner Großmutter«, sagte ich. »Sie hat mir *madártej* gemacht.«

Er lachte, verlor total die Fassung. Als er sich wieder erholt hatte, fragte er: »Als Sonderbehandlung, weil du krank warst?« und lachte wieder.

»Ja, es sollte eine ganz große Sonderbehandlung sein«, sagte ich ein wenig gekränkt. »Es war furchtbar.«

»Da gehe ich jede Wette ein«, sagte er. »Geh jetzt nach Hause. Und komm in zwei Wochen wieder, wenn du dann noch nicht weiß geworden bist.« Er lachte immer noch. »Aber iß kein *madártej* mehr. Ein Jahr lang nicht.«

»Herr Doktor«, sagte ich. »Was muß ich bezahlen?«

»Nichts«, sagte er. »Für dich ist die Behandlung umsonst.«

»Vielen Dank. Und den Zettel bitte.«

Er schüttelte den Kopf. »Die Person, die dich großgezogen hat, würde ich gern mal kennenlernen«, sagte er und gab mir den Zettel und das Rezept.

»Er wurde ermordet«, sagte ich und verließ den Raum.

Sobald ich zu Hause war, händigte ich Großmutter in atemlosem Triumph den Zettel aus. »Siehst du? Siehst du? Es war nicht böse von mir oder gemein! Der Arzt sagt, das *madártej* sei schuld daran, daß ich gebrochen habe.«

Großmutter war zu blind, um das Gekritzel des Doktors zu entziffern, daher bat sie mich, ihr den Zettel vorzulesen. Als ich fertig war, sagte sie: »Du glaubst, ich hätte dich vergiftet.«

»Nein«, stöhnte ich, »nein. Darum geht es doch gar nicht. Das ist keine Beschuldigung, das ist eine Erklärung. Eine Entschuldigung. Eine Art zu sagen, ich hab's nicht böse gemeint.«

Sie schwieg. Nach einer Weile sagte sie: »Du hast dem Arzt erzählt, ich hätte dich vergiftet.«

Wie konnte das passieren? Ich hätte das Ganze natürlich lassen können, aber ich wollte mich von dem möglichen Verdacht befreien, ich könnte mich gehässigerweise und mit Absicht übergeben haben. Sie sollte nicht glauben, ich hätte das gleiche getan, was ich mit drei Jahren im Szani getan hatte. Ich wollte ihr nur klarmachen, daß ich nicht bösartig war. Aber nun war sie gekränkt. Und beschuldigte mich, sie eines beabsichtigten Mordes bezichtigt zu haben. Wie konnten Worte nur so durcheinandergeraten? Wie konnte deren Bedeutung nur so verdreht werden?

»Ich gehe jetzt zu Bett«, sagte ich. »Der Arzt hat gesagt, ich soll viel schlafen.« Memo fürs Ich: Worte künftig als Deckmantel benutzen.

Es war schon spät am Nachmittag, als meine Großmutter mich weckte. »Ági klopft an die Wohnungstür«, sagte sie. »Sie möchte mit dir spielen, aber ich habe schon alles verbarrikadiert.«

»Wir könnten alles wegräumen«, schlug ich vor.

»Nein«, sagte sie. »Es ist schon nach vier. Um diese Zeit fangen die Russen an zu marodieren. Es wäre zu gefährlich, die Tür ungesichert zu lassen.«

»Na gut.«

»Ich ging nach vorn. Ági war zwei Jahre jünger als ich, also noch ein Kind. Ich spielte nur dann mit ihr, wenn mir sonst gar nichts mehr einfiel. Als ich schließlich vor der Barrikade stand, trommelte sie bereits ungeduldig an die Tür und spähte durch das winzig kleine, nicht verbarrikadierte Fenster links daneben. »Laß mich rein, laß mich rein«, flüsterte sie. »Ich will gar nicht spielen, ich muß auf die Toilette.«

»Geh nach Hause«, flüsterte ich zurück. »Wir haben uns schon für die Nacht verbarrikadiert.«

»Ich kann nicht«, jammerte sie. »Bei uns ist niemand da. Es ist abgeschlossen. Und ich muß ganz dringend, schnell!«

»Na schön.« Ich öffnete das Fenster. »Quetsch dich da durch.«

»Durch die Gitterstäbe?«

»Ja. Klein genug bist du ja.«

Sie zögerte, aber ihre Blase gewann die Oberhand über ihre Vorsicht. Sie zog sich auf das Fenstersims hoch und zwängte Kopf und Schultern durch die weiteste Öffnung zwischen den Gitterstäben.

»Komm rein«, sagte ich und ging schon aufs Schlafzimmer zu. Als ich keine Schritte hinter mir hörte, drehte ich mich um. Ági sah aus wie jemand, der mit einem Rettungsgürtel um den Bauch eine Schwimmlektion bekam. Hinten trat sie mit den Beinen um sich. Vorne bewegte sie die Arme in gegenläufigen Kreisen. Ich lachte. »Sehr komisch, du bist komischer, als ich dir zugetraut hätte.«

»Hilf mir!« krächzte sie.

»Laß gut sein«, sagte ich. »Ist ja ganz lustig, aber übertreib's nicht. Komm jetzt.«

»Ich kann nicht«, keuchte sie. »Ich sitze fest.«

Als ich endlich begriff, daß sie mir nichts vormachte, überlief es mich eiskalt. »Du kannst unmöglich festsitzen, Ági. Deine Schultern sind der breiteste Teil von dir, und die sind durch. Komm schon, versuch's noch mal.«

»Ich versuch' es ja«, sagte sie. »Aber vielleicht sind die Hüften der breiteste Teil von mir.«

Ich dachte über diese Möglichkeit nach. »Mag sein, aber die Hüften bestehen überwiegend aus Fleisch, und das gibt nach. Soll ich versuchen, dich durchzuziehen?«

»Ja, meine Eltern kommen bald nach Hause.«

»O mein Gott!« Ich schob, ich zog, ich quetschte. Wir beteten, wir fluchten, wir lachten. Sie machte sich in die Hose, und es ging immer noch nicht weiter. »Ich muß meine Großmutter rufen«, sagte ich schließlich.

»Aber sie ist eine Hexe«, meinte Ági.

»In letzter Zeit ist sie schon viel weniger hexig«, beruhigte ich sie. »Ich *muß* sie rufen.«

Großmutter versuchte alles noch einmal, womit Ági und ich es probiert hatten, aber Ági saß immer noch fest. Sie fing an zu weinen.

»Weine nicht, Ági«, versuchte Großmutter sie zu beruhigen. »Ich baue die Barrikade ab, dann holen wir dich raus.«

Als ich schließlich vom Flur aus mit aller Kraft schob und meine Großmutter gleichzeitig von drinnen zog, war Ági im Nu befreit. Ich wußte nicht, wieso sie festgesessen hatte. *Hatte* sie überhaupt festgesessen?

»Was jetzt?« fragte ich Ági. »Was wirst du deinen Eltern erzählen?«

»Was gibt es da schon groß zu erzählen?« Ági zuckte mit den Schultern. »Sie haben mich ausgesperrt, und ich habe mir in die Hose gemacht.«

Zwei Tage später bekamen wir wieder Besuch – Onkel Dávid, der jüngste Bruder meines Großvaters; er sah aus wie ein wandelndes Gespenst. »Dávid«, sagte meine Großmutter erschrocken. »Was ist mit dir passiert?«

»Sie haben uns geholt, meinen Sohn Bandi und mich, und uns nach Mauthausen gebracht. Frag mich nicht danach, Emma. Ich kann nicht darüber reden, und ich will auch nicht. Wo ist Zéligel?«

Dies war die Verkleinerungsform des jüdischen Namens meines Großvates.

Großmutter fing an zu schluchzen. »Dávid bácsi, Großvater ist tot. An einer Entzündung gestorben.«

»Verstehe«, sagte Dávid, und in seinem ausgemergelten Gesicht zuckte nicht einmal ein Muskel. Aus seinen großen, dunklen Augen rollten nur langsam zwei Tränen. »Verstehe.« Sein Kummer war wortlos und schwer, als häufe sich alle Erde auf alle Gräber dieser Welt.

»Dávid bácsi«, sagte ich, »mein Bruder Iván ist auch tot.« Es war das erste Mal, daß ich es gewagt hatte, diesen Satz auszusprechen.

Dávid nickte und fing dann an zu zittern. »Ist außer euch beiden noch jemand übriggeblieben?«

»Anyu und Rózsi sind aufs Land gefahren, um Stoff gegen Lebensmittel zu tauschen. Sie müßten in ein paar Tagen wieder dasein.«

»Und Ervinke?«

»Tot.« Auch dieses Eingeständnis war, laut ausgesprochen, neu für mich. Plötzlich fielen mir die Worte aus der Bibel ein: »Liebe, so stark wie der Tod.« Ja. Und ich werde euch beide bis in alle Ewigkeit in meinem Herzen tragen.

»Ich mache dir etwas zu essen«, sagte Großmutter zu Dávid.

»Nein, danke. Ihr habt selbst nicht genug.«

»Doch, haben wir«, sagte ich viel zu laut in meiner Furcht, Großmutter könnte zulassen, daß er ihr Angebot abschlug. Denn natürlich hatten wir nicht genug.

Wir sahen zu, wie Dávid aß. Es war mir noch nie in den Sinn gekommen, daß alles, sogar das Kauen, zu einem Ritual der Trauer werden kann. Dávid war offensichtlich sehr hungrig. Aber statt das Essen zu genießen, machte er es zu seinem Medium, um den Kaddisch zu beten. Er kaute sehr präzise, schluckte gequält und war kaum in der Lage, das Essen durch den engen Knoten seiner ungeweinten Tränen zu zwängen. Vielleicht drückten alle Indig-Brüder ihre Gefühle so aus, dachte ich. Mit dem Mund statt mit Worten.

Schließlich kamen Rózsi und Anyu wieder. Sie waren sehr zufrieden mit dem Ertrag ihrer Reise, denn sie hatten für jeden Meter Stoff eine Menge Lebensmittel bekommen. Aber als sie ein paar Tage später versuchten, einen Teil der Lebensmittel gegen neuen Stoff einzutauschen, hatte die Situation sich geändert. Der Wert von Nahrungsmitteln im Vergleich zum Wert von Stoff war gesunken, denn die Konkurrenz war groß: Kräftige Männer und große Familien mit Autos und Lastern waren jetzt ebenfalls in das Geschäft eingestiegen. Und da die Kämpfe aufgehört hatten, zierten die Bauern sich auch nicht mehr so, sich von ihren überschüssigen Lebensmittelvorräten zu trennen, um dringend benötigte Kleidung zu beschaffen. Der Kurs, zu dem Mutter und Rózsi bei den Bauern tauschten, war zu niedrig, um die gleiche Menge Stoff zurückzukaufen, die sie weggegeben hatten. Bei zwei weiteren Reisen war es nicht anders. Erst als sie fast nichts mehr hatten, kapierten sie es endlich.

In der Zwischenzeit verfiel die Währung immer mehr. Wenn ein Brot morgens x Pengö kostete, mußte man abends x plus fünfhundert dafür geben. Negative Zahlen wurden zu erfahrbarer Wirklichkeit: Wir fingen an bei Null und hatten dann noch weniger.

»So werden wir nicht überleben«, sagte Rózsi eines Abends. »Meine Ersparnisse sind fast aufgebraucht. Wir müssen uns Arbeit suchen. Vom Handel verstehen wir nämlich einen Scheißdreck.«

»Kein Grund, so ungehobelt zu sein«, sagte Großmutter tadelnd.

Binnen einer Woche hatte Rózsi eine Arbeit; sie sollte als Verkäuferin in Imre Garbovitcs' ausgebombtem Laden anfangen. Das war früher ein Palast gewesen, jetzt aber nur noch ein Loch in der Wand, an derselben Stelle, wo Imre in Friedenszeiten ein Vermögen gemacht hatte.

Ihn, einen entfernten Cousin großmütterlicherseits, hatte meine Mutter 1942 gebeten, ihr tausend Pengö zu leihen, mit denen sie vielleicht die Chance gehabt hätte, ihre Kinder nach Amerika zu bringen. Damals hatte er zu ihr gesagt: »Du bist ein schlechtes Risiko, Margit. Außerdem – ich kann auch nicht nach Amerika gehen. Warum solltet ihr es können? Soll Gyula dir doch helfen. Der Verleger war immer so ein großes Tier. Viel zu groß, um mich auch nur zu grüßen.«

Als Mutter den Namen von Rózsis neuem Arbeitgeber erfuhr, erbleichte sie. »Das kannst du nicht tun!«

»Und ob ich das tun kann«, erwiderte Rózsi. »Das Geld, das ich verdiene, wird uns alle ernähren, auch Magda.«

Gegen dieses Argument war schwer anzukommen. So ging Rózsi zur Arbeit, und Mutter brach zu einer weiteren Hamsterfahrt auf, diesmal zusammen mit Frau Gold, unserer ehemaligen Nachbarin vom fünften Stock. Ich war wieder mal allein und wußte nichts mit mir anzufangen.

Ist von Einsamkeit die Rede, so klingt es immer, als leide man an irgend etwas Mangel; aber Einsamkeit ist auch ein Überfluß. Einsamkeit – das sind zu viele umherschweifende Gedanken, das ist ein zu großer Zug der Schwerkraft, ein zu großer Drang zum Grab, das sind zu viele Schatten, das ist ein zu voller Mond, dem man vergeblich seine Wünsche anvertraut. Einsamkeit, das ist der Grabstein um deinen Hals, der Grabstein, den du bis zu dem Tag trägst, an dem du ihn endlich über dir zur Ruhe legen kannst.

Als Mutter nach Hause kam, verkündete sie noch auf der Schwelle und völlig außer Atem: »Mit dem Tauschen ist es vorbei.«

»Ach, wirklich?« fragte Rózsi trocken. Sie und ich wußten, daß es so enden mußte. Arme Anyu.

Es waren zwar nicht sehr viele Lebensmittel, die Mutter

mitbrachte, aber sie waren frisch und gut. Daher war es uns ein absolutes Rätsel, warum die Bohnensuppe, die Großmutter am folgenden Tag kochte, so widerlich war wie Beelzebubs Odem. Das verdammte Zeug stank.

»Das können wir nicht essen«, meinte Rózsi angewidert. »Was hast du nur gemacht, Anyuka?« fragte sie meine Großmutter.

Großmutter brach in Tränen aus. »Ich weiß es nicht. Ich werde langsam eine richtige alte Närrin. Das ist es. Das ist alles. Ich habe all die guten Zutaten verschwendet. Was sollen wir jetzt machen?«

»Ich habe eine Idee«, sagte Rózsi. Wir alle sahen sie mit neuer Hoffnung an. »Magduska soll nach unten gehen und die Suppe verkaufen.«

»Das ist eine gute Idee«, sagte meine Mutter.

»Was? Ich? Aber ich habe doch gar keine Ahnung, wie man Suppe verkauft.«

Großmutter hörte auf zu weinen. Statt die Brille abzunehmen, schob sie sie mit einer Hand auf die Stirn und wischte sich mit einem Taschentuch in der anderen die Augen ab, eins nach dem anderen. Diese hochgeschobene Brille, diese geröteten Augen, diese Geste des Trockenwischens durchbohrten mein Herz.

»Ja, ich werde die Suppe verkaufen«, willigte ich ein. »Ich mach's.«

Ich ging hinunter auf die Straße. Ausgerüstet mit zwei tiefen Tellern, zwei Löffeln, einer Kelle und einem Eimer schmuddeligen Wassers, in dem ich das Geschirr nach jedem Kunden abspülte, fing ich an, unsere Suppe feilzubieten. »Suppe, gute Suppe zu verkaufen! Heiße Suppe, Bohnensuppe, gute Suppe zu verkaufen!« Ich verkaufte ziemlich viele Portionen. Ein paar Kunden aßen die Suppe klaglos. Andere fluchten und verzogen angewidert das Gesicht. Ich hörte auf, bevor der Topf leer war.

Abgesehen von einem kleinen nagenden Gefühl tief in meiner Magengrube war ich mir der Unmoral meines Tuns nicht direkt bewußt. Trotzdem setzte sich die Szene wie ein Schrapnellfragment in mir fest, wie ein böser Splitter, der, wenn man ihn nicht entfernt, im Körper wandert und immer wieder neuen Schmerz verursacht. Diese armen, übertölpelten Menschen, ihr verschwendetes Geld, diese ungenießbare Suppe. Und ich war die Verkäuferin.

Einem hypothetischen Fremden wäre unser Leben inzwischen fast normal erschienen. Mutter arbeitete wieder für Pista Papp; Rózsi arbeitete für Garbovitcs; Großmutter kochte; ich tat so, als wäre ich ein Kind. Es gab Zahltage und Sonntage und Montage. Aber unter dieser sichtbaren Welt fraß sich eine tiefe Fäule in unsere Existenz. Sowohl Mutter als auch Rózsi verloren büschelweise Haare. Beiden hätten unbedingt ein paar Zähne gezogen werden müssen. Mutter bekam Furunkel. Rózsi verlor oft die Beherrschung. Großmutter verkroch sich in irgenwelchen Ecken und weinte. Und ich – ich fiel ohne Ende aus unzähligen Fenstern, wurde von Bussen überfahren. Bei jedem Auspuffknall wurde mein Körper von Kugeln durchlöchert. Immer wieder aufs neue zerbrach ich und blutete aus. Und nicht nur ich. Unbemerkt lag meine Mutter plötzlich in einem Sarg und wurde an einem sonnenlosen Tag in einem jahreszeitlosen Jahr zum Friedhof getragen. Mein Bruder trieb bleich und vom Wasser aufgedunsen an der Decke. Die Zähne meines Großvaters fielen wie Dominosteine einer nach dem anderen vor ihm in den Suppenteller.

Ich hungerte nicht mehr, das konnte also nicht die Erklärung sein. Also war ich verrückt geworden. Es ist von allergrößter Wichtigkeit, dachte ich, daß ich dieses Geheimnis so lange wie möglich für mich behalte. Aber wie lange ist »so lange wie möglich«?

Auf Hauswänden und in den Zeitungen tauchten offizielle Nachrichten auf. »Alle Personen zwischen sechs und vierzehn Jahren müssen sich zur Schule anmelden. Auf Versäumnisse steht die Strafe von …« Ah, offizielle Drohungen. Es kehrte wieder Normalität ein!

Seit der ersten Klasse war der September ein magischer Monat für mich gewesen. Die Sonne brennt nicht mehr so heiß, nimmt in ihrem Leuchten eine Spur von Silber an. Die Morgenluft wird kühler. Der schmelzende Sommerasphalt wird wieder fest, und meine Mutter und ich treten federnden Schrittes zu unserer alljährlichen Pilgerreise zum Schreibwarenhandel an, einem heiligen Ort, der letzten Station, bevor man in das Nirwana eintrat, die Schule selbst.

Der Laden lag in der Népszinház Utca. Drinnen war er wie ein langer Tunnel mit hohen Glastheken zu beiden Seiten des schmalen Gangs. Obwohl das Geschäft im Herbst am besten ging, war es doch ein zeitloser Laden. Die Waren waren immer die gleichen, und die Männer hinter den Theken trugen immer grüne Schirmmützen, die sie sich hoch in die Stirn schoben. Außerdem hatten sie ganz merkwürdige Ärmelschoner an, um ihre Manschetten zu schonen.

In all dieser Gleichförmigkeit war die auffälligste Konstante jedoch der Geruch des Ladens. Jeder Papiertyp hatte seinen eigenen verschlüsselten Geruch, der von modrig bis aufdringlich reichte. Gewürzt war das Ganze mit dem Duft von Graphit, Leim, Tinte, Kreide, Bleistift und Radiergummifetzchen. Alles in allem bildeten diese Dinge die Welt des Septembers, die Welt neuer Anfänge, wiedererwachter Hoffnungen.

Aber nicht in diesem Jahr. Erstmals war es Mai. Und

noch einmal erstens gab es nirgendwo in Budapest gutes Papier. Außerdem war der altvertraute Laden völlig ausgebombt.

»Wo soll ich mich anmelden?« fragte ich meine Mutter.

»Du hast die vierte Klasse abgeschlossen, also kommst du wohl in das alte Jüdische Gymnasium«, meinte meine Mutter. »In der Abonyi Utca.«

»Wirklich?« Mein Herz machte einen Sprung und fiel dann genauso schnell wieder in sich zusammen. In der Abonyi Utca. Vier Jahre lang hatte ich von diesem Schulweg geträumt. Iván in der achten Klasse, Ervin in der fünften und ich im ersten Jahr; ich würde mit ihnen in dieselbe Schule gehen, allerdings in die Mädchenabteilung, die in einer Nebenstraße an das Hauptgebäude angrenzte. Kein kleines Grundschulkind mehr, sondern eine Erwachsene mit einem Ausweis, der in einem taschengroßen Metallrahmen steckte; mein Bild in dem ovalen Zentrum und meine Fahrkarte hinter den Ausweis geklemmt, den lochbaren Teil in lässiger Eleganz ein Stückchen herausgezogen.

Wie sich herausstellte, war das Schulgebäude in der Abonyi Utca zerstört. Das Gymnasium befand sich daher in einer anderen Straße, aber es kam mir gar nicht vor wie ein *gimnázium*. Mühsam und nach Stunden endloser Bürokratie und langer Warteschlangen bekam ich meinen Ausweis. Ich beschloß, meinen Fahrschein getrennt aufzubewahren; die meiste Zeit hielt ich ihn einfach in meiner verschwitzten Hand, denn ich konnte mir keine unelegantere Weise ausdenken, ihn bei mir zu tragen.

Am ersten Schultag kam ich zu spät zum Unterricht. Als ich das Klassenzimmer betrat, trug die Lehrerin – Frau Dr. Magda Timár, wie ich später erfuhr – gerade die beiden ersten Zeilen eines Gedichts von Dezsö Kosztolányi vor: »Der kleine Hund ist immer noch das schönste Tier /

hoch oben auf dem Kissen hält er hof.« Als sie fertig war und ich immer noch auf der Schwelle stand, sah sie mich wütend an. »Entschuldigung?« fragte sie und hob dabei nicht nur ihre Stimme, sondern auch ihre rechte Augenbraue.

Entschuldigung? Ist sie verrückt geworden? Ich brauche eine Entschuldigung, um fünf Minuten zu spät zu kommen? Ich habe in den Tag hinein geträumt, Frau Lehrerin. Ich habe den Himmel betrachtet. Ich habe mich gefragt, wo der Schnee von gestern, der Schnee der alten Abonyi Utca, hingekommen ist. »Keine Entschuldigung«, sagte ich. Und mit äußerstem Widerstreben fügte ich hinzu: »Tut mir leid.«

»Nun, du hast schon etwas versäumt«, sagte sie. »Jetzt wirst du vielleicht nie was über den kleinen Hund erfahren.«

»Kosztolányis dummes Gedicht, in dem er den Herzschlag eines Hundes mißt? Ich hasse dieses Gedicht. Überhaupt mag ich Kosztolányi nicht besonders. Außerdem hat er bestimmt bessere Gedichte geschrieben. Seine Liebesgedichte sind diesem da weit überlegen.« Stille breitete sich aus. Ich wußte, ich sollte eine Rasierklinge bei mir tragen, damit ich mir bei solchen Gelegenheiten gleich die Kehle durchschneiden konnte. »Tut mir sehr leid«, wiederholte ich und meinte es diesmal auch. Doch dann begann eine andere Zunge, die nicht die meine war, von neuem zu sprechen. »Andererseits ist meine Kritik an Kosztolányi durchaus berechtigt. Es ist auch nicht direkt meine Kritik, aber ich bin von ihrer Stichhaltigkeit überzeugt. Ich habe das von meinem Bruder, Iván, und er hatte in bezug auf Gedichte immer recht.«

»Melde dich nach der Stunde in meinem Büro«, sagte Dr. Timár. Was in diesem Augenblick in ihrem Gesicht geschrieben stand, vermochte ich nicht zu deuten.

Als ich mich später bei ihr meldete, kam sie sofort auf den Punkt. »Dein Bruder Iván ist tot?«

»Nein«, sagte ich. »Er wurde ermordet, mit Schüssen in die Donau getrieben.«

»Wer sonst noch wurde ermordet?«

»Kommt darauf an. Mein Großvater ist gerade gestorben, vor allem an Hunger.«

»Du bist ein sehr schwieriges Kind«, sagte sie.

»Ich bin kein Kind«, sagte ich. »Ich bin Schülerin im ersten Jahr auf dem Gymnasium mit einem Ausweis und einer Fahrkarte.«

Sie warf die Hände hoch. »Wir haben alle etwas abbekommen. Laß dich davon nicht unterkriegen.«

»Keine Sorge«, sagte ich. »Es ist nicht mehr viel von mir übrig, was man unterkriegen könnte.«

Während der vier Monate Unterricht bis zum Sommer gingen Dr. Timár und ich wegen so mancher Gedichte mit Lanzen und Piken aufeinander los. Ich kam weiter jeden Morgen zu spät, und weil dieses Vergehen eigentlich mit einem Verweis geahndet wurde, schloß sie vor der ganzen Klasse ein Geschäft mit mir. Wenn ich das Gedicht identifizieren konnte, das bei meinem verspäteten Eintritt gerade gelesen wurde, und wenn ich die nächste Zeile ergänzen konnte, würde sie mein Zuspätkommen nicht vermerken. Die Klasse applaudierte in höhnischem Triumph. Ha! Das Ende der hochmütigen Dénes! Nicht ganz. Ich bekam ungefähr achtzig Prozent der Gedichte richtig hin, so daß der Verweis nie ausgesprochen wurde.

Dann war da noch Herr Rausch. Er war ein dünner, rothaariger, schmallippiger alter Knabe, der Mathe unterrichtete. Monoton und langweilig. Ich fing an, mit den Mitschülern zu schwatzen, ich las Gedichte. Immer, wenn meine Versunkenheit am tiefsten war, schlug er zu. »Ja, Dénes? Die Antwort?«

»Es tut mir leid, Herr Lehrer, ich habe die Frage nicht gehört«, sagte ich dann.

»Aha! Keine Antwort! Das gibt eine Fünf.«

»Aber Herr Lehrer. Ich könnte die Frage höchstwahrscheinlich beantworten, wenn Sie sie noch einmal stellen würden.«

»Du hättest gleich beim erstenmal zuhören müssen, Dénes. Du hättest zuhören müssen. Das gibt eine Fünf für dich.«

Und für dich auch, du Esel. Wen schert das schon?

Innerlich war ich die ganze Zeit über aufgewühlt, aber von außen kam nichts mehr an mich heran. Was konnten sie mir schon antun? Mich vielleicht in die Donau treiben? Was gab es sonst noch? Nichts – abgesehen davon gab es nichts Bedrohliches. Andererseits, was konnten sie für *mich* tun? Meinen Bruder wieder zum Leben erwecken? Mir Ervin zurückgeben? Mich auf der Stange eines Fahrrads mit nach Amerika nehmen?

Wie es das Schicksal wollte, schaffte Herr Rausch es tatsächlich, etwas für mich zu tun. Allerdings war das nur zur Hälfte sein Verdienst. Die andere Hälfte gebührte meiner Freundin aus der ersten Klasse in der Bezerédy Utca, Jutka Schwartz. Jutka war wie Ági nicht direkt belesen und auch nicht besonders flink, aber sie war eine loyale Freundin, und ich hatte sie geliebt. Als wir uns auf dem Gymnasium wiedertrafen, waren wir überglücklich. Wir brachten uns gegenseitig auf den neuesten Stand der Dinge und erfuhren, daß wir beide den Menschen verloren hatten, den wir am meisten liebten. Ihre Mutter war ermordet worden; man hatte sie in Auschwitz vergast. Wir saßen nebeneinander in der zweiten Reihe und redeten, ich mehr als sie. Ihr Kummer war irgendwie ohne scharfe Kanten geblieben. Sie trauerte, als sei ihre Mutter an Lungenentzündung oder bei einem Autounfall ums Leben gekommen. Das wollte mir nicht in den Kopf. »Sie haben sie ermordet!« sagte ich. »Sie haben sie ermordet. Begreifst du das denn nicht?«

»Du machst mir angst«, antwortete sie dann. »Laß das.«

»Aber Jutka, worum es geht, ist doch ...«

Herr Rausch unterbrach uns. »Dieses gemütliche Duo wird jetzt für drei Wochen getrennt«, sagte er. »Dénes, die eindeutig der größere Schurke ist, zieht in die letzte Reihe um. Wenn sowohl Schwartz als auch Dénes ihre Lektion gelernt haben, darf Dénes vielleicht in drei Wochen wieder vorrücken.«

»Vielen Dank, Herr Lehrer«, sagte ich, sammelte meine Bücher ein und verzog mich nach hinten.

Ich zählte die Tage. Mein Leben war zu still, um eine Freundin zu verlieren, mit der ich reden konnte. Am einundzwanzigsten Tag hob ich die Hand. Da war noch eine Sache, die Rausch mir verübelte. Wenn jemand mal keine Antwort wußte und ich zufällig gerade zugehört hatte, sprudelte ich mit der Lösung heraus, ohne um Erlaubnis zu fragen. Ich war zu seelenmüde, um ihm oder irgend jemandem sonst zu erklären, daß diese Geste, das Heben der Hand, mich an den Nazigruß erinnerte und daß ich es einfach nicht tun wollte. Nachdem er viele Minuten lang wie ein Narr so getan hatte, als habe er mich nicht gesehen, rief er mich auf. Ich erhob mich und sagte respektvoll: »Herr Rausch, die Zeit der Strafe ist vorbei. Ich habe mich gut benommen. Sie mußten mich drei Wochen lang nicht tadeln. Jetzt kann ich mich doch wieder neben Jutka setzen, oder?«

Herr Rausch räusperte sich. Bevor er jedoch etwas erwidern konnte, fuhr Jutkas Hand in die Höhe. Er rief sie auf. Jutka erhob sich. Sie rang die Hände. »Also«, sagte sie, »also ...« Sie verstummte.

»Raus damit, Schwartz«, sagte Rausch.

»Also, mein Vater findet, ich würde es im Leben weiter bringen, wenn ich nicht neben Dénes säße.«

Die Schmach der Worte, die wie ein todbringender Blitz waren, traf jedes Organ in meinem Körper und ließ mich ausgebrannt zurück. O Jutka, meine Freundin. Ich setzte mich.

Herr Rausch wirkte schockiert. »Nun, was immer ihr zwei jungen Damen beschlossen habt, soll mir recht sein«, sagte er und versuchte, was ihm zur Ehre gereichte, den Schlag zu mildern. Niemand ließ sich täuschen. In der Mathematikstunde war ich fortan ein Paria. Ich machte keine Anstalten mehr, Anwesenheit zu heucheln. Ich las Gedichtbücher, ich blickte zur Decke auf, ich lutschte an meinen Zähnen. Ich hob nie mehr die Hand und sprach auch mit niemandem mehr. Herr Rausch ließ mich in Ruhe. Selbst sein Blick, der der ganzen Klasse galt, schweifte über meinen Platz hinweg.

Die eigentliche Außenseiterin der Klasse war aber die kleine, rothaarige und stumpfäugige Edit Müller. Ich wußte nicht, warum. Sie erschien mir nicht schlimmer als die anderen auch. Trotzdem war sie eine Einzelgängerin, und ich war jetzt auch eine geworden. Eines Tages, als wir zufällig allein auf der Toilette waren, sprach sie mich an. »Hast du schon mal deine Vagina berührt?« fragte sie.

»Was?« Ich traute meinen Ohren nicht. »Was hast du gesagt?« Sie wiederholte die Frage. Plötzlich strahlte sie eine gezwungene Heftigkeit aus, die es mir einfach unmöglich machte wegzugehen, wie ich es hätte tun sollen, was ich eigentlich wußte.

»Natürlich nicht«, sagte ich. »Du weißt ganz genau, daß man das nicht soll, außer mit einem Waschlappen, wenn man sich badet. Um sich zu waschen. Warum fragst du?«

»Versuch's mal«, sagte sie. »Es fühlt sich gut an.«

Guten Gefühlen war ich nicht abgeneigt. Auf der anderen Seite wußte ich tief in mir, daß dies der Weg ins Verderben war. Iván konnte ich nicht danach fragen. Schließlich gewann meine Neugier die Oberhand. »Wie?« fragte ich.

»Geh wieder auf die Toilette und laß deine Hose runter. Dann mußt du deine Vagina kitzeln.«

Ich tat wie geheißen. Nichts passierte. Ich fühlte mich dumm statt gut. »Es funktioniert nicht!« schrie ich zu ihr hinaus.

»Dann komm wieder raus«, sagte sie gereizt. »Du bist eben zu unerfahren.«

Ein wenig verlegen kam ich heraus. »Wie meinst du das?« fragte ich.

»Nun, man braucht eine gewisse Zeit, um es zu lernen«, sagte sie. »Weißt du, meine Mutter lebt mit diesem Mann zusammen und ...«

»Sie tut was?« unterbrach ich sie. Jetzt befand ich mich auf vertrautem Territorium. Ich wußte, daß das Zusammenleben mit einem Mann falsch war; es war unmoralisch.

»Sie lebt mit diesem Mann zusammen«, fuhr Edit fort, ohne sich um meine Mißbilligung zu scheren. »Er ist sehr nett zu mir. Er kitzelt jede Nacht meine Vagina. Da ist nämlich ein Kanal, der nach oben führt. Er steckt einen Finger rein. Nach einer Weile wird er zwei Finger reinstecken. Er versucht, mir nicht weh zu tun. Er bereitet mich für seinen Penis vor, der mir mehr Freude schenken wird, als ich je im Leben gehabt habe.« Sie hielt inne und sah mich verloren an.

»O mein Gott«, sagte ich. »Ich glaube, ich höre die Pausenglocke. Die Stunde fängt an. Wir müssen gehen.«

»Ich höre keine Glocke«, sagte Edit.

»Aber ich«, sagte ich und eilte hinaus. Edits Geschichte

ließ mich den ganzen Tag nicht mehr los. Ich wußte, da stimmt etwas nicht. Ich wußte es einfach.

An diesem Abend vertraute ich mich meiner Mutter an. Nicht, was meine Erfahrung auf der Toilette anging, die ich wohlweislich ausließ, aber alles andere erzählte ich ihr. »Ist das nicht irgendwie falsch?« fragte ich.

»Ja, sehr falsch«, sagte meine Mutter, »und du darfst nie, niemals mehr mit Edit sprechen oder sonst etwas mit ihr zu tun haben. Niemals.«

»Schon gut. Will ich ja auch nicht. Aber was ist mit Edit? Sollte nicht irgend jemand etwas tun?«

»Nicht wir«, sagte meine Mutter. »Ich kenne den Mann, der mit Edits Mutter zusammenlebt. Er ist ein hoher Beamter in der kommunistischen Partei. Wenn das rauskäme, würde er uns alle erschießen lassen. Rózsi und Großmutter auch. Sieh zu, daß du den Mund hältst.«

»Ja, natürlich, aber was ist mit Edit?«

»Geht uns nichts an«, sagte meine Mutter. »Noch ein Opfer des Krieges.«

Schließlich hörte ich ganz auf zu reden. Herr Rausch konnte jetzt stolz auf mich sein.

Eines Tages sprach mich in einer langen, stillen einsamen Pause ein Sechstkläßlerin an. »Ich höre, du bist eine ziemliche Angeberin, Dénes.« Ich wandte den Blick ab. »Ich heiße Katz. Malvine Katz. Ich kannte deinen Bruder.«

Plötzlich war ich ganz Ohr. »Ja?«

»Ja. Er war sehr hübsch. Ich mochte ihn. Du scheinst viel dämlicher zu sein als er.«

»Weiß ich«, sagte ich grinsend.

»Also, kennst du das Wort ›ficken‹?«

»Ich... ich... Ich hab's schon mal gehört«, stammelte ich.

»Nun, dann lern's. Scheiße, Pisse, Fotze, Schwanz. Den

Arsch hoch und die Kehle runter. Fick deine Großmutter auf ihrem Totenbett ins Maul. Sollen sie sich doch alle einen Pferdepimmel in den Arsch schieben. Wir sind zu dem Entschluß gekommen, daß du dich, wenn du diese Vokabeln gelernt hast, beim zweiten Frühstück zu uns gesellen darfst. Du mußt verstehen, das ist eine große Ehre, die man dir aus Hochachtung vor deinem Bruder erwiesen hat; um dein dummes, kleines Selbst geht es uns gar nicht. In unserer Gruppe ist niemand unter dem vierten Jahr.«

»Scheiße, Pisse, ficken, Scheiße, Pisse, Pisse«, sagte ich.

Sie lachte. »Du bist wirklich dämlich«, sagte sie. »Komm mit.«

Sie änderten mein Leben. Sie kümmerten sich um mich, und sie heiterten mich auf. Trotzdem blieben die Fahrten von zu Hause in die Schule und wieder zurück, nun im Bus, lang und einsam. Jeder Ruck und der Anblick jeder Ecke löste neuen Schmerz aus. Um dagegen anzukämpfen, sagte ich schweigend Gedichte auf, Strophe um Strophe. Ich addierte Zahlenkolonnen. Ich versuchte, mich an Einzelheiten der Schlacht von Waterloo und anderer Höhepunkte der Geschichte zu erinnern oder welche dazuzuerfinden. Nichts half. Nach kurzer Zeit war ich wieder bei Bildern von Iván, sah, wie man ihn zur Donau trieb. Wir hatten gehört, daß man ihm die Hände auf den Rücken gefesselt hatte. Womit? Mit seinem Gürtel? Einer Kordel? Einem Seil? Handschellen? Was immer es war, hat es sich in seine Handgelenke geschnitten? Haben seine Handgelenke geblutet?

Ich wollte es nicht, aber mein besessener Geist zwang mich, im Gleichschritt neben ihm her zu marschieren. Es war sehr kalt an diesem Tag, und es schneite leicht. Hat er gezittert? Haben wir geschwitzt? Haben sich die Perlen auf unserer Stirn augenblicklich in Eiskristalle verwandelt, oder hat das Fieber unserer Furcht sie gleich wieder geschmolzen?

Nein, nein, schrie ich mir selbst zu. Das ist eine Beleidigung, ein Frevel. Du sitzt hier. Lebendig. Fast in Sicherheit. Er geht diesen Weg allein.

Ja. Siebzehn plus fünfzehn gleich zweiunddreißig. Hundertundfünf plus dreihundertundsieben gleich vierhundertundzwölf.

Woran hat er gedacht? An gute Zeiten? Sie waren so rar... An seine Freundin? An den Wunderrabbi, den er nicht darum gebeten hatte, wieder mit unserem Vater zusammenzukommen, weil es ihm entfallen war? Oder dachte er an mich? An den Zahnarzt? An was? Wußte er, daß es das Ende war, oder hatte er noch Hoffnung? Hätte er sich in einem Akt verzweifelter Kühnheit zurückfallen lassen oder weglaufen können? Er hat so viele gerettet. Hätte er sich selbst retten können? Oder uns, wenn ich bei ihm gewesen wäre?

Napoleons Exil hieß Elba. Nach seiner Befreiung kam er noch einmal für hundert Tage an die Macht. Sein verhängnisvoller Feind war der englische Herzog Wellington.

Sie gingen weiter. Haben die Nyilas sie verhöhnt? Wahrscheinlich. Die Nyilas haben die gefangenen Juden immer bespuckt und verspottet. »Langnase! Jesusmörder! Lockenkopf!« Was konnten sie zu Iván sagen? Äußerlich war er ihnen so ähnlich. Nur viel vornehmer. Das hätte sie wütend machen können. Es war schon früher aufgefallen: Manche Menschen wurden nur wegen seines Aussehens wütend auf Iván. Sie schienen sich zu wünschen, daß er häßlich wäre.

Na gut. Jetzt kamen sie zu dem kritischen Punkt. Sie bogen Richtung Donau ab, nicht zum Gefängnis. Wußte er, was das bedeutete? Angenommen, er wußte es. Angenommen, er konnte sein Schicksal vor sich sehen. Das Ende seines Lebens in fünf Minuten.

Seine Fesseln mußten ihn daran gehindert haben, eine Hand zu heben, um sie sich schützend in den Nacken zu legen. Wie fühlte sich das an? Hat er versucht, den Kopf einzuziehen wie eine Schildkröte? Hat er in einem letzten Akt des Trotzes mit erhobenem Kopf dagestanden und den Hals in die Höhe gereckt? Oder hat er einfach geweint, wie ich es getan hätte, verängstigt und mit gebrochenem Herzen, weil man ihn zwang, alles und jeden für immer zu verlassen?

Einst, um eine Mittnacht graulich, da ich trübe sann und traulich / müde über manchem alten Folio lang vergess'ner Lehr'/ da der Schlaf kam schon gekrochen...

Dann kamen sie an die Stufen, die hinunter zu der eisigen Donau führten.

Was für eine Närrin ich doch war. Um mich abzulenken, hatte ich mir ein Gedicht ausgesucht, das wir einander auf ebendiesen Stufen immer wieder vorgelesen hatten. In vergangenen Sommern, an trägen Limonadesonntagen.

Zusammen mit den anderen Gefangenen befahl man ihm niederzuknien. Jemand preßte ihm ein Gewehr in den Nacken, an die Schädelbasis.

Was geschah in dieser Sekunde mit meinem Bruder? Wie kann ich das jemals wissen? Wer wird es mir sagen? Fünf mal viertausendsiebenhundertneun gleich...

Eines Freitags, als ich nach einer dieser quälenden Fahrten von der Schule nach Hause kam, saßen auf meinem Bett Éva Hirsch und deren jüngere Schwester Babi, die so alt war wie mein Bruder. »Du erinnerst dich sicher an Éva«, sagte meine Mutter statt einer Vorstellung. Ich nickte. Natürlich. »Sie sind auf der Durchreise«, fuhr meine Mutter fort, »sie kommen aus den Lagern. Ihre ganze Familie ist tot. Vergast. Sie fahren nach Sárbogárd, um ihr Haus zurückzufordern.«

Ich sah meine Mutter an. Eigentlich hätte sie die beiden einladen müssen, bei uns zu bleiben. Sie wich meinem Blick aus.

»Ich glaube, ihr solltet wirklich dorthin gehen«, sagte meine Mutter zu ihnen. »Fordert euer Haus zurück und das ganze Land, das euren Eltern gehört hat. Holt euch alles zurück, was ihr kriegen könnt. Dann kommt wieder her und bleibt bei uns«, sagte sie und sah mir direkt in die Augen. Ich lächelte. Vielleicht kannte meine Mutter mich besser, als ich glaubte.

Die Tage und Wochen vergingen in einförmiger Monotonie, denn unsere Herzen waren tot. Fangt wieder an zu leben, fangt wieder an zu leben, sagte ich zu den drei Frauen in meinem Leben, aber sie taten es nicht. Fang wieder an zu leben, sagte ich zu meinem Herzen, aber es antwortete nicht.

An einem solchen herzenstoten Sonntag kam Dávid bácsi. »Ich möchte dich ins Kino einladen«, sagte er voller Elan zu mir. »Sag nicht nein, Margit«, sagte er zu meiner Mutter. »Ich nehm' sie auf meinem Fahrrad mit, auf der Stange.«

»Nein«, sagte meine Mutter.

»Ja!« rief ich. »Ja! Ich verlasse diesen Friedhof! Zusammen mit Dávid. Jetzt gleich!«

»Laß das Kind gehen«, sagte Rózsi zu meiner Mutter.

»Laß sie mit mir kommen«, bat Dávid. »Margit, genug ist genug.«

Auf Dávids Fahrrad wurde ich in eine andere Welt kutschiert. In eine Vor-Trauer-Welt, in eine Welt, zu der Iván und Ervin und ein leichter Windhauch gehörten. »Wohin fahren wir?« fragte ich.

»Ins Kino«, antwortete Dávid.

»Es gibt keine Kinos mehr in Budapest«, behauptete ich.

»Da irrst du dich, Fräulein Naseweis«, lachte er. »Gestern hat in der Innenstadt eins aufgemacht, extra für Kinder. Und genau da fahren wir jetzt hin.«

»Meine Güte«, flüsterte ich, »meine Güte. Vielen Dank, Dávid bácsi.«

Dávid und ich sahen uns den Film an und lachten beide herzlich. Erst über Stan und Pan, dann über Latabár, obwohl der Film ein wenig verschwommen war. Wir staunten über den Riesen von Bagdad. Dann war es vorbei.

»Ich hätte nie gedacht, daß ich das noch einmal erleben würde«, sagte Dávid bácsi, als wir aus dem Kino kamen. »Ein Kind lachen zu sehen. Hat es dir Spaß gemacht?«

Viel zu sehr, hätte ich gern gesagt. Es war viel zu schön, denn es hat mich vergessen lassen, woran ich meiner Meinung nach jede Minute meines Lebens denken sollte.

»Ja«, sagte ich.

»Grüble nicht darüber nach«, sagte Dávid bácsi, als könne er meine Gedanken lesen. »Es ist gut und richtig, auf den Ruinen neu zu bauen. Es ist gut und richtig zu hoffen. Um genau zu sein, ist es sogar lebenswichtig. Sonst gäbe es keine Welt mehr.«

Meine Tage schleppten sich dahin, einer nach dem anderen, erschöpfend und qualvoll wie die Kolonne eines endlosen Zwangsmarsches.

Mit Ausnahme von Herrn Rausch hielten die Lehrer mich für eine gute Schülerin. Sie irrten sich; ich verließ mich ausschließlich auf mein früheres Wissen. Wenn man mit Hilfe von Lügen überleben konnte, war es gewiß auch möglich, ein halbes Jahr Gymnasium mit schwindeln zu überstehen. Außerdem war sowieso die ganze Welt ein Schwindel. Die Regierung hatte gerade verfügt, daß diese paar Monate ein ganzes Jahr Schule wert sein sollten. Meinetwegen gern. Mir war es gleichgültig.

Mit dem kalten Auge eines unbefangenen Beobachters stellte ich sogar fest, daß mir alles immer gleichgültiger wurde. Ich hätte gern Romane gelesen – Dickens und Twain und Verne und weiß Gott wen. Das Lesen hatte früher eine so fabelhafte Möglichkeit zur Flucht geboten. Eine ganze Welt schoß um mich herum aus dem Boden, Städte unter fremden Himmeln und voller würziger Düfte entstanden. In Zeiten kleiner Schwierigkeiten ist das Lesen eine gute Freizeitbeschäftigung; in Zeiten großer Schwierigkeiten ist es gefährlich. Wenn man von jähem Schmerz und Verwirrung erfüllt von der Buchseite aufblickt, muß man sich jedesmal neu orientieren. Warum bin ich in Stücke gebrochen? Was ist passiert, während ich weit fort in London war oder langsam auf einem Boot den trägen Mississippi herunterfuhr?

Tote: Iván. Ervin. Großvater.

Vermißte: Mutter. Rózsi. Hoffnung. Eine Zukunft. Sogar eine Gegenwart.

Ah ja. Jetzt weiß ich es wieder.

Besser, man ging überhaupt nicht erst fort. Halte dich an den Schmerz, denn der Schock seiner Wiederentdekkung ist zu groß, zu unerträglich.

»He. War dein Bruder nicht ein Hashomer?« fragte Malvina Katz mich eines Morgens in der Pause. »Schon komisch, weißt du. Mir kam er gar nicht wie ein Kommunist vor. Er wirkte so hochnäsig.«

»Er war Kapitalist«, sagte ich. »Ich meine, er hielt den Kapitalismus für die beste Gesellschaftsordnung. Warum?«

»Aber warum ist er dann zu den Hashomer gegangen? Das sind doch Kommis. Die haben jetzt komische Probleme. Die christlichen Kommies glauben nicht, daß Juden Kommis sein können. Juden sind Bankiers, finden sie, und ekeln die Hashomer raus. Israelische Bankiers, nennen sie sie. Verpißt euch, sagen sie zu ihnen. Raus, ihr Scheißer. Raus, ihr Ficker.«

»Ich versteh' nicht, was das mit meinem Bruder zu tun hat?«

»Nicht viel. Aber mit dir hat es was zu tun. Ich möchte dich zu einer politischen Versammlung einladen. Bei der Hanoar Hacionim – kurz Hanhac. Ganz weit rechts von der Mitte. Ich war nicht sicher, ob du den Standpunkt deines Bruders teilst. Schließlich gehörte er offiziell zu den Hashomer.«

Sie hatte das ganz falsch verstanden, und es würde zu vieler Worte bedürfen, um die Sache klarzustellen. Iván war kein... Iván hatte nicht... ach, zum Teufel damit. »Ich bin anders als mein Bruder«, sagte ich der Einfachheit halber. Eine Sekunde lang neigte sich die Welt zur Seite: Flüsse flossen rückwärts, der Mond saugte die Ozeane auf.

Malvina merkte nichts. »Schön. Ich treff' dich Mittwoch nach dem Unterricht und nehme dich mit zu der Versammlung. Die andern sind alle älter als du, aber ich dachte, das macht nichts. Stimmt's?«

Ich konnte nur wortlos nicken.

Ich bin anders als mein Bruder, hatte ich gesagt. Ja, ich bin etwas Eigenes, auf mich allein gestellt. Aus meinem Herzen wächst keine Brücke, deren gegenüberliegendes Fundament in seinem verankert ist. Er ist tot. Ich lebe.

Am nächsten Mittwoch fuhren Malvina und ich mit der Straßenbahn zu der Hanhac-Versammlung. Seit Ende März gab es wieder elektrischen Strom, und nun schlingerten wir in kameradschaftlichem Schweigen durch die Straßen. Die Fahrt kam mir lang vor, aber das war mir gleichgültig; zu Hause hatte ich gesagt, man habe mich eingeladen, nach der Schule an einem Lyrikprojekt teilzunehmen, möglicherweise käme ich erst nach dem

Abendessen heim. Ich log so selten und so gut, daß man keinen Verdacht schöpfte.

Wir trafen uns in einem alten Gebäude am Stadtrand, in einem großen Raum mit einer langen Reihe Fenster, die auf die Straße gingen; ich konnte zusehen, wie die spätnachmittägliche Sonne unterging. Ungefähr fünfundzwanzig Leute standen herum oder lümmelten sich auf Stühlen, auf Bänken und auf dem nackten Fußboden. Sie waren alle mindestens so alt wie Ervin und älter.

Die meisten der Anwesenden waren junge Männer. Mein Gott, warum sind die hier und meine beiden nicht? dachte ich und schämte mich sofort dafür. Mein Gott, wie konntest du mir das antun? Und damit meinte ich auch diesen letzten Gedanken. Was sollte nur aus mir werden? Ich starrte vor mich hin; es kostete mich gewaltige Anstrengung, die Feuchtigkeit in meinen Augen zu absorbieren, bevor sie sich zu Tröpfchen formte.

»Komm, setz dich zu uns«, sagte die Stimme eines jungen Mannes. Ich hörte, wie er auf den Boden klopfte. »Hier ist jede Menge Platz.«

Ich hasse Samariter. Er zerstörte meine Konzentration, und sofort begann ich zu zerfallen. Ich winkte ab, ohne mich umzudrehen, und trat an ein Fenster. Hier konnte ich ein wenig für mich sein. Schließlich holte ich ein paarmal tief Luft und wischte mir verstohlen mit dem Handrücken über die Augen.

Ich zwang mich zum Hinhören. Sie redeten und redeten, aber es ging um langweilige Dinge, zum Beispiel um die Farbe der Hemden, die die Gruppe beim nächsten größeren, stadtweiten Jugendmarsch tragen sollte. Sollte es Rot sein als Zeichen der Konformität oder Blau, die Farbe des ersehnten Staates Israel, zur Zeit noch Palästina – argwöhnisch beobachtet, immer gefährdet, mit Auflagen versehen, nicht der unsere?

»Wir haben keinen Staat«, sagte irgend jemand. »Blau ist eine Wunschfarbe, hinter der nichts steht. Wir leben hier. Wir müssen in Rot marschieren. Unglücklicherweise werden sie trotzdem wissen, daß wir Juden sind.«

Das war mehr, als ich ertragen konnte. Ich fuhr herum und schrie mit erhobener Hand und ohne darauf zu warten, aufgerufen zu werden: »Nein!« Alle Blicke richteten sich auf mich.

»Du mußt neu hier sein«, sagte der Diskussionsleiter. Er war viel älter als mein Bruder. Bei Leuten, die im Alter zwischen meinem Bruder und meiner Mutter lagen, fiel mir eine genauere Einschätzung schwer; vielleicht war er sechsundzwanzig oder sogar noch älter. Sein Haar war dunkel und gelockt, und seine Augen hatten die Farbe von Kohlen. »Bekannt machen können wir uns später«, sagte er. »Für den Augenblick erklär uns erst mal, warum du nein gesagt hast.«

»Weil wir uns lange genug versteckt haben. Weil es Grünhemden, Braunhemden und Schwarzhemden gegeben hat, und alle wollten sie uns töten. Jetzt sind es Rothemden. Sie hassen uns alle. Wir müssen sagen, daß wir Juden sind, die blauen Juden. Denn es ist höchste Zeit, der Welt zuzurufen: Wir sind Juden – einfach deshalb, trotzdem und im Gegensatz zu allen anderen. Denn ...«

»Dafke!« schrie jemand hinter mir. Trotzkopf. Das Gelächter hielt minutenlang an. Nur einer lachte nicht mit – der Diskussionsleiter. Er nickte mir nur zu und hob seinen Füllfederhalter zu einem angedeuteten Salut.

Als die Gruppe sich wieder beruhigt hatte, sagte er: »Ich habe nicht gelacht, aber auch ich fand es komisch; es ist immer komisch zu sehen, wie ein erwachsener Mann sich auf Kosten eines Kindes zum Idioten macht. Ich werde nicht fragen, wer es war. Ich werde mich nicht einmal an die Stimme erinnern, die ich erkannt habe, es sei denn, es geschieht noch einmal. Ich möchte jetzt zum eigentlichen Thema der Diskussion zurückkehren. Zufällig bin ich der gleichen Meinung wie unser junger Gast. Ihr Standpunkt ist auch der meine. Ich möchte es jetzt nicht zu einer Abstimmung kommen lassen. Denkt alle zu Hause noch einmal darüber nach. Aber eins solltet ihr noch wissen: Wofür wir uns auch entscheiden, ich werde in Blau an der Spitze marschieren. Gute Nacht allerseits. Wir sehen uns nächste Woche. *Shalom.*«

Die Leute erhoben sich, und alle sangen das Hatikva.

Ich stand da wie betäubt. Malvina kam auf mich zu. »Komm«, sagte sie. »Ich bringe dich nach Hause. Du hast ja eine ganz schöne Schau abgezogen.«

»Ich weiß«, sagte ich. »Tut mir leid. Ich wollte das nicht. Aber ich konnte einfach nicht dagegen an.«

»Nein, das meinte ich nicht«, lachte sie. »Ich bin sehr stolz, daß ich dich mitgenommen habe. Ich bin ganz deiner Meinung. Vielleicht bist du doch nicht so dämlich.«

Ich grinste und war sehr froh.

»Komm, ich bringe dich nach Hause.«

»Das brauchst du nicht«, sagte ich.

»O doch, das muß ich«, sagte sie und seufzte theatralisch. »Es ist furchtbar lästig, aber ich muß dich wirklich nach Hause bringen. Du bist ein Kind, das weit weg wohnt, Gott helfe mir.«

Wir lachten. Ich hatte mich schon seit langem nicht mehr so wohl gefühlt. Seit wann? Vielleicht seit dem 31. Dezember?

Sobald ich zu Hause war, wollte ich nur noch ins Bett. »Es war ein sehr langes Gedicht, das wir uns vorgenommen hatten«, sagte ich zu meiner Mutter. »Die Leute haben uns etwas zu essen gegeben.«

»Wie nett von ihnen.«

»Ja, sehr nett. Gute Nacht.«

Dávid bácsi holte mich nun fast jeden Sonntag ab. Einmal gingen wir in den prächtig wiederhergestellten Zoo. Es überraschte mich, daß er als der größere von uns beiden nicht sah, was ich sah. Käfige. Gefangene. Nervöses Auf- und Abgehen. Haut, vor Zorn straff gespannt. Verzweifeltes Schnauben. Schrille Protestschreie. Eine Welt eingekerkerter Verdammnis, eine Welt, die auf Befreiung brannte. Juden. Tierjuden, zur Schau gestellt und begafft.

»Ich glaube nicht, daß ich noch einmal hierherkommen möchte«, sagte ich. »Ich gehe lieber ins Kino.«

»Ich auch«, sagte Dávid. Sein Gesicht war voller Traurigkeit.

»Dávid bácsi, darf ich dich etwas fragen?«

»Nein«, sagte er. Dann änderte er seine Meinung. »Was du gehört hast, ist wahr. Ich weiß, mein Sohn Bandi hat es deiner Mutter erzählt, und sie hat es euch anderen erzählt. Es ist mir egal. Ich würde es wieder tun.«

O Dávid bácsi, ich auch. Wenn ich damit Iván hätte retten können, hätte ich es getan.

Dávid fing an zu weinen und bedeckte mit den vier Fingern seiner linken Hand die Augen. »Weine nicht, Dávid bácsi«, sagte ich, obwohl mir ebenfalls die Tränen übers Gesicht liefen. »Bitte, weine nicht, du hast es richtig gemacht. Wer würde mich jetzt ins Kino mitnehmen, wenn du es nicht getan hättest?«

»Du bist ein liebes Kind«, sagte er, »aber du bist ein Kind. Ich hätte gern mit meinem ältesten Bruder geredet, mit Zelig, aber er war tot, als ich heimkam.« Wir schluchzten eine Weile in tröstlicher Gemeinsamkeit vor uns hin. Das unausgesprochene Thema dieses Gesprächs war eine Art Kannibalismus im Konzentrationslager Mauthausen. Die als Speise gedient hatten, waren tot gewesen. Die sie verspeist hatten, überlebten. Man sollte daraus kein Aufhebens machen, fand ich, sondern sich freuen, daß welche überlebt haben.

Ungefähr eine Woche später ging ich allein zu der nächsten Hanhac-Versammlung; Malvina hatte an diesem Nachmittag keine Zeit. Der Anführer der Gruppe begrüßte mich ziemlich förmlich. »Mein Name ist József«, sagte er, verbeugte sich und hielt mir die Hand hin. »József Bálint. Kurz Jóska. Mein hebräischer Name ist Jehoshua.«

Ich war ein wenig verunsichert. Für einen Knicks kam ich mir zu alt vor. Daher beschloß ich, mich ebenfalls zu verbeugen. Ich schüttelte ihm die Hand. »Ich bin Magda Dénes, Iván Dénes' Schwester.«

»Ich habe von ihm gehört«, sagte Jóska. »Leider habe ich ihn nie kennengelernt. Er wurde bei einem Botengang für die Hashomer getötet, nicht wahr?« Ich nickte. »Ich möchte dich in unserer Gruppe willkommen heißen«, sagte er. »Wie du weißt, haben mir deine Bemerkungen neulich abends sehr gefallen. Kennst du deinen jüdischen Namen?«

»Gittele.«

»Ah, ›die Gute‹.« Er lächelte. »Du hast einen treffenden Namen. Die hebräische Übersetzung ist Tova. Das wird für uns dein Name sein.«

»Gut«, sagte ich, obwohl ich eigentlich keinen neuen Namen wollte. Als die Versammlung eröffnet wurde, stellte er mich den anderen als Tova Denés vor, aber vergeblich; das Spottwort dieses Dummkopfs vom letztenmal haftete mir an. Alle nannten mich Dafke, den Trotzkopf, die Aufsässige, die Ihr-könnt-mich-alle-Mal. Ein paar taten es aus Bosheit, andere aus Zuneigung, jedenfalls hieß ich fortan Dafke.

Ich wußte ziemlich genau, was sie mit diesem Namen zum Ausdruck bringen wollten, sah die Sache aber etwas anders. Ich neigte zum Widerspruch, ja, aber nur im Dienste der Genauigkeit, der Verteidigung der Wahrheit. Ich ließ mir nichts gefallen, klar, aber ich quälte mich dabei sehr. Dafke war eine engstirnige und bruchstückhafte Wahrnehmung meiner Person, dessen war ich mir sicher.

Aber natürlich protestierte ich nicht gegen diesen Spottnamen. Soviel hatte ich immerhin gelernt. Wenn man in einer Gruppe auf eine Fopperei verletzt reagierte, konnte man auch gleich nach China auswandern oder sich erhängen. Also gut, *dafke* dem Dafke und ihnen allen!

Die Hauptakteure in der Gruppe waren außer Jóska die sechzehnjährige, bildschöne Zsuzsa und ihr Hauptfreund, der siebzehnjährige János. Ich sage »Hauptfreund«, weil sie ihn manchmal gegen Tomi oder Willi oder alle möglichen anderen auswechselte. Sie alle waren verrückt nach Zsuzsa, und ihr Interesse an ihnen rückte sie vorübergehend ins Rampenlicht.

Zsuzsa warf ihr langes, dunkles Haar in den Nacken und klimperte mit ihren langen, dunklen Wimpern, die veilchenblaue Augen umrahmten. Sie trug Absätze und keine Strümpfe. Und sie saß immer ganz dicht neben dem Auserkorenen des Tages, so daß ihrer beiden Beine sich berührten. Gewöhnlich hatte sie eine Hand auf seinem Knie liegen, und sie sahen beide wie hypnotisiert aus. In der Gruppe wurde ständig darüber getuschelt, wen sie schon geküßt hatte und wen nicht.

Ich kapierte das nicht. Für mich bedeutete ein Kuß die Berührung eines Menschen, den man mit dem Herzen liebte, eine Berührung durch die Lippen. Wie konnte sie so viele Menschen lieben, mit denen sie nicht verwandt war? Und wie kam es, daß sie deshalb dermaßen im Mittelpunkt stand, obwohl ich nicht glaubte, daß sie besonders belesen war oder Klavier spielen konnte wie Éva Hirsch?

Sowohl ihre Beliebtheit als auch das Rätsel, das sie mir aufgab, verdrossen und faszinierten mich gleichermaßen. Bei der nächsten Versammlung setzte ich mich neben Peter. Er war mir im Alter am nächsten und nicht sehr groß, was auch der Grund war, warum ich mich für ihn entschied. Als die Diskussion in Gang kam, preßte ich mein Bein gegen seins. Er sah mich nicht an, preßte aber zurück. Ich wartete darauf, in Trance zu fallen, aber nichts passierte. Nach einer Weile bekam ich einen Krampf im Bein. Dann schlief es ein. Ich hatte eine Reihe von Liebesromanen gelesen – was für ein Schwindel das Ganze doch ist, dachte ich. Die Leute tun das offensichtlich nur, um sich der Fiktion anzupassen! Nach einer Zeit, die mir wie Tage erschien, war die Versammlung endlich zu Ende. Wir sangen das Hatikva und standen, Gott sei's gedankt, auf. Ich war endlich frei loszustürzen, wenn ich auch leicht humpelte.

Am nächsten Tag kam Malvina in der Pause auf mich zu. »So, so, so«, sagte sie tadelnd, »also, was du gestern abend mit Peter gemacht hast...«

»Was habe ich gemacht?«

»Na, das weißt du doch genau! Aber wenn du dich wirklich nicht daran erinnerst, mußt du wohl eine Doppelgängerin haben. Du hast einen Annäherungsversuch gemacht. Du hast ihn aufgefordert, dein Freund zu sein. Dann warst du offensichtlich nicht zufrieden und hast ihn stehenlassen.«

»Ich... aber...« Das war eine mögliche Interpretation, die ich gar nicht in Betracht gezogen hatte. Ich hatte mich zum Narren gemacht, ja. Aber ihn? Absurd! Oder vielleicht doch nicht?

Um die Dinge noch schlimmer zu machen, winkte mich Jóska bei der nächsten Hanhac-Versammlung zu sich. »Setz dich bitte«, sagte er sehr streng. Er selbst blieb stehen und ragte hoch über mir auf. »Ich habe dich bei der letzten Versammlung beobachtet, als du neben Peter gesessen hast. Ich war sehr überrascht. Das Verhalten, das du an den Tag gelegt hast, hätte ich von Zsuzsa erwartet, nicht aber von dir.«

Ich wandte den Kopf ab und sagte nichts. Was hätte ich auch sagen sollen? Du kannst mich nicht zurechtweisen, du bist nicht mein Bruder? Dann würde ich nur anfangen zu weinen. Es hat mir sowieso nicht gefallen! Ich würde mich genau wie die Idiotin anhören, die ich bin. Wie und warum hat es bei Zsuzsa funktioniert? Für diese Frage kannten wir einander nicht gut genug.

»Also«, beharrte er, »was hast du zu deiner Verteidigung zu sagen?«

Ich wurde wütend. In dem wohlüberlegten, kalten, monotonen Singsang, den mein Bruder immer benutzt hatte; wenn er jemanden auf seinen Platz verwies, sagte ich: »Es tut mir leid. Mir muß da etwas entgangen sein. Hat man dich zu meinem Vormund ernannt?«

Jóska war ein unberechenbarer Mann. Er brach in lautes Gelächter aus. »Du hast absolut recht, es geht mich nichts an. Ich finde nur, daß du ein großartiges kleines Ding bist, und ich möchte nicht, daß du hier die falschen Sachen lernst. Siehst du, die Gruppe hier ...« Er hielt inne. »Du hast recht«, wiederholte er und ging weg. Ich blieb sitzen und fühlte mich hundeelend.

Der Sommer kam. Kraft der Freundlichkeit der Regierung und der Lehrer kam ich in die zweite Klasse. Kraft der unbezähmbaren Gewalt der Natur wurde ich elf.

Unerklärlicherweise lebte ich um so mehr in der Vergangenheit, je weiter diese sich entfernte. Ich sah, wie mein Großvater sich mit einer selbstgedrehten Zigarette zwischen den Lippen über seine Nähmaschine beugte, mit dem rechten Fuß das Pedal trat und dabei vor sich hinsummte. Ich sah die Jungen und mich, wie wir mit Küchenstühlen Panzerangriff spielten, ratatatat, ratatatat. »Du bist tot!« riefen wir dann alle gleichzeitig. »Nein, du! Ich habe zuerst geschossen.« Nun, diese Frage hatte sich inzwischen geklärt.

Ich lag herum. Ich studierte die Decke. Ich machte Besorgungen für die Familie, aber nur, nachdem man mir massiv gedroht hatte. Sonntags gingen Dávid und ich ins Kino. Er kaufte uns *rizi-bizi*, kleine, bunte Bällchen aus Reismehl statt aus Zucker.

»Was ist los mit dir?« fragte Dávid.

»Nichts«, antwortete ich.

»Magduska«, sagte er und sah mir in die Augen. »Du sprichst mit deinem Onkel Dávid. Erzähl es mir.«

»Nichts. Ich weiß nicht. Irgendwas. Ich weiß es einfach nicht.«

»Was würde dir helfen?«

Plötzlich platzte es aus mir heraus. »Ich will Iván wiederhaben!« Ich begann zu wimmern. »Ich will meinen Bruder wiederhaben. Und Ervin. Ich bin einsam. Ich habe Sehnsucht nach ihnen.«

»Ach, mein Liebling, das geht leider nicht«, sagte Dávid, hob mich hoch und hielt mich fest in den Armen. »Wir können die Toten nicht zurückholen. Wir müssen ohne sie zurechtkommen. Auch um ihretwillen. Aber wußtest du, daß niemand wahrhaft tot ist, an den man sich erinnert? Das ist jetzt deine Aufgabe. Du mußt Iván und Ervin im Gedächtnis lebendig erhalten. Sie werden leben, solange du lebst. Vielleicht sogar noch länger. Du wirst deinen Kindern von ihnen erzählen, und sie werden es ihren Kindern erzählen. Das ist deine Aufgabe.«

»Ich will nicht!« sagte ich, kämpfte mich aus seiner Umarmung frei und setzte mich an den Straßenrand. »Ich will nicht. Soll doch jemand anderer sich an *mich* erinnern.«

»In diesem Fall...«, begann Dávid und vollzog dann eine überraschende Kehrtwendung, »wie wäre es, wenn du fahrradfahren lernen würdest?«

Ich blickte zu ihm auf und nickte. Das war ebenfalls unmöglich. Meine Beine waren zu kurz; ich kam nicht an die Pedale.

Im September fing die Schule wieder an. Ich geriet mit jedem in Streit – Lehrern, Mitschülern, Hausmeistern. Ich hatte einen Dämon in mir, dessen Tatze sich durch meine Haut bohren und ohne meine Zustimmung auf die Welt eindreschen konnte.

Ich wurde ins Büro von Dr. Timár gerufen, die inzwischen zur Direktorin befördert worden war. »Dein Benehmen in letzter Zeit war abscheulich«, sagte sie und stand von ihrem Stuhl auf. Dann fing sie an, hinter ihrem kleinen Schreibtisch auf und ab zu gehen. Nach der vierten Runde sagte sie: »Dénes, du bist nicht die einzige, die in diesem Krieg viel verloren hat. Das haben wir alle.« Sie hielt inne. Ich nickte. »Hast du die Sprache verloren?« fragte sie. Ich schüttelte den Kopf. »Aber du willst dich nicht herablassen, mit mir zu reden, ist es das?«

»Nein«, sagte ich. »Es tut mir leid. Ich weiß auch nicht, was mit mir los ist.«

»Wie meinst du das, du weißt es nicht?«

»Ich weiß es nicht. Alles ärgert mich. Alle hören sich so dumm an. Sogar Sie. Ich wünschte, ich könnte irgend etwas wichtig finden. Ich wünsche es mir so sehr, aber ich kann es nicht. Es ist mir einfach alles völlig egal.«

Dr. Timár holte tief Luft. »Das kann schon sein, Dénes«, sagte sie, »aber ich stelle dir ein Ultimatum. Wenn sich bis Januar nicht sowohl deine schulischen Leistungen als auch dein Benehmen gebessert haben, fliegst du raus.

»Vielen Dank«, sagte ich.

Plötzlich war sie außer sich vor Zorn »Vielen Dank?« schrie sie. »›Vielen Dank‹ ist alles, was du zu sagen hast? Verstehst du nicht, was das bedeutet? Kein Gymnasium? Keine Universität? Keine Karriere an der Universität? Ich war sicher, ich könnte dir helfen, Universitätsdozentin zu werden. Du undankbares Ding. Du Idiotin.«

»Es tut mir leid, Dr. Timár«, sagte ich. »Ich möchte Bäuerin in Palästina werden. Sie kennen doch Palästina. Wir kämpfen darum, daß es zum Staat Israel wird. Zum Judenstaat. Zu einem Land für uns alle.«

»Raus hier!« brüllte sie. »Raus hier, und vergiß das Ultimatum nicht.«

O Gott. Es war immer schwer vorherzusagen, womit man jemandem auf dem falschen Fuß erwischte. Was hatte ich jetzt schon wieder angestellt? Trotzdem, ich nahm sie ernst. Ich fing an, mehr Hausarbeiten zu machen, und ich stritt mich weniger mit den Leuten herum.

Meine einzigen Schuhe lösten sich auf, da war nichts mehr zu machen. Und der Winter stand vor der Tür. Ich brauchte neue, strapazierfähige Schuhe. Anyu war krank, daher brachte Rózsi mich zum Schuster. Er maß meine Füße der Länge, Breite, Höhe und Tiefe nach, und Rózsi überreichte ihm das kostbare, teuer erkaufte, dicke schwarze Leder. »Ich mache dir ein hervorragendes Paar Schuhe«, sagte der Schuster und nannte seinen exorbitanten Preis. Rózsi feilschte, schließlich einigten sie sich. In einer Woche sollte eine Anprobe sein. Jetzt fiel das großzügig bemessene Oberleder über großzügig bemessene Sohlen. Wer konnte dazu etwas sagen? In Ordnung, sagte ich.

Eine Woche später holten wir die Schuhe ab. Rózsi bezahlte. Nach einem halben Block wußte ich es: Die wunderschönen Schuhe paßten nicht, waren eine Nummer zu klein. Sie zwickten, kniffen und zwängten meine Füße ein. Als ich mich beklagte, sagte Rózsi: »Du mußt damit zurechtkommen. Wir haben kein Leder und kein Geld mehr.«

Ich möchte etwas klarstellen. Zwickende, schmerzende Schuhe im Wintermatsch verbessern die Stimmung eines Menschen nicht gerade. Ich war ständig auf der Suche nach abgeschiedenen Orten, wo ich meine Schuhe von mir schleudern und meine Zehen kneten konnte, um sie wieder zum Leben zu erwecken. »Wo bist du denn gerade gewesen?« fragte Malvina zum Beispiel manchmal.

»Wie meinst du das? Ich war doch die ganze Zeit hier.«

»Oh«, sagte sie dann und zweifelte an ihrem Verstand.

In einer vollkommenen Welt, dachte ich, würden unfähige Schuster von ihren Opfern schon nach einem peinigenden Fußmarsch von nicht mal einem Häuserblock exekutiert werden.

Abgesehen von meinen Dávid-Sonntagen waren die erträglichsten Stunden meines Lebens die wöchentlichen Hanhac-Versammlungen. Irgendwie schienen die Leute dort so zielbewußt zu sein – vor allem Jóska, aber in gewissem Sinne auch die anderen. Sie waren wie Pfeile in einem gespannten Bogen, die nur darauf warteten, bei der leisesten Bewegung loszuschwirren. Aber wessen Hand hielt sie?

Eines Tages nahm mich Jóska nach einer Versammlung zur Seite. »Ich hätte gern deine Adresse. Ich möchte mal mit deiner Mutter reden.«

Ich war entsetzt. »Was habe ich getan?« fragte ich. »Ich habe doch nichts angestellt!«

»Nein, nein«, beruhigte er mich lächelnd, »es ist nichts dergleichen. Ich möchte nur mit ihr über deine Zukunft reden. Natürlich wirst du an dem Gespräch teilnehmen. Bitte, gib mir deine Adresse.«

»Natürlich. Teleki Tér 5, fünfter Stock, Wohnung... Nein, tut mir leid, ich bin ganz durcheinander. Diese Wohnung ist weg, ausgebombt. Unsere neue Adresse ist Teleki Tér 5, zweiter Stock, Wohnung zwei. Das ist richtig.«

»Mach dir keine Gedanken«, sagte Jóska. »Ich komme in ein oder zwei Tagen mal vorbei. Sag es bitte deiner Mutter.«

Ich sagte es ihr nicht. Als er ein paar Tage später abends an unsere Tür klopfte, war das für alle eine Überraschung – außer für mich.

»Wer ist da?« rief meine Mutter.

»Jehoshua Bálint«, rief Jóska zurück. »Ein Freund von Magda.«

Daraufhin stürzten wir alle zur Tür und stellten uns in verschiedenen Verteidigungspositionen auf, wie wir das bei jedem Klopfen nach Sonnenuntergang taten. Anyu hob die rechte Augenbraue und sah mich an. »Worum geht es?«

»Er ist der Anführer der Hanhac-Gruppe, zu deren Versammlungen ich manchmal gehe. Er möchte nur mal mit dir reden. Bitte, laß ihn rein.«

Meine Mutter zögerte.

»Um Himmels willen«, sagte Rózsi. »Magda sagt, sie kennt ihn. Laß ihn rein.«

Mutter öffnete die Tür. Nachdem man sich einander vorgestellt hatte und nach ausgiebigem Küß-die-Hand von Jóskas Seite wandte dieser sich an meine Mutter. »Wäre es möglich, daß nur wir drei – Sie, Magda und ich – ungestört miteinander reden könnten?«

Widerstrebend führte meine Mutter uns in die Küche, wo wir uns an den Tisch setzten. Jóska räusperte sich mehrmals. »Nun, Madame Dénes, wir, das heißt, ich als Oberhaupt der Hanoar Hacionim, glaube, daß Sie ein außergewöhnliches Kind haben.« Er hielt inne. Meine Mutter sagte nichts. Ich errötete. »Wir sind uns darüber im klaren«, fuhr Jóska fort, »daß sie noch sehr jung ist. Aber das ist auch alles. Sie hat sehr vielversprechende Anlagen. Darum hätten wir gern Ihre Erlaubnis, sie nach Palästina mitzunehmen; wir würden sie mit ein paar Dutzend anderer Kinder, die wir ausgesucht haben, zur Funktionärin ausbilden, damit sie in ein paar Jahren wieder hierher zurückkehrt und Leute für uns rekrutiert. Ich bin sicher, sie würde ihre Sache sehr gut machen. Wir brauchen dringend junge Leute in Palästina. Dann, wenn alles gutgeht und der Staat Israel Wirklichkeit geworden ist, glauben wir, daß Ihre Tochter mit der Zeit in die Politik gehen und die Hanhac in der Regierung repräsentieren könnte. Sie könnte eine große Karriere machen, wenn alles gutgeht.«

»Ich verstehe«, sagte meine Mutter, deren Lippen sich zu einem schmalen Strich zusammengezogen hatten. »Und wenn die Dinge nicht gutgingen, würde sie ein Staatsbegräbnis bekommen. Wenn es einen Staat gäbe. Man würde eine Flagge über ihren Sarg legen, wenn es eine Flagge gäbe. Ich weiß, sie würde von so vielen Menschen betrauert werden, daß ich in der Menge möglicherweise unterginge. Es ist jedoch ein sehr interessanter Vorschlag, Herr... Herr... wie war noch mal Ihr Name?«

»Jehoshua Bálint, Rechtsanwalt«, sagte Jóska und erhob sich halb von seinem Stuhl.

»Nun, Herr Bálint, ich werde es mir überlegen. Bitte, sprechen Sie mich in einem Monat noch einmal an, ich werde Ihnen dann meine Entscheidung mitteilen. Bis dahin verlange ich Ihr Ehrenwort, daß Sie in bezug auf meine kleine Tochter nichts unternehmen werden.«

»Aber Madame«, sagte Jóska zutiefst schockiert, »natürlich nicht. Ich bin doch kein Entführer.«

»Anyu, ich will nicht gehen!« sagte ich genauso schokkiert wie Jóska.

Meine Mutter stand auf. »Guten Abend, Herr Bálint«, sagte sie, ganz ihr königliches Selbst.

»Guten Abend, Madame. Es tut mir sehr leid, wenn ich Sie aufgeregt habe.« Als ich Jóska hinausbegleitete, rief meine Mutter hinter ihm her: »Herr Bálint, kannten Sie meinen Sohn Iván?«

Jóska drehte sich um. »Nein, Madame. Ich hatte nie die Ehre.«

»Wissen Sie, wie er gestorben ist?«

»Ja, Madame, aber genau das ist der Grund.« Er hielt inne. Meine Mutter hatte sich abgewandt.

Ich wußte nicht, wem ich folgen sollte. Ich wußte nicht, wer von beiden schlimmer verletzt worden war. Warum stand ich immer in der Mitte? Ich würde meine Mutter niemals verlassen!

»Verräterin!« schrie sie, als ich ins Badezimmer kam. »Verräterin!«

»Jawohl, das bin ich!« schrie ich. »Das bin ich!«

Ich erfuhr erst viel später, daß meine Mutter gleich am nächsten Tag Kontakt mit Iváns Hashomer-Freunden aufgenommen hatte, um ihnen zu sagen, daß wir das Land mit dem allernächsten Transport unter allen Umständen verlassen müßten! Wir vier würden doch nach Palästina gehen – aber als Hashomer, nicht als Hanhac.

Als sie uns ein paar Tage später beim Abendessen über diesen Schritt informierte, war Rózsi entsetzt. »Du bist verrückt geworden, Margit. Es ist illegal, Ungarn zu verlassen. Es ist Winter. Unsere Mutter ist fast blind, hat Asthma und kann kaum gehen. Magda ist ein elfjähriges Kind. Palästina will die Juden nicht. Die Briten machen Jagd auf sie. Sie schicken sie entweder zurück in ihre

Heimatländer oder werfen sie in Zypern ins Gefängnis. Ich bin nicht mal sicher, ob du und ich es schaffen könnten, aber zu viert haben wir nicht die geringste Chance. Das ist Wahnsinn.«

»Nein«, widersprach meine Mutter und biß die Zähne zusammen. »Wir müssen fort. Ich kann es nicht mehr ertragen, in diese ungarischen Gesichter zu sehen. Immer wieder frage ich mich: ›Ist das derjenige, der meinen Sohn ermordet hat? Oder der da?‹ Ich kann es nicht mehr ertragen, die Donau zu sehen. Wohin ich auch gehe, die Erinnerung ist immer da. Durch diese Straße habe ich meinen Sohn im Kinderwagen geschoben. Dort mußte er die Schutzpapiere ausliefern, die ich gerade gefälscht hatte. Ich habe genug! Und jetzt auch noch die Kommunisten. Wir mußten der Partei beitreten, damit wir arbeiten konnten. Aber die Kommunisten sind genauso tyrannisch, wie es die Nazis waren. Nur daß wir jetzt angefangen haben zu kollaborieren. Ich kann nicht mehr. Ich will nicht mehr. Wir müssen fort.«

»Kannst du schwimmen?« fragte Rózsi. Mutter sah sie verblüfft an.

»Siehst du«, sagte Rózsi. »Wie willst du dann von dem umringten Boot runterkommen?«

Wir alle brachen in Gelächter aus, aber wir lachten viel zu laut über diesen lahmen Witz. Meine Mutter hatte uns zu Tode erschreckt.

»Nun, da wäre noch etwas«, sagte Mutter, »wovon ich euch bisher nichts erzählt habe. Im Hauptquartier der Hashomer bin ich Willi Weisz über den Weg gelaufen. Er ist jetzt einer der Anführer. Rózsi, du kennst ihn aus Miskolc, er war in der Schule ein paar Klassen über uns. Neulich hat er mir im Vertrauen und um der alten Zeiten willen erzählt, daß es sehr wohl möglich ist, sich hier für Palästina zu melden, sich die Sache aber anders zu überlegen, sobald man erst in Deutschland oder Frankreich ist. Man kann sich dann für die Vereinigten Staaten entscheiden oder, wenn das nicht geht, für ein anderes amerikanisches Land.«

»Zum Beispiel?« fragte Rózsi, und zum erstenmal seit Monaten machte sich das leichte Zittern ihres Kopfes wieder bemerkbar.

»Kuba. Wir haben Verwandte dort. Vettern und Cousinen.«

»Was für Vettern und Cousinen?«

»Kató, Lili, andere.«

»Die wissen nicht mal, daß es uns gibt.«

»Natürlich wissen sie das, Rózsi«, sagte Mutter verärgert. »Wir haben uns als Kinder gekannt. Außerdem war Kató 1937 hier, um ihren kranken kleinen Sohn behandeln zu lassen. Erinnert ihr euch nicht mehr?«

»Das ist ein Hirngespinst«, sagte Rózsi. »Ich gehe zu Bett.«

Die Diskussion ging am nächsten Tag weiter und wurde dann noch wochenlang fortgesetzt. Mir wurde verboten, weiter an den Hanhac-Versammlungen teilzunehmen. Sowohl Großmutter als auch ich mußten bei allem, was uns heilig war, schwören, über unsere Pläne Stillschweigen zu bewahren. Arme Großmutter, ihre Stimme zählte nie. Ich blieb neutral. Zu guter Letzt setzte meine Mutter Rózsi das Messer auf die Brust.

»Magda und ich gehen mit dem nächsten verfügbaren Transport fort«, entschied Anyu. »Rózsi, du kannst tun, was du willst.«

Das setzte den Diskussionen ein Ende.

Meine Mutter schrieb einen Brief an Éva und Babi Hirsch und lud sie nach Budapest ein. An unserem Küchentisch sagten sie dann ja, sie wollten auch fort – nach Palästina, nach Amerika, nach Kuba, alles, nur nicht Sárbogárd, wo sie ihren Besitz doch nicht hatten zurückbekommen können und wo der Antisemitismus weiterschwelte, nur um in unberechenbaren Zeitabständen und an unvorhersehbaren Orten wieder offen auszubrechen.

In dem Augenblick, in dem wir beschlossen, Ungarn zu verlassen, wurden wir abermals zu Flüchtlingen – schmallippig, verstohlen, isoliert. Äußerlich machten wir weiter wie zuvor, aber in unseren Herzen waren wir in den Untergrund gegangen. Abtrünnigkeit galt im kommunistischen Regime als Kapitalverbrechen. Wer Abtrünnigen half, wurde ebenfalls bestraft. Von Weisz' Mutter erfuhren wir, daß man aus Sicherheitsgründen das Abfahrtsdatum des Transports erst in allerletzter Minute festlegte. Wir mußten darauf gefaßt sein, sehr kurzfristig aufzubrechen – es würde uns höchstens ein Tag Zeit bleiben. Vor diesem Zeitpunkt würde man auch die Adresse des sicheren Hauses, in dem wir uns versammeln sollten, nicht bekanntgeben. Man durfte nichts aus der Wohnung mitnehmen, abgesehen von persönlichen Dingen und Kleidung. Sollte die Polizei durch irgendeinen dummen Zufall die Wohnung durchsuchen, mußte es so aussehen, als seien wir lediglich zu einem kurzen Besuch bei Freunden gefahren.

Das Warten war ein Schwebezustand zwischen einander entgegengesetzten Welten. Die Gegenwart zählte nicht mehr; die Zukunft hatte noch nicht begonnen. Es war nicht leicht, in diesem Niemandsland die Fassung zu bewahren. Während das Warten sich in die Länge zog, erschien mir das ganze Unternehmen wie ein Truggebilde. Gab es wirklich einen Willi Weisz? Und Babi und Éva, die sich irgendwo in der Stadt versteckten – existierten die tatsächlich? Langsam machte sich die Anspannung bei uns allen bemerkbar, und die Notwendigkeit, so zu tun, als sei man am Hier und Jetzt interessiert, machte alles nur noch schlimmer.

Meine Haltung gewissen Dingen gegenüber veränderte sich. Zum Beispiel meine Gleichgültigkeit gegenüber allem, was Herr Rausch zu sagen hatte. Früher war es mir egal, weil ich seine nörgelige kleine Stimme im Vergleich zu den Todesschreien meiner Verwandten für bedeutungslos hielt. Es war mir immer noch egal, aber jetzt kam meine Gleichgültigkeit daher, daß er aufgehört hatte, von Belang zu sein. Seine Stimme gehörte dem Hier. Ich war für andere Welten bestimmt.

Armer Herr Rausch. Ich dachte immer, ich sei sein Sündenbock. In Wahrheit war er genausosehr meiner. Immerhin war auch er nur ein Jude, und mein Zorn galt eigentlich gar nicht ihm. Er war nicht derjenige, den ich zum Schweigen bringen wollte, sondern unsere ungarischen Mörder. Ihre Stimmen waren es, von denen ich mir wünschte, sie mögen verwelken und zerfallen und sich in alle Winde zerstreuen. Fortzugehen ist besser, als Mordgedanken im Herzen zu hegen. Wie klug Anyu ist, dachte ich. Natürlich müssen wir aus diesem Land fliehen, ungeachtet des Risikos oder des persönlichen Preises oder des Zieles.

Am Abend des 4. Januar 1946 kam wie die Antwort auf das Gebet eines Ungläubigen der lang erwartete Bote. Von ihm erfuhren wir, daß der Treffpunkt ein leerstehendes Schulgebäude auf der Arányi Utca sei. Wir sollten mit der Straßenbahn dorthin fahren, am folgenden Tag gegen Abend, und so wenig Aufmerksamkeit wie möglich erregen; wir sollten nur ein Minimum an Gepäck mitnehmen und uns von niemandem verabschieden.

Wir waren die ganze Nacht damit beschäftigt zu packen und uns Sorgen zu machen.

Der nächste Tag war nicht besser. Wir verabschiedeten

uns zwar nicht von Menschen, aber wohl von unserem Besitz. Lebewohl, stumpfes Messer, zerbrochener Stuhl, zerfleddertes Buch. Lebewohl, alter Herd, der du uns freundlich und treu gedient hast. Wir werden dich vermissen und dein Andenken bewahren.

Immer noch war es erst Mittag. »Wie wär's mit einem Romméspiel?« fragte mich Rózsi.

»Gut«, willigte ich ein.

»Ich kann es nicht fassen«, schnaufte meine Mutter. »Ihr wollt jetzt Karten spielen? Jetzt?«

Gegen drei Uhr nachmittags zwangen unsere verkrampften Mägen uns nacheinander ins Badezimmer, und es standen uns noch zwei weitere Stunden des Wartens bevor. »Wir könnten die Decke studieren«, schlug ich vor. »Das mache ich manchmal.«

Endlich war es Zeit zum Aufbruch. Großmutter fing an, vor sich hinzumurmeln, noch bevor wir durch die Wohnungstür traten. Rózsi packte sie bei den Schultern und schrie sie an: »Anyuka, werd jetzt nicht hysterisch. Wir haben einen langen Weg vor uns. Du mußt uns helfen.«

»Ich bin so nervös«, entschuldigte sich meine Großmutter.

O Gott, dachte ich, diese Reise könnte ein verhängnisvoller Fehler sein.

Einen Häuserblock weiter stiegen wir in eine Straßenbahn. Es war eine lange Fahrt, und wir mußten einmal umsteigen. Die Straße, in der wir auf den nächsten Wagen warteten, war dunkel und kalt, und ein eisiger Wind pfiff uns um die Ohren. Ich rief mir immer wieder ins Gedächtnis, daß wir noch in Sicherheit waren; wir hatten bisher nichts Illegales getan. Wir hatten ordnungsgemäße Papiere, ein Heim, in das wir gehen konnten, Nachbarn und etwas Essen zurückgelassen. Wir konnten uns umdrehen und einfach aufhören, Flüchtlinge zu sein.

Das Klingeln der herannahenden Straßenbahn ernüchterte mich schlagartig. Nein, nein, wir müssen an unserem Entschluß festhalten, das ist kein Land für uns. Schweigend fuhren wir bis zur Arányi Utca. Die Gegend war mir fremd. Rózsi ging es offensichtlich genauso, denn sie flüsterte meiner Mutter zu: »Weißt du, wo wir sind? Weißt du, in welche Richtung wir müssen?«

»Rózsi, du brauchst nicht zu flüstern«, sagte meine Mutter. »Bisher tun wir nichts Illegales, bisher sind wir unbescholtene Bürger und frei. Wir könnten einfach wieder nach Hause gehen.« Nach einer kleinen Pause fügte sie hinzu: »Sollen wir?« Diese Frage raubte mir den Atem.

Rózsi erbleichte. »Jetzt zurückkehren? Einfach unsere Meinung ändern? Nein. Sicher nicht. Ich wollte nicht fort, aber jetzt sind wir unterwegs. Also vorwärts. Geh du voran, Margduff!«

Wenn meine Lippen nicht so erstarrt gewesen wären, hätte ich gelacht. Nicht über Rózsis Witz, sondern über die Absurdität unserer kollektiven Ambivalenz. Statt dessen begannen meine Augen zu tränen, wahrscheinlich von der Kälte.

Schließlich standen wir vor dem sicheren Haus, einem ausgebombten, leerstehenden Gebäude, das völlig im Dunkeln lag. »Das kann nicht das Haus sein«, sagte Rózsi, den Tränen nahe. »Es ist niemand hier. Wir haben irgendwas falsch gemacht.«

»Es ist die richtige Adresse«, widersprach meine Mutter. »Ich versteh's einfach nicht. Laßt uns mal anklopfen.«

Die Tür öffnete sich einen Spalt breit. »Ja?« fragte eine schroffe Männerstimme. »Was wollt ihr?«

»Obdach«, erwiderte Mutter, wie Weisz es ihr aufgetragen hatte.

»Tretet ein«, kam die verabredete Antwort. Der Mann öffnete die Tür ein paar Zentimeter weiter und beleuchtete uns den Weg mit einer abgeschirmten Taschenlampe. Wir glitten in das Halbdunkel, und die Tür schloß sich hinter uns.

»*Shema Israel*, wir sitzen in der Falle«, flüsterte meine Großmutter, die nichts von den beidseitigen Losungsworten mitbekommen hatte. »Nein, Madame, haben Sie keine Angst«, sagte der Mann und schaltete eine Deckenlampe an. »Sie sind im richtigen Haus, wir sind nur vorsichtig. Dieses Gebäude hier wurde für unbewohnbar erklärt, und genau das ist es auch. Aus Sicherheitsgründen halten wir strenge Verdunkelungsregeln ein. Folgt mir.«

Er führte uns durch einen Korridor, an dem einige wenige offenstehende Klassenräume lagen, ausstaffiert mit Etagenbetten. In jedem Raum schienen mehr Menschen zu sein, als eigentlich Platz hatten. Am Ende des Korridors befanden sich ein kleines, als Büro eingerichtetes Zimmerchen, in dem ein junger Mann hinter einem Schreibtisch saß. Bei unserem Eintritt stand er auf.

»Mein Name ist Zoli«, stellte er sich vor. »Zumindest heute.« Er lachte ohne Heiterkeit. Er hatte weinfarbenes, gelocktes Haar, eine ungesunde Gesichtsfarbe und tiefe Ringe unter den Augen. Er wirkte krumm und hohlbrüstig. Tuberkulös, dachte ich. Wie aufs Stichwort fing er an zu husten, einen tiefen, körpererschütternden, trockenen Husten. Wir anderen sahen taktvoll weg. Als sein Hustenanfall abklang und er sein Taschentuch weggesteckt hatte, sagte er: »Entschuldigung. Ich habe mir eine unangenehme Erkältung geholt und werde sie irgendwie nicht los.« Ich fragte mich, ob er naiv war oder einfach log. »Setzen Sie sich doch bitte«, sagte er zu meiner Großmutter und deutete auf einen Stuhl auf der anderen Seite seines Schreibtischs. »Entschuldigung«, meinte er achselzuckend zu uns anderen.

»Die Situation ist folgende«, erklärte er. »Ihren gefälschten Ausweisen zufolge – ohne Fotos, die sind bei Vertriebenenpapieren nicht nötig – sind Sie deutsche Juden, die aus Polen repatriiert werden und dabei durch Ungarn reisen. Sie sprechen natürlich alle deutsch.«

Nach einer langen Pause sagte Anyu: »Nun, meine Mutter spricht es perfekt. Wir anderen nicht gerade flüssig.«

»Ich verstehe.« Er runzelte die Stirn und fing wieder an zu husten. Als der Anfall vorüber war, sagte er: »Da habe ich von Willi Weisz etwas anderes gehört. Das ist ein deutschsprachiger Transport.« Er wirkte angeekelt und plötzlich auch sehr müde.

Keiner von uns sagte ein Wort. Er kann uns doch unmöglich jetzt noch nach Hause schicken, dachte ich. Diesen Schlag würden wir nicht verkraften. Er mußte das gleiche gedacht haben, denn er fuhr fort: »Na schön. Wir gehen das Risiko ein. Außerdem sind wir meiner Meinung nach ohnehin erledigt, wenn dieser Transport so genau unter die Lupe genommen wird. Dann schafft es niemand.« Er nahm sich zusammen. »Ich wollte sagen, wir werden es alle schaffen. Wir schleichen uns durch und vermeiden es, überhaupt unter die Lupe genommen zu werden. Wir haben bisher großes Glück gehabt, und wir werden weiterhin Glück haben.«

»Wie funktioniert das Ganze?« fragte ich, obwohl ich wußte, daß ich in solchen Situationen eigentlich den Mund zu halten hatte.

Zoli sah mich an und beschloß, mich trotz meines Alters wie eine vollwertige Person zu behandeln. »Dienstags und donnerstags tun von uns bestochene Grenzwachen Dienst. Sie unterzeichnen die Ausreisepapiere und winken unsere Fahrzeuge durch. Bisher hat es keine Zwischenfälle gegeben.«

»Wo gehen wir hin?« wollte Rózsi wissen. Eine sehr gute Frage, da keiner von uns es wußte.

Zoli lächelte breit. »Nach Wien. In den amerikanischen Sektor. In den Westen. In die Freiheit.« Er hob ein imaginäres Glas. »*L'chaim.* Auf das Leben«, sagte er und fing an zu husten.

Als wir mit unseren Papieren in der Hand aus seinem Büro traten, wurden wir schon von Babi und Éva erwartet; bei ihnen war unser ursprünglicher Führer, Herschel. »Ich weiß nicht, was Zoli euch erzählt hat«, sagte Herschel, »aber wir haben keine vier Betten mehr im selben Zimmer. Ich kann euch ein Doppelbett und zwei Einzelbetten anbieten. Ihr werdet getrennt schlafen müssen.«

»Großmutter und du, ihr nehmt die Einzelbetten«, entschied meine Mutter. »Rózsi und ich werden zusammenbleiben. Wir müssen Pläne machen.«

Es fängt schon wieder an, dachte ich. Trennung, Ausgrenzung.

Draußen hatten wir fünfunddreißig Grad unter Null. In dem mir zugewiesenen Zimmer lag bereits ein junges orthodoxes Ehepaar mit einem Säugling. In dem winzigen Raum brannte ein Kerosinofen auf höchster Stufe, darauf stand ein Topf mit Wasser. Die Temperatur muß bei fünfunddreißig Grad plus gelegen haben, und die Luft war mit Feuchtigkeit gesättigt. Ich konnte kaum atmen und fing sofort an zu schwitzen.

»Warum ist es so heiß hier drin?« fragte ich. »Wenn Sie die Lichter ausgemacht haben, können wir dann das Fenster einen Spalt breit öffnen?«

»O nein, o nein!« kreischte die Frau. »Das Baby würde sterben. Der Kleine braucht die Wärme. Er ist erst ein paar Wochen alt.«

»Ja«, sagte ich, »aber ich kann mir nicht vorstellen, daß ein Dampfbad sehr gesund für ein Baby ist. Kann es denn atmen? Ich nicht. Wäre es nicht möglich, wenigstens die Tür aufzulassen?«

»Neeein!« kreischte sie wieder.

»Aber...«

»Genug geredet«, unterbrach mich der Ehemann. »Schlaf jetzt, Kleines.« Er sah so aus, als wäre er durchaus bereit, seinen Worten mit Gewalt Nachdruck zu verleihen.

Das würde mir nicht passieren, wenn Iván hier wäre oder Ervin. Das würde mir nicht passieren!

Natürlich konnte ich nicht schlafen. Ich verbrachte die Nacht damit, mir vorzustellen, wie ich am nächsten Tag in meinen schweißdurchtränkten Kleidern wohl riechen würde. Endlich kam der Morgen. Als ich aus dem Zimmer trat, konnte ich wenigstens wieder atmen. Im Korridor traf ich meine Familie und Éva; Babi war auf der Toilette.

Meine Großmutter sah schrecklich aus, schien über Nacht geschrumpft. »Ich bin ganz durchgefroren«, beklagte sie sich. »Ich habe kein Auge zugetan. Der Ofen im Zimmer war kaputt. Meine klappernden Zähne haben mich wachgehalten. Was für eine Nacht. Und keiner von euch ist gekommen, um nach mir zu sehen. Ich glaube, ich werde sterben.«

»Hör auf damit!« zischte Rózsi sie an.

Mein Leben war inzwischen so aus dem Lot geraten, daß ich über die Ironie des Schicksals nicht mehr lachen konnte. Die Dinge geschahen eben: Zimmer wurden zugeteilt, Öfen funktionierten oder funktionierten nicht. Der Sinn für Ironie kommt abhanden, wenn das Körperliche die Oberhand gewinnt. Man setze den Körper nur ausreichenden Strapazen aus – Hunger, Schmutz, Krankheiten, Schutzlosigkeit, ein Übermaß an Hitze oder Kälte –, und der Geist bricht zusammen. Dem Leiden ein Ende zu machen wird zur zwanghaften Sorge.

Zoli stellte sich draußen vor seinem Büro auf einen Stuhl: »Ruhe!« rief er den versammelten Menschen zu, aber niemand beachtete ihn. »Razzia!« brüllte er. Alle erstarrten. »Entschuldigung«, sagte er mit normaler Stimme. »Es gibt keine Razzia, aber es geht bald los und die Zeit wird knapp. Ihr werdet in Abständen von fünf Minuten zu zweit und zu dritt aufbrechen. Wenn ihr euch zufällig über den Weg lauft, kennt ihr euch nicht. Fahrt mit der Straßenbahn nach Buda, zum Südbahnhof. Eure Fahrkarten habt ihr ja. Steigt in den Zug nach Sopron. Sobald ihr da seid, geht ihr auf die Rückseite des Bahnhofsgebäudes; dort werden unsere Lastwagen auf euch warten. Wenn irgend etwas schiefgeht, verratet die anderen nicht. Und vor allem, verratet diese Adresse nicht, es sei denn, man foltert euch, in welchem Fall alle Vorsichtsmaßnahmen außer Kraft treten. Das verstehen wir. Wir haben Leute an den richtigen Stellen und werden es erfahren. Wir werden euch nicht helfen können, aber wir werden es wissen. Irgendwelche Fragen?«

Rózsis Hand schnellte in die Höhe. »Ja?« fragte Zoli und versank in einem Hustenanfall.

Als dieser endete, sagte Rózsi: »Nach der letzten Nacht glaube ich nicht, daß meine Mutter es mit einer Straßenbahn bis nach Buda schafft.«

»Das habe ich mir gedacht«, seufzte Zoli. »Ich glaube, Ihre Mutter und Sie sollten mit einem Taxi fahren, und angesichts der Temperaturen draußen das Paar mit dem Baby ebenfalls. Aber das kostet eine Million Pengö. Wir können die Mittel dafür nicht aufbringen. Wenn Sie es sich selbst leisten können, kann ich den Wagen besorgen.«

»Ich könnte die Hälfte bezahlen«, sagte Rózsi.

Dann entstand eine lange Pause. Schließlich meldete sich der Vater des Babys zu Wort. Verlegen hielt er den Blick auf den Boden gerichtet. »Wir haben zweihunderttausend Pengö«, murmelte er. »Das ist alles, was wir besitzen. Möglicherweise müssen wir irgendwelche Sachen für das Baby kaufen. Ich weiß nicht, was ich sagen soll.«

Rózsi sah ihn an. »Ich werde die Million bezahlen«, sagte sie sehr schnell. »Ich werde bezahlen, und die drei können mitfahren.«

»Erledigt«, sagte Zoli und stieß kleine, gepreßte Hustenlaute aus, mit denen er den nächsten, großen Ausbruch verzögern wollte. Dieses choreographierte Husten war ein Tanz, auf den ich mich bestens verstand.

Anyu und ich waren das fünfte Zweierpaar, das aufbrach. Wir trafen niemanden und stiegen ohne Zwischenfall in die Straßenbahn. Andere Leute, ganz normale Bürger, stiegen ebenfalls ein. Eine fette blonde Frau in mittleren Jahren versuchte, sich an Mutter vorbeizudrängeln. »Können Sie sich nicht bewegen?« fragte sie sehr rüde und versetzte meiner Mutter einen kleinen Stoß.

Mutter sagte: *»Bitte?«* Ich konzentrierte mich ganz auf die draußen vorbeiziehende Landschaft, um nicht loszukichern.

»Verdammte Deutsche«, keifte die Frau. »Höchste Zeit, daß die endlich nach Hause gehen, verdammt.«

Zu unserer großen Sorge mischte sich nun eine couragierte Seele ein. »Seien Sie nicht so rüde«, sagte sie zu der Blonden. »Die beiden sind Ausländer. *Von wo sind Sie?*« wandte sie sich an meine Mutter.

»Deutschland«, antwortete meine Mutter so unfreundlich sie nur konnte.

»Und wo gehen Sie hin?«

»Nach Deutschland«, sagte meine Mutter.

»Komm, Klári«, sagte die Freundin der Dame, die sich unbedingt in anderer Leute Angelegenheiten mischen mußte. »Laß das. Die Frau hat offensichtlich keine Lust zu plaudern.«

»Das merke ich«, jammerte Klári. »Aber ich wette, ihr seid Deportierte, die repatriiert werden. Ich würde schrecklich gern die Geschichte der beiden hören. Sieh dir nur die Augen dieses Kindes an. Siehst du nicht die tiefe Traurigkeit darin? Was die Kleine uns alles erzählen könnte!«

»O Klári«, sagte die Freundin, »du und deine romantischen Ideen. Also wirklich! Mach dich jetzt fertig. Wir müssen an der nächsten Haltestelle raus.«

»Schon gut«, sagte Klári seufzend, »aber ich weiß, ich habe recht.«

Fall tot um und brich dir ein Bein, dachte ich, als die beiden ausstiegen.

Der Rest der Reise verlief friedlich, ungestört von rüden Bemerkungen.

Am Bahnhof entdeckten wir keine vertrauten Gesichter. »Los, steigen wir ein«, sagte Mutter. »Sobald der Zug sich in Bewegung setzt, suchen wir nach den anderen.«

»Was ist, wenn es irgendeine Panne gegeben hat und sie es nicht geschafft haben?« fragte ich.

Mutter setzte ihren eisernen Gesichtsausdruck auf. »Wir haben unsere falschen Papiere, wir haben unsere Fahrkarten, wir haben ein wenig Geld. Wir wandern aus.«

»Nur wir beide?« fragte ich.

»Falls nötig«, sagte sie, »ja.«

Ungefähr zehn Minuten später entdeckte ich Rózsi und einen Fremden, der meine Großmutter mehr oder weniger trug. Das Paar mit dem Baby bildete die keuchende Nachhut. »Sie sind da«, flüsterte ich Anyu zu, was sie zu erleichtern schien.

Das junge Paar war jetzt ganz Lächeln und Freundschaft, und das Baby brauchte auch nicht länger aus Gesundheitsgründen so heiß gehalten zu werden, daß das Blut ins Kochen kam.

Endlich setzte sich der Zug in Bewegung. Niemand hatte unsere Papiere sehen wollen. Babi und Éva kamen in unseren Waggon, der gerade so weit beheizt war, daß ich beim Ausatmen meinen Atem nicht sehen konnte – ein gewaltiger Fortschritt gegenüber meiner letzten Zugfahrt. Woran sich allerdings nichts geändert hatte, war das Schneckentempo. Mit der qualvollen Vorsicht eines einbeinigen Blinden, der eine befahrene Straße überquerte, krochen wir über die alten, vereisten Schienen. Im Bahnhof von Györ, wo Bauersfrauen zu unverschämten Preisen gekochte Eier feilboten, machten wir halt, und Rózsi kaufte für jeden von uns ein Ei, auch für das junge Paar. Nach vielen weiteren Stunden der Langeweile erreichten wir endlich Sopron, die Endstation. »Alles aussteigen!« rief der Schaffner. »Haltet eure Pässe bereit. Es ist eine Absperrung eingerichtet, um illegal Ausreisende zu erwischen.«

»Was machen wir jetzt?« fragte Rózsi, genauso versteinert vor Schreck wie wir anderen auch.

»Was man uns aufgetragen hat«, sagte Mutter. »Wir halten uns an den Plan. Wir gehen hinter das Bahnhofsgebäude und steigen in den Lastwagen. Aber wir treten besser nicht als Gruppe auf. Éva, Babi«, sagte sie zu den beiden, »ihr geht als erste. Geht zügig, aber lauft nicht. Los jetzt.« Die Mädchen gehorchten sofort. An das junge Paar gewandt fuhr meine Mutter fort: »Wollt ihr vor uns gehen oder nach uns? Wir können nicht zusammen rausgehen.« Als sie zögerten, traf meine Mutter die Entscheidung. »Gut. Rózsi, du nimmst Mutter. Wir sehen euch im Lastwagen.«

Nachdem die beiden gegangen waren, räusperte sich der Ehemann. »Wir würden gern jetzt gehen«, meinte er. »Vor euch. Sie scheinen das Kommando zu haben, und wir würden uns nicht mehr sicher fühlen, wenn Sie uns allein ließen.«

»Dann geht«, befahl meine Mutter. »Lauft nicht. Schon

gut«, sagte sie zu mir und legte mir einen Arm um die Schultern. »Und jetzt gehen wir.«

»Was ist mit der Absperrung?« fragte ich. Mein Mund fühlte sich trocken an.

»Ich glaube nicht, daß das für uns gilt«, sagte Anyu und klang ganz ernsthaft. »Ich glaube, Zoli oder irgend jemand hätte uns gewarnt, wenn wir wirklich in Gefahr wären. Das ist nur wieder so ein Manöver, da bin ich mir fast sicher.«

Draußen schlug uns die Kälte entgegen. Der Bahnhof war kaum beleuchtet, aber ein heller Mond schien. Ich konnte Zoli und Herschel mit einem offiziell aussehenden Mann reden sehen. Die neuen Uniformen, an denen man sie erkennen konnte, bestanden aus großen Pelzmützen und Mänteln mit schweren Pelzkragen. Dazu noch Reitstiefel, aber die hatten sie ja früher auch schon.

Wir machten einen großen Bogen um die Männer und gingen auf die Rückseite des Bahnhofsgebäudes. Dort stand wie versprochen ein Lastwagen mit laufendem Motor bereit, ein hohes, sehr großes Gefährt, dessen Aufbau mit einer Plane bedeckt war. Im Innern des Wagens verliefen zu beiden Seiten schmale Holzbänke. Trotz seiner Größe war der Lastwagen überfüllt, denn alle Leute aus der Arányi Utca hatten sich hineingezwängt. Die Bänke boten nur wenigen Menschen Platz zum Sitzen; die übrigen standen. Einige Minuten nachdem wir hinaufgeklettert waren, sahen wir Zoli und Herschel herbeilaufen. Los ging's.

Als wir uns neben Großmutter und Rózsi auf die Bank quetschten, fragte meine Tante leise: »Wie ist es möglich, daß das so einfach war? Sind wir in eine Falle getappt?«

»Das glaube ich nicht«, flüsterte meine Mutter zurück. »Ich glaube, die Absperrung war eine List. Eine Möglichkeit für die Geheimpolizei, gleich ihr Geld einzustreichen.«

Der Lastwagen tuckerte mit dem einschläfernden

Schaukeln einer Kinderwiege weiter. Die meisten von uns dösten, sogar die, die standen.

Nach ungefähr zwei Stunden kam der Wagen zum Stehen. Wir warteten und warteten. Schließlich kletterte Zoli zu uns hinauf und machte sorgfältig die Plane hinter sich wieder zu. »Wir haben ein kleines Problem«, sagte er leise. »Ihr dürft nur nicht in Panik geraten. Auf der österreichischen Seite sind die falschen Männer im Dienst. Mit denen haben wir vorher noch nie zu tun gehabt. Die Situation ist heikel, aber wir verhandeln.«

»Was passiert, wenn ihr scheitert?« fragte jemand.

»Wir werden nicht scheitern«, antwortete Zoli und fing an zu husten. »Das ist noch nie passiert. Das Wichtigste für uns ist, daß sie nicht genau erfahren, wie viele wir sind. Also bitte, keine Bewegungen und kein Gerede.«

Wir nickten alle schweigend. Das Baby stieß einen durchdringenden Schrei aus und fing dann an zu wimmern. Endlos in die Länge gezogene Sekunden vergingen, in denen nichts anderes zu hören war.

»Gib ihn mir«, befahl Zoli.

Die Mutter schüttelte voller Entsetzen den Kopf. »Nein«, wisperte sie. »Nein.«

»Gib ihn mir«, wiederholte Zoli drängend. »Vertrau mir. Wir werden sagen, es sei das mutterlose Baby des Fahrers. Dann werden sie nicht nachschauen kommen. Gib ihn sofort her, wenn du nicht nach Sibirien willst.«

Die Mutter blickte zu ihrem Mann auf. Der holte tief Luft, was fast wie ein Schluchzen klang, und nickte dann knapp. Das Baby wurde von einer Hand zur anderen an Zoli weitergereicht, der mit dem Kleinen in der Dunkelheit verschwand. Ich nehme an, in extremen Situationen geben die Menschen, wenn auch widerstrebend, ihre kleinen, unbequemen Kinder eben ab. Ich würde das nicht tun, niemals, aus welchem Grund auch immer.

Eine Stunde verstrich, vielleicht auch zwei. Die Eltern des Babys beteten inbrünstig und murmelten ohne Pause mit gesenkten Köpfen vor sich hin. Schließlich tauchte Zoli wieder auf, und ein paar Männer im Lastwagen halfen ihm hereinzuklettern. Das Baby lag schlafend in seinen Armen. »Es ist geschafft«, sagte Zoli. »Wir können die Grenze passieren.«

Der Lastwagen fuhr an. Ungefähr zwanzig Minuten später hielt er wieder. Was jetzt? fragte ich mich. Ich war dieser ruckelnden Fahrt so müde.

Zoli öffnete abermals die Plane. Ohne aufzusteigen rief er uns von unten aus zu: »Wir haben die Grenze überquert! Das hier ist Österreich!«

Nichts geschah. Kein Applaus, keine Pfiffe, keine Siegesrufe. Jetzt waren wir wahrhaft Treibgut. Es gab kein Zurück mehr, und vor uns lag Dunkelheit.

Gegen Morgen erreichten wir Wien. Es schneite wieder, kleine, dichte Flocken, die aussahen wie sorglos vom Himmel geworfenes Konfetti. Ein weiterer himmlischer Irrtum, denn heute war nicht Rosenmontag. Kilometer um Kilometer nichts als Trümmer. Die Stadt des Feindes, dachte ich, um mich darüber hinwegzutrösten. Aber trotzdem wurde mir angesichts all der Ruinen ganz klamm ums Herz.

Endlich hielten wir vor einem großen, grauen Gebäude mit Gitterstäben vor den Fenstern. »Alles aussteigen und rein ins Haus«, befahl unser Führer.

Viele Reihen sauberer Betten. Blind vor Müdigkeit fielen wir auf die Matratzen und schliefen auf der Stelle ein.

Man hatte uns in einem ehemaligen Kinderkrankenhaus einquartiert, dem einzigen Gebäude im ganzen Viertel, das stehengeblieben war. Stunden später, als die diensttuenden Zionisten uns weckten, begann unser neues Leben, ein Leben, in dem wir von einer Station zur anderen durchgeschleust wurden.

Immer wieder sollten wir während unserer Flüchtlingsjahre irgendwo durchgeschleust werden. Das Schema war stets das gleiche. Als erstes wurde man entlaust. Dabei schoß einem stets ein junger amerikanischer Soldat, der mir immer dreimal so groß schien wie alle anderen in Europa geborenen Menschen, DDT-Pulver in Ärmel und Halsausschnitt. Als zweites bekam man zu essen. Richtiges Essen, aber auch einige ganz seltsame Dinge. Eine Sache kam zum Beispiel in einem winzigen Umschlag und an einem Faden befestigt daher. Ließ man sie in eine Tasse heißes Wasser fallen, ergab das eine braune Brühe, die man Tee nannte. Gleichermaßen nannte man einen kleinen braunen Würfel, den man ebenfalls in heißes Wasser warf, Suppe. Diese Spielzeuge schmeckten nicht schlecht; es schien einfach nur komisch, sie allen Ernstes nach Dingen zu benennen, die man wirklich essen und trinken konnte. Als drittes wurde man dann befragt, und zwar von mindestens drei verschiedenen Leuten, manchmal auch von vieren. Es waren Amerikaner, Mitglieder der »United Nations Relief and Rehabilitation Administration«, die hinter einem mit Unmengen von Akten bedeckten Schreibtisch saßen. Zu meinem Erstaunen strotzten sie alle nur so vor Gesundheit, trotz der Würfel und der Umschläge. Sie stellten einem Fragen über die eigene Identität, und sie versuchten, einen in die Falle zu locken. Natürlich war ein Übersetzer dabei, denn keiner von uns sprach englisch. Wir nahmen an, daß auch keiner von ihnen unsere Sprache sprach, obwohl sie manchmal versuchten, uns mit kleinen Phrasen zu überlisten, zum Beispiel mit dem ungarischen, sehr liebevoll gemeinten Ausdruck »Laß mich dein Herz essen«. Diese Sprichworte waren wie das Spielzeugessen in erschreckender Weise fehl am Platze. Flüchtlinge aller Nationen erzählten sich Geschichten über diese Tricks, denn schließlich und endlich hatten wir alle einen gemeinsamen Feind: unsere Retter.

Am schlimmsten traf es meine Großmutter. Durch den Übersetzer informierten die UNRRA-Vertreter sie darüber, daß sie in dem Verdacht stehe, eine nichtjüdische Nazikollaborateurin zu sein, die versuche, nach Palästina zu entkommen. Großmutter hatte Asthma, Arthritis und war fast blind; wir bezweifelten, daß sie auch nur die Frage nach der Uhrzeit lebend überstehen würde. Sie betrat den Verhörraum allein und kam erst vier Stunden später wieder heraus. Wir waren natürlich völlig verstört, denn die meisten Befragungen dauerten nur eine halbe Stunde. Als sie wieder herauskam, war sie ausgezehrt, aber überraschend lebhaft. Sie erzählte uns, was geschehen war: »... Dann hab' ich ihnen gesagt: ›Geben Sie mir ein Gebetbuch. Ich öffne es an jedem Festtag, den Sie mir nennen, und werde daraus beten.‹ Sie sagten: ›Das könnte auch eine Spionin.‹ Ich sagte: ›Schön, dann erschießen Sie mich.‹ Dann sagte ich noch: *›Meschugge. Alle sind meschugge.‹*«

Sie ließen sie gehen, gaben ihr aber keinen Flüchtlingsausweis. Während wir noch an der Straßenecke standen und diese Entwicklung mit großer Erregung diskutierten, erblickte meine Mutter einen ehemaligen Reporter von der Zeitung meines Vaters; er trug einen UNRRA-Ausweis. »Kelemen!« schrie sie. »Kelemen! Kommen Sie doch bitte mal hier rüber.«

Kelemen, übrigens eine ziemlich windige Figur, lief zu uns herüber und nahm meine Mutter unverschämterweise einfach in die Arme. »Madame Dénes! Ich wußte nicht, ob Sie überlebt haben. Ich habe Budapest vor dem ersten regulären Transport verlassen; ich war sozusagen das Meerschweinchen für die Festlegung der Route. Ich bin so glücklich, Sie zu sehen!« Plötzlich erinnerte er sich wohl wieder an seine Manieren und verbeugte sich. Zu mir sagte er: »Und du mußt Magduska sein. Als ich dich das letzte Mal gesehen habe, warst du noch sehr klein.« Ich lächelte, ohne etwas zu erwidern.

Anyu schilderte Kelemen Großmutters Situation. »Lächerlich«, sagte er. »Sie können sich gar nicht vorstellen, was für Idioten diese Leute sind. Na! Aber sie haben unglaublich gesunde Zähne; wahrscheinlich ernähren sie sich von Gehirnzellen.«

»Aber was sollen wir denn nun wegen unserer Mutter unternehmen?« fragte Rózsi gereizt.

»Entschuldigung«, sagte Kelemen. »Ich habe mich hinreißen lassen. Wir werden die Sache gleich jetzt in Ordnung bringen.«

Woraufhin wir alle zusammen in das Stockwerk zurückkehrten, in dem die Verhöre stattfanden. Kelemen ging mit Großmutter zurück in die Höhle des Löwen. Fünf Minuten später kamen sie wieder heraus, und Großmutter hielt ihren UNRRA-Paß in der Hand.

»Keine Ursache«, sagte Kelemen. »Niemand konnte so dumm sein, an mir zu zweifeln. Nicht einmal der mit dem blendenden Lächeln.«

Wir alle lachten, auch Kelemen.

Als vierter Punkt kam dann die Zuweisung einer Unterkunft. Nach langen Stunden des Wartens teilte man uns unsere alten Betten neu zu. Die nächsten zwei Wochen blieben wir eingesperrt, weil die Verwaltung fürchtete, wir würden uns sonst aus dem Staub machen oder aus dem amerikanischen Sektor in einen anderen entführt werden. Der russische Sektor galt als besonders gefährlich, weil sie dort ständig versuchten, jüdische Dissidenten aus Osteuropa einzufangen.

Wir sollten mit dem Lastwagen nach München gebracht werden, einer ohne Zweifel von den Amerikanern besiegten Stadt. Dort würde es keine Sektoren mehr geben, keine Angst vor Entführungen. Wegen Großmutter wurden wir vier, statt zu Fuß gehen zu müssen, mit dem Jeep zu dem Lastwagen nach München gebracht. Großmutter versuchte in einem Anfall von typischer Selbständigkeit, ohne Hilfe auf der Fahrerseite in den Wagen zu klettern. Sie setzte sich mitten aufs Lenkrad, woraufhin die Hupe durch die ganze Straße gellte. Auf der Stelle brach Panik aus; unerwartete Geräusche machten jeden nervös. Die Leute rannten weg, schrien, erstarrten. Nur nicht Rózsi, Anyu oder ich. Grausamerweise – denn Großmutter sah sehr erschrocken aus – brachen wir in unbezähmbares Gelächter aus; zwischendurch gelang es uns gerade noch, sie zu beruhigen: »Keine Angst, es ist nur die Hupe. Wir helfen dir gleich. Bleib erst mal da, wo du bist. Hahahaha.«

Keiner von uns konnte mit dem Lachen aufhören, und obendrein war es wohl ansteckend. Der junge amerikanische Soldat, der versuchte, Großmutter zu helfen, lachte lauthals mit. Das gleiche tat der besorgte Zionistenführer, der herbeigeeilt war, um der Sabotage auf den Grund zu gehen. Zu Großmutters Ehrenrettung muß erwähnt werden, daß sie in unser Gelächter einstimmte.

Später wiederholten wir die ganze Prozedur in München, wo man uns im Deutschen Museum unterbrachte. Ich vermißte Iván. Anschließend durchliefen wir die gleichen Etappen ein drittes Mal in Salzburg, in einem offiziellen Flüchtlingslager. Immer wieder das gleiche in endloser Folge; Spiegel, die Spiegel reflektierten. Aber auch andere Dinge blieben sich gleich: die Kälte, der Schlamm, der fremde Himmel, die bellenden Geräusche der englischen Sprache, das verhaßte kehlige Zischen der deutschen Sprache.

Die Welt bombardierte mich unausgesetzt weiter. Ich wünschte mir, eine Kanone zu sein, um zurückschießen zu können, aber ich war keine. Also saß ich statt dessen im Schaukelstuhl meiner Seele und wiegte mich in stetigem Rhythmus hin und her.

SIEBEN

Als wir im Lager von Pöcking, einem kleinen Dorf in der Nähe von München, aus dem Laster stiegen, ließ man uns zur gewohnten Routine in Reih und Glied antreten. Zuerst mußten wir mit weit offengehaltenen Ärmeln an einem amerikanischen Soldaten vorbeidefilieren. Er besprühte uns mit einer Metallvorrichtung bis tief hinein in unsere Kleidung mit weißem DDT-Pulver. Das gleiche gab es dann noch zweimal in den Kragen, erst die eine Seite, dann die andere. Eine schnelle, einförmige Prozedur; die Würde des einzelnen stand nicht zur Debatte. Meine Familie und ich hatten keine Läuse mehr, aber wir wußten, daß wir ohne die entsprechenden Vorsichtsmaßnahmen wieder welche bekommen konnten.

Dann wurden wir in einen anderen Raum geführt, wo wir in einer Schlange vor einem Schreibtisch anstanden, hinter dem eine Frau saß. Nacheinander zeigten wir unsere in München ausgestellten Flüchtlingsausweise vor, und sie gab sie uns mit Essensmarken für eine Woche zurück. Ein Übersetzer erklärte uns, daß wir unsere Mahlzeiten wahlweise in der Speisebaracke einnehmen oder in unser Quartier mitnehmen konnten.

Als drittes gab man uns Kissen und Decken sowie Zettel mit den Nummern unserer Baracke und unseres Zimmers. Glücklicherweise wurden nur jeweils sechs Leute einem Raum zugeteilt, und wir waren ja, wenn man Babi und Éva mitzählte, genau sechs Personen.

Am Spätnachmittag hatten wir alles soweit erledigt und wurden zu unserer Baracke geführt. Auf dem recht langen Weg dorthin übersetzte Großmutter uns die jiddische Erklärung unseres Führers: Da wir relativ spät gekommen waren, lag unsere Baracke ziemlich weit am Rand des Lagers.

Zum erstenmal seit unserer Ankunft sah ich mich um. Wir befanden uns in einem sanften Tal zwischen bewaldeten Hügeln. Die schneebedeckten Tannen sahen in dem verblassenden Licht wie hochmütige, schweigende Geister von bedrohlicher Schönheit aus. Vor mir lagen viele lange, niedrige, graue Gebäude, die miteinander durch Pfade aus grauem Matsch verbunden waren. Hier und da brannten Lichter.

Wir trotteten ewig weit, oder zumindest kam es mir so vor. Unser Begleiter mußte Großmutter fast tragen, und Éva und Babi halfen ihm dabei. Schließlich blieb der Mann vor einer Baracke stehen, die genauso aussah wie alle anderen. Woher er es wußte, konnte ich nicht sagen, aber er meinte, dies sei unser neues Zuhause, eine Mitteilung, die Großmutter zwischen gefährlich atemlosen Schnaufern für uns übersetzte.

Durch den Vordereingang des Gebäudes kamen wir in einen Korridor. Links und rechts nur geschlossene Türen. Nach reichlich Gemurmel und mit Hilfe einiger entzündeter Streichhölzer machte unser Begleiter schließlich unseren Raum ausfindig. Seine Hand tastete nach dem Lichtschalter, von der Decke erstrahlten zwei nackte Glühbirnen. Mein Blick fiel als erstes auf drei Etagenbetten in der Mitte des Raums. An den Wänden standen sechs hohe, grüne Metallschränke und in einer Ecke ein großer Ofen, neben dem etwas Feuerholz aufgestapelt war. Damit erschöpfte sich die Einrichtung auch schon. Alles sah schmutzig und staubig aus.

Wir hatten das schon einmal gemacht, in der Wohnung der Bergers am Teleki Tér, hatten uns aus dem Nichts ein

Zuhause aufgebaut. Wie viele Male kann man von vorn anfangen, ohne daß die Anstrengung einen umbringt? Wo liegt die Grenze der Belastbarkeit? Ich brach in Tränen aus.

»Weine nicht«, sagte meine Mutter. »Das ist ein großes Zimmer mit vielen Fenstern. Wir kriegen das schon hin. Wäre doch gelacht, wenn wir das nicht in den Griff bekämen.« Ich konnte mir nur nicht vorstellen, wie sie das machen wollte.

Am nächsten Morgen wurden Babi und ich losgeschickt. Wir brauchten einen Eimer, zusätzliche Seife, Lumpen und einen Besen, aber vor allem brauchten wir eine Säge. Der Punkt, den wir für den schwierigsten hielten, war fast im Handumdrehen erledigt. Als wir aus dem Zimmer kamen, stand vor der Tür nebenan ein Mädchen ungefähr in meinem Alter. Nur zum Spaß ging ich zu ihr und sagte: »Bzzzz, bzzzz, bzzzz«, und schob dabei den Arm vor und zurück.

»Tak, tak«, sagte sie, grinste breit und verschwand in ihrem Zimmer.

»Also, was glaubst du, was du jetzt bekommen wirst? Eine Portion *rizi-bizi*?« fragte mich Babi, rollte mit den Augen und zog an ihrer Zigarette. Babi hatte immer Zigaretten; sie bekam dauernd welche von den Männern zugesteckt, und sie rauchte pausenlos. Zur Strafe dafür hatte sie scheußliche, nikotinfleckige Finger. »Aber vielleicht kriegst du ja auch eine Ohrfeige von ihrem Vater, weil du mißverständliche Gesten gemacht hast.«

Ich zuckte mit den Schultern. »Sie holt mir eine Säge«, sagte ich, ohne auch nur einen Augenblick lang selbst daran zu glauben.

Kurze Zeit später kam das Mädchen mit ihrer Mutter zurück – mit einer völlig intakten Zwei-Mann-Säge. Ich konnte mein Glück gar nicht fassen. Begeistert drückte ich dem Mädchen die Hand und klopfte ihm auf die Schulter. Die Mutter sprach in schnellem Polnisch auf mich ein. Sie erklärte mir – soviel konnte ich mir zusammenreimen –, daß das Werkzeug kostbar sei, daß ich es nicht kaputtmachen oder stehlen oder mir die Kehle damit durchschneiden solle. Um sie zu beruhigen, zeigte ich auf unsere Zimmertür. Die Tatsache, daß die Säge in ihrer Nähe bleiben würde, schien sie zu erleichtern.

Nun machten Babi und ich uns auf die Suche nach den übrigen Dingen. Wir gingen zur Registratur, aber die schickten uns in die Speisebaracke, von wo aus uns ein Mann zur Wartung weiterschickte. Das Abenteuer dauerte endlos lange; wir liefen herum, warteten, gestikulierten und liefen abermals herum, bis wir halb erfroren und unsere Füße eiskalt waren. Im Wartungsgebäude hatten wir dann endlich Glück: Ein junger amerikanischer Soldat erlag Babis kokettem und meinem kindlichen Charme und überließ uns einen Eimer, ein paar Lumpen sowie Seifenpulver. Die unergründliche Sprache, deren wir nicht mächtig waren, war in diesem Fall die englische.

Auf dem Rückweg meinte Babi: »Komm, besorgen wir uns was Warmes zum Essen. Ich verhungere.«

»Wie?« fragte ich. »Ich habe weder Geld noch Marken dabei. Du vielleicht?«

»Du bist wirklich ein hoffnungsloser Fall«, seufzte sie. »Wir gehen in die Speisebaracke – heißt hier übrigens, glaube ich, Messehalle – und sagen, wir hätten unsere Marken in unserem Zimmer vergessen.«

»Dann schicken sie uns bestimmt zurück, damit wir sie holen«, meinte ich.

»Natürlich tun sie das, Dummkopf, aber nicht, bevor sie uns einen Teller heiße Suppe und ein Stück Brot gegeben haben. Das sind hier keine Nazis mehr. Mit einem durchgefrorenen Kind und seiner nur eine Spur älteren Schwester muß man doch einfach Mitleid haben, oder?«

»Ach, wir sind also Schwestern?«

»Klar doch.«

Zu diesem Zeitpunkt verstand ich mich schon ziemlich gut darauf, den Leuten irgendwelche Dinge abzuschwatzen. Aber kein Essen. Babi dagegen war eine Meisterin in dieser Disziplin. Trotzdem erwies es sich diesmal als ein schwieriges Manöver, denn die Frau hinter der Theke war eine SS-gesichtige alte Vettel. Sie hielt eine Essensmarke hoch, wedelte damit herum und erklärte immer wieder auf polnisch, daß wir so etwas bräuchten, wenn wir hier essen wollten. Babi wollte einfach nicht verstehen, was sie meinte; sie zeigte beharrlich mit dem Zeigefinger auf ihren Mund und klopfte sich dann in einem fordernden Schnellfeuerrhythmus auf den Bauch. Die Frau schüttelte den Kopf und wedelte mit den Marken.

»Laß uns gehen«, flüsterte ich. »Das ist die Sache doch nicht wert.«

»Jetzt geht's ums Prinzip«, sagte Babi laut, ohne in ihrem Gestikulieren innezuhalten. Das Patt dauerte noch ganze zehn Minuten an.

»Ich gehe«, sagte ich und wandte mich ab, um meinen Eimer und die anderen Sachen zusammenzuraffen.

Augenscheinlich war das alles, was die Frau wollte. Bedingungslose Unterwerfung. Anerkennung der unbestrittenen Macht desjenigen, der die heilige Kelle hielt. Die Polin verfiel in einen schnellen Monolog aus zischenden *s* und kehlenreinigenden *chs* und gab gleichzeitig jeder von uns ein Stück Brot und schöpfte Suppe aus zwei Teller. *»Spasibo«*, sagte ich auf russisch.

»Njet po-russki, njet po-russki«, brüllte sie, jetzt wirklich wütend.

Babi und ich setzten uns an einen langen, aus Brettern

zusammengenagelten Holztisch. Schweigend aßen wir unsere Suppe, die dünn und geschmacklos, aber wenigstens heiß war.

Bei unserer Rückkehr erkannten wir unser Barackenzimmer kaum wieder. Mutter, Rózsi und Éva hatten die sechs Metallschränke zusammengeschoben und den Raum in zwei Teile geteilt – zwei Drittel auf der einen, ein Drittel auf der anderen Seite. Vier der Schränke ließen sich von dem größeren Teil des Raums aus öffnen. Außerdem hatten sie die Pfosten von zwei Etagenbetten durchgesägt, so daß daraus zwei Einzelbetten geworden waren; zwei davon standen nebeneinander mit den Kopfenden an der Hauptwand. Sie waren für Großmutter und Rózsi bestimmt. Parallel zu diesen beiden Betten, in vielleicht anderthalb Meter Abstand, hatten sie das Bett meiner Mutter unter eins der Fenster gestellt. Dann kam wieder in gleichem Abstand mein Bett, ebenfalls unter einem Fenster. Das Fußende meines Bettes grenzte an die Rückseite des Schranks der beiden Mädchen.

Die Betten waren mit Decken und Kissen zurechtgemacht, und im Ofen loderte ein Feuer. Ich würde nicht sagen, daß das Zimmer behaglich war, aber es wirkte doch deutlich menschlicher.

»Nun?« fragte meine Mutter eifrig. »Wir haben uns beeilt wie verrückt, um bei eurer Rückkehr fertig zu sein. Jetzt gibt es doch keinen Grund mehr zu weinen, oder?«

»Nein«, sagte ich, »es ist wunderschön.« Hinter der Trennwand sägten Rózsi und Éva die letzten Bettpfosten in Stücke. Ich finde, das Sägen von Holz hat etwas auf elementare Weise Beruhigendes. Die rhythmische Bewegung, der hypnotische Klang, der charakteristische Geruch der Sägespäne, all diese Dinge addieren sich zu einem Regenbogenversprechen der Erneuerung, überaus tröstlich, wenn auch unbegründet.

Ich bot meine Hilfe an. »Die können wir brauchen«, sagte Éva klagend. »Mein Arm fällt gleich ab. Eine Pianistin sollte keine solche Arbeit tun müssen. Wahrscheinlich habe ich mir einen Schaden fürs ganze Leben zugezogen.«

»Ach, Quatsch«, sagte Babi. »Mußt du eigentlich pausenlos jammern?«

»Komm her, Éva!« rief meine Mutter zu ihr. »Setz dich auf mein Bett und ruh dich aus. Keine Angst. Dein Arm kommt schon wieder in Ordnung.«

Babi und ich sägten munter vor uns hin. Von Zeit zu Zeit hielt eine von uns die Säge fest, so daß die andere sie nicht mehr bewegen konnte. Die Arbeit ging dadurch langsamer vonstatten, aber wir lachten viel.

Am Abend gingen wir alle in den Speisesaal. Wir hätten lieber zu Hause gegessen, aber wir besaßen kein Geschirr, um das Essen zu transportieren. Nach der Mahlzeit bekam jeder von uns einen Pappkarton, auf dem in kühnen, blauen, großen Lettern die Buchstaben C-A-R-E gedruckt standen. Die junge Frau, die die Pakete verteilte, lochte unsere Marken und informierte uns auf rumänisch darüber, daß wir solche Pakete nun regelmäßig bekommen würden. (Daß sie rumänisch sprach, wußte ich nur, weil Babi es mir erzählte; viele der Mädchen, die sie in den Deportationslagern kennengelernt hatte, waren Rumäninnen gewesen, und sie hatte ein paar Brocken aufgeschnappt. Vielleicht. Babi war eine große Lügnerin, heimlich nannte ich sie Baronesse Münchhausen.) Unklar blieb jedoch, in welchen Zeitabständen wir mit diesen »regelmäßigen« Gaben rechnen durften.

»Darf ich es aufmachen?« fragte ich meine Mutter, obwohl ich genau wußte, daß sie nein sagen würde.

»Nein.«

»Warum nicht?«

»Weil heute nicht Mikolás Nap ist. Nein ist nein.«

Sobald wir wieder auf unserem Zimmer waren, rissen wir alle gierig unsere Pakete auf. Wir fanden: eine Dose mit Dosenfleisch, ein Glas Instantkaffee von Nestlé, einen Beutel Milchpulver, eine Dose Kondensmilch, Eipulver, abgepackten Käse, Kekse, kleine Schachteln mit Rosinen, Crisco-Backfett, ein Glas Erdnußbutter, Teebeutel, eine Tafel Schokolade und vier Schachteln mit je fünf Zigaretten.

»Laßt uns alles in einen unserer Schränke packen«, schlug ich vor. »Dann ist es fast so, als hätten wir wieder eine Speisekammer.«

»Unsere Sachen nicht«, protestierte Éva. »Die will ich in unserem Schrank aufbewahren.«

»Natürlich«, sagte meine Mutter. »Nur zu.«

»Ich möchte eins hier ganz offiziell festhalten«, sagte Babi. »Verwandte sind unfreiwillige Anhängsel, die sich niemand selbst aussuchen kann.«

Weil ich fürchtete, daß sie gleich in Tränen ausbrechen würde, boxte ich sie in die Seite. »Magda«, sagte sie daraufhin sehr streng, »eines Tages werde ich genug von dir haben, und das wird dein Tod sein.« Dann blinzelte sie mir zu. Mir war nie zuvor der Gedanke gekommen, daß ein Mädchen ein Bruder sein könnte.

Am nächsten Morgen, als wir noch schliefen, hämmerte jemand wild an unsere Tür. »Aufmachen, aufmachen!« schrie er dabei mit einem komischen ungarischen Akzent. »Margit néni! Laß mich rein!«

Mutter öffnete die Tür. Auf der Schwelle stand Mendel, der Sohn Etas, einer Cousine meiner Mutter großväterlicherseits. Er kam aus Sziget oder Mármaros an der rumänischen Grenze; ich konnte die beiden Städte nie auseinanderhalten, weil sie so dicht beieinanderlagen und weil sie ein so buntes Bevölkerungsgemisch beherbergten, einschließlich unserer jiddisch und rumänisch sprechenden Verwandten.

Er hob meine Mutter hoch und küßte sie auf beide Wangen. »Margit néni, ich bin so glücklich, so furchtbar glücklich, dich zu sehen.«

»Mendel!« schrien wir alle wie aus einem Munde.

»Komm rein, du Narr«, lachte meine Mutter und befreite sich aus seiner Umarmung. »Was für eine wunderbare Überraschung. Was machst du hier?«

»Na ja«, sagte Mendel in seinem schrecklichen Ungarisch, aber mit stolzgeschwellter Brust. »Ich bin Teil der zionistischen Sicherheitspolizei hier. Ich bin ein Polizist.«

»Etas Sohn, ein Polizist!« sagte meine Großmutter und schüttelte den Kopf. »Was für eine Schande.«

»Nein, nein, Emma néni«, sagte Mendel, den ihre Worte sichtlich aufregten. »Ich gehöre zur jüdischen Polizei. Wir sind die Polizei hier, die euch bewacht. Wir beschützen euch vor den Deutschen.«

»Was meint er?« fragte Großmutter Rózsi verängstigt.

»Schon gut«, sagte Rózsi. »Was er tut, ist in Ordnung. Ich erklär's dir später.«

»Ist noch jemand von deiner Familie hier?« wollte meine Mutter wissen.

»Nein«, sagte Mendel traurig. »Sie hatten Angst, die Grenze illegal zu überqueren, sie sind zurückgeblieben. Aber jetzt seid ihr alle ja hier«, sagte er, und seine Miene hellte sich auf.

»Hast du Hunger?« fragte meine Mutter ihn.

»O nein«, winkte Mendel ab. »Wir sind die Polizei. Sie geben uns so viel zu essen, daß wir fast platzen. Aber es tut mir leid, ich muß jetzt gehen.«

»Mendel«, sagte Rózsi, »könntest du uns einen Besen besorgen und ein paar Stühle zum Sitzen? Ich bin es leid, immer auf meinem Bett zu sitzen.«

»Der Besen ist kein Problem«, sagte Mendel. »Ich bin mit den Wartungsleuten befreundet. Aber Stühle – da bin ich mir nicht sicher. Möglicherweise gibt es im ganzen Lager keine, außer in den Quartieren der Amerikaner. Ich werd' mal sehen, was sich machen läßt.«

Ein paar Tage später kehrte Mendel mit einem Besen, einer Bank und ein paar kleinen Lampenschirmen zurück, die man über die nackten Birnen stülpen konnte, so daß ihr Licht nicht mehr so grell war. Unsere Lebensqualität verbesserte sich damit schlagartig.

Trotzdem legte sich auch in Pöcking wieder eine Stille über uns, als lebten wir in fünf Faden Tiefe. Tagsüber weinte meine Mutter nie, aber ihre Augen waren trotzdem die meiste Zeit rot und geschwollen. Rózsi konnte ich nicht aus dem Bett locken. Großmutter saß mit dem Rücken zu uns vorm Ofen und las mit einer Lupe in ihrem Gebetbuch. Ihre Lippen bewegten sich, aber sie gab keinen Laut von sich. Wenn ich mich dicht neben sie hockte und durch das falsche Ende ihrer Lupe schaute, konnte ich ihre Wimpern zählen. Sie erinnerten mich an verwelkte Grashalme im Herbst.

Von Schuldbewußtsein geplagt entfloh ich hinter die Trennwand, um mit Babi auf deren Bett Karten zu spielen. Éva saß ganz in der Nähe und spielte auf einem zerkratzten Holzbrett Klavier, da sie glaubte, diese vorgetäuschten Übungsstunden würden ihre Finger beweglich halten.

Bei einem unserer alltäglichen Trecks, um das Essen für die Familie zu holen, fragte ich Babi: »Glaubst du, wir leben in einem Irrenhaus?«

Sie sah mich traurig an. »Nein, liebe Magda. Das hier ist Normalität, das ist praktisch der Himmel.«

Zu meiner Erleichterung durfte ich schon bald zur Schule gehen. Eines Tages, an einem stürmischen Morgen, nahm mich das Mädchen von nebenan, das mir davon erzählt hatte, einfach mit. Das Schulhaus sah genauso aus wie alle anderen Baracken. Genaugenommen war es nur ein einziger Raum voller Bänke, und als Schreibtische hatte man weitere Bänke auf Ziegelsteine gestellt. Ansonsten gab es noch eine Tafel und einen hübschen jungen Lehrer.

Weder der Lehrer noch irgendeins der Kinder aus der Klasse sprachen ungarisch. Der Unterricht wurde auf jiddisch abgehalten, und wir verständigten uns mit Hilfe von Pantomime, Gesten und dem gewaltigen guten Willen, der notwendig ist, um einander ohne Worte zu verstehen.

An meinem ersten Tag in der Schule fing die Klasse gerade mit etwas Neuem an – wir sollten das jiddische Alphabet lernen. Ich begriff sofort, daß man dafür die Sprache selbst nicht kennen mußte. Ich brauchte mir lediglich die Zeichen einzuprägen, die den mir bekannten Buchstaben entsprachen, und ihre Namen zu lernen: a = א = alef, b = ב = bejß. Mir erschien dies als ein ziemlich unterhaltsames Spiel, und ich spielte es mit Hingabe. Die Tatsache, daß die Reihenfolge des jiddischen Alphabets ein bißchen merkwürdig war, machte die Sache nur noch interessanter. Damit brachten wir zwei Wochen zu, und der Lehrer tätschelte mir während dieser Zeit oft den Rücken oder schüttelte mir die Hand. Das machte mir Sorgen. Meiner Erfahrung nach führte voreilige Bewunderung für gewöhnlich zu unerfüllbaren Forderungen. Nach einer Weile fielen mir einige Worte meines vergessenen Kindheitsdeutschs wieder ein. Ich hörte den anderen Kindern angestrengt zu, und schon bald gelang es mir, diese wenigen deutschen Worte in eine jiddische Richtung zu biegen; fortan konnte ich mehr oder weniger sagen, daß ich hungrig oder müde war oder daß ich nach Hause wollte.

Da Jiddisch wie Ungarisch eine phonetische Sprache ist, gelang es mir mit der Zeit, fehlerlose Diktate zu schreiben, ohne auch nur das geringste vom Text zu verstehen. Als wir eine Klassenarbeit schrieben, bekam ich als einzige eine Eins. Das gab großen Ärger. Die anderen Kinder waren außer sich und beschuldigten mich, meine Unkenntnis des Jiddischen nur vorgetäuscht zu haben. Um diesen Verdacht aus der Welt zu schaffen, ging der Lehrer eines Nachmittags mit mir nach Hause, um mit meiner Familie zu reden. Er war sehr erleichtert zu erfahren, daß wir, abgesehen von meiner Großmutter, kein Wort jiddisch sprachen.

Eines Samstagabends erzählte mir Tasza, meine Nachbarin von nebenan, daß sie auf dem Weg zu einer im Lager stattfindenden Varietéshow sei. Nach viel Gebettel erlaubte meine Mutter mir mitzugehen.

Wie alles andere im Lager Pöcking war auch das Theater in einer Baracke untergebracht. Vor einer kleinen, erhöhten Bühne hingen weiße Laken, die als Vorhänge dienten; die schwarze Hinterwand der Bühne war eng mit rosafarbenen, weißen, gelben und roten Schnörkeln bemalt. Kurz nach unserer Ankunft zog der Conférencier die Vorhänge zu, was die enorme Spannung aller Anwesenden noch erheblich steigerte. Tasza und ich platzten fast vor Aufregung.

Schließlich erschien der Conférencier aufs neue und hielt eine kurze Einführungsrede auf jiddisch. Zwei Drittel des Publikums applaudierten begeistert. Dann sprach er ungarisch und wiederholte, wie ich annahm, dieselbe Einführung. Der in der Minderheit befindliche Teil des Hauses brach in ohrenbetäubendes Klatschen aus. Ich vermute, die anderen Ungarn waren es genauso leid wie ich, sich ständig abmühen zu müssen, um auch nur ein Wort von dem zu verstehen, was vorging.

Als erstes trat ein Jongleur auf. Seine Kunst erschöpfte sich bei drei Bällen in der Luft und einem auf dem Boden. Trotzdem waren alle sehr zufrieden mit ihm. Dann stand wieder der Conférencier auf der Bühne, um in beiden Sprachen ein paar sehr komische Witze zu erzählen. Tasza und ich brachen der Reihe nach in schallendes Gelächter aus. Anschließend trat eine Frau auf, die zu Orchestermusik vom Band rumänische Volkslieder sang. Die Rumänen sprangen auf und applaudierten ihr begeistert. Die nächste Nummer war eine Parodie auf jiddisch und ungarisch, in der das Leben im Lager und seine Bewohner durch den Kakao gezogen wurden. Schließlich und endlich kündigte der Conférencier die Schlußnummer an, den Höhepunkt der Show. Der Star war ein junger Kantor aus Warschau, der ursprünglich für die Oper studiert hatte. »Und hier ist er, meine Damen und Herren, unser Bariton höchstpersönlich.«

Er sang wirkich wunderschön – traurige, nostalgische Lieder von Liebe und Verlust, vom Tod und vom Tod der Liebe. Das Publikum geriet außer sich; Tasza und ich auch. Meine Handflächen wurden rot, so heftig applaudierte ich mit den anderen um Zugabe, Zugabe.

Am Ende war ich erleuchtet, inspiriert, verwandelt. Ohne nachzudenken, stieg ich die drei Stufen zur Bühne hinauf. »Bácsi, bácsi!« rief ich dem Conférencier zu. »Ich habe eine Gedichtsammlung von Dichtern, die deportiert wurden oder in Zwangslagern waren. Und von zionistischen Gedichten. Bitte, lassen Sie mich nächste Woche ein paar davon rezitieren. Ich mache das sehr gut.«

Er sah mich an, als gehöre ich zu irgendeiner Spezies minderer Insekten. Verschwunden waren die Jovialität, der Frohsinn, die überschwengliche Galanterie, die er auf der Bühne zur Schau gestellt hatte. »Mädchen, scher dich zum Teufel.«

»Aber mein Herr...«

»Komm mir nicht mit ›mein Herr‹. Amateure hängen mir zum Hals raus. Schauspielanfänger hängen mir zum Hals raus. Mein Leben hängt mir zum Hals raus. Scher dich zum Teufel.«

»Ja, mein Herr«, sagte ich, außerstande, ein Grinsen zu verbergen. Nur sehr wenige Erwachsene waren so ehrlich wie er, daher nahm ich ihm seine Worte nicht übel. Schließlich wußte ich nur zu gut, wie sehr düstere Stimmungen einen Menschen herunterziehen konnten; ich kannte selbst das Verlangen, wie ein Blitz willkürlich zuzuschlagen.

Eine Woche später sprach ich ihn noch einmal an. Ich konnte sehen, daß er mich wiedererkannte, obwohl er es zu verbergen wußte. Keine Angst, hätte ich ihm gern zugerufen, ich weiß, wie das ist.

»Was willst du?« fragte er schroff.

»Sie wissen schon. Gedichte aus dem Krieg. Ich möchte sie rezitieren.«

»Geh weg. Stör mich nicht. Wir haben hier keinen Darsteller unter einem Meter fünfzig.«

Ich lachte.

»Das findest du komisch?« fragte er überrascht.

»Hm, ja, das finde ich komisch.«

»Nun, es ist nicht komisch«, sagte er. »Nimm es hin und geh mir nicht weiter auf die Nerven.«

Ich ging weg. Na schön, es hatte nicht funktioniert. Warum wollte ich auf die Bühne? Was war so verlockend daran, auf leicht erhöhten Brettern zu stehen und die Worte anderer Leute nachzusprechen?

Mach mir doch nichts vor, sagte meine andere Stimme.

Na schön, es ist der Applaus. Nein, es ist die Resonanz. Die Möglichkeit, den Dichter zum Leben zu erwecken, und das Publikum mit ihm. Das Medium zu sein.

Mach mir doch nichts vor, wiederholte die Stimme.

Na schön. Ich versuche, etwas zu tun, worauf Iván stolz gewesen wäre.

Als ich nach Hause kam, weckte ich alle auf. »Ihr müßt mitkommen und euch nächsten Samstag diese Show ansehen. Es ist richtiges Theater. Ich meine, die Stimmung ist wie im richtigen Theater. Es ist genauso schön, wie es Latabár in Vaters…« Meine Stimme verlor sich.

»Wir kommen mit«, versprach Rózsi und blinzelte mir in Anbetracht meines Fauxpas überraschend freundlich zu. Vater durfte niemals gelobt werden – diese Regel kannte ich, und ich hielt sie für korrekt und gerecht. Nichtsdestoweniger erinnerte ich mich, ob es meinem Vater nun zum Vorzug gereichte oder nicht, noch sehr lebhaft daran, wie ich mit drei Jahren neben Iván auf den vorderen Sitzen der Ehrenloge saß und dem ohrenbetäubenden Applaus lauschte, der die Show meines Ex-Apucis zu einem Erfolg machte. Ich sah noch immer den berühmten Komödianten Latabár auf der Bühne auf einem riesigen Holzkoffer sitzen, auf einem Bahnhof, mit karierten Hosen, ein Monokel im linken Auge. Er stampfte mit dem Fuß auf und sang:

»Nem értem, nem értem,
Senki sem
Szaladt itt elébem
Virágos kapukat reméltem.«

»Ich kapier's nicht, ich kapier's nicht,
keiner ist herbeigekommen, mich zu begrüßen.
Gehofft hatte ich auf Blumenbogen,
aufgestellt zu meinem Empfang.«

»Geh jetzt ins Bett«, sagte meine Mutter und drehte sich zur Wand. »Nächsten Samstag gehen wir alle mit.« Dann fügte sie hinzu: »Ich verspreche es.«

»Ich verspreche es.«

Was für ein kurzer, kleiner Satz für so viele kleine Botschaften. Sie war nicht böse auf mich. Sie erinnerte sich ebenfalls wehmütig an jenen Abend des Triumphs. Sie wollte mir eine Freude machen, wollte mich für etwas entschädigen, das wir für immer verloren hatten. Sie war in dieser Nacht zu traurig, um mir mehr zu geben als dieses Versprechen.

Wir gingen am nächsten Samstag wirklich hin, und dann wieder und wieder, wochenlang. Oft kamen auch Éva und Babi mit und ein junges Paar, mit dem wir uns angefreundet hatten, Pista Almási und Éva Váradi. Évas Anwesenheit fand ich besonders aufregend, denn ihr Vater war in Budapest Schauspieler gewesen. Pista war ungefähr zweiundzwanzig, Éva fünf Jahre älter. Die beiden erschienen mir deshalb so besonders glamourös, weil ich wußte, daß sie zusammenlebten, ohne verheiratet zu sein. Über die technischen Einzelheiten des Zusammenlebens war mir nichts bekannt, aber ich wußte, daß es sowohl verboten als auch romantisch war; gelegentlich führte es auch zu einem gewaltsamen Tod wie im Fall meines Vetters Ervin oder bei Anna Karenina. Éva dagegen sah nicht aus, als bestünde bei ihr die Gefahr zu sterben; daher machte ich mir um sie keine allzu großen Sorgen.

Eines Abends fiel die vorletzte Nummer – diejenige direkt vor dem Starbariton – wegen Krankheit aus. Ich saß vorne in der ersten Reihe und hörte den Conférencier sagen: »Wo zum Teufel ist dieses Kind, das mich dauernd wegen seiner Rezitationen nervt? Diesmal könnte ich die Kleine gut gebrauchen.«

»Hier, mein Herr«, meldete ich mich.

»Dann schnell nach oben«, sagte er und zeigte so gereizt wie immer auf die Bühne. Sein Benehmen irritierte mich zusehends.

»Meine Daaaamen und Herren«, verkündete er nun, ohne mir auch nur einen Augenblick Zeit zur Vorbereitung zu lassen. »Unser jüngster Star, eine Veteranin vieler Bühnen...« Ausgiebiges Gelächter; fallt alle tot um, dachte ich. »... die echte, die unnachahmliche Magda Dénes, die die Gedichte unserer Zeiten rezitiert.«

Ich verbeugte mich. Mit meiner allerbesten Zeitungsvorleserinnenstimme begann ich: »Und als wir in Tarnopol erschossen wurden...«

Bei meinem ersten Satz senkte sich Stille über den Raum, die absoluteste Stille, die ich je gehört hatte. »... unsere Arme und Beine in alle Winde verstreut...« Eine Frau fing an zu weinen. Als ich mit dem dritten Gedicht fertig war, weinten alle Ungarn und auch viele andere, die eigentlich nur der Tonfall gerührt haben konnte.

Als der donnernde Applaus ertönte, fühlte ich mich ganz furchtbar. Ich hatte gewollt, daß sie weinten. Ich wollte, daß sie sich erinnerten, wollte, daß sie niemals vergaßen.

Dies hätte eigentlich der Zeitpunkt sein sollen, da der Conférencier mich ansah, als sei ich ein minderes Insekt, doch statt dessen hob er meinen Arm hoch und sagte zum Publikum: »Ein großes Talent. Meine Entdeckung. Ein großes Talent, meine Damen und Herren.«

Später fragte mich der Conférencier, ob ich regelmäßig an der Show teilnehmen wolle. Mein Herz machte einen Freudensprung. Diese Erfahrung verdarb mich für mein ganzes Leben. Ich dachte von nun an, daß ich nur genug drängen, drängen, drängen müßte, dann bekäme ich schon, was ich wollte, wollte, wollte. Aber das stimmte nicht. Nicht auf lange Sicht.

Während unseres restlichen Aufenthalts in Pöcking war ich eine Art Berühmtheit. Ich trat jeden Samstag auf und wurde unter der Woche von den Leuten erkannt und begrüßt. Der Kantor war bald mein Freund und Mentor. Einmal, als ich nicht zur Vorstellung kam, weil ich krank im Bett lag, besuchte er mich sogar und brachte mir zum Zeichen seiner Wertschätzung eine Tafel Hershey-Schokolade mit. Großmutter, die mir als einzige zu Hause Gesellschaft leistete, war sehr beeindruckt. Auch ich, obwohl ich Lässigkeit heuchelte – in meinen Augen eine Fähigkeit, die jeder Star mitbringen mußte.

Wochentags waren Großmutter und ich meist allein, weil Babi und Éva immer mit Leuten ihres Alters zusammensteckten; Rózsi und Mutter hatten ein Zimmer in München gemietet, im Haus einer ehemaligen Opernsängerin und deren Mann. Sie waren wieder ins Tauschgeschäft eingestiegen, diesmal andersherum. Sie nahmen etwas von unserem Essen und unseren Zigaretten mit und tauschten die Sachen in München gegen Kleider, Töpfe, Eau de Cologne und was sie sonst noch auftreiben konnten. Nicht, daß wir einen Überschuß an Nahrungsmitteln gehabt hätten; im Grunde hatten wir nicht mal genug, um uns satt zu essen. Aber einige der Dinge, die man uns gab, waren so fremdartig, daß nur die Drohung unmittelbar bevorstehenden Verhungerns uns dazu verleiten konnte, sie zu essen. Eipulver zum Beispiel. Oder Erdnußbutter, allerdings ein Sonderfall: Wir hatten keine Ahnung, daß sie aufs Brot gehörte, und versuchten daher, sie mit dem Löffel zu essen. Auf diese Weise verzehrt, versiegelt einem Erdnußbutter wie Zahnarztwachs den Mund und bleibt wie Leim in der Kehle stecken. Dieses Gefühl weckte die schlimmsten Alpträume in uns: Tod durch Ersticken, durch Ertrinken oder Erdrosseln, die grauenhafte Vorstellung, in unserem eigenen Blut und

Erbrochenen zu ersticken, wie es so vielen unserer Brüder widerfahren war.

Manchmal blieben Rózsi und Mutter auch übers Wochenende fort, so daß wir sie sechs oder sieben Tage in Folge nicht zu sehen bekamen. Ich vermutete langsam, daß der »Tauschhandel« nur eine Entschuldigung war, um dem öden Lagerleben und der stumpfsinnigen Last zu entrinnen, die Großmutter und ich für sie darstellten.

Eines Morgens, als die beiden wieder einmal in München waren, summte die ganze Schule; überall wurde aufgeregt getuschelt. Die amerikanischen Soldaten, die ein kleines Lager neben dem unseren bewohnt hatten, waren verlegt worden und über Nacht abgereist. »Was genau sagen sie?« fragte ich Tasza nervös. »Was heißt das, ›sie sind abgereist‹? Warum sollten die Amerikaner abreisen? Gibt es einen neuen Krieg? Wird man uns angreifen? Ich muß sofort nach Hause.« Nur ein Herzschlag trennte mich noch von totaler Panik.

Tasza lachte mich aus. »Mach dir keine Sorgen. Wenn die Amerikaner gehen, lassen sie immer irgendwelche Dinge zurück.«

»Wie meinst du das?«

»Sie lassen Möbel und Geschirr und so was zurück. Manchmal sogar Dosenessen. Dann sind immer alle furchtbar aufgeregt, denn man darf sich nehmen, was immer man findet.«

»Verstehe.« Nach mehreren tiefen, verlegenen Atemzügen beruhigte ich mich so weit, daß ich fragen konnte: »Gehst du hin?«

»Nein.« Tasza schüttelte den Kopf. »Meine Eltern sind der Meinung, daß wir eigentlich gar nichts mehr brauchen.« Sie und ihre Familie waren jetzt schon seit fast einem Jahr in Pöcking.

»Gehen denn die anderen hin?«

»Ich weiß nicht«, sagte Tasza. »Wahrscheinlich sind deren Eltern heute morgen dort gewesen – die, die noch irgendwelche Sachen wollten.«

»Kann ich auch hingehen?«

»Klar. Jeder kann das.«

Plötzlich brannte es mir unter den Nägeln. Wir brauchten so viele Dinge, und wer wußte schon, welch rasch sich leerendes Füllhorn direkt hinter den Lagergrenzen lag? Ich hob die Hand. Als der Lehrer mich aufrief, bedeutete ich ihm, daß ich nach vorn kommen und mit ihm sprechen wollte. Er nickte. An seinem Bankschreibtisch sagte ich, den Blick fest auf den Boden geheftet: »Ich muß jetzt gehen.«

»Ins amerikanische Lager?« fragte er. Ich nickte, und die Schamröte stieg mir in die Wangen. Das Haus des Lernens zu verlassen, um alltäglichen Dingen nachzujagen! Wie tief war ich gesunken? »Schon gut«, sagte er, strich mir über den Kopf und lächelte. »Geh.«

Ich hatte mich schon umgedreht, als mir plötzlich klarwurde, daß ich gar keine Ahnung hatte, wohin ich gehen mußte. Mit großer Geduld und Freundlichkeit erklärte er mir den Weg.

Ich lief über Hügel und durch gefrorenes Gestrüpp und erreichte nach einer halben Stunde die amerikanischen Baracken. Die Leute, die alles mögliche aus den Gebäuden heraustrugen, schienen anders als die Kinder in der Schule nicht besonders aufgeregt zu sein; es herrschte kein Jagdfieber, es wurde nur müde gesammelt.

Die erste Baracke, in die ich kam, war bereits völlig leergeräumt, und ich vermutete, daß selbst erschöpfte Sammler die gleiche Wirkung haben konnten wie Heuschrecken. In der zweiten Baracke fand ich die Aufgabe meines derzeitigen Lebens: Mitten in einem der Räume stand ein Tisch – unversehrt, stabil, gut gebaut. Wenn ich den nach Hause schleppen konnte, könnten wir uns zum Essen an diesen Tisch setzen. Ich könnte meine Hausarbeiten darauf machen. Auch Rózsi könnte Solitaire spielen, ohne alle fünf Minuten zu fluchen, weil die Karten jedesmal wegrutschten, wenn sie sich auf dem Bett anders hinsetzte.

Aber mein kostbarer Fund war weit schwerer als ich, daher setzte ich mich erst einmal auf den Boden, um nachzudenken. Worte wie »Ausleger«, »Querstange«, »Geschwindigkeit« und »Strebbogen« gingen mir durch den Kopf, Worte, die mir nichts sagten, denn ich hatte nie Physik gehabt. Ich tat einfach so, als wäre ich ein Junge, als wäre ich Ervin oder Iván.

Es wird dir aber nicht weiterhelfen, nur so zu tun als ob, sagte ich mir schließlich. Das einzige, was hilft, ist ziehen. Oder sollte ich vielleicht lieber schieben? Halt die Klappe und mach dich ans Werk. Ich zog und schob und riß und stöhnte und weinte und fluchte. Wie eine verirrte Arbeiterameise war ich fest entschlossen, mit meinem gewaltigen Fang den heimatlichen Haufen zu erreichen, ganz gleich, wie groß die Schwierigkeiten auch sein mochten.

Alle paar Meter setzte ich mich unter den Tisch und hielt mich an seinen Beinen fest. Einmal beschloß ich beim Aufstehen, ihn zum Ritter zu schlagen und Gulliver zu nennen. Ich hob einen Stock vom Boden auf, tippte damit dreimal auf seine Oberfläche und sagte: »Erhebt Euch, Sir Gulliver. Ihr seid Besitzer von allem, was Ihr hier seht, im Gegenzug für ritterliche Dienste, die Ihr noch nicht geleistet habt. Jetzt fliegt.« Nichts geschah. Trotzdem fühlte ich mich nicht länger allein. Der Tisch und ich, wir waren jetzt Partner. Ich würde ihm ein Heim geben und einen Lebenssinn. In der Zwischenzeit breitete er sich über mir aus, ein Herrscher, ein gütiger Beschützer. Sir Gulliver.

Nach ungefähr vier Stunden kamen wir, der Tisch und ich, endlich zu Hause an. Ich hämmerte an unsere Tür. »Großmutter, Großmutter! Komm raus. Sieh mal, was ich mitgebracht habe!«

Sie trat mit ihrem schwarzen Umhängetuch um den Schultern – ein Geschenk von Mendel – aus der Tür. »Wo bist du gewesen?« fragte sie weinend und wischte sich über die Augen. »Wo bist du gewesen? Ich habe mir solche Sorgen gemacht. Ich wußte nicht, was ich tun sollte!«

»O Großmutter, es tut mir leid.« Ich legte die Arme um sie. »Sieh nur, was ich mitgebracht habe. Es hat einfach länger gedauert, als ich dachte.«

»Ein Tisch«, sagte sie mit dem breitesten Lächeln, das ich je bei ihr gesehen hatte. Ihre Zahnlosigkeit, die ich hinter ihren geschürzten Lippen nie bemerkt hatte, durchschnitt mir jetzt das Herz. »Ein Tisch«, wiederholte sie und nickte glücklich. »Jetzt können wir wie eine richtige Familie zusammen essen.«

Wir schoben den Tisch vor Großmutters und Rózsis Betten und schoben die Bank auf die andere Seite. Auf diese Weise konnten drei von uns den anderen dreien gegenübersitzen. Nicht, daß dieses behagliche Arrangement in letzter Zeit häufig notwendig gewesen wäre. Trotzdem konnten nun wenigstens Großmutter und ich bequem einander gegenübersitzen.

Mutter und Rózsi, die einen Tag später nach Hause kamen, waren über meine Errungenschaft höchst erfreut. »Wirklich ein Fortschritt«, nickte meine Mutter.

»Wir haben auch was mitgebracht«, verkündete Rózsi. Großmutter bekam neue Pantoffeln, die sie dringend brauchte und für die sie sehr dankbar war. Babi und Éva bekamen jeweils einen Lippenstift. Außer sich vor Begeisterung hüpften sie durchs Zimmer.

Mir hatten sie einen blauen, bestickten Läufer mitgebracht, so lang wie mein Bett und einen Meter zwanzig breit. Den hängten wir sofort über meinem Bett an die Wand. Außerdem schenkten sie mir ein paar leuchtendbunte Postkarten von Passau, München und Berchtesgaden sowie kleine, ausgestopfte Stoffpüppchen: zwei grünrote Skifahrer sowie vier miteinander tanzende blonde Gretchen. Ich heftete alles an den Läufer. Das Ganze sah wunderschön aus.

»So, jetzt hast du wieder ein richtiges Kinderzimmer«, meinte meine Mutter.

»O ja. Vielen Dank.« Was sollte ich sagen? Daß ich keine deutschen Erinnerungsstücke wollte, weil es für mich Erinnerungen an den Tod waren? Sie hatten gehofft, mich glücklich zu machen, das wußte ich, und das Ganze sah wirklich hübsch aus. Wo liegen die Grenzen der Ehrlichkeit, wo fängt die Lüge an?

Am folgenden Samstag gab ich meine gewohnte Bühnenvorstellung. Meine ganze Familie kam mit, alle fünf, um mir zuzuhören. Und wieder legte ich all mein Gefühl in die quälenden Worte, die ich deklamierte. Das Publikum raste.

Auf dem Heimweg gingen Anyu und ich ein kleines Stück vor den anderen her. Was ich fragen wollte, war: Wirst du mich jetzt genauso lieben, wie du Iván geliebt hast? Und wirst du aufhören, ohne mich nach München wegzulaufen? Aber das konnte ich natürlich nicht. Was ich sagte, war: »Also, was denkst du?«

»Daß du talentiert bist«, erwiderte sie. »Du kannst sehr gut Gedichte rezitieren. Das konnte Ivánka auch. Er war hervorragend.«

Nach und nach wurde aus dem Winter ein Frühling. Diese Veränderung vollzog sich nicht in dem Matsch auf Lagerhöhe, sondern am fernen Horizont zwischen den Bäumen. Weiß verwandelte sich in Schwarz, und dann verwandelte es sich in Grün, bis alles sang. Nur wir nicht. Uns hatte wieder einmal unsere alte Schweigekrankheit eingeholt. Diesmal war einer der Hauptauslöser für ihren Ausbruch der Tod von Bernát, dem Sohn eines der ermordeten Brüder von Großvater.

Rózsi und Anyu hatten ihn in München zufällig getroffen. »Er sieht wunderbar aus«, erzählte uns Rózsi, »und es geht ihm finanziell sehr gut. Er hat überall in Deutschland und Österreich geschäftlich zu tun.«

»Was für Geschäfte sind das?« fragte Großmutter argwöhnisch. »Schmuggel?«

Das war eine bösartige Beschuldigung, denn sie unterstellte automatisch den Diebstahl von Medikamenten und Lebensmitteln, die andere Leute dringend benötigten.

»Nichts dergleichen«, protestierte meine Mutter, die sich ganz den Indigs zugehörig fühlte, nicht der Familie meiner Großmutter. »Er handelt mit amerikanischen Bomberjacken aus Leder, Armeestiefeln, Uhren und solchen Sachen. Er kauft sie von einem Sergeant, der sie aus Amerika importiert.«

»Er läßt dich übrigens grüßen«, sagte Rózsi, »und in ein paar Tagen will er uns besuchen kommen.«

Diese beiden Mitteilungen stimmten Großmutter ein wenig versöhnlicher.

Als er erschien, sah Bernát geradezu atemberaubend aus: groß, majestätisch und schlank, mit einer schön geformten Nase und einem freundlichen Lächeln. Er trug Reithosen und Reitstiefel, eine Tweedjacke und ein Halstuch anstelle einer Krawatte. Um sich vor dem Wind zu schützen, hatte er Handschuhe und Schutzbrille angezogen, denn er kam auf seinem metallverzierten mystischen Reittier, einem gewaltigen Motorrad.

Ich konnte nicht glauben, daß er mit uns verwandt war

oder daß er zwei Jahre in Deportationslagern verbracht hatte, einen Teil davon mit Dávid bácsi, der ja auch *sein* Onkel war.

Ich schenkte der allgemeinen Unterhaltung keine Beachtung, denn dann hätte ich mich nicht ungestört meiner heimlichen, konzentrierten Beobachtung dieses Mannes widmen können. Wie hatte er das gemacht? Wie war es ihm gelungen, nicht reduziert zu werden? Sogar seine Stimme war elegant. Schließlich fing ich auch ein paar seiner Sätze auf. »Ihr braucht keine Tauschwaren von mir«, sagte er. »Ihr würdet sie nur gegen andere Dinge eintauschen und dabei einen Verlust machen. Was ihr braucht, sind Dollars.« Von irgendwoher aus seiner Jacke zauberte er ein gewaltiges Bündel und machte sich daran, Geldscheine herauszuziehen, die er in zwei Stapeln auf den Tisch legte.

Mutter und Rózsi sahen ihn erschrocken an. »Tu das nicht, Bernát«, wehrte meine Mutter ab. »Du brauchst Bargeld für dein Geschäft. Außerdem hatten wir doch vor dem Krieg mit dir kaum Kontakt.«

Bernát lachte. »Ich weiß«, sagte er. »Ich kam immer gut allein zurecht. Was aber nicht heißt, daß ich nicht wüßte, wie Zsiga bácsi früher all meinen Brüdern geholfen hat. Ihr seid seine Töchter, jetzt bin ich an der Reihe.« Während wir ihn mit erschrockenen, runden Augen ansahen, zog er weiter Geldscheine aus seinem Bündel.

»Das war's«, sagte er schließlich. »Das ist alles, was ich heute entbehren kann. Aber ich komme in zwei Wochen wieder.«

Er kam nicht in zwei Wochen wieder, auch nicht in drei. Großmutter fing an, vor sich hinzubrummeln. »Ein echter Indig. Große Versprechungen und nichts dahinter.« Wir drei waren anderer Meinung und schüttelten den Kopf, konnten jedoch schlecht widersprechen.

Ein paar Tage später klopfte Mendel bei uns an und überbrachte uns die Nachricht. In der Woche zuvor hatte Bernáts Motorrad die Straße verlassen und sich wie Pegasus in die Lüfte erhoben. Einen langen Weg legten sie gemeinsam, herrlich gen Himmel schwebend, zurück, bevor es Bernát wegen der Höhe schwindlig wurde. Dann stürzten Roß und Reiter auf die Erde, wo ihre Teile sich für alle Zeiten untrennbar vermischten.

Wie bei Ervin und Iván gab es keine Beerdigung, keine sterblichen Überreste, die man besuchen konnte. Seine anonymen Partner und die Behörden nahmen die Sache in die Hand. Und wen scherte es schon? Er war tot, oder? Tot ist tot. Tatsachen lassen sich nicht blankpolieren.

Mit Bernáts Tod setzte die Auflösung unseres Lebens in Pöcking ein. Ich mußte mich mit fiebriger Mandelentzündung zu Bett legen, einer Krankheit, unter der ich oft gelitten hatte, bis wir im Oktober 1944 vom Teleki Tér flohen. Ich trat von der Bühne ab und meldete mich in der Schule krank.

Die Opernsängerin in München schrieb Mutter und Rózsi, daß ihr Bruder zurückgekehrt sei und das Zimmer künftig nicht mehr zur Verfügung stehe. Die UNRRA beorderte Babi und Éva nach München und gab ihnen auf Fürsprache ihres Onkels und ihrer Tante Visa für Amerika. »Es tut mir so leid, Margit néni«, sagte Babi unter Tränen und nahm meine Mutter in die Arme. »Du und Magda, ihr hättet zuerst gehen sollen.«

»Wir haben keinen Onkel in Amerika«, sagte Anyu verbittert. Mein Vater hatte die drei Briefe, die wir ihm geschrieben hatten, nicht beantwortet.

Pöcking leerte sich. Es gab *aliyahs* für Palästina, Pässe mit Arbeitserlaubnissen für Honduras und myrrhegefüllte Sklavenboote nach Byzanz. Die Welt war wieder soweit, Platz für ihre Wanderer zu schaffen. Unsere Familie rührte sich nicht von der Stelle. »Amerika oder gar nichts«, hätten wir gesagt, wäre uns der Slogan bekannt gewesen.

Einige Zeit später kamen Bürgschaftserklärungen für uns von unserer kubanischen Cousine Káto und dazu getrennte Schreiben an Rózsi und Mutter. Nach der langen, trostlosen Wartezeit änderten wir unsere Meinung und waren dankbar für die Chance, nach Kuba zu gehen. An Rózsi schrieb Káto: »Willkommen. Ich kann es gar nicht erwarten, Dich und Emma néni hier zu haben.« In dem Brief lag auch eine amerikanische Zwanzig-Dollar-Note. An Mutter schrieb sie: »Obwohl ich auch Dir und Magda eine Bürgschaftserklärung schicke, kann ich mir nicht vorstellen, daß Du sie brauchst. Schließlich kann Gyula, der Herr Verleger, der mich immer nur von oben herab behandelt hat, Dich nach Amerika holen. Sicher geht es ihm genausogut wie uns, und er könnte Dir genug Geld geben. Daher ...«

Wieder und wieder fiel die Arroganz meines Vaters auf uns zurück. Aber im Grunde und in Wahrheit wurde diese Hochnäsigkeit für mich auch zu etwas anderem, zu etwas, das nichts mit seiner Person zu tun hatte: Durch diese Zurückweisungen erfuhr ich, daß ich selbst meines Glükkes Schmied sein mußte.

Im Zug nach Paris, wo wir nach dem Willen der UNRRA auf unsere Visa zu warten hatten, beglückwünschten wir alle Mutter zu ihrem dreiundvierzigsten Geburtstag. Ich schenkte ihr eine Bleistiftzeichnung, die ich in der Schule angefertigt hatte; ich wollte eigentlich Tulpen in einer Schale zeichnen, aber das Ergebnis war ästhetisch gesehen nicht sehr befriedigend. Zum Ausgleich schrieb ich in meiner schönsten Schrift darunter: »Einer sehr lieben Anyu alles Gute zum Geburtstag von Deiner Dich liebenden Tochter Magda. P. S. Wenn ich Geld verdiene, kaufe ich Dir ein wunderschönes Geschenk.« Als sie das Bild ansah, weinte sie ein wenig und küßte mich.

Wir kamen anscheinend überall im Schutz der Nacht an, verstohlen, zu geflüsterten Instruktionen und in verschwörerischer Hast. Paris war da keine Ausnahme. Ich nehme an, die Gewohnheiten eines langen Kriegs sind nur schwer auszurotten, selbst bei unseren Organisatoren. Als wir im Gare de l'Est aus dem Zug stiegen, warteten zionistische Führer auf unsere Gruppe. Der Begleiter unserer Familie hieß Shlomo und war Franzose. Natürlich gab es auch französische Juden, wurde mir plötzlich klar, daran hatte ich noch nie gedacht. Es erschien mir etwas seltsam, denn Franzose war Franzose. Aber andererseits hatte ich auch immer gedacht, Ungar sei Ungar, bis ich eines Besseren belehrt wurde. Wahrscheinlich hatte man den französischen Juden die gleiche Lektion erteilt.

»Shlomo, Shlomo«, murmelte meine Großmutter, nachdem wir uns gegenseitig vorgestellt hatten. »Diese ganzen neumodischen Namen und Sitten. Ich wette mit euch, daß seine Mutter ihm den Namen Shlajme gegeben hat.«

Shlajme/Shlomo erklärte uns in einer Mischung aus jiddisch und Pantomimensprache, daß wir in ein richtiges Hotel kämen, bezahlt von den Zionisten. Dort sollten wir bleiben, bis uns jemand abholen kam: wahrscheinlich morgen, möglicherweise übermorgen. Er ließ uns in seinen Wagen einsteigen, und wir fuhren durch dunkle Straßen mit unversehrten Häusern. Nirgendwo gab es Trümmer, nirgendwo starrten uns obszöne ausgebombte Löcher entgegen. Erstaunlich. Trotzdem, das war nicht das Paris aus meinen Büchern. Ich sah keine Stadt der Lichter, kein überschäumendes Leben. Keine pulsierende Energie ergriff von meiner Seele Besitz. Paris. Schon wieder etwas, das in der Literatur falsch dargestellt und überschätzt wurde.

Das Hotel Gambetta war ein kleines, drittklassiges Etablissement, das mir wie ein Luxushotel vorkam. In der Eingangshalle saßen wir auf Polstersofas. Es war merkwürdig, wieder in Möbeln zu versinken. Obwohl ich es besser wußte, ließ ich mich um der alten Zeiten willen ein wenig auf und ab federn. Shlomo händigte Mutter etwas französisches Geld und unsere Essensmarken aus und versicherte ihr noch einmal, daß sich jemand bei uns melden würde, bevor uns beides ausging. Dann winkten wir einander *au revoir* zu und beobachteten, wie unser Rettungsanker durch die Tür entschwand.

»So«, sagte Rózsi. »Wir sind in der Traumstadt. Und sie ist keinen Scheißdreck wert.«

Ein Portier der überraschenderweise jiddisch sprach, zeigte uns unsere Zimmer im dritten Stock. Rózsi und Großmutter bekamen eins, Mutter und ich ein anderes. Jedes verfügte über ein eigenes Badezimmer. Alles war sauber, und aus den Wasserhähnen floß warmes Wasser. Ich hatte das letzte Mal in München in einer Badewanne gebadet, vor über vier Monaten. Damals hatten Mutter und Rózsi mich in ein Haus gebracht, das nur aus Bädern bestand und wo gegen eine Gebühr jeder von uns eins mieten konnte, mit zwei Handtüchern und einem Waschlappen. Nachdem eine unfreundliche Brünhilde mich hineingeführt und dann wieder allein gelassen hatte, hatte ich zu große Angst gehabt, um das Bad zu genießen. So hatte ich das Ganze mit größter Geschwindigkeit hinter mich gebracht und mir dann vor den Türen von Rózsis und Mutters Bad die Beine in den Bauch stehen müssen, da die beiden sich mehr als reichlich Zeit ließen.

Ich öffnete das Fenster, um einen Blick auf die Place Gambetta zu werfen. Ich konnte den Frühlingsduft von den Blättern der Kastanienbäume riechen, die den Platz säumten. Hinter den Bäumen standen im Karree Häuser mit hell erleuchteten Fenstern. Ich konnte zwar in keine der Wohnungen spähen, aber ich wußte, daß dort drin Familien waren, die auf einem Herd das Abendessen zubereiteten, Neuigkeiten austauschten und auf ihren vertrauten Stühlen Platz nahmen. Ich dagegen war ein Flüchtling auf der Durchreise. Meine Familie war grausam dezimiert worden, mein Besitz paßte in einen halben Rucksack, mein Geld hatten anonyme Wohltäter gespendet. Es gab keine Straße in dieser Stadt, die ich entlanggehen und dabei erkannt werden konnte. All meine Verbindungen führten nur nach nebenan, zu drei verletzten Frauen, die genauso im Exil lebten wie ich.

Als Mutter ins Zimmer trat, hatte ich das Fenster bereits wieder geschlossen und die Jalousie heruntergelassen; ich wollte nicht, daß sie sah, was ich gesehen hatte. Sie schien sehr aufgeregt zu sein. »Dieses Hotel war während des Kriegs ein Unterschlupf der französischen Résistance und wird immer noch von den Zionisten betrieben. Der Empfangschef spricht ebenfalls jiddisch. Er hat Großmutter erzählt, gleich um die Ecke gebe es ein billiges Restaurant, in dem wir essen könnten. Beeil dich. Rózsi und Großmutter warten schon in der Eingangshalle auf uns.«

In dem Restaurant führte uns der Oberkellner zu einem Tisch mit einer rot-weiß karierten Tischdecke und reichte jedem eine Speisekarte. Keiner von uns sprach ein Wort. Ich hörte leise Unterhaltungen an den anderen Tischen und gelegentlich das Klirren eines Glases. Verstohlen beobachtete ich die anderen Gäste – Pärchen, Familien, Gruppen. Sie schienen sich alle bestens zu amüsieren, und auf den meisten Tischen stand eine Karaffe mit Wein. Mein Verstand war nicht flink genug, um mit dieser Ungereimtheit fertig zu werden. Diese Zeitreise vom Krieg in den Frieden, vom Ausnahmezustand in die Normalität, vom ausgestoßenen Hund zu einem Restaurantgast war zuviel auf einmal. Ich wollte auf den Tisch steigen und ihnen zuschreien: Wie könnt ihr es wagen, ein Leben zu haben, wo man uns doch unseres genommen hat? Einen Augenblick mal, sagte mein anderes Selbst. Frankreich war von den Nazis besetzt. Die Menschen hier haben gelitten. Sie haben ein Recht auf das alles. Nun ja, vielleicht.

»Kommt, laßt uns bestellen«, schlug Rózsi vor. »Ich verstehe allerdings kein Wort von der Speisekarte.«

»Egal«, sagte meine Mutter. »Das brauchen wir auch nicht. Wir müssen sowieso das Billigste bestellen.« Rózsi nickte.

Als die Kellnerin kam, zeigte meine Mutter bei den Vorspeisen auf die Beschreibung neben den kleinsten Zahlen und hob vier Finger. Die Kellnerin nickte und stellte dann eine Frage. »Nein, nein«, sagte meine Mutter und meinte damit, daß sie kein französisch sprach.

»Oui, oui«, sagte die Kellnerin ungeduldig und sprudelte eine lange Kette anderer Worte heraus. Wir blickten verständnislos zu ihr auf. Sie versuchte es noch einmal, aber das Ergebnis war das gleiche wie zuvor, was sie zu erbosen schien.

Der Oberkellner eilte herbei, und die beiden unterhielten sich aufgeregt. Ich fragte mich, ob sie sich eine Strategie für unseren Rauswurf überlegten. Mir hätte das nichts ausgemacht, bemerkte ich plötzlich; zumindest hätte meine Welt auf diese Weise wieder ihre Normalität erhalten.

Aber dann tippte sich der Oberkellner plötzlich auf die Stirn, ging davon und kehrte mit einigen Essensmarken zurück. Er zeigte auf sie und machte eine Gib-mir-Geste. Ah ja, so etwas hatten wir.

Schließlich kam unser Überraschungsmenü – Zunge in Rosinensoße. Es schmeckte ausgezeichnet. Ebenso das Wasser und das lange, knusprige Brot, das zusätzlich Geld und Marken kostete. Während der zwei Wochen, die wir im Hotel Gambetta verbrachten, aßen wir in gnadenloser Extravaganz sechsmal Zunge. Es steigerte meine allgemeine Verwirrung noch, daß wir nach dem zweiten Restaurantbesuch wiedererkannt und wie Stammgäste behandelt wurden; fortan brauchten wir unsere Essensmarken erst am Ende der Mahlzeit abzugeben.

Zwei Tage nach unserer Ankunft kam ziemlich früh am Morgen Shlomo ins Hotel, um uns in der Metro zur Hauptstelle des Joint Distribution Committee zu bringen. Wir mußten uns registrieren lassen und bekamen Ausweispapiere. Mein Ausweis trug den Vermerk J-3, für Kinder. Das bedeutete: Mir standen jede Woche ein Viertelliter Milch sowie etwas frisches Obst zu. Außerdem sollten wir Essensmarken für die Joint-betriebene Küche bekommen, Marken für benutzte Kleider im Joint-Lagerhaus, polizeiliche Registrierungsnummern und Gott weiß welche bürokratischen Papierrequisiten noch zum Beweis unserer Existenz und zur Sicherung unserer weiteren Zukunft.

Die große Halle, in der sich all das abspielte, summte von verschwitzten, schreienden, hysterischen Bittstellern und verschwitzten, schreienden, verärgerten Beamten, Franzosen wie Amerikanern. Wir mußten uns für jeden Teil der Prozedur erneut in einer langen, unordentlichen Schlange anstellen. Es war den Familien verboten, sich zu trennen und in verschiedenen Reihen gleichzeitig anzustehen: Die genaue Anzahl von Leuten, die behaupteten, eine Familie darzustellen, mußte körperlich anwesend sein.

Es dauerte endlos. Bei Einbruch der Dämmerung hatten wir erst ungefähr die Hälfte der Anforderungen erledigt. Ein Mann sprang auf einen Tisch und schrie in einem halben Dutzend Sprachen, zu denen das Ungarische nicht zählte, daß alle am nächsten Morgen wiederkommen sollten. Wir schafften es auch ohne Begleiter, mit der Metro zurückzufahren, und gingen direkt in unser Restaurant. Nie hat eine Rinderzunge größeren Trost geschenkt oder größeren Segen gespendet.

Im Lauf erniedrigend langer Tage des Wartens kam schließlich Ordnung in unser Leben. Niemand beleidigte uns direkt, aber trotzdem waren Hilfe dieser Art und Demütigung unentwirrbar miteinander verwoben. Ich beobachtete die Beamten und staunte voller Neid darüber, wie leicht man sie erkennen konnte, selbst wenn sie sich inmitten der Flüchtlinge befanden. Was machte sie so anders, so unzweideutig zum Nichtflüchtling? Ihre Kleider, gewiß, aber das war nur ein untergeordneter Faktor; einige der Flüchtlinge trugen bereits gebrauchte amerikanische Sachen und waren daher kaum anders gekleidet. Was war es dann? Es war das Fehlen der Verzweiflung in ihren Gesichtern. Es war ihre Haltung. Es war ihr Bewußtsein, in diese Welt zu gehören. Flüchtlinge dagegen waren ängstlich wie Mäuse, wachsam wie geprügelte Hunde, vorsichtig und wild wie hungrige Wölfe, verstohlen wie Füchse. Ja, das war der Unterschied: Flüchtlinge waren zusammengestaucht und reduziert zu einer Spezies, die irgendwo zwischen Menschen- und Tierreich angesiedelt war. Sie sprachen nicht einmal eine gemeinsame Sprache, abgesehen von der der Tränen.

Wir lebten in dem Mißverständnis, daß Bürgschaftserklärungen sich mit derselben Unausweichlichkeit in Visa verwandelten, mit der Raupen zu Schmetterlingen werden. Infolgedessen benahmen wir uns, als wir das Schlangestehen endlich hinter uns hatten, wie ganz normale Touristen. Wir vermuteten, daß wir nur zwei oder höchstens drei Wochen Zeit hatten, um uns Paris anzusehen, bevor wir weiterreisten, und hasteten in großäugiger Begeisterung von Sehenswürdigkeit zu Sehenswürdigkeit. Wir bestaunten den Eiffelturm, Notre Dame, Sacre Cœur. Wir schlenderten an der Seine entlang, am linken Ufer über die Champs-Élysées. Wir besuchten den Louvre und waren am Arc de Triomphe. Wir saßen bei warmem, unbeständigem Wetter mit leichtem wohltuendem Wind in den Jardins de Tuileries und auf dem Cimetière du Père Lachaise, den man vom Hotel Gambetta aus bequem zu Fuß erreichen konnte. Paris war wunderschön, aber nur für meine Augen, nicht für meine Seele. Ich reagierte auf die Stadt nicht mit der gleichen Freude, die Schönheit für gewöhnlich in mir wachrief. Diese Bauten, diese Häuser, diese breiten, baumgesäumten Alleen waren zu großartig für mein wundes, düsteres, zusammengekrampftes Herz. Paris stellte seine arrogante Schönheit zur Schau; um mit Paris im Einklang zu sein, mußte man ebenfalls elegant und schön sein oder zumindest sich so fühlen. Vermochte man das nicht, war die Stadt ein Hohn, eine spöttische Erinnerung an all das, was einem fehlte.

Während unserer Touristenphase erfuhren wir bei einer Kontrollmeldung im Joint von zwei unerfreulichen Tatsachen. Erstens: Wie lange es bis zur Erteilung von Visa dauern würde, war unvorhersehbar. Sie konnten in ein paar Monaten kommen, in einem Jahr oder wann immer sie eben kamen. Zweitens: Das Hotel Gambetta war eine Übergangsunterkunft, die wir nach den uns zugemessenen zwei Wochen verlassen mußten. Man gab uns eine Liste empfohlener Hotels und sagte uns, wir bekämen jeden Monat eine feste Summe, mit der wir unsere gesamten Unkosten abdecken mußten. Daraus folgte logischerweise, daß man um so weniger für Essen und alles andere Lebensnotwendige übrighatte, je mehr man für die Unterkunft ausgab.

Wir gingen zu dem ersten Hotel auf der Liste, auf dem Boulevard Magenta, das wir vor allem deshalb auswählten, weil es an derselben vertrauten Metrolinie lag wie das Hotel Gambetta, und wir fühlten uns gleich wie zu Hause.

Das Hotel war ein großes, weitläufiges Gebäude, das eindeutig bessere Zeiten gesehen hatte. Die Zimmer waren geräumig, hatten aber keine eigenen Badezimmer. Der Franzose, der uns herumführte, war der Besitzer selbst, der *patron*. Er erklärte, er habe zur Résistance gehört, und alle Zimmer im Hotel würden von Emigranten bewohnt. Einige seien schon vor dem Krieg eingezogen, andere erst in jüngerer Zeit. Er war ein hochgewachsener Mann, dem das Kunststück gelang, gleichzeitig leutselig in seinen Gesten und mürrisch in seiner Redeweise zu sein. Das letzte Zimmer, das wir zu sehen bekamen, war ziemlich groß und sehr hell, und Rózsi beschloß, es für sich und Großmutter zu nehmen. Anyu war dafür, sich noch weiter umzusehen, denn ihr erschien der Preis zu hoch. Rózsi bekam ja zusätzlich zum Unterhaltsgeld vom Joint noch etwas von Káto; wir nicht.

»Wir brauchen nicht nach der Liste zu gehen«, sagte meine Mutter, als wir wieder auf der Straße standen. »Wir werden unsere Tage ohnehin zusammen in diesem Haus verbringen. Komm, laß uns nach einem kleineren Hotel in der Nähe Ausschau halten.«

Ungefähr drei Häuserblocks weiter fanden wir ein kleines, anscheinend ordentliches Hotel mit Blumenkästen voll blühender Geranien vor den Fenstern. Im Hotel selbst saß eine Concierge in einem Glaskasten und strickte. Als wir ihr erklärten, daß wir ein Zimmer suchten, sah sie uns angewidert an. Zwei Personen in ein Zimmer, bedeutete sie uns mit Gesten. Mutter nickte und zeigte auf mich und sich selbst. Mit äußerstem Widerstreben führte die Frau uns in ein kleines, dunkles Zimmer im Erdgeschoß; das Badezimmer befand sich auf der anderen Seite des Flurs, und wir mußten es mit sieben anderen Personen teilen. Der Preis betrug ungefähr die Hälfte dessen, was die Zimmer im Magenta kosteten. Wir nahmen das Zimmer. Mein Herz krampfte sich noch weiter zusammen.

»Wir brauchen es nur zum Schlafen und um uns morgens zu waschen«, sagte Mutter. »Wir werden sonst gar nicht hier sein, und alles ist doch sehr sauber, nicht wahr?«

Ich nickte. Es war sehr sauber. Trübselig, niederschmetternd und sauber.

Nach ein paar Tagen am Boulevard Magenta hatten wir uns unseren Alltag erträglich eingerichtet. Der *patron* lagerte in seinem Keller ein ganzes Sammelsurium von Möbeln aller Art, aus dem seine Gäste sich frei bedienen konnten. Daher hatten wir Rózsis und Großmutters Zimmer bald sehr gemütlich und behaglich eingerichtet. Wir stellten ihre Betten diagonal zueinander, um eine Art Sitzgruppe zu erhalten. Aus dem Keller holten wir uns einen Eßtisch und mehrere Stühle sowie Stehlampen. Obwohl die Lampen mit ihren Schirmen ziemlich ramponiert waren, schenkten sie uns abends ein sanftes, diffuses Licht.

Wir schafften uns zwei Elektroplatten und ein Bügeleisen an. Töpfe und Pfannen fühlten sich zu uns hingezogen, als seien wir Magnete. Das Joint verteilte sie, und der *patron* hatte welche im Keller. Besteck und Teller folgten. Großmutter fing an zu kochen, und im Nu war bei uns alles wieder normal. Sozusagen.

Kurz nachdem wir uns im Magenta niedergelassen hatten, tauchten Pista Almási und Éva Váradi auf, das junge Paar, das wir in Pöcking kennengelernt hatten. Sie hatten immer noch eine ungeheure Ausstrahlung und schienen für Paris wie geschaffen. Vor allem Éva. Nachdem ich ein paarmal mit ihnen im Kino war, schien mir, daß Éva eine auffallende Ähnlichkeit mit Susan Hayward hatte und Pista ein wenig so aussah wie Cornell Wilde.

Pista fand einen Job als Handtaschenmacher, ein Handwerk, das er bei Lederer in Budapest gelernt hatte. Wir sahen deswegen alle ein wenig auf ihn herab. Für einen Emigranten war es durchaus akzeptabel, jede Arbeit anzunehmen, aber daß er sich schon in Budapest für so einen Job entschieden hatte, fanden wir doch leicht *déclassé*. Nur seine Beziehung zu Éva und sein Aussehen stellten seine Ehre wieder her.

Da Pista arbeitete und Éva nicht, verbrachte sie ihre Tage bei uns. Sie kam morgens und blieb, bis Pista zum Abendessen kam, an dem sie sich mit ihrem Anteil an Essensmarken und Geld beteiligten.

Als Éva eines Morgens mit der Metro zum Magenta unterwegs war, traf sie einen gemeinsamen Freund von sich und Pista aus Pöcking wieder, den wir noch nicht kannten. Sein Name war Tibor Szaltzer, kurz Tibi. Er war ein schüchterner, schlaksiger junger Mann mit einem außergewöhnlich langen, dünnen Hals, auf dem sein Kopf hin und her zu wackeln schien wie der einer Schießbudenfigur. Sein hervorstechendstes Merkmal war jedoch ein gewaltiger Adamsapfel, der ihm gewissermaßen voranging. Er hatte Humor, errötete aber zu leicht bei seinen eigenen Scherzen. Da er nichts zu tun hatte und sich wie die Töpfe und Pfannen zu uns hingezogen fühlte, gesellte er sich ebenfalls unserem Tageshaushalt zu. Aber vielleicht war für ihn der wahre Magnet Éva. Es sah so aus, als hätte er sich bis über beide Ohren in sie verliebt, eine Tatsache, die mir auffiel, die alle anderen jedoch vollkommen zu ignorieren schienen.

Tibi wollte Orchesterdirigent werden. Von Zeit zu Zeit griff er mit außergewöhnlichem Eifer und tiefster Hingabe nach einem hölzernen Kochlöffel und dirigierte den Dampf, der sich über Großmutters auf dem Elektroherd köchelnder Suppe bildete. Dabei summte er Konzertfragmente vor sich hin, und wir alle lauschten ihm in traurigem, respektvollem Schweigen.

Die letzten beiden, die sich Mitte Juli unserem Haushalt anschlossen, waren Olga und ihr Mann, ein weiterer Pista. Rózsi und Mutter liefen ihnen zufällig am Joint über den Weg. Pistas Mutter hatte auf dem Markt vom Teleki Tér einen Marktstand besessen und dort lebende Gänse verkauft. Nicht direkt die Leute, die mein Vater ins Jappán mitgenommen hätte, aber der Schmelztiegel des Lebens schafft ungewöhnliche Freundschaften.

Pista war trotz seines Mangels an Schliff ungeheuer charmant. Rózsi erzählte uns später, es gebe Gerüchte über ihn, nach denen er unehrlich sei, ein Betrüger, der selbst seine Mutter verkaufen würde. Nun, die letzte dieser Unterstellungen war offenkundig unwahr, denn er sprach oft voller Wehmut und mit großer Liebe von seiner Mutter.

Seine Frau Olga war eine hübsche, sehr einfältige Frau, viel zu nett, um dumm genannt zu werden, und im fünften Monat schwanger. Pista war immer geschäftig, wieselte den ganzen Tag in der Stadt herum, um zu kaufen und zu verkaufen, während Olga ihre Zeit bei uns verbrachte.

Eines Nachmittags, als wir alle einfach so herumsaßen, fragte Olga meine Mutter, was sie vor dem Krieg getan habe. Angestachelt von einer bizarren Eingebung des Augenblicks antwortete Anyu: »Ach, wußtest du das nicht? Ich war beim Zirkus.«

Als wir das hörten, nahmen unsere Augen einen unbestimmten Ausdruck an, und keiner von uns lächelte. »Ach, wirklich?« sagte Olga.

»O ja«, antwortete meine Mutter. »Ich verstehe gar nicht, daß du das nicht wußtest. Ich war ziemlich berühmt.«

Olga fiel vor Staunen fast in Ohnmacht. »Was hast du gemacht?«

»Nun«, meinte meine Mutter, »ich machte früher in der Trapeznummer mit, aber dann hatte ich einen kleinen Unfall – ich habe mir meinen Knöchel gebrochen – und mußte das Trapez zu meinem großen Kummer aufgeben.«

Olga wußte nicht recht, ob sie ihr glauben sollte oder nicht, daher wandte sie sich an uns andere. »War Margit néni wirklich im Zirkus?«

»Ja«, nickte Rózsi. »Ich verstehe nicht, daß du nie ihren Namen gehört hast.«

Und Éva sagte: »Ach, ich dachte, du wüßtest es.«

Und ich sagte: »Meine Mutter, die war die Beste.«

Was blieb der armen Olga schon anderes übrig? Sie glaubte es und sagte: »Margit néni, bitte erzähl mir davon. Erzähl mir vom Zirkus.«

Meine Mutter legte los, und wochenlang spann sie fabelhaftes Garn über das Zirkusleben. Ich weiß nicht, woher sie ihr Material hatte, aber die Geschichten wurden wunderschöne, kunstvolle Märchen, in denen Kinder von Zigeunern gestohlen, dann aber wiedergefunden wurden, in denen Tiger aus ihren Käfigen entkamen, aber dann wieder eingefangen werden konnten. Sie erzählte von tobenden Zuschauermengen, einem mysteriösen Löwendompteur, einer bärtigen Dame, die unter einem

Pseudonym Romane schrieb, und von anderen atemberaubenden Phantasiegebilden, die ich ihr niemals zugetraut hätte. Sie wurde Olgas Scheherazade.

Obwohl wir um den Schwindel wußten, schlugen die Geschichten auch uns in ihren Bann, und wir genossen sie über alle Maßen. Doch manchmal fragte ich mich: Ist das Olga gegenüber grausam? Lügen im allgemeinen ist grausam. Es macht einen zum Narren. Es zersetzt das Kostbarste, was man besitzt – den Halt in der Realität. Es erschüttert die Selbstwahrnehmung, bis einem schließlich noch das tiefe Wissen, das die Knochen uns zuflüstern, ungewiß und verdächtig wird.

Belogen zu werden heißt, herabgesetzt zu werden, aber es ist zugleich die Herausforderung zu einem Wagnis. Um sich der Herausforderung zu stellen, muß man seinen gesunden Verstand aufs Spiel setzen und erklären: »Es ist mir egal, was du sagst. Ich weiß, was mir meine Knochen sagen, auch wenn ich es nicht beweisen kann.«

Auf der anderen Seite liegt ein gewisser Reiz darin, sich absichtlich belügen zu lassen. Es ist die Grundlage vieler Formen von Unterhaltung. Der Unterschied besteht in der Kontrolle. Man hat dabei die Freiheit, jederzeit seinen Unglauben wieder in seine angestammten Rechte einzusetzen.

Olga glaubte und glaubte und bat ständig um mehr. Zu meinem schuldbewußten Entzücken tat meine Mutter ihr den Gefallen.

Eines Tages sagte Olga: »Eins hast du mir noch nie erzählt – was genau hast du getan, nachdem du dir den Knöchel gebrochen hattest und nicht mehr am Trapez arbeiten konntest?«

Ohne auch nur einen Herzschlag lang zu zögern, antwortete meine Mutter: »Ich wurde Nummernträgerin.«

»Was ist das?« wollte Olga wissen.

»Du weißt schon, im Zirkus gibt es diese großen, runden, weißen Tafeln mit schwarzen Nummern drauf. Der erste Auftritt ist Nummer eins, der zweite Auftritt ist Nummer zwei und so weiter. Ich war diejenige, die diese Tafeln herumgetragen hat, um allen zu zeigen, welcher Auftritt als nächster dran war.«

Olgas Augen weiteten sich vor Staunen. »Wirklich? Und was hattest du dabei an?«

»Einen Badeanzug«, sagte meine Mutter, »und hochhackige Schuhe.«

»Und dein Haar?«

»Oh, das fiel mir lose auf die Schultern, und ich warf einfach den Kopf zurück, so daß mein Haar durch die Luft flog und alle applaudierten.«

Olga wurde wagemutig. »Margit néni, würdest du mir zeigen, wie du das gemacht hast?«

Einen Augenblick lang herrschte Stille im Raum. Es fiel mir sehr schwer, nicht lauthals loszulachen. »Aber natürlich, Olga«, sagte meine Mutter. »Gern.«

Sie stand auf, tat so, als trage sie eine große Tafel vor sich her und ging mit anmutigen, halb tänzerischen Schritten durchs Zimmer und zeigte die imaginäre Nummerntafel herum. Als sie das Ganze mit einer schwungvollen Geste beendete und sich verbeugte, spendete Olga begeistert Applaus, genau wie wir – und wir brachen außerdem in baucherschütterndes Gelächter aus, denn endlich war es möglich zu lachen, ohne Olgas Argwohn zu wecken.

Der August kam und mit ihm am zweiten Tag des Monats mein zwölfter Geburtstag. Ich weiß nicht, wie sie es fertigbrachte – Uhren waren immer noch sehr teuer –, aber meine Mutter überraschte mich mit einer Armbanduhr. Mein Herz krampfte sich zusammen, denn mit plötzlicher, unabwendbarer Gewißheit wurde mir klar, daß das, was ich mit neun Jahren in Budapest am meisten begehrt hatte, jetzt mit zwölf in Paris vollkommen bedeutungslos geworden war. Wer war denn noch übrig, der die Uhr hätte bewundern können? Wer hätte mich denn für meinen sklavischen Stolz auf das gute Stück aufziehen können? Niemand.

Mutter hatte die Uhr einem jungen ungarischen Schwarzmarkthändler abgekauft, der sein ganzes Warenlager in Reihen übereinander an den Armen trug, wie ein plündernder russischer Soldat. Anyu meinte: »Komm, sehen wir uns seine Arme an. Vielleicht findest du eine andere Uhr, die dir lieber wäre.«

»Diese hier ist wunderschön, Anyu«, protestierte ich. »Sie ist genau richtig.«

Ich war mir darüber im klaren, daß ich meine Mutter meine Gleichgültigkeit nicht anmerken lassen durfte. Sie hatte sich dieses Geschenk buchstäblich vom Mund abgespart. Es war nicht ihre Schuld, daß diese Uhr eine andere Zeit maß; es war Gottes Schuld.

Also verfiel ich in Übertreibung. Ich dankte ihr eine ganze Woche lang dreimal am Tag. Ich küßte sie, ich küßte die Uhr, ich schmiegte sie an mich, ich prahlte damit herum. Ich behauptete, das glücklichste Kind auf der Welt zu sein. Ungefragt sagte ich den Leuten, wie spät es war. Ich machte ein so gewaltiges Theater, daß ich rückblickend nicht verstehe, daß sie nicht mißtrauisch wurde. Aber andererseits log ich damals um so gekonnter, je mehr ich das Lügen mißbilligte.

Im September, dem Monat von Iváns Geburtstag, meldete meine Mutter mich in einer Schule an, die man vom Magenta aus bequem zu Fuß erreichen konnte. Man teilte mich der vierten Klasse zu, was einer schweren Beleidigung gleichkam. Ich kannte keine Menschenseele und sprach kein Wort Französisch, aber trotzdem erwartete offensichtlich jedermann von mir, sogar meine jüngsten Neuzugänge von Familienmitgliedern, daß ich meine Sache gut machte.

Der erste Tag war die Hölle. Der zweite auch. Und alle anderen Tage ebenfalls. Ich fühlte mich hoffnungslos verloren und blieb unbeachtet. Ich, die Gewinnerin ungarischer Preise, der Star von Pöcking, war jetzt der Dummkopf. Ich war darüber todunglücklich, wußte aber nicht, was ich dagegen tun sollte.

Außerdem wurde mir klar, daß ich nie, niemals Französisch lernen würde. Der Grund dafür war so geheim, daß ich ihn nicht einmal Iván hätte verraten mögen. Das Französische oder eigentlich eher die Art, wie man es aussprechen mußte, war zu sexy für mich. In meinen Augen gab es kein sachlich-nüchternes Französisch für Frauen. Man mußte die Lippen schürzen und den Atem anhalten und den Kopf zur Seite legen und kleine Gesten mit Händen und Schultern machen. Ungeachtet dessen, was gesagt wurde, gab es immer diesen Unterton von »sieh mich an, sieh mich an«. Ich war häßlich und aufgebläht und langnasig und arm; ich wollte nicht, daß irgend jemand mich ansah.

Ich mußte mir das Mittagessen in die Schule mitbringen. Obwohl ich das noch nie zuvor getan hatte, war das allein noch kein allzu großer Kulturschock; in der ungarischen Grundschule hatten wir auch unser zweites Frühstück mitbringen müssen, das wir um zehn Uhr aßen. Der Schock kam, als das Mädchen, das neben mir saß und sich als Yvette vorgestellt hatte, mir einen Schluck von ihrem Getränk anbot. Es war Rotwein, gemischt mit Wasser. Einen panischen Augenblick lang dachte ich, daß sie vielleicht Tuberkulose hätte und das Getränk eine französische Version meines medizinischen Tokajers sei. Aber sie sah gesund aus. Außerdem sah ich andere Kinder Flüssigkeiten von ähnlicher Farbe trinken. Mit dieser Sitte freundete ich mich sofort an.

Zu Hause stieß mein Bericht, wie erwartet, auf absolute Ungläubigkeit. »Wein in der Schule?« fragte Anyu und hob die rechte Augenbraue. »Willst du mich auf den Arm nehmen?«

»Da stimmt was nicht mit diesem Kind«, murmelte Großmutter. »Zuviel Phantasie.«

»Magduska, laß das«, sagte Rózsi und schüttelte den Kopf. Olga und Éva musterten angestrengt ihre Schuhe.

Die Stimmung verbesserte sich nicht dadurch, daß ich bei dem Gedanken an Uhr und Wein in hysterisches Gelächter ausbrach. Diese Leute merkten einfach nicht, wann ich die Wahrheit sagte und wann ich log. Mein Bauch tat weh, und ich rang nach Luft. Hilflos fielen alle in mein Gelächter ein. Zu guter Letzt, als die Tränen und der allgemeine Schluckauf im Zimmer ein Ende gefunden hatte, sagte Mutter: »Wir haben gelacht, schön. Aber Lügen ist nicht komisch.«

»Ich lüge nicht«, widersprach ich. »Wirklich. Sie mischen ihr Wasser wirklich mit Wein. So schmeckt es besser. Wir alle sollten das tun. Außerdem gehe ich ohne sowieso nicht mehr zur Schule. Ich will nicht anders sein als alle anderen.«

Niemand antwortete. Aber mit der Zeit setzte ich natürlich meinen Willen durch.

In der Schule blieb mir nur die Mathematik, ein Fach, in dem ich glänzte, weil ich der Klasse zwei Jahre voraus war. Aber selbst dabei gab es einen Haken. Augenscheinlich addierte, subtrahierte und multiplizierte die Welt mit Hilfe universeller Symbole, aber mit dem Dividieren verhielt es sich anders. Ich präsentierte zwar die richtigen Ergebnisse, aber ich dividierte nicht in der französischen Form.

»Mais non«, sagte Mademoiselle, und ich hätte sie umbringen können. Meine Wein-Yvette beherrschte nicht einmal die ersten drei Rechenarten und bekam dauernd solche *mais-nons* zu hören – sehr niederschmetternd für sie, wie ich bemerkte. Ich bot ihr meine Hilfe an. Zuerst war ihr Vertrauen in mich minimal, aber dann verbesserten sich ihre Rechenkünste, abgesehen vom Dividieren. Wir freundeten uns an und schlenderten Arm in Arm über den Schulhof. Sie brachte mir ein rudimentäres Französisch bei, nach Berlitz-Manier: Tisch, Stuhl, Lehrer, du, ich. Sie probierte *körözött*. Ich kostete in Scheiben geschnittenen *lapin*. Hätte ich gewußt, daß es Kaninchen war, und hätte ich französisch gesprochen, hätte ich ihr erzählt, daß Irma im Herbst früher jeden Donnerstag Kanincheneintopf gekocht hatte.

Im Hotel aßen wir kein *lapin*, kein *sanglier*, kein *cheval*, denn Großmutter kochte auf den beiden kleinen Elektroplatten fabelhafte ungarische Mahlzeiten. Außerdem gab sie Éva, die eine willige Schülerin war, mit Begeisterung Kochunterricht. Am Anfang gerieten sie einander gelegentlich in die Haare, wenn Éva in jugendlicher Verwegenheit Verbesserungen der traditionellen Gerichte vorschlug. Großmutter war gekränkt und zog sich zurück. Éva, die nicht mit ihr zusammengelebt hatte, wußte noch nicht, daß der Umgang mit Großmutter dem Versuch glich, ein Stachelschwein zu streicheln. Aber sie lernte schnell und beherrschte bald mit beispielhafter Finesse, was ich immer noch zu lernen versuchte.

Jetzt, da wir zusätzliche Familienmitglieder erworben hatten, gefiel mir unser Zuhause im Magenta sehr gut. Auf einer quer durchs Zimmer gespannten Leine wurden unsere im Waschbecken gewaschenen Kleider getrocknet, was verschiedene Konsequenzen hatte: Das Klima des Zimmers war stets feucht-tropisch, vor allem, wenn die aus den Kleidern aufsteigende Feuchtigkeit sich mit den Küchendämpfen vermischte. Die Fenster beschlugen, und unsere Haut fühlte sich immer leicht feucht an.

Rózsi, Éva und die beiden Pistas waren Kettenraucher. Der Geruch ihrer Zigaretten, in den sich der Geruch von *gulyás* mischte, fügte den anderen atmosphärischen Stimulanzien noch eine weitere hinzu. Die Luft, in der wir lebten, vibrierte vor mannigfaltiger Aktivität.

Das gleiche galt für uns. Anyu, Rózsi und Éva fanden in einer französisch-jüdischen Kleiderfabrik Anstellung; sie säumten Röcke – von Hand. Bezahlt wurden sie per Stück, so daß sie einander wie verrückt antrieben, aus Spaß, wegen des Profits und um des Sieges willen. In ihrer Freizeit spielte Rózsi Solitaire; sie betrachtete den Ausgang eines jeden Spiels als Antwort auf eine immer gleichbleibende Frage: Werden wir Visa für Amerika bekommen? Wenn das Solitaire aufging, war die Antwort Ja; wenn sie irgendwo festsaß, war die Antwort Nein. Sie spielte so ernsthaft, daß jede Antwort ihre Laune sowie ihre Einschätzung unserer Aussichten sichtbar änderte. Wenn Großmutter und Éva kochten, summte oder sang Éva zu meiner Freude ungarische Schlager, die zum Teil aus der Feder meines Vaters stammten. Olga massierte sich den Bauch und bat Mutter, ihr noch mehr Zirkusgeschichten zu erzählen. Mutter strickte, und manchmal tat sie ihr den Gefallen. Tibi sah Éva mit solch konzentrierter Sehnsucht an, daß ich mir manchmal einbildete, ich könne sein Herz bersten hören; das klang genauso abscheulich wie das Geräusch brechender Knochen.

In dieses Milieu lud ich in einem Zustand unerklärlicher Gedankenlosigkeit Yvette ein. Als ich sie an der Tür begrüßte, weiteten sich ihre Augen, aber ansonsten blieb sie ganz ruhig. »*Ici*«, sagte ich. »*Asseyez-vous ici. Toi.* Setz dich hierhin, wie immer das genau heißt.«

Sie nickte. Wir machten uns über unsere Mathe-Hausarbeiten her. Nach einer Weile brachte Großmutter einen Teller mit ungarischen Plätzchen und eine Tasse schwarzen Kaffee für jede von uns. Yvette lehnte den Kaffee ab, aß aber mehrere Plätzchen. Als die Hausarbeiten fertig waren, sagte sie *»Merci«* und schüttelte mir formell die Hand. *»Merci, Magda. Au revoir.«*

An der Tür verbeugte sie sich in die Runde und sagte: *»Au revoir, merci.«*

Alle winkten ihr nach. *»Au revoir.«*

Aber wir revoirten uns nie wieder. Am nächsten Tag hatte sie in der Pause anderes zu tun und am Tag danach auch. Einige Tage später fragte meine Mutter mich, da meine Yvette-Geschichten ausblieben: »Was ist mit deiner Freundin passiert?«

»Sie hatte einen Herzanfall«, erwiderte ich so grimmig, daß alle mich anstarrten und Mutter das Thema fallenließ.

Die Schule wurde mit jedem Tag unerträglicher. Das Yvette-Fiasko stürzte mich abermals in die totale Isolation. Da ich nie wieder eine neue Freundin finden würde, hatte es keinen Sinn, darüber nachzudenken, aber ich machte mir doch Sorgen, was sie wohl den anderen Mädchen erzählt hatte. Daß ich in einem Zigeunerlager lebte? Daß ich zur Unterwelt gehörte? Daß Flüchtlinge parasitische, verabscheuungswürdige Wesen sind?

Wenn ich sie nur gekannt hätte, wie tröstlich wären dann für mich Erich Maria Remarques *Arc de Triomphe*, George Orwells *Down and Out in Paris and London* oder der Film *Casablanca* gewesen. Denn die Perspektive ist alles. Wäre ich in der Lage gewesen, dem Emigrantenleben irgendeinen romantischen Aspekt abzugewinnen und den Statusverlust nicht als gleichbedeutend mit Selbstverlust anzusehen, hätte mich das unermeßlich aufgeheitert und mir Mut gemacht. Wie die Dinge lagen, verglich ich mein Leben mit dem imaginären Leben Yvettes und unserer Klassenkameradinnen; das meine hielt ich für irreparabel entgleist und zerstört.

Ich nehme an, die Erwachsenen bemerkten meine düstere Stimmung, denn sie ergriffen eine Anzahl von Gegenmaßnahmen. Beinahe über Nacht strickte mir Mutter einen Pullover in meinem Lieblingsrot mit dunkelblauen Blumenmustern und einem großen, blauen »J-3« auf dem rechten Arm. Wenn ich ihn trug, ging ich stolz durch die Straßen und tat so, als sei ich Französin. Und die Franzosen reagierten. Sie lächelten und zeigten auf meinen Arm. »J-3, hm? *Charmant.*« »*Oui*, J-3«, sagte ich und ging schnell weg, bevor die Illusion der Dazugehörigkeit an den Untiefen der Sprache zerschellte.

Éva und Pista beschlossen, mich jeden Sonntag ins Kino mitzunehmen – manchmal sogar in zwei Filme. Während wir um Karten anstanden, aßen wir tütenweise teure Pommes frites. Nach dem Film bestand ich darauf, ihnen die Handlung zu erzählen, als hätten sie den Film nicht gerade mit mir zusammen angesehen. »Wir haben gerade denselben Film gesehen«, sagte Éva dann freundlich.

»Ich weiß, ich weiß«, erwiderte ich, und meine Worte klangen gehetzt und drängend. »Aber hör zu, was als nächstes passiert ist...« Sie hörten geduldig zu; keiner von uns verstand, was sich da gerade tat oder warum. Aber ihnen jagte mein Tun keinen Schrecken ein, daher geriet ich nicht in Panik. Nach ein paar Wochen ließ der Zwang nach; mittlerweile war ich wohl in der Lage, fremdartige, fortlaufende Informationen aufzunehmen und zu akzeptieren, ohne sie dauernd überprüfen zu müssen. Vielleicht.

Als ich nach einem besonders bedrückenden Schultag vor meinem Kaffee und meinen Plätzchen saß, gesellte

Rózsi sich zu mir. »Laß uns Freundinnen spielen«, sagte sie.

Ich lachte. »Wie soll das gehen? Soll ich dir Mathe beibringen?«

»Nein«, meinte sie. »Erwachsene Freundinnen. Freundinnen, die einander mit gespielter Freundlichkeit beleidigen. Du weißt, was ich meine. Wie Frau Szabó und wir oder deine Mutter und ich.«

»Oh, klar.« Sofort sah ich ungeahnte Möglichkeiten und große Gebiete, auf denen es die Vorherrschaft zu erringen galt. »Du fängst an«, sagte ich.

»Nun, meine Liebe«, sagte Rózsi, »ich glaube, du solltest dir das Kinn mit einem Taschentuch festbinden, denn wenn es plötzlich runterfällt, könnte es die Erde aus ihrer Umlaufbahn werfen.«

»Ich kapiere«, sagte ich lachend. »Aber wonach genau wollen wir zählen?«

»Nach Befriedigung«, entschied Rózsi, und ich lachte wieder.

Wir spielten dieses Spiel oft und mit grimmiger Hingabe. Es war wie das Dampfloch in einem Druckkochtopf und half mir, nicht zu explodieren. Rózsi schien das intuitiv zu spüren.

»Liebes Fräulein Dénes, Sie müssen krank sein. Sie sind in der letzten Woche um ein Jahr gealtert.«

»Aber überhaupt nicht, meine liebe Rózsi. Es sind Ihre Augen. Macht der graue Star Ihnen wieder zu schaffen?«

Einmal, als wir mit der Metro fuhren, fing ich ohne Vorwarnung an. »Diese Zigaretten da, du weißt schon, was ich meine, also ich finde, daß du sie nicht mehr rauchen solltest. Deine Stimme ist irgendwie – oh, ich weiß nicht recht. Mittlerweile könnte man sie mit einer Posaune verwechseln.«

»Mit einer Posaune, meine Liebe? Ich habe die Stimme

einer Flöte. Erst kürzlich ist die Philharmonie an mich herangetreten, als eine ihrer Flöten kaputtging.«

Wir lachten und ließen uns in unfreundlichere Tiefen herab. Nach vielen Monaten des Spielens waren wir mittlerweile richtige Experten.

Als die Französin neben uns aufstand, um auszusteigen, sagte sie auf ungarisch: »Ich habe noch nie eine so bösartige Unterhaltung zwischen zwei Menschen verfolgt, schon gar nicht zwischen einem Kind und einer Erwachsenen. Ich finde das wirklich unglaublich. Sie sollten sich beide schämen.«

Mit rotem Gesicht stieg sie aus. Verblüfft saßen wir da und lachten schwach. Danach spielten wir nie wieder Freundinnen.

Eines Morgens wachte ich mit einem scharfen Schmerz im Bauch auf. Ich konnte kaum stehen. Anyu erlaubte mir, zu Hause zu bleiben, und nachdem sie mir geholfen hatte, ins Magenta zu humpeln, verbrachte ich einen herrlichen Tag in Rózsis Bett. Die beiden nächsten Tage fühlte ich mich körperlich wohl und ging in die Schule. Am vierten Tag übergab ich mich und wurde nach Hause geschickt. Als ich dort ankam, mußte ich mich wieder übergeben. »Wir müssen einen Arzt rufen«, entschied Mutter, »aber wie?«

»Laß uns im Joint anrufen«, schlug Éva vor. »Die werden für solche Notfälle doch sicher irgendwelche Vorkehrungen getroffen haben.«

»Ich weiß nicht, wie man das französische Telefon benutzt«, klagte meine Mutter, den Tränen nah.

»Aber ich«, sagte Éva.

Ein paar Stunden später saß ich in der Praxis eines Arztes, der eine Blinddarmentzündung diagnostizierte, aber keine akute; zeitig genug, um ins Krankenhaus zu gehen.

Am nächsten Tag kamen wir spätnachmittags dort an. Das Zimmer, auf das man uns führte, war lang, sehr sauber und von flüsternder Stille beherrscht, mit zwanzig Betten, zehn auf jeder Seite. Eins war leer. Eine hochgewachsene, forsche, schwarzhaarige Krankenschwester empfing uns an der Tür und zeigte auf das leere Bett. *»Pour toi«*, sagte sie, lächelte und entblößte dabei kinostrahlende Zähne.

»Was ist sie?« fragte ich, aber Rózsi und Mutter bedeuteten mir zu schweigen. »Fang jetzt nicht damit an«, zischte Rózsi. »Du brauchst sie.«

Eine junge, blasse Frau auf der linken Seite setzte sich in ihrem Bett auf. »Genaugenommen ist das eine sehr gute Frage«, sagte sie auf ungarisch. »Ich versuche schon seit zwei Wochen, eine Antwort darauf zu finden.«

Mein Herz tat einen Sprung. Eine nette Ungarin neben mir! Was für ein Glücksfall. Vielen Dank, lieber Gott.

»Oh, Sie sind Ungarin!« sagte meine Mutter. Nein, sie ist ein ungarisch sprechender Hottentotte, hätte ich am liebsten gesagt, aber ich hielt den Mund. Ich brauchte sie alle.

»Ja«, sagte die Frau, ließ sich wieder in ihre Kissen sinken und schloß die Augen. Ein Mensch nach meinem Herzen!

Mutter und Rózsi küßten mich zum Abschied und ließen mich in der Obhut der Frau zurück. »Sei tapfer«, ermahnte mich meine Mutter.

»Da gibt es nichts, wozu man tapfer sein müßte«, meinte Rózsi und zog ein komisches Gesicht. Ich winkte ihnen nach.

Sobald sie fort waren, räusperte ich mich. Die Frau öffnete die Augen und setzte sich wieder hin.

»Wie heißt du?« fragte sie.

»Ich bin Magda Dénes«, sagte ich und stand auf.

»Oh, setz dich, um Himmels willen. Du bist wahrscheinlich aufs Englische Mädchengymnasium gegangen, stimmt's?«

»Nein. Das hätte ich wohl getan, aber ich konnte nicht, wegen der Regierung und weil wir kein Geld mehr hatten.« Erstaunt über mich selbst hielt ich inne. Das war die aufrichtigste Information, die ich seit mindestens fünf Jahren irgend jemandem gegeben hatte.

»Eine alte Geschichte«, sagte sie. »Hast du jetzt Angst?«

Ich schluckte ein paarmal. »Nein, ich habe keine Angst«, sagte ich fest. Und fügte dann hinzu: »Doch, ich habe Angst.«

»Was fehlt dir denn?«

»Blinddarmentzündung.«

»Das ist eine Kleinigkeit. Ich möchte jetzt schlafen.«

»Gute Nacht.«

Gerade in diesem Augenblick kam unsere Krankenschwester zurück. Sie schlug meiner neuen Gefährtin ein paarmal leicht ins Gesicht. *»Pas dormer«*, sagte sie. »Ich habe Ihnen doch gesagt, nicht nachmittags. Dann gibt es nachts auch kein Gebettel um Schlaftabletten, die ich Ihnen sowieso nicht geben würde.« Ich bekam dies in Übersetzung mitgeteilt. Zu mir sagte die Krankenschwester, was mir wiederum übersetzt wurde: »Zieh dich aus. Zieh deinen Schlafanzug an. Die Laken von der Wäscherei werden gleich raufkommen, dann mache ich dein Bett.«

Stunden später, als mein Bett endlich gemacht war und ich hineinschlüpfte, waren die Laken feucht. Das war eine alptraumhafte Drohung aus meiner Szani-Zeit: Die nächste Stufe der Bestrafung, nachdem man sein eigenes Erbrochenes hatte essen müssen, bestand darin, über Nacht in nasse Laken gehüllt zu werden. Das eine oder das andere, aber ganz gewiß beides zusammen wurde als

Maßnahme erachtet, die den Charakter verbesserte und den Missetäter anschließend in einen fügsamen und willigen Patienten verwandelte.

Ich räusperte mich. Meine Gefährtin setzte sich auf. »Was ist jetzt schon wieder?« fragte sie.

»Ich bitte um Verzeihung. Wie heißen Sie?«

»Nenn mich Kati.«

»Kati«, sagte ich, »meine Laken sind naß, und ich habe gar nichts getan.« Ich brach in Tränen aus.

Kati klingelte nach der Krankenschwester. Fünf Minuten später klingelte sie noch einmal. Nach weiteren fünf Minuten klingelten wir beide. Endlich fand sich unser Engel der Barmherzigkeit ein. »Das Bettzeug wird trocknen, während du drinliegst, hat sie gesagt«, meinte Kati. Die Unterhaltung auf französisch ging noch weiter. »Sie sagt, die Laken, die im Schrank liegen, sind wahrscheinlich noch feuchter als deine, daher könne sie nichts machen.«

»Was soll ich denn tun?«

»Es ignorieren«, sagte Kati. »Tu so, als wären die Laken trocken.« Ich tat genau das und verzieh es mir nie. Man sollte sich in das Unabänderliche schicken, ja, aber im Hinblick auf das Vermeidbare sollte man immer ein großes Theater machen, eine Szene. Widersprechen. Für Chaos sorgen. Den Aufstand proben. Die Herrschaft übernehmen.

Am nächsten Morgen führte eine andere Krankenschwester mich in den Operationssaal. Sie sagte mir, ich solle mich ausziehen, und nachdem ich das getan hatte, sagte sie mir, sie könne keinen trockenen Kittel finden, und schob mich splitternackt in den OP. Instinktiv stand ich wie eine altertümliche *Venus pudica* da, den rechten Arm über die Brüste gelegt, die linke Hand über meinem Schambein, zutiefst erschrocken über diese plötzliche zudringliche Brutalität. Ich weinte nicht, denn ich wußte, daß Schwäche nur weitere Bestrafung herausfordert, aber ich konnte nicht aufhören zu zittern.

»Qu'elle est belle«, sagte jemand. *»Mais elle est très jolie et si jeune et si épouvantée. C'est très douce.«*

Ich schloß die Augen. Ich war in der Hölle, allein. Nicht mal den Teufel hatte ich zur Gesellschaft. Das war's, was ich falsch verstanden hatte. Ich dachte immer, die Hölle wäre ein Dialog mit dem Teufel. Konnte ich aufwachen oder fortfliegen?

Jemand faßte mich an den Schultern, ein Mann mit einer Gesichtsmaske. »Keine Angst haben«, sagte er in gebrochenem Ungarisch. »Ich Magyar. Ich passen auf. Schwere Sünde, kein Kittel. Ich geben Decke. Ich Arzt für Schlafen.«

»Vielen Dank«, sagte ich.

»Jetzt hinlegen«, sagte er.

Ich stieg auf den Tisch. Zu meiner immensen Erleichterung bedeckte er mich augenblicklich. »Besser?« fragte er. Ich nickte. »Keine Angst haben«, sagte er noch einmal. »Ich Maske, du atmen. Ich passen auf. Dir nichts passieren. Ich versprechen.« Ich nickte. *»Köszönöm. Merci.«*

Ich liege auf einem großen, grünen Blatt und wirble in einem Lilienteich herum. Fünf Lilien mit wackelnden Köpfen und riesigen Insektenaugen blicken auf mich herab. Sie unterhalten sich in einem melodischen, melancholischen Geschnatter. Schließlich fange ich ein Wort auf. *Kész. »Kész?«* wiederhole ich. *»Oui«*, sagt jemand, *»Kész. Fini.«*

Es dauerte Stunden, bis ich wußte, wer und wo ich war. Als ich wieder in meinem Bett lag, schlief ich abermals ein und merkte nicht, daß Mutter und Rózsi zu Besuch kamen. Als ich aufwachte, weinte ich.

»Was ist los?« fragte Kati und klang äußerst verärgert.

»Meine Mutter«, sagte ich. »Meine Mutter. Sie ist nicht mal hergekommen.«

»Natürlich war sie da. Deine Tante auch. Sie wollten dich nicht wecken. Sie haben dir ein paar Süßigkeiten dagelassen. Sieh mal auf deinen Nachttisch.«

O ja, Süßigkeiten. Dagelassen von meiner Tante und meiner Mutter, die bereit waren, alle Regeln zu brechen, nur nicht die, die sich auf die Besuchszeiten des Krankenhauses bezogen. Warum konnten sie nicht warten, bis ich aufwachte?

»Bitte, nehmen Sie sich etwas«, sagte ich zu Kati und hielt ihr den Beutel hin. »Bitte, tun Sie mir den Gefallen.«

Sie nahm sich einige Süßigkeiten heraus und lächelte. »Du bist ein merkwürdiges Kind. Ich werde jetzt schlafen. Wenn unser Engel der Barmherzigkeit kommt, um mir ins Gesicht zu schlagen, dann verpaß ihr einen Tritt.«

»Oh, unbedingt«, sagte ich. »Das mach' ich, das mach' ich.« Und ich hätte es auch getan, unbedingt, hätte ich nicht ein paar Minuten später etwas Warmes und Klebriges an meinem Oberschenkel gespürt. »Kati«, flüsterte ich so laut, daß es bis in den hintersten Winkel des Raums zu hören war, »ich glaube, meine Wunde hat sich geöffnet, und ich verblute.«

»O Gott«, sagte Kati und stützte sich auf einem Ellbogen auf. »Habe ich gesagt, du wärest ein süßes kleines Mädchen? Nein? Gut, du bist es nämlich nicht. Was bringt dich auf den Gedanken, daß deine Wunde sich geöffnet hat? Hast du nachgesehen? Sind die Verbände rot?«

»Ich habe Angst, allein nachzusehen«, sagte ich und haßte mich dafür, daß ich so kläglich klang.

Kati stand auf und zog meine Decken zurück. »Du hast deine Periode«, sagte sie. »Ansonsten geht's dir gut. Du wirst nicht verbluten.«

»Ich habe meine was?«

»Du hast deine Menstruation.«

»Oh. Was soll ich jetzt machen?«

»Ruf die Krankenschwester.«

Als sie kam, wurde unsere Barmherzigkeitsschwester verrückt vor Freude. »*Ah, qu'elle est belle, qu'elle est bonne, qu'elle est extraordinaire.* In meiner Schicht ist eine Frau zum Vorschein gekommen.« Sie küßte mich auf beide Wangen und brachte mir eine Menge Baumwolle, die ich mir zwischen die Beine legen sollte.

»Was hat das zu bedeuten?« fragte ich Kati.

»Nicht viel«, antwortete sie. »Wenn du rumläufst, steckst du dir die Baumwolle in die Unterhose, sie wird das Blut aufsaugen. Wenn die Baumwolle durchtränkt ist, wirfst du sie weg und nimmst dir neue.«

»Für wie lange?«

»Drei Tage, fünf Tage – kommt ganz drauf an.«

»Und man blutet die ganze Zeit?«

»Tja, ziemlich.«

»Und man stirbt nicht daran?«

»Nein. Bisher ist jedenfalls niemand dran gestorben.«

Drei Wochen später wurde ich entlassen, lange nachdem ich mich wieder erholt hatte. Daheim im Magenta holte ich das Letzte aus dem Drama meiner Operation heraus. Ich klagte über Phantomschmerzen, und wenn ich ging, preßte ich mir ein kleines Kissen gegen den Bauch, wobei ich lauthals verkündete, daß ich sonst ohnmächtig würde und meine Innereien herausquöllen.

Eine Woche lang ließen sie mich gewähren. Dann sagte Mutter: »Es reicht!«

Ich wußte, daß es reichte; das war keine haltbare Position. Also änderte ich die Taktik. Ich trat in Streik. Bei einem spätmorgendlichen Frühstück verkündete ich: »Ich werde nicht wieder in die Schule gehen. Ganz egal, was passiert. Ich kann einfach nicht. Ich lerne da nichts. Ich tue nichts. Ich sitze den ganzen Tag im Nichts, allein.«

»Du denkst, du bist so klug, daß du keine Schule mehr brauchst?« fragte Mutter mit triefendem Sarkasmus.

Éva fiel ihr ins Wort. »Ich glaube nicht, daß Magda das gemeint hat. Es tut mir leid, wenn ich mich einmische, aber ich glaube, Magda ist eine sehr gewissenhafte Schülerin. Diese Schule ist einfach nicht die richtige für sie.«

»Genau das meinte ich«, pflichtete ich ihr prompt bei.

»Nicht die richtige für sie?« wiederholte Mutter. »Welche Schule gäbe es denn sonst? In Frankreich geht man auf eine französische Schule.«

»Nicht unbedingt«, sagte Olga und ergriff damit zum erstenmal, seit ich sie kannte, das Wort. »Pista hat mir erzählt, es gebe eine ungarische Schule in Paris. Er meinte, wenn wir hier festsäßen, würden wir später unser Kind auf diese Schule schicken.«

Wir alle drehten uns zu ihr um. »Eine ungarische Schule? Wo ist sie?« fragte Anyu.

»Wir sollten besser auf Pista warten«, sagte Olga. »Manchmal bringe ich die Dinge ein wenig durcheinander.«

Am Abend stürzten wir uns allesamt auf Pista. »Weißt du etwas über die ungarische Schule? Wo ist sie? Was muß man tun, um sie besuchen zu dürfen?« bestürmten wir ihn.

»Augenblick mal«, sagte er und hielt uns mit hoch erhobenen Händen auf Distanz. »Ich weiß nicht viel darüber. Ich weiß nur, daß sie nachmittags stattfindet und der Unterricht auf ungarisch erteilt wird. Das ist alles. Das ist alles, was der Bursche mir erzählt hat.«

Die ungarische Schule war mehrere Metro-Haltestellen entfernt und fing am Nachmittag an, wenn die französischen Schulen ihre Tore schlossen. Meine in Frankreich geborenen Klassenkameraden waren die Kinder von in einfachen Verhältnissen lebenden Emigranten, die – von ungarischem Patriotismus getrieben – ihre Mädchen jeden Wochentag drei zusätzliche Stunden zusammenpferchten, damit sie mit dem Erbe ihrer Eltern vertraut würden und ihre Sprachkenntnisse vertieften. Sie waren allesamt gute Katholiken, und viele von ihnen trugen große Kreuze um den Hals. Die Lehrerschaft war von der gleichen Sorte.

Nach drei Nachmittagen brachen alle Dämme, die meinen erzürnten Geist noch gehalten hatten, und ich begann wie wild um mich zu schlagen. Offensichtlich war ich in dieser Schule die Königin der Sprache. Keiner sprach so gut ungarisch wie ich, nicht einmal einige der Lehrer. Ich sprach, wenn ich nicht dran war, ich mischte mich ein, korrigierte, peinigte und piesackte, widersprach und spottete mit unverschämter, unnachgiebiger Hemmungslosigkeit. Wehe dem Kind, das mich voller Unschuld fragte, ob ich meine Hausaufgaben gemacht hätte. Statt mich zu einer Antwort herabzulassen, korrigierte ich die Grammatik der Betreffenden und erklärte ihr, daß ich die Art Hausaufgaben, die man uns in dieser Schule aufgab, nicht zu machen bräuchte, weil ich die Antworten auswendig wüßte. Ich stellte allenthalben klar, daß ich eine bessere Schulbildung genossen hatte als die anderen und daß ich mit minimaler Anstrengung jeden in jedem Schulfach an die Wand spielen konnte. Mein Wissen war eine Falle, meine Zunge ein Schwert. Ich konnte damit verletzen, und der blutige Geschmack der Verletzungen versetzte mich in den Freßtaumel eines Krokodils. Ich war ein hungriger Quälgeist, ich wollte die ganze ungarische Welt mit Zähnen in Stücke reißen, wollte sie erbrechen und übers Land verstreuen, bis nichts mehr dort wuchs. Das war es, was ich wollte. Dann würden wir dieses Land, diese Wüste, dieses Nichts statt Ungarn Iván-Ervin-Land nennen. Sollten die Ungarn doch an dem Vermächtnis, das sie mir hinterließen, teilhaben.

Ich wußte, daß mein Benehmen unmöglich und zutiefst ungerecht war. Diese Menschen hier hatten mir gar nichts getan, trotzdem brachte ich jeden Tag mindestens einen von ihnen zum Weinen. Ich hingegen weinte nicht. Ich hatte das Gefühl, auf Wolken zu schweben. Ich war krank im Herzen und verachtete mich selbst. Zu sagen, daß ich nicht aufhören konnte, wäre nicht ganz richtig gewesen, denn ich versuchte es gar nicht. Ich wollte Gottes Peitsche sein und Zerstörung über den Feind bringen.

Eines Tages nahm Mademoiselle Rosé mich beiseite. Sie trug ebenfalls ein Kreuz, aber meine in vielen Jahren geschulte Beobachtungsgabe sagte mir, daß ihr Name vor nicht allzulanger Zeit Rosenbaum oder Rosenbloom gelautet haben mußte. Außerdem hatte sie sich verraten, indem sie versucht hatte, meine Vergehen den anderen gegenüber herunterzuspielen. Ich hoffte inbrünstig, daß sie die Nachricht meines Schulverweises bereithielt. »Mein Kind«, sagte sie auf ungarisch, »du bist so klug, so belesen. Warum bringst du die ganze Schule dazu, dich zu hassen? Du mußt aufhören, so gemein und sarkastisch zu sein. Möchtest du dich nicht mit den anderen vertragen? Möchtest du nicht, daß man dich mag?«

Ich sah sie an, als hätte sie den Verstand verloren. »Nein, Mademoiselle Rosé. Ich möchte nicht, daß man mich mag, und ich möchte mich ganz eindeutig nicht mit den anderen vertragen. Wissen Sie, was ich will? Ich will ihnen gute Gründe geben, mich zu hassen. Ich will nicht, daß sie mich schneiden, weil ich Jüdin bin. Ich will, daß sie mich verabscheuen, weil ich sie kurz und klein schlage. Und noch etwas: Ich will gefürchtet werden, statt mich zu fürchten. Mademoiselle Rosé, ich glaube, Sie wären auch besser dran, wenn Sie...« Ich hielt mitten im Satz inne. Die letzten Worte waren mir in der Hitze meiner Erklärung entschlüpft. »Entschuldigung«, sagte ich. »Ich spreche nur für mich selbst. Der Rest geht mich nichts an. Ich bitte um Verzeihung.«

Mademoiselle nickte, sagte aber nichts. War ein wenig rot geworden und sah traurig aus.

»Darf ich jetzt bitte gehen?« fragte ich. Abermals nickte sie wortlos.

Zu Hause erzählte ich niemandem etwas von dem Zwischenfall. Trotzdem fragten mich am Abend sowohl Anyu als auch Rózsi: »Ist in der Schule irgendwas vorgefallen? Oder in der Metro?«

»Nein, nichts. Nirgendwo ist irgendwas passiert.«

Schon sehr bald wurde ich aus meiner Zwangslage als Rächerin fremder Schuld erlöst. Die UNRRA benachrichtigte das Joint, das seinerseits uns einen Boten mit den Neuigkeiten schickte. Unsere Kuba-Visa waren endlich erteilt worden. Wir sollten Paris in drei Tagen verlassen und mit dem Zug nach Bilbao fahren. Von dort aus würde es per Schiff nach Havanna weitergehen. Ein Wanderjude zu sein, hatte seine Vorteile. Immer wenn es zu eng für mich wurde, zogen wir weiter. Nur meine inneren Probleme blieben mir treu. Sie gaben niemals Ruhe. Sie kannten keine Jahreszeiten, konnten den Mond nicht von der Sonne unterscheiden, gingen einfach immer weiter und weiter.

Unser Waggon im Zug nach Bilbao war ein normaler Wagen der dritten Klasse. Er war nicht eigens für Flüchtlinge bestimmt, und es fuhren auch keine Begleiter vom Joint mit. Zum erstenmal seit langer Zeit reisten wir als gewöhnliche Bürger, ununterscheidbar vom Rest der Bevölkerung. Es war Mai, und ich empfand eine undankbare Freude darüber, Paris hinter mir lassen zu dürfen.

»Also«, fragte ich Rózsi, »haben deine Solitaire-Spiele diese Reise vorhergesagt? Hast du unterm Strich mehr Jas als Neins erzielt?«

»Weiß ich nicht«, erwiderte Rózsi kläglich. »Ich hätte mitzählen sollen.«

»Ja, wirklich schade«, sagte ich. »Mit zwei einfachen Spalten für Ja- und Nein-Kreuzchen hätten wir einen Beweis bekommen. Wir hätten Wahrsager werden können.«

»Wir könnten ja lügen«, meinte Rózsi.

»Bring dem Kind doch nicht so etwas bei«, unterbrach meine gerade erst aufgewachte Mutter sie mit spitzer Stimme. Rózsi und ich lachten. Irgendwie begriff meine Mutter nie, daß Rózsi und ich unsere Unterhaltungen wie ein Spiel betrieben. Nichts, was wir sagten, war so gemeint, wie es klang.

Spanien war um viele Grad wärmer als Frankreich, das bemerkten wir schon bald, nachdem wir in Bilbao aus dem Zug gestiegen waren. Ein salziger, erregender Geruch von Meer hing in der Luft. Ich brannte darauf, meine Bekanntschaft mit dem Ozean zu erneuern, den ich nicht gesehen hatte, seit ich drei Jahre alt war, an den ich mich aber noch erinnern konnte.

Wir suchten nach unserem Führer, konnten ihn aber nicht entdecken. Aufgeregt und neugierig wagten wir uns ein paar Schritte vom Bahnhof weg; wir hatten vor, gleich wieder zurückzukehren. Im nächsten Augenblick befanden wir uns am Rand eines Marktes.

Auf den Marktplatz selbst trauten wir uns nicht so recht, aber am Rand entdeckten wir einen Gemüse- und Obststand, vor dem sich die Orangen türmten. Wir hatten seit Jahren keine Orangen mehr gesehen. Mutter, die sich vorstellte, daß ich durch irgendeine gesegnete Erwählung jede Sprache der Welt beherrschte, sagte zu mir: »Hier ist etwas spanisches Geld, das ich vom Joint bekommen habe. Geh hin und kauf vier Orangen, eine für jeden von uns.«

Ich ging hin, deutete mit meinen unglaublichen Fremdsprachenkenntnissen auf die Orangen, hielt vier Finger hoch und zeigte ihnen mein Geld. Der Verkäufer drehte eine Zeitung zu einer Tüte, ließ vier Orangen hineinfallen, nahm mein Geld und gab mir etwas heraus. Ich verließ den Marktstand und bewies meiner Mutter damit wieder einmal meine außerirdischen Kommunikationstalente.

Sie zählte das Wechselgeld und meinte: »Du mußt noch einmal hingehen, sie haben dir zuviel rausgegeben.«

Mir klappte der Unterkiefer nach unten. Rózsi sah sie ebenfalls entgeistert an und sagte: »Hast du den Verstand verloren?«

»Nein«, sagte meine Mutter stahlhart und gereizt. »Nein. Wir fangen ein neues Leben an. Die alten Gewohnheiten des Kriegs müssen jetzt enden. Wir können nicht länger wie die Wilden leben. Das ist der Punkt, an dem wir neu anfangen. Ich glaube, sie haben dir zuviel Wechselgeld rausgegeben.«

»Wie willst du das denn überhaupt wissen?« fragte Rózsi.

»Ich gehe von dem französisch-spanischen Wechselkurs aus«, sagte Mutter. Und an mich gewandt: »Geh zurück. Sag es ihnen.«

Ja, sag es ihnen. Ich ging zurück, zeigte ihnen die Orangen und zeigte auf das Geld. Sie kapierten es nicht. Ich sagte auf französisch. *»Très beaucoup, très beaucoup.«* Sie sahen mich ausdruckslos an. Ich sagte auf deutsch: *»Sehr viel, sehr viel.«* Sie zuckten die Achseln. Ich sagte auf ungarisch: *Túl sok, túl sok.«*

Aus dem hinteren Teil des Marktstands antwortete jemand auf ungarisch. »Überhaupt nicht. Um genau zu sein, dieser Stand ist völlig überteuert.« Es war ein junger Mann, der auf einer Leiter stand und die Waren sortierte.

Ich fing an zu lachen. »Sie sind Ungar«, sagte ich.

Er sagte: »Ich weiß gar nicht, wie du das erraten konntest. Sie haben dir zuviel abgenommen. Los, mach dich aus dem Staub.«

Ich steckte das Geld wieder ein und ging. Mutter erzählte ich nichts von dem Gespräch, sondern sagte nur: »Nein, sie haben richtig gerechnet.« Ich wollte sie nicht enttäuschen. Eine neue Welt, neue Gewohnheiten, eine Rückkehr zur Ehrlichkeit, eine Rückkehr in die Normalität. Was für eine Naivität und was für ein Scheißdreck.

Als wir uns weiter auf den Markt vorwagten, hörten wir plötzlich jemand hinter uns auf jiddisch rufen: »He, he, seid ihr die vier, die ich abholen sollte? Tut mir leid, ich habe mich verspätet.« Es war unser zionistischer Führer, der uns einholte und dann sagte: »Wollt ihr euch den Markt ansehen? Ich kann hier warten. Geht nur.« Er zündete sich eine Zigarette an und lehnte sich an eine Marktbude. Wir waren froh über die uns zugestandene Freiheit.

Während wir weitergingen, konnten wir sehen, daß man anderswo ein Dutzend Orangen für fünf Centavos bekam, während meine vier Orangen mich dreißig gekostet hatten. Hämisch machte Rózsi Mutter darauf aufmerksam. »Ein neues Blatt? Neue Ehrlichkeit? Fünf Centavos für ein Dutzend. Kapiert?«

Meine Mutter zuckte mit den Schultern. »Ich meine, wir sollten trotzdem zur Normalität zurückkehren.«

»Jaaa«, sagte Rózsi, »finde ich auch. Aber kannst du die Welt dazu bringen, zur Normalität zurückzukehren? Oder wo wir schon mal beim Thema sind, war sie jemals normal?« Mutter zuckte abermals mit den Schultern.

Die Farben auf dem Markt waren unglaublich schön. Gelbe Bananen und gelbe Zitronen mit einem Hauch von Grün, noch grünere Limonen, dunkelgrüner Spinat und Salat in Regenbogengrüntönen. Rote Tomaten, purpurne Auberginen, hellbraune Pilze. Die Palette Gottes war mannigfaltiger und heiterer als die Arbeit eines Malers. Und so sollte es auch sein, wenn Er existierte. O Gott. Eines Tages würde ich ihn noch wirklich erzürnen. Sir, das vorangegangene »O Gott« war bloß ein gewohnheitsmäßiger Ausruf, keine Anrede. Bitte. Vielen Dank. Welchen Standpunkt nahm ich zu diesem Thema überhaupt ein? Mußte ich diese Frage auf einem spanischen Markt klären, nach einer langen Reise?

Wir wollten alles kaufen, aber natürlich kauften wir nichts. Welchen Sinn hätte das auch gehabt? Wir gingen in ein Hotel, und alles würde verfaulen. Nur Rózsi, die Verschwenderin, sagte: »Na, komm schon, Margit. Laß uns ein Dutzend Orangen für fünf Centavos kaufen. Dann haben wir sechzehn. Wir können sie in unser Badewasser ausdrücken.«

»Nur zu«, sagte Mutter.

»Tja, nur zu«, sagte ich. Sogar Großmutter willigte ein.

Auf dem Markt kostete alles so gut wie nichts. Vielleicht träume ich, dachte ich, aber wie könnte ich, *ich*, einen so größenwahnsinnigen Traum haben? Da erregte etwas meine Aufmerksamkeit. Was war das? Trauben? Trauben. Ich drehte mich zu meiner Mutter um. »Das sind Trauben, ja? Ist das der richtige Name?«

Anyu seufzte. »Willst du welche haben?«

»O nein, nein«, wehrte ich ab. »Nein, so war das nicht gemeint. Ich hatte nur den Namen vergessen.«

Der Führer pfiff nach uns. »Wir müssen leider gehen«, meinte er und begleitete uns zu unserem Hotel, das besser war als alle, in denen wir seit unserer Abreise aus Budapest gewohnt hatten. Wir bekamen zwei aneinandergrenzende Räume und eigene Badezimmer wie im Hotel Gambetta. Ich stellte keine Fragen, wartete auf keinerlei Erlaubnis. Ich ließ einfach Wasser in die Badewanne und setzte mich hinein. Nach mir die Sintflut. Als ich fertig war, ah, hingen da Handtücher, ein halbes Dutzend große, weiche, flauschige Handtücher. Ich benutzte drei. Was für ein fabelhafter Tag. Außerdem ein Tag voller Überraschungen. Meistens fand ich, daß Reden, Lesen und Schreiben die wichtigsten Dinge auf der Welt waren, vor allem das Reden, wenn man den richtigen Gesprächspartner hatte, denn mit Reden konnte man viele grimmige Dämonen in Schach halten. Aber heute hatte ich etwas Neues entdeckt, etwas, das niemand mir bisher verraten hatte: Gerüche und Farben und die Beschaffenheit von Dingen waren ebenfalls Bollwerke gegen die Angriffe der Dunkelheit.

Sauber geschrubbt und noch mit dem Wohlgeruch echter Seife behaftet saßen wir herum und warteten auf das Abendessen, das uns in unserem Zimmer serviert werden würde. Nach einigen Minuten klopfte es an der Türe, und ein Kellner rollte einen Tisch herein, der mit einem schweren, weißen Tischtuch gedeckt war, mit Leinenservietten, Porzellantellern, Kristallgläsern und Silberbesteck. Meine Güte, dachte ich, was für eine gute Sache es doch ist, nach Kuba auszuwandern!

Als nächstes brachte er einen sehr großen Korb, voll mit verschiedenen Arten warmer Brötchen, sowie einen Teller mit einem großen Stück Butter. In die Mitte des Tisches stellte er ein Tablett mit Salami, Schinken, Würstchen, verschiedenen Käsesorten, Oliven, Tomaten, eingelegten Essiggurken und grünen Paprikaschoten, alles wunderschön arrangiert. Als er ging, sagte er etwas, das wir nicht verstanden. Wahrscheinlich *bon appetit*. Reglos starrten wir das Ganze an. Der Tisch war ein Kunstwerk. Wir aßen langsam und methodisch, bis der letzte Krümel weg war. Wir fühlten uns herrlich.

»Ich bin satt. Bist du auch satt?« fragte ich Anyu.

»Ja«, nickte sie.

»Ich auch«, seufzte Rózsi.

»Ich, ich bin mehr als satt«, meinte Großmutter.

Nach dem, was wir auf dem Markt gesehen hatten, hatten wir mehr erwartet, das stimmte wohl. Aber um genau zu sein, war das, was wir bekommen hatten, mehr als genug. Etwas weniger als üppig, aber absolut ausreichend.

Jemand klopfte an die Tür. Wieder der Kellner. Er brachte alles weg, ließ aber die Tür offenstehen. Dann schob er einen kleinen Wagen mit einer Suppenterrine und vier Suppentellern herein. Er stellte die Teller vor uns hin und servierte die Suppe. Dann brachte er uns noch einen Korb Brot. Als er ging, brachen wir in Gelächter aus. Dumme Spanier! Die servieren die Suppe nach dem Abendessen.

»Ich frage mich, ob das wirklich hier so Sitte ist«, meinte Rószi.

»Nein«, sagte ich, »wahrscheinlich hat er es einfach vergessen. Er hat vergessen, die Suppe zu servieren, und dann dachte er, statt sie wegzukippen oder sich einen Tadel einzuhandeln, könnte er sie einfach später bringen.«

»Na schön, probieren wir sie«, meinte meine Mutter.

Wir alle nahmen ein wenig von der Suppe. Sie war sehr gut – eine Art Bohnensuppe, nicht ungarisch, aber gut.

»Ach, was soll's, essen wir die Suppe eben«, sagte Rózsi. »Unsere Mägen werden sich schon nichts aus der umgekehrten Reihenfolge machen.«

Wir aßen in bester Laune und lachten ausgiebig über

diese seltsamen Sitten oder den törichten Irrtum des Kellners.

Erneutes Klopfen. Der Kellner nahm die Teller und die Suppenterrine fort. Wir hätten ihn gern wegen seines Irrtums aufgezogen, aber wir sprachen natürlich kein Spanisch. Abermals ließ er die Tür offenstehen und kehrte kurze Zeit später mit einem großen Tablett zurück – geröstetes Huhn, Bratkartoffeln, Tomatensalat und Spinat. Er gab uns frische Teller und frisches Besteck und ging.

Wir sahen einander an. Rózsi war die erste, die in Tränen ausbrach. »O mein Gott«, schluchzte sie. »Das war ein Vier-Gänge-Menü. Der erste Gang war die Vorspeise. Das war gar kein Irrtum. *Wir* haben uns geirrt. Jetzt ist es zu spät. Ich bin zu satt, um das Huhn zu essen, ich bin zu satt, um irgend etwas zu essen. Den Aufschnitt und den Käse hätten wir für morgen aufbewahren können. Wir hätten mit der Suppe anfangen können. Wir hätten das Huhn essen können. Und die Kartoffeln und den Spinat und den Salat. Aber das hier können wir nicht aufheben, und wir können es auch nicht mehr essen.«

Großmutter klang so, als sei sie ebenfalls den Tränen nahe. »Warum haben sie uns das nicht gesagt?« fragte sie.

Ich wurde wütend. »Wissen die denn nicht, wo wir herkommen? Warum hat uns niemand vorgewarnt?«

Aber es war nichts zu machen. Wir konnten nichts mehr essen, obwohl Mutter das Huhn aufschnitt und jeder von uns ein Stückchen kostete. Es war hervorragend, aber es blieb auf dem Tablett. Wir kosteten auch etwas von dem Spinat. Er war wunderbar, aber er blieb in der Schüssel. Wir konnten keinen Bissen mehr herunterbringen.

Warum dieses Ereignis solche Verzweiflung auslöste, verstand ich nicht ganz, denn schließlich waren wir ja satt. Aber irgendwie ließ diese verunglückte Mahlzeit die

Summe all unserer Hungertage wie in einer Metapher aufscheinen. Auch ich weinte, aber nicht wegen der Speisen, die mir gerade entgangen waren, sondern wegen der Mahlzeiten, die Iván und Ervin niemals würden einnehmen können, die sie niemals würden aufholen können. Nie wieder würden sie ein Vier-Gänge-Menü bekommen. Darum weinte ich. Ich war mir nicht sicher, warum die anderen weinten. Wir sprachen nicht darüber, wir reichten nur wortlos das einzige Taschentuch weiter, das wir besaßen.

Es kam auch noch ein Nachtisch, üppige, kunstvolle Profiteroles in Schokoladensoße, wunderschön, aber trotzdem keine weitere Steigerung mehr. Der Höhepunkt war überschritten. Wir wußten bereits, daß Spanien im Essen erstickte. Nicht länger neugierig, kosteten wir sie wie verwöhnte Kinder. Es war unverständlich, daß die Menschen nur vier Zugstunden entfernt Essensmarken benötigten, daß sie in acht Stunden Entfernung in Gemeinschaftsküchen um Schweinefraß Schlange standen. Wer war der Architekt dieser Ordnung, dieser Unordung?

Am nächsten Morgen gab der Joint-Führer uns noch etwas Geld und sagte uns, daß wir bis fünf Uhr abends tun und lassen könnten, was wir wollten. Dann würde er uns zu unserem Schiff, der *Magellan*, bringen. Ich hatte gehofft, es würde die *Niña* sein, die *Pinta* oder die *Santa María*. Ich bemerkte das auch den Erwachsenen gegenüber, die mich ausdruckslos ansahen. Wo zum Teufel war mein Bruder?

Wir ließen Großmutter im Hotelzimmer zurück, damit sie sich ausruhen konnte, während wir drei durch Bilbao schlenderten, eine schillernde Hafenstadt voller Farben und Gerüche, eine Stadt mit einem lautstarken, pulsierenden Straßenleben. Zum erstenmal seit langen Jahren sahen wir Läden voller Waren. Meistenteils billige Dinge, aber nach den Entbehrungen des Kriegs übertraf die ekstatische Freude über die reine Quantität bei weitem alle Betrachtungen bezüglich der Qualität.

Ich wäre gern noch einmal auf den Markt gegangen, aber es war mir peinlich, den Wunsch zu äußern. Sie würden nie begreifen, daß ich mich noch einmal vom Teleki Tér verabschieden wollte, wenn es auch nur ein Abschied von seinem strahlenderen, ungefähren Gegensatz sein konnte.

Wir blieben vor einem Laden stehen, in dessen Schaufenstern Sonnenbrillen lagen. Ich sah sie begehrlich an. »Du darfst dir eine aussuchen«, sagte Mutter zu mir.

»Nein danke«, erwiderte ich. Sie waren wahrscheinlich zu teuer. Ich wollte nicht, daß sie unser Geld ausgab, obwohl eine Sonnenbrille, seit ich angefangen hatte, mit Éva und Pista ins Kino zu gehen, zu den drei Dingen gehört hatte, die ich mir auf der Welt am sehnlichsten wünschte. Die beiden anderen waren ein Regenmantel und ein Filzhut.

»Los doch«, sagte Rózsi. »Ich bezahle dir die Hälfte des Preises.«

Ich fiel den beiden um den Hals. Das Aussuchen war schwierig. Mir gefiel eine Brille mit großem, weißem Gestell, aber auf der anderen Seite würde Weiß niemals zu nebligen Regenmantelherbstnachmittagen passen. Allerdings waren wir in den Sonnenschein unterwegs. Was tun? Vielleicht ist der Mangel an Wahlmöglichkeiten doch kein so schlechter Zustand, wie ich immer gedacht hatte. Er bewahrt einen vor Konflikten. Oder vielleicht kosten einen alle Zustände und Entscheidungen etwas.

»Na, komm schon!« drängte meine Mutter. »Wir können nicht den ganzen Tag hier rumstehen.«

»Ich weiß nicht«, sagte ich. »Welche würdest du nehmen?«

»Das ist deine Entscheidung«, wich Mutter aus.

»Ich würde die erste nehmen, in die ich mich verliebt habe«, sagte Rózsi.

Das weiße Gestell bedeckte mein halbes Gesicht, was ich als Pluspunkt betrachtete.

Um fünf Uhr kam unser Führer wie vereinbart ins Hotel. Wir und noch drei andere Personen – ein rumänisches Ehepaar und ein Pole – erwarteten ihn in der Halle. Zum Meer, zum Meer, sagte der Pole leicht taumelnd. Großmutter übersetzte lakonisch: »Er ist betrunken.«

Durch zunehmend vernachlässigtere Straßen ging es zum Hafen. Als wir endlich aus dem Wagen stiegen, deutete der Führer auf ein Gebilde, das zweimal so lang war wie Teleki Tér Nummer 5 und ein wenig höher, und meinte: »Euer Schiff.«

Der Behemoth verdeckte den Ozean vollkommen. Alles, was ich vom Meer sah, waren kleine Wellen zwischen Schiff und Kai, auf denen Unrat tanzte. Männer trugen Kisten von verschiedenen Größen die Gangway hinauf, hievten sie sich auf den Rücken. Während sie sich abmühten, grunzten sie und schrien einander irgend etwas zu. Einigen von ihnen hingen lange, brennende Zigarren aus den Mundwinkeln; einige trugen ärmellose Hemden, und sogar aus der Entfernung konnte ich große Schweißtropfen auf ihren Schultern erkennen. Eine große Metallmaschine mit einer gewaltigen, hin- und herschwingenden, gegabelten Zunge fuhr ebenfalls zwischen Schiff und Kai hin und her und lud Dinge auf, die für Menschen zu schwer waren. Die Maschinen kreischten, die Männer schrien, der Behemoth stieß laute, dröhnende Geräusche und gelegentlich schrille Pfiffe aus. Menschen eilten umher, trugen Gepäckstücke oder suchten nach welchen. Einige begrüßten einander mit Freudenschreien, während andere einander unter Tränen Lebewohl sagten.

Das Chaos der Szene weckte ein kleines, langsames Beben in meinem Herzen, das mit der Gewalt einer Lawine an Schwungkraft zunahm, bis ich anfing zu zittern und meine Zähne aufeinanderbiß.

»Was ist los mit dir?« fragte Mutter erschrocken. »Was ist los?«

»Ich weiß nicht«, flüsterte ich durch die Zähne. »Ich kann nicht aufhören.«

Großmutter sah mich an und schrie fast: »*Shema Israel!* Das Kind hat den Veitstanz!«

»Was tust du da?« fragte Rózsi scharf. Bei ihr verwandelte sich Angst wie gewöhnlich in Zorn.

»Ich weiß nicht«, flüsterte ich abermals, aber noch während ich es aussprach, dämmerte mir etwas. Genauso hatte ich in dem Pissoir am Teleki Tér gezittert, als die Nyilas nach uns suchten. Vielleicht versetzte mich das Chaos auf dem Kai zurück in diese Zeiten. Oder zurück zu diesem ersten Tag nach der Befreiung durch die Russen, als wir uns auf die Straßen hinauswagten. Wie seltsam.

Während ich darüber nachdachte, beruhigte ich mich allmählich, bis ich den Mund wieder öffnen und sagen konnte. »Es ist alles in Ordnung. Ich weiß nicht, was passiert ist. Es muß etwas gewesen sein, das ich gegessen habe, oder vielleicht die Sonne.« Mir war zum Weinen.

Mittlerweile war das Schiff fast voll beladen, und die Passagiere wirkten immer unruhiger. Das Auf- und Abgehen, die Blicke auf die Armbanduhren wurden häufiger; immer öfter wurde jemand von der Besatzung im Vorbeigehen mit Fragen überschüttet.

Einige Passagiere hatten an Bord gehen dürfen, sobald sie angekommen waren. Sie alle waren gut gekleidet und schienen eine Menge Gepäck zu haben. Sie stiegen aus ihren Autos oder Taxis, Träger ergriffen ihre Besitztümer, und der eine oder andere von der Mannschaft half ihnen die Treppe hinauf, die zum obersten Deck des Schiffs führte.

»Wer sind diese Leute?« fragte ich meine Mutter.

»Passagiere der ersten Klasse«, sagte sie. »Sie haben die teuersten Fahrscheine und Privatkabinen mit Fenstern und Bädern.«

»Wo werden wir reisen?«

»Auf dem dunkelsten, untersten Deck«, erwiderte meine Mutter verbittert. »Auf dem Zwischendeck. Auf demselben Deck wie die Fracht.«

»Werden wir überhaupt Licht sehen?« fragte ich; langsam wurde ich nervös.

»Wahrscheinlich. Schließlich können wir nicht drei Wochen ohne frische Luft auskommen.«

Nachdem die Passagiere der zweiten Klasse ebenfalls an Bord gegangen waren, wurde endlich unsere Gruppe aufgerufen. Wir gingen die Gangway hinauf, jeder mit dem einen Gepäckstück, das ihm zugestanden worden war, abgesehen von Großmutter, deren Koffer Rózsi trug, während Anyu und ich ihr beim Gehen halfen.

Als wir an Bord kamen, forderte man uns abermals auf, Fahrscheine und Pässe vorzuzeigen. Der zuständige Offizier hob ruckartig den Kopf, als Rózsi ihm ihre von der UNRRA ausgestellte, kleine, rosafarbene Parodie eines Passes zeigte, der sie offiziell als Deportierte auswies. Er spach sehr schnell mit einem Matrosen, der die Botschaft dem Kapitän übermittelte, der ein paar Meter weiter weg auf einem hohen Klappstuhl saß und die Passagiere begrüßte.

Während wir in der Schlange darauf warteten, bis wir an der Reihe waren, flüsterte Mutter mir zu: »Magduska, jetzt liegt es an dir.«

»Was liegt an mir?«

»Mir ist gerade wieder eingefallen, daß wir nicht nur ganz unten reisen werden, sondern daß man uns mit all diesen Leuten in denselben Schlafsaal stecken wird.«

Das war tatsächlich eine erschreckende und sehr unerfreuliche Nachricht. »Es gibt keine getrennten Quartiere für Familien?« fragte ich.

»Nein. Außer du bittest den Kapitän darum.«

»Wie meinst du das?« fragte ich, aber ich wußte es bereits. Wieder eine Aufgabe, deren Bewältigung mir oblag. Nur, daß sie diesmal über meine Kräfte ging: Ich war zu jung, zu klein, zu einfallslos.

»Du mußt ihn darum bitten«, wiederholte Anyu drängeld. »Nur du kannst es schaffen.«

»Du bist verrückt«, flüsterte Rózsi Mutter zu.

»Nein, bin ich nicht«, sagte Mutter. »Ich weiß, daß sie es schaffen kann.«

Ich stand als nächste in der Schlange und trat nach vorn, um mir meinen Segen zu holen. Soweit ich sehen konnte, war das alles, was der Kapitän bisher getan hatte. Während ein Zwischendeckpassagier nach dem anderen vor ihn hintrat, hob er den rechten Arm zu einer Mehrzweckgeste aus Gruß, Segen und Entlassung. Die Passagiere nickten und gingen weiter zu einer Tür, hinter der sie verschwanden.

Ich blieb stehen. »Señor«, sagte ich und sah ihm direkt in die Augen. »Señor Captain.«

Erstaunt erwiderte er meinen Blick »Capitán« korrigierte er mich automatisch.

»Sí – Capitán. Señor Capitán, gracias«, sagte ich und brachte die Worte für »bitte« und »danke«, die ich auf dem Markt gelernt hatte, durcheinander.

»Por qué?« fragte er.

»Capitán«, sagte ich, *»s'il vous plaît – un chambre pour nous quatre. Pour mon famille.«*

»No hablo francés«, sagte er lächelnd. Dann zeigte er auf die anderen und sagte: *»Su familia.«*

»Sí, Señor, Capitán.« Er fing an zu lachen. Solchermaßen ermutigt, begann ich von neuem. *»Bitte schön ein Zimmer.«* Ich hielt den Zeigefinger hoch. *»Eins – für uns vier.«* Ich hielt vier Finger hoch und zeigte auf meine Verwandten; dann zeigte ich nach unten.

Er lachte. *»No hablo aleman.«*

Ich war den Tränen nahe. Er sah es und rief den Mann, der die Pässe prüfte, zu sich. *»Was wollen Sie?«* fragte der Mann mich.

»Ein Zimmer bitteschön. Für uns vier. Meine Großmutti ist sehr krank und alt. Sie muß ein Zimmer haben ohne l'étranger.« Ich warf die Dinge durcheinander, daher hielt ich verzweifelt inne.

Der Mann übersetzte, und er und der Kapitän tauschten ein paar Worte aus. *»Sí bien«*, nickte schließlich der Kapitän und fuhr an mich gewandt fort: *»Sí. Puede tener su cuarto, señorita.«* Er lachte. *»Que muchacha.«*

Mutter, die den Ausgang des Ganzen verstanden hatte, flüsterte: »Küß ihm die Hand.«

»Nein.«

Sie ließ nicht locker, und ihr Atem strich heiß über mein Ohr. »Küß ihm die Hand.«

Ich hielt ihm die Hand hin. Er schüttelte sie. Gegen mein Naturell und mit brennendem Groll packte ich seine Hand und küßte sie.

»Ay señorita!« rief er. *»No, no, no. No es necessario. Por favor! Ay, por Dios.«*

Ihm war das Ganze fast so peinlich wie mir. Er muß gewußt haben, daß Händeküssen nicht meine Art war, daß ich dazu gezwungen worden war.

Den ganzen Abend lang weigerte ich mich, mit meiner Mutter zu reden.

Es dauerte länger, die Treppen hinunterzusteigen, als man am Teleki Tér gebraucht hatte, um vom fünften Stock ins Erdgeschoß zu kommen, aber schließlich erreichten wir unsere Kabine, einen Raum mit vier Stockbetten für acht Leute. Wahrscheinlich schliefen hier normalerweise Matrosen, denn der Raum fungierte gleichzeitig als Lagerraum für Wäsche. Es gab ein Waschbekken, das groß genug war, um sich abschnittsweise von Kopf bis Fuß zu waschen, so daß wir die Gemeinschaftsdusche nicht würden benutzen müssen.

Handtücher hatten wir zu Hunderten, und hinter der Tür gab es eine enge kleine Toilette. Es war ein durchaus erträgliches Quartier, fensterlos, aber luftig, auf Meereshöhe, aber geräumig. Niemand bedankte sich bei mir.

Am nächsten Morgen beim Frühstück stellten wir fest, daß der Kapitän auch dafür gesorgt hatte, daß wir einen eigenen Tisch zugewiesen bekamen.

Um elf Uhr vormittags legten wir in San Sebastián an. »Wir sind über Nacht zurückgefahren«, sagte Mutter. »In die falsche Richtung. Ich wüßte gern, warum. Magduska, geh und finde es raus.«

Ich sah sie mit den Augen meines Vaters an und schüttelte ganz langsam den Kopf, einmal in jede Richtung. Dabei wandte ich den Blick keine Sekunde lang von ihr ab. Ich hatte meinen Vater das tun sehen, und als ich ihn nachahmte, begriff ich den Zorn und die Macht, die in dieser Geste lagen. Konnte es sein, daß er manchmal recht gehabt hatte? Angesichts des Verrats, den diese Frage bedeutete, fühlte ich mich ganz schwach.

Mutter sprang auf. »Dann werde ich eben selbst fragen.« Als sie zurückkehrte, berichtete sie: »Es war nur ein kleiner Umweg, um Fracht aufzunehmen. Morgen sind wir in Vigo, und das liegt direkt auf unserem Weg. Kommt, sehen wir uns die Stadt an.«

San Sebastián sah aus wie ein herablassender englischer Lord: schmallippig, hochmütig und elegant. Ich fragte mich, warum sie an den Eingangstoren die Flüchtlinge nicht aufhielten und zurückwiesen. Den Kellner im Café, in dem wir zu Mittag aßen, schienen wir dermaßen anzuwidern, daß seine Verachtung auf mein Essen tropfte und es ungenießbar machte. Um die Dinge noch zu verschlimmern, kamen wir gerade bei Schulschluß an einer Mädchenschule vorbei. Ihre Röcke reichten bis zur Mitte der Waden, meiner endete nach Pariser Chic überm Knie. Sie zeigten auf mich und kicherten und tuschelten hinter vorgehaltener Hand. Anyu blieb stehen. »Wie ungezogen!« empörte sie sich.

»Laß uns einfach weitergehen«, sagte ich und setzte meine Sonnenbrille auf.

Als wir wieder an Bord waren, sagte meine Mutter: »Wir laufen noch drei weitere Häfen an – zwei in Spanien, einen in Portugal. Wenn du möchtest, könnte ich dir deinen Rock runterlassen. Nur für den Fall.«

Ich schwieg. Sie hatte nicht unrecht. Aber die Frage war, wollte sie einfach recht behalten, oder wollte sie etwas wiedergutmachen? Ich wußte es nicht.

Nach einer Weile wandte sie sich an Rózsi. »Also, was meinst du?« fragte sie.

Rózsi zuckte die Achseln. »Es geht nicht um die Länge des Rocks«, sagte sie. Ich hoffte, sie würde noch etwas hinzufügen, aber sie tat es nicht.

»Nein«, sagte ich. Ich hatte mich entschieden. »Die Mühe brauchst du dir nicht zu machen. Ich bin schon mit Schlimmerem fertig geworden. Aber trotzdem danke.« Wir küßten uns nicht und fielen uns auch nicht in die Arme. Was es auch war, die Einleitung zu einer Attacke oder guter Wille, es konnte mich nicht besänftigen.

Vigo war eine behagliche Fischerstadt, in der ich mir

Schuhe und Socken ausziehen wollte, um durch den Sand am Strand zu gehen, wie ich es bei den einheimischen Kindern sah. Mutter erlaubte es nicht. Ich protestierte, gab ihr insgeheim aber recht. Ohne einen Penny und ohne Schutz darf man in einem fremden Land keine Risiken eingehen – und auch nirgendwo anders.

Am folgenden Morgen legten wir in Lissabon an, der Stadt meines Herzens. Es war Liebe auf den ersten Blick, Liebe, so unvernünftig, so unerklärlich, wie das Gefühl eben ist. Warum das weiße Lissabon? Ich weiß es nicht. Ich hatte nur das Gefühl, schon einmal dort gewesen zu sein. Vielleicht vor sehr langer Zeit, bevor Seelen ein Gedächtnis hatten.

Wir liefen herum, wir gafften, wir starrten. Lissabon war zu zivilisiert, um von uns Notiz zu nehmen. Ich versprach mir, eines Tages im Mantel einer Kaiserin zurückzukehren.

Als nächstes kam Cádiz, eine Hafenstadt gegenüber von Afrika, schmutzig und gefährlich. Während wir auf dem Markt um ein dünnes blaues Emaillearmband für mich feilschten, stahl sich ein Mann hinter mich und zog mich so fest an den Zöpfen, daß mein Kopf zurückschnellte. Erschrocken schrie ich auf. Rózsi, die mich hörte, schlug mit ihrer Handtasche auf ihn ein, fest genug, um ihn zu verscheuchen. Voller Zorn rannte sie hinter ihm her. Wir liefen unsererseits in Panik hinter Rózsi her und schrien: »Bleib stehen! Bleib stehen! Er könnte ein Messer haben!«

Nach zwei weiteren Tagen waren wir auf hoher See. Das war kein Ereignis, das einer Ankündigung bedurfte. Wir begannen uns mit barocker Üppigkeit zu übergeben. Wir erbrachen uns in kammerorchesterartigen Arrangements, die Quartetts, Trios, Duos und Soli umfaßten. Die Toilette war nie leer und nie sauber. Daraus resultierte in reichem Maße Erbrochenes auf Erbrochenem, was weiteres Erbrechen zur Folge hatte.

Einmal sagte Rózsi im Badezimmer zu mir: »Weißt du, ich wäre lieber tot, als das durchmachen zu müssen. Es ist einfach zu furchtbar.«

»Ich nicht«, sagte ich. »Das ist nicht der richtige Zeitpunkt. Ich werde den Zeitpunkt erkennen, an dem der Tod wartet. Wenn du willst, erzähle ich es dir, denn ich werde es wissen.«

»Bitte, fang nicht wieder mit deinen philosophischen Gesprächen an«, sagte sie. »Ich habe furchtbare Kopfschmerzen. Bitte, halt den Mund.«

»Na gut. War nur ein Angebot.«

»Bitte«, sagte sie. Alle beide erbrachen wir uns abermals.

Eines Morgens schließlich wagten wir es, bleich und erschüttert, krank und zittrig, zu frühstücken. Das Frühstück schmeckte gut, und es blieb drin. Wir gingen an Deck – das niedrigste Deck natürlich, aber es hatte dieselbe Luft und denselben Horizont wie die Decks über uns.

Mir gefiel das Leben auf dem Schiff ganz und gar nicht. Es erinnerte mich an das Szani, abgesehen davon, daß ich natürlich nicht allein war und daß es keine Dora néni gab, die uns peinigte. Aber der Geist, der an beiden Orten herrschte, war derselbe. Ich fühlte mich gefangen und litt unter Platzangst. Es gab nichts zu tun, und man konnte nirgendwohin. Ich unternahm lächerliche kleine Spaziergänge vom einen Ende des Schiffs zum anderen. Ich zählte meine Schritte und erzürnte mich absichtlich selbst, indem ich auf dem Rückweg zu einem anderen Ergebnis kam als auf dem Hinweg. Ich setzte mich auf einen Klappstuhl und betrachtete gelangweilt das Meer. Stunde um Stunde war es dasselbe, das einzige, was sich änderte, war das Licht. Die Natur mag schön sein, aber ich war ein Stadtkind. Ein Straßencafé war nicht langweilig; es war manchmal vielleicht verwirrend in seiner Pracht, aber niemals langweilig.

Und ich haßte die ständige Wiederkehr derselben unerwünschten Gesichter, Tag für Tag. Um sie auszublenden, versuchte ich, auch in geschlossenen Räumen meine Sonnenbrille zu tragen, aber Mutter verbot es. Sie meinte, ich sehe merkwürdig aus, Gott behüte.

Wir alle versteckten uns hinter unserem Ungarisch, das keiner außer uns sprach. Wir hielten uns von den anderen Zwischendeckpassagieren fern, indem wir so taten, als verstünden wir sie nicht. Aber wir täuschten niemanden; nach einer Weile hatten wir uns einen Schutzschild zugelegt, der aus ihren kollektiven, mißbilligenden Blicken bestand.

Die einzige, die eine Freundin gewann, war Großmutter. Eines Tages, als sie auf Deck saß, setzte sich eine alte Dame neben sie, eine Spanierin in schwarzer Spitze. Zuerst, und das für eine lange Zeit, blickten sie beide unverwandt aufs Meer. Schließlich begannen sie zu reden und kamen überein, sich nachmittags zu treffen. Großmutter erstattete uns jeden Abend Bericht. Die Dame war verwitwet. Sie hatte vier Kinder, zwei Söhne und zwei Töchter und vierzehn Enkelkinder, obwohl eine Tochter nur ein Kind hatte, was ein Quell des Schmerzes für die Dame war.

»Wie verständigt ihr euch miteinander?« wollte Rózsi wissen.

»Ich weiß nicht«, antwortete Großmutter. »Ich weiß es wirklich nicht. Aber ich habe ihr von deinem Vater erzählt und von Iván und Ervin und wie wir uns versteckt haben. Und sie hat mir erzählt, daß sie vom Land stammt und daß der Krieg nicht so schlimm war, obwohl die Deutschen, ich glaube, es waren die Deutschen – na ja, jedenfalls hat irgend jemand ihnen ihre Kühe weggenommen und einige ihrer Schweine, aber die Hühner konnten sie verstecken. Sie hatten eine schwere Zeit.«

»Weißt du, wie alt sie ist?« fragte Rózsi.

»Ja, sie ist siebzig.«

»Woher weißt du das?«

»Sie hat mir eine Sieben gezeigt und eine Null.«

»Weißt du ihren Namen?«

»Natürlich. Ihr Name ist Maria. Sie kennt auch meinen Namen. Emma.«

Die Freundschaft machte wunderbare Fortschritte. Gelegentlich weinten sie ein wenig zusammen und klopften einander auf die Schultern. Als die Dame in New York von Bord ging, war Großmutter wirklich traurig. Sie alterte sehr auf dieser Reise. Sie sah gebeugt aus und wirkte ständig erschrocken.

Eines Morgens stellte ich beim Aufwachen fest, daß die Vorwärtsbewegung des Schiffs aufgehört hatte. Wir schaukelten auf der Stelle von einer Seite zur anderen. Ich hörte das laute Heulen der Maschinen, ein schweres Hämmern sowie Männer, die einander in einer neuen, fremden Sprache etwas zuriefen. Wir mußten in New York sein! Der Gedanke ließ mich aus meiner Koje hochfahren. Amerika! Angesichts der Ungeheuerlichkeit dieser Tatsache war mir nach Weinen zumute. Amerika, das sagenumwobene, das mythische, das ersehnte Land. Amerika. Das Wissen, daß wir keine Visa hatten und daher keinen Fuß an Land setzen durften, dämpfte meinen Enthusiasmus nur wenig.

Wir vier waren im Nu angezogen, ließen das Frühstück ausfallen und stürzten an Deck. Heute durften sogar die Zwischendeckpassagiere auf das höchste Deck hinauf. Amerika lag jenseits eines Flusses, und es war ... riesig.

Keine Türme wie der Eiffelturm; das hier waren richtige Gebäude – Häuserblocks, lang und dann aufgerichtet. Einige ragten mit ihren Spitzen bis in die Wolken.

»Ist das eine Täuschung des Lichts?« fragte ich meine Mutter atemlos. »Eine Fata Morgana?«

»Nein«, lachte sie. »Man nennt diese Häuser Wolkenkratzer. Sie sind so hoch, daß sie den Himmel berühren.« Ich hatte das Wort schon einmal gehört, aber ich dachte, es sei eine allegorische Ausdrucksweise. Ich hatte mir niemals bildlich vorgestellt, was das Wort vielleicht bedeuten konnte.

»Gibt es Straßen zwischen diesen Häusern, auf denen man herumlaufen und aufblicken kann?«

»Die muß es wohl geben«, meinte meine Mutter verärgert, wie sie es immer war, wenn sie die Antwort auf eine meiner Fragen nicht wußte.

Ich klebte stundenlang an der Reling. Warum sollte ein Amerikaner *Der Zauberer von Oz* schreiben? fragte ich mich. Das hier war Oz. Aber besser noch, denn es war real. Wenn es wirklich real war.

»Ich finde, wir sollten runtergehen und amerikanische Erde betreten«, sagte ich zu Mutter und Rózsi.

»Das kannst du nicht«, sagte Rózsi.

Mutter stöhnte. »Sie werden dich aufhalten. Vielleicht sogar verhaften.«

»Habe ich nicht jahrelang mit falschen Papieren gelebt? Bin ich vielleicht kein geübter Taschenspieler?« fragte ich. »Hier ist die rote Kugel – jetzt siehst du sie, jetzt siehst du sie nicht? Ich weiß, wie man mit solchen Dingen durchkommt. Mischt euch einfach nicht ein.«

Es schien, als hätte ich einen Vorrat untypischen Übermuts in ihnen berührt. Sie fingen an zu lachen. »Versuch's«, meinte Rózsi.

»Geh nicht zu weit«, fügte meine Mutter hinzu.

Sie lachten mit einer Vitalität weiter, die ich seit Jahren nicht mehr bei ihnen kannte.

Ich ging zwei Stockwerke weiter nach unten zur Laufplanke und legte eine Hand auf den Gepäckstapel, den ein Lastenträger gerade von Bord schaffte. Ich folgte Schritt für Schritt. Niemand hielt mich auf. Unten ging ich bald in diese, bald in jene Richtung, ohne aufzublicken. He, Amerika, verboten oder nicht, ich stehe auf dir drauf. Ich bin hier, ich bin ich, Magda in Amerika! He!

Um die Ecke bemerkte ich zu meinem Entsetzen ein Schild, auf dem »Exit« stand, ein Wort, das ich sehr wohl kannte. Es bedeutete, daß ich dort hinausgehen konnte. Einfach so. Frei in Amerika, allein in New York. O mein Gott! Ich zuckte zusammen und stürzte zurück zum Schiff. Um mein Gesicht zu wahren, rief ich auf ungarisch: »Anyu, Anyu, wohin soll ich jetzt gehen?«

Wie erwartet, stürzten sich sofort verschiedene Männer mit ernsten Gesichtern und engen kleinen Hüten auf mich. Ihr Ärger und ihre zornigen Gesten bedurften keiner Sprache.

»Nun«, sagte Rózsi, als ich schließlich wieder bei ihnen war, »du wärst fast eine amerikanische Bürgerin geworden.«

»Ja«, grinste ich, »aber ich wollte euch nur nicht im Stich lassen.«

Am nächsten Tag war Besuchstag. Freunde und Verwandte, die sich vorher ausgewiesen und angemeldet hatten, durften an Bord des Schiffs kommen und Geschenke mitbringen. Laci und Pali kamen mit ihren Frauen, Rózsi und Gretel. Die Männer waren die Kinder von Großmutters Bruder Hermann, der als Bildhauer und Atheist in Havanna lebte; mit seinen Söhnen sprach er nicht mehr.

»O Margit«, sagte Laci und umarmte meine Mutter.

»O Margit, ich bin so glücklich, daß du überlebt hast. Ich habe dich immer geliebt.«

»Ich weiß, Laci, ich dich auch«, sagte Mutter und fiel ihm in die Arme. Wir anderen, die wir ebenfalls liebeshungrig waren, standen neidisch daneben.

»Emma néni«, sagte Pali, »ich bin ja so froh, dich zu sehen.«

»Du hast immer noch dieselben schönen Augen, Pali«, sagte meine Großmutter. »Genau wie damals, als du noch ein Kind warst. Du hattest kein Gesicht, nur Augen. Und niemand konnte dir widerstehen. Du hast immer alles bekommen, was du wolltest.«

»In gewissen Grenzen«, lachte Pali.

»Ich rede nicht von deiner Mutter«, sagte Großmutter schelmisch.

»Das reicht«, protestierte Rózsi. »Anyuka, du wirst hier doch nicht alte Geschichten auskramen.«

»Nein, nein, das wollte ich auch nicht«, sagte Großmutter. »Ich habe mich nur daran erinnert, daß Pali immer mein Liebling war.«

»Vielen Dank«, sagte Laci mit gespielter Empörung.

»Nun«, meinte Gretel, »laß uns auspacken, was wir euch mitgebracht haben.« Dann zauberten sie lange Stücke Salami und Wurst hervor, zwei geröstete Enten, hartgekochte Eier, verschiedene Käsesorten, *lecsó, gulyás* und Strudel in drei verschiedenen Geschmacksrichtungen: Käse, Mohn und Kirsch.

»Ich möchte noch klarstellen, daß Géza und Sándor, die gleich hier sein werden, ebenfalls ihren Anteil beigetragen haben«, sagte Gretel.

Nach kurzer Zeit kamen Géza und seine Frau Elsie zusammen mit Sándor und dessen Frau Margie. Die Männer waren Söhne von Großmutters jung verstorbener Schwester Rózsa. Ihr Mann hatte wieder geheiratet, und seine neue Frau hatte diese Jungen großgezogen. Mein ganzes Leben lang hatte ich die Lebensgeschichten dieser Menschen als Gutenachtgeschichten erzählt bekommen. Herr Gutes-Gedächtnis-Laci. Frag ihn irgendwas zwischen sechshundert vor Christus bis heute, und er wird auf der Stelle die Antwort ausspucken. Pali war als Kind ein bettnässender Jammerlappen, und Géza stotterte, weil er sich vor seiner Stiefmutter fürchtete. Aber was ich vor mir sah, war etwas anderes. Ich sah von Schuldgefühlen getriebene, mitfühlende Männer mittleren Alters, die versuchten, etwas wiedergutzumachen, das sie kaum verstanden und das außerdem kein guter Wille, wie groß er auch sein mochte, jemals wieder in Ordnung bringen konnte.

»Ich glaube nicht, daß ihr uns erzählen wollt, was drüben geschehen ist«, sagte Laci.

»Da hast du recht«, erwiderte meine Mutter, und ihr Gesicht nahm einen eisenharten Zug an. »Die wichtigen Dinge weißt du ohnehin. Mein Vater, Sziga bácsi, ist gestorben. Mein Sohn wurde ermordet. Rózsis Sohn ebenfalls. Das war's.«

Sie ließen die Köpfe hängen.

»Erzählt uns vom Leben in Amerika«, sagte Rózsi, um die Situation ein wenig zu entspannen.

Sie versuchten es, aber sie kamen nicht so richtig in Schwung.

Plötzlich fragte meine Großmutter: »Seid ihr reich?«

Allgemeines verlegenes Gelächter folgte. »Nein, nicht reich«, meinte Pali schließlich, »aber auch nicht arm. Nicht, wenn ihr euch daran erinnert, was arm bedeutete, als ich noch ein Kind war.«

»Erinnern? Genauso arm bin ich heute«, brummte meine Großmutter.

»Mutter, bitte«, sagte Rózsi leise.

»Nun, es stimmt doch. In der ärmsten Zeit ihres Lebens hatten sie mehr als wir jetzt. Seht ihr diese Schuhe?« Sie zeigte auf ihre Füße. »Das ist das einzige Paar, das ich besitze. Seht ihr dieses Kleid?« Sie zog zur Unterstreichung ihrer Worte an ihrem Kragen und ließ ihn ruckartig wieder los. »Ich habe noch eins.«

»Anyuka, hör auf«, bat meine Mutter.

Géza räusperte sich. »Es tut mir leid«, sagte er. »Also, wenn ihr ein paar Dollars braucht, ich könnte – ich meine, ich werde –, ich möchte es.«

»Was sind Dollars? Ich weiß nicht mal, was das heißt«, sagte Großmutter, was eine gewaltige Lüge war.

In Wahrheit drehte sich diese Unterhaltung nicht um Dinge oder Geld, sondern um den Verlust ihres Mannes und ihrer Enkel, um ihre langen Jahre der Furcht, des Versteckens und des Hungers. Sie drehte sich um ihren düsteren Groll angesichts des Glücks dieser Verwandten, die all dem entkommen waren. Ich konnte förmlich spüren, wie wir und die Amerikaner uns auf verschiedenen Seiten des Pingpongnetzes des Glücks aufstellten. Wir waren in der Minderzahl. Ich fand es besser, die Sache auf sich beruhen zu lassen.

Plötzlich stand mein Vater in der Kabinentür: so groß wie Iván, aber viel breiter und nicht annähernd so gut aussehend, wie meine Mutter immer behauptet hatte. In einer Hand hielt er einen Strauß verwelkter weißer Nelken. Laci bemerkte ihn als erster. »Oh, hallo Gyula«, sagte er. »Ich dachte nicht, daß wir dich hier sehen würden. Als ich dich anrief, meintest du doch, du würdest nicht mitkommen.«

»Mach dich nicht lächerlicher, als du bist«, schnitt ihm mein Vater das Wort ab. »Ich wollte euch einfach loswerden. Ihr habt mir angeboten, mich nach Brooklyn mitzunehmen, kommt aber aus Queens. Ich wohne am Central

Park South und konnte mir einfach nicht vorstellen, wie ihr das bewerkstelligen wolltet, du Dämlack.«

Mein Vater wandte sich an mich. »Du mußt Magda sein«, sagte er. »Die sind für dich.« Als ich die Blumen entgegennahm, befahl ich ihnen: Werft eure Blätter jetzt ab, nicht erst in einer halben Stunde. Fliegt durch die Luft wie Aschenflocken nach einem verheerenden Feuer. Tut es, auf der Stelle.

»Szervusz, Gyula«, sagte meine Mutter.

»Ähm, Margit«, sagte mein Vater, »wie geht es dir? Glaubst du, ich könnte mit Magda irgendwo anders hingehen?«

»Da wäre das Deck. Und natürlich die Salons. Das Schiff ist halb leer«, sagte meine Mutter, die bleich und erschüttert aussah.

»Komm mit!« forderte mein Vater mich auf und trat in den Gang hinaus.

Ich stand wie angewurzelt da.

»Geh«, sagte meine Mutter. Ich schüttelte den Kopf. »Geh«, sagte meine Mutter noch einmal. »Er ist dein Vater.«

Als wir uns setzten, tätschelte mein Vater mir die Wange. »Du bist groß geworden, Magduska.«

»Es sind acht Jahre vergangen«, sagte ich kühl.

»Weißt du, was mir auf dem Weg hierher passiert ist?« fragte er.

Ich schüttelte den Kopf. Du wurdest von der Gestapo verhaftet? Die Nyilas haben dich gezwungen, auf den Stufen an der Donau niederzuknien? Der unbestochene ungarische KGB war an der Grenze hinter dir her? Was ist dir zugestoßen, lieber Vater? Laß es mich hören, dann will ich mit dir leiden.

»Nun, siehst du, da, wo ich wohne, ist es fast so wie in der Személynök Utca. Und dies hier ist das Hafenviertel. Ein wildes Niemandsland. Ich mußte aus zwei Taxis wieder aussteigen, bevor eins bereit war, mich herzubringen. Nachdem ich ein gutes Trinkgeld angeboten hatte. Und dann, und dann wären wir fast mit einem großen Cadillac zusammengestoßen. Das ist ein Wagen, der meist von Gangstern gefahren wird. Weißt du, du kannst wirklich von Glück sagen, daß du nicht hier lebst. Du kannst dir die Barbarei und Gesetzlosigkeit, die in dieser Stadt herrschen, gar nicht vorstellen. Alle fünf Minuten wird irgend jemand ausgeraubt oder erschossen. Die Leute werden von Bussen überfahren. Man schlitzt ihnen die Kehle auf. Das ist ein Dschungel. Niemand ist sicher hier. New York ist wie eine Strafkolonie.«

Es erstaunte mich festzustellen, daß dieser Mann wirklich glaubte, er sei klüger als ich. Er hatte mich, seit ich fünf Jahre alt war, nicht mehr gesehen, und jetzt behandelte er mich, als sei ich eine schnoddernasige Schwachsinnige, die er erschrecken und manipulieren konnte. Als er aufhörte, über New York so herzuziehen, sagte ich überaus höflich: »Tatsächlich so schlimm? Tut mir leid, das zu hören. Klingt furchtbar. Kannst du nicht irgendwie entkommen? An einen schönen Ort wie eine Tropeninsel? Vielleicht könnten Káto und ihr Mann dir eine Bürgschaftserklärung schicken. Ich meine, ich kenne sie ja nicht, aber ...«

Mein Benehmen war tadellos, und ich war darauf bedacht, daß meine Stimme sanft und ausdruckslos war. Er sah mich scharf an, wandte dann den Blick ab. Ich konnte sehen, wie er mit sich rang. Er wußte nicht, ob er es mit Sarkasmus zu tun hatte oder mit abgrundtiefer Dummheit. Er konnte sich nicht recht entschließen und fing innerlich an zu kochen. Ich war in Versuchung, die ganze Show zu verpatzen, indem ich ihm sagte, was ich wirklich von ihm hielt, aber ich hatte das Gefühl, daß ich ihm, wenn ich das Spiel eröffnete, eine Gelegenheit geben würde, sich zu rechtfertigen. Ich schwieg.

»Also, was macht die Schule?« fragte er.

»Schule«, wiederholte ich. »Tja, weißt du, das ist schwer zu sagen. Die Schulen wurden geschlossen, als die Bombardierungen zu schlimm wurden. Außerdem hätte ich ohnehin nicht hingehen können. Ich mußte mich in einem Keller verstecken. Um mein Leben zu retten. Danach habe ich mich auf dem Dachboden versteckt«, fügte ich hilfreich hinzu. Dann erkundigte ich mich in einem offensichtlich höflichen Versuch, das Gespräch in Gang zu halten: »Ich nehme nicht an, daß die Gangster in New York die Schulen geschlossen haben. Oder?«

Mittlerweile hatte er begriffen, und er war sehr wütend. Er war wütend! Er hatte mich tödlicher Gefahr ausgesetzt, selbstmörderischer Verzweiflung, nicht wiedergutzumachendem Verlust, unendlichem Kummer, und er war wütend.

»Du bist ein kluges Kind«, sagte er, »aber schwierig.« Das Ungeheuer erwartete offensichtlich, daß ich angesichts seiner Mißbilligung in Stücke brechen würde.

»Ich weiß«, sagte ich ruhig. »Das Hungern über längere Zeit, während man gleichzeitig einer Horde Läusen als Nahrung dient, macht einen Menschen manchmal schwierig.«

Er war verblüfft, sprachlos. Die erste Runde ging an mich. Der Teufel sollte mich holen, wenn ich sitzen blieb und auf die zweite wartete. Ich stand auf. »Es war nett, dich kennenzulernen«, sagte ich und verneigte mich. »Aber wir haben noch andere Gäste an Bord, die ich nicht vernachlässigen darf.«

»Ich bin dein Vater«, brüllte er, und der Zorn verzerrte sein Gesicht. »Du blöde Vogelscheuche! Du weißt ja nicht, was du redest.«

»Durchaus möglich«, sagte ich in meiner sanftesten Stimme. »Langes, intensives Leiden hat mitunter diese Konsequenz.«

Ich nahm den langen Weg rund um das Deck, um zu meiner Familie und meinen Verwandten zurückzukehren. Ja, ich hatte gewonnen. Manchmal ist eine tragischere Niederlage nicht möglich.

Das Schiff sollte Havanna planmäßig in drei Tagen erreichen. Wir durchpflügten eine blauere, sanftere See. Die Sonne schien leuchtender als zuvor. Die Mannschaft war glücklich, weil sie Landurlaub hatte und Havanna für die Matrosen offensichtlich eine sehr heiße Stadt war. Über diesen Umstand setzte mich unser Kellner mit Hilfe von Pantomime ins Bild.

Anyu war nicht in guter Stimmung. Sie wirkte nervös und teilnahmslos und hackte oft auf mir herum. Ich hörte mit an, wie sie zu Rózsi sagte: »Was glaubst du, was aus uns werden wird?«

»Margit, wir sind bisher immer zurechtgekommen«, antwortete Rózsi.

»Ja, aber jetzt ist es anders. Es ist auch für dich anders als für mich. Du hast etwas Geld. Ich nicht. Káto wird dir und Mutter helfen. Was uns betrifft, bin ich mir nicht so sicher. Ich werde in ein paar Tagen vierundvierzig. Ich spreche kein Spanisch. Ich habe keine vermarktbaren Talente. Ich muß eine Zwölfjährige durchbringen, und es gibt keine Joint mehr, keine Zionisten, keine offizielle Hilfe. Ich kann mir nicht vorstellen, wie wir weiterleben sollen.«

Ich konnte es auch nicht. Wenn man in eine fremde Welt eintritt, hat jeder bereits einen festen Platz darin. Wie kann man Menschen zwingen, ein Stück beiseite zu treten und einem Platz zu machen? Die Furcht legte sich wie eine Schlingpflanze um mein Herz und drückte zu, bis ich kaum noch Luft bekam.

In dieser Nacht hatte ich einen furchtbaren Traum. Iván und ich gingen über den Kerepesi-Friedhof. Es war Herbst, vielleicht Oktober. Ich hatte tuberkulöses Fieber.

»Komm, spielen wir verstecken«, sagte ich.

»Nein«, sagte Iván mit trauriger Miene. »Wir können nicht spielen. Von jetzt an bist du allein auf dich gestellt.«

»Du verläßt mich?« fragte ich erschrocken und fing an zu weinen.

»Ich werde dich nie verlassen«, sagte Iván. »Aber du bist jetzt auf dich gestellt.«

»Ist das ein Rätsel?« fragte ich.

»Nein, es ist die Wahrheit, weißt du«, sagte er und trat hinter einen Grabstein.

Die Bibel muß das falsch verstanden haben, dachte ich, als ich aufwachte. Dort heißt es: »Zum Laufen hilft nicht schnell sein, zum Kampf hilft nicht stark sein.« Nicht immer, aber sehr häufig ist es doch so. Sehr schnell und sehr stark sein. Genau das mußte ich. Ein Pfeil werden und ein Anker.

Aus dieser unförmigen Masse? Iván hätte es geschafft. Aber du? Ja, ich. Für uns beide.

Am nächsten Morgen frisierte Mutter mir das Haar zu Zöpfen und gab mir mein Matrosenkleid, das Margit und Éva, *couturières par excellence*, in Paris eigens für diese Gelegenheit geschneidert hatten. Wir drängten uns zusammen mit allen anderen an der Reling.

Nach und nach kam die Stadt Habana in Sicht. Sie war hell, leuchtend, glänzend und sah aus wie eine Märchenstadt. Anders als Europa, ganz anders. Und als in der Ferne unter der gleißenden Sonne Burg Morro auftauchte, stellte ich mir vor, sie wäre ein brennendes Schloß, erbaut auf dem Fuß einer Ente.

Danksagung

Ich möchte mich bedanken bei

... meiner Mutter, ohne deren Hilfe und Fürsorge ich meine Geschichte nicht hätte erzählen können, weil ich nicht mehr leben würde.

... meinen Freunden und Kollegen Bertram Slaff, M. D., Julian Barish, M. D., George Naumburg jr., M. D., Joel Markowitz, M. D., Robert Porter, M. D., Alan Frisch, M. D., Robert Wortman, M. D., und dem inzwischen verstorbenen Mortimer Blumenthal, M. D., von der Donnerstags-Gruppe für Erwachsenenpsychiatrie der Mount Sinai School of Medicine, die ein ganzes Jahr lang als erste diesen Bericht meines Lebens in zusammenhängender Folge gehört und mich mit ihrer Teilnahme, ihrer Ermutigung und ihrem Enthusiasmus zum Schreiben gebracht haben.

... meinem Sohn Greg Radomisli, J. D., für seine verläßliche Unterstützung.

... meinem Sohn Tim Radomisli, M. D., der meine Arbeit von Anfang bis Ende als Zuhörer und Lektor begleitet, mich ermuntert und mit mir geweint hat.

... Stephanie Stern, einer meiner allerersten amerikanischen Freundinnen, die bis spät in die Nacht getippt hat, wenn Not am Mann war.

... Alane Mason, meiner Lektorin bei W. W. Norton, dafür, daß sie als erste für dieses Buch eingetreten ist und es so behutsam unter ihre Fittiche genommen hat.

... Gail Hochman, meiner Agentin, für ihre Energie, ihre Geschicklichkeit und ihr Vertrauen in mich.

Und meiner brillanten Lektorin und Freundin Judith Stone, deren strahlendes Talent mir den Weg durch dieses Buch gewiesen hat, schulde ich tiefen Dank für ihr unverbrüchliches Vertrauen in mich, für ihren Humor, ihre Begeisterung und ihre Geduld, für unsere Thai-Mahlzeiten, unsere Auseinandersetzungen und für alles, was sie mir beigebracht hat.